全国初级会计专业技术资格考试辅导用书
普通高等院校财务会计类专业系列教材

U0711343

初级财务会计

主　编　韦绪任　　冯　香　　孙文娟

副主编　朱　星　　孙宋芝　　王在珣

参　编　杨艳霞　　周　珍　　高成慧

　　　　徐爱仙　　寒亚兰

主　审　干胜道

北京理工大学出版社
BEIJING INSTITUTE OF TECHNOLOGY PRESS

内 容 简 介

　　"初级财务会计"是以会计的专业理论为依据，以常见业务的会计处理为依托，搭建理实融合教学框架，强化实践与应用的一门课程。本书在总结国内外专家、学者宝贵经验的基础上，充分发挥教师团队丰富的一线教学经验，采用项目形式编写。全书共设十二个项目，包含认识初级财务会计，认识货币资金、应收款项与核算，认识存货与核算，认识金融资产、长期股权投资与核算，认识固定资产与核算，认识无形资产、投资性房地产、长期待摊费用与核算，认识负债与核算，认识所有者权益与核算，认识收入、费用、利润与核算，认识财务会计报告与应用，认识产品成本与核算，认识政府会计与核算等内容。

　　本书是大数据与会计、大数据与财务管理等专业的核心课程，适用的读者包括应用型本科、职业本科、高职高专学生。

图书在版编目（CIP）数据

　　初级财务会计／韦绪任，冯香，孙文娟主编.

北京：北京理工大学出版社，2025.1（2025.2 重印）.

ISBN 978-7-5763-4701-2

Ⅰ．F234.4

　　中国国家版本馆 CIP 数据核字第 2025YQ9063 号

责任编辑：王俊洁　　　文案编辑：王俊洁
责任校对：刘亚男　　　责任印制：李志强

出版发行 / 北京理工大学出版社有限责任公司	
社　　址 / 北京市丰台区四合庄路 6 号	
邮　　编 / 100070	
电　　话 / （010）68914026（教材售后服务热线）	
（010）63726648（课件资源服务热线）	
网　　址 / http://www.bitpress.com.cn	

版 印 次 / 2025 年 2 月第 1 版第 2 次印刷	
印　　刷 / 涿州市新华印刷有限公司	
开　　本 / 787 mm×1092 mm　　1/16	
印　　张 / 20	
字　　数 / 468 千字	
定　　价 / 56.00 元	

党的二十大报告指出：我们要办好人民满意的教育，全面贯彻党的教育方针，落实立德树人根本任务，培养德、智、体、美、劳全面发展的社会主义建设者和接班人。统筹职业教育、高等教育、继续教育协同创新，推进职普融通、产教融合、科教融汇，优化职业教育类型定位，从而培养造就大批德才兼备的高素质人才，这是实现中华民族伟大复兴的重要推动力。而教材既是知识的重要载体，又是人才培养的重要桥梁。

"初级财务会计"是大数据与会计、大数据与财务管理、大数据与审计等专业的基础课程。"初级财务会计"在会计学原理的基础上进行内容深化和扩展，从内容上、实际应用上都具有新的特点和要求；给会计人员提供了会计职业必备的专业基础知识，同时也是会计知识体系的重要组成部分。

本教材根据应用型本科、职业本科、高职高专学生的实际情况和教学需求，结合初级会计师考试中（初级会计实务）的知识点以及最新修订的《企业会计准则》和《企业会计准则——应用指南》及相关的法律、法规和规章制度，由具备丰富一线教学经验的教师团队在总结会计教学经验与会计实践经验的基础上编写而成。

本教材具有以下几个特点：

一是教学内容创新。本教材结合高校财经类人才培养模式及会计专业培训模式，创新地编写教材内容，融入了大量的时代元素。采用项目编写的形式，每一项目都有清晰明确的学习目标、幽默活跃的导入案例，引导学生切入学习要点和目标；每一项目后面都有项目总结，充分概括本项目的内容，让学生更好地把握所学内容。

二是理论与实践结合度高。本教材在编写过程中，融入了大量的实践案例资料，按照实践工作的应用性安排内容。每一项目后面都有巩固练习，包括思考题、选择题（单项选择题和多项选择题）、判断题、业务题等，让学生在学习中即达到实践应用的效果。

三是适应性强。本教材主要针对应用型本科、职业本科、高职高专财经类专业的学生，难度适中，便于教学，在内容的编排上深入浅出，通俗易懂。

本教材共分为十二个项目，由凯里学院韦绪任教授担任第一主编，负责编写教材大纲和组织管理工作，负责各项目的修改并最终定稿；冯香副教授担任第二主编，孙文娟老师担任第三主编；朱星主任（中级经济师、中级审计师、价格鉴证师、律师）、孙宋芝副教授、王在珣老师担任副主编；杨艳霞教授、周珍副教授、高成慧老师、徐爱仙老师、蹇亚兰老师担任参编。

本教材在编写过程中，我们参考了大量的国内外相关专家学者的著作、教材、文章和相关文献资料，在此对他们表示衷心的感谢！

由于编者水平有限，本教材难免存在疏漏或其他不足，恳请广大读者和同行批评指正，以便我们再版时进一步修订和完善。

编　者

2024 年 6

目　录

项目一　认识初级财务会计

学习目标

1. 知识目标

熟悉初级财务会计的概念与目标；

理解会计基本假设与会计基础、会计要素计量属性、会计信息质量要求；

掌握会计六要素的概念、特征、确认条件及具体应用。

2. 能力目标

通过学习初级财务会计相关知识，形成系统化思维、联想思维，提升学习能力、知识衔接能力、知识运用能力和综合实践能力。

3. 素质目标

通过学习初级财务会计相关知识，培养会计思维、成本效益思维、勤俭节约思维，培养工匠精神、刻苦钻研的精神。

知识结构

```
                          ┌─ 初级财务会计的认知 ─┬─ 初级财务会计的概念
                          │                      └─ 初级财务会计的目标
                          │
                          ├─ 认识会计基本假设与会计基础 ─┬─ 会计基本假设
                          │                              └─ 会计基础
                          │
                          │                          ┌─ 可靠性
                          │                          ├─ 相关性
                          │                          ├─ 可理解性
  认识初级财务会计 ────────┼─ 理解会计信息质量要求 ───┼─ 可比性
                          │                          ├─ 实质重于形式
                          │                          ├─ 重要性
                          │                          ├─ 谨慎性
                          │                          └─ 及时性
                          │
                          │                          ┌─ 资产
                          │                          ├─ 负债
                          │                          ├─ 所有者权益
                          └─ 认识会计要素与计量属性 ──┼─ 收入
                                                     ├─ 费用
                                                     ├─ 利润
                                                     └─ 会计要素计量属性
```

导入案例

资深老会计韦总监的账

有一天资深老会计韦总监到某地出差，晚上正好路过一个正在营业的饭店，韦总监一看饭店的广告牌写着吃饭打 7 折，于是就决定在这家饭店吃晚饭。结账时账单显示消费共计 368 元，服务员要求韦总监支付 368 元，韦总监诧异道："广告牌上不是写着打 7 折吗？"服务员提示韦总监看仔细点，结果，韦总监仔细一看，广告牌下面还写着一小行字：满 400 元起。韦总监灵机一动，又点了一杯 32 元的咖啡带走，最后消费刚好 400 元，然后付了 280 元走了。看看韦总监的经历，你有什么启发呢？

任务一　初级财务会计的认知

一、初级财务会计的概念

初级财务会计，是指以货币为主要计量单位，遵循一定的原则，在法律、法规的要求下运用一系列专门的方法，对企业已发生的交易或事项进行确认、计量和报告，为会计信息使用者提供对决策有用信息的经济管理活动。

二、初级财务会计的目标

初级财务会计的目标，是指企业通过财务报告的形式对外提供企业某一特定日期财务状况、某一会计期间经营成果及现金流量等会计信息，为会计信息使用者提供对决策有用信息，同时反映管理层受托责任的履行情况。其中，会计信息使用者包括投资者、债权人、政府及其有关部门和社会公众等。满足会计信息使用者的信息需求是企业编制财务报告的出发点，是衡量企业提供会计信息质量的基本要求。

【例题1-1】下列项目中，属于企业编制财务报告目标的有（　　　　）。

A. 反映某一特定日期财务状况　　　　B. 反映某一会计期间经营成果

C. 反映某一特定日期现金流量　　　　D. 反映管理层受托责任履行情况

（一）投资者对会计信息的需求

投资者是企业财务报告的主要使用者，财务报告反映的会计信息应当如实反映企业在特定日期所拥有或控制的资源及资源的分布情况；如实反映企业在某一会计期间形成的各项收入、利得、费用、损失、利润的金额及其变化情况；如实反映企业在某一会计期间发生的各项经营活动、投资活动和筹资活动等所形成的现金流入和现金流出情况等，有利于投资者准确评价企业的资产状况、偿债能力和发展能力等，有助于投资者进行理性的投资决策，有助于投资者评估与投资有关的未来现金流量的金额、时间和风险等。

（二）债权人对会计信息的需求

债权人主要通过企业的财务报告掌握其贷款的安全性、债务人能否如期偿还贷款本金并支付利息，从而决定是否贷款给企业。在信息不对称的情况下，债权人首先关注的是其债权的安全和完整，贷款的风险高低决定了贷款利息的高低。一般风险越高，债权人要求的利率就越高，反之就越低。

（三）政府及有关部门对会计信息的需求

政府及有关部门要通过财务报告提供的信息了解企业所承担的义务是否履行，企业是否存在违法违规行为，企业是否按照国家的法律法规开展经济活动等，如税务部门通过企业提供的财务报告结合其他途径的调查结果，判断企业是否存在偷税漏税行为，并依法征税，保障税收按时征收；财政部门根据企业提供的财务报告，结合当地的经济发展水平，综合分析企业整体的发展能力，并进一步反映某行业的发展状况。

（四）社会公众等对会计信息的需求

企业是社会经济的细胞，它可以通过多种方式为国民经济作出贡献，而企业财务报告通过提供企业发展前景和活动范围的信息，可以对公众了解企业有所帮助。

此外，财务报告的使用者除了上述外部使用者以外，还有企业内部使用者，如企业内部各阶层的管理人员和企业职工也是企业财务报告的使用者。

【例题1-2】下列项目中，属于会计信息使用者的有（　　　　）。

A. 投资者　　　　　　　　　　　　B. 债权人

C. 管理者　　　　　　　　　　　　D. 政府部门

任务二　认识会计基本假设与会计基础

一、会计基本假设

会计基本假设是企业会计确认、计量和报告的前提，是对会计核算所处的时间、空间环境所作的合理假定。会计基本假设是会计确认、计量和报告的基础，也是一系列会计原则和会计方法得以运用的前提条件。会计基本假设包括会计主体、持续经营、会计分期和货币计量。

（一）会计主体

会计主体，是指企业会计确认、计量和报告的空间范围，是会计核算的特定组织或单位。为了向会计信息使用者反映不同主体的财务状况、经营成果和现金流量等会计信息，应当明确提供会计信息的主体，将不同的主体区别开来；不同的主体各自提供财务报告，如实反映各自的财务状况、经营成果和现金流量等会计信息，为信息使用者提供对决策有用信息。在会计主体假设下，特定主体应当把本身发生的交易或事项进行会计确认、计量和报告，反映特定主体本身的交易或事项，不能越界处理业务，反映其他主体的会计信息。如 M 公司只能反映 M 公司的会计信息，不能反映其他公司的会计信息。

会计主体和法律主体不是一个相同的范畴，一般来说，法律主体必然是一个会计主体，但会计主体不一定是法律主体。一个公司作为一个独立的法律主体，应当建立独立的财务系统，进行独立核算，反映公司本身的财务状况、经营成果和现金流量等会计信息。但是，会计主体不一定是法律主体，如在多个具有控股关系的集团里面，一个母公司拥有若干子公司，母子公司虽然是不同的法律主体，但是母公司对于子公司拥有控制权，为了全面反映集团整体的财务状况、经营成果和现金流量等会计信息，就有必要将集团作为一个会计主体，编制合并财务报告；另外，像个人独资企业、合伙企业等也属于会计主体，但其不具备法律主体资格，不属于法律主体。

【例题1-3】法律主体一定是会计主体，会计主体也一定是法律主体。（　　　）

（二）持续经营

持续经营，是指在可预见的将来，企业按照当前的规模和状态继续经营下去，不会停业，也不会大规模削减业务。在持续经营的假设下，企业的债权可以按时收回，企业的债务可以按时清偿，因此，企业的确认、计量和报告是围绕持续经营展开的。会计一系列的核算方法、计量原则的使用均在持续经营基本假设下进行，企业能否持续经营下去，对企业会计原则、会计方法的选择有很大影响。明确这个基本假设，就意味着会计主体将按照既定用途使用资产，按照既定的合约条件清偿债务，会计人员就可以在此基础上选择会计原则和会计方法。

【例题1-4】持续经营实际上是在可预见的将来，企业按照当前的规模和状态继续经营下去，不会停业，也不会大规模削减业务。（　　　）

（三）会计分期

会计分期，是指将一个企业持续经营的生产经营活动划分为一个个连续的、长短相同的期间。会计分期的目的，在于通过会计期间的划分，将持续经营的生产经营活动划分成连续、相等的期间，据以结算盈亏，按期编制财务报告，从而及时向财务报告使用者提供有关企业财务状况、经营成果和现金流量的信息。

在会计分期假设下，企业应当划分会计期间，分期结算账目和编制财务报告。会计期间通常分为年度和中期。中期，是指短于一个完整会计年度的报告期间。由于会计分期，才产生了当期与以前期间、以后期间的差别，才使不同类型的会计主体有了记账的基准，进而孕育出折旧、摊销等会计处理方法。

（四）货币计量

货币计量，是指会计主体在会计确认、计量和报告时以货币计量，反映会计主体的生产经营活动。在会计的确认、计量和报告过程中之所以选择以货币为基础进行计量，这是由货币的本身属性决定的。货币是商品的一般等价物，是衡量一般商品价值的共同尺度，具有价值尺度、流通手段、贮藏手段和支付手段等。其他计量单位，如重量、长度等，只能从侧面反映企业的生产经营情况，无法在量上进行汇总和比较，不便于会计计量和经营管理，只有选择以货币尺度进行计量，才能充分反映企业的生产经营情况，所以，《企业会计准则——基本准则》规定，会计在确认、计量和报告时选择以货币作为计量单位。

【例题 1-5】下列项目中，属于会计基本假设的有（　　　　）。

A. 会计分期
B. 货币计量
C. 会计主体
D. 持续经营

二、会计基础

会计基础，是指企业确认、计量和报告的基础，是明确收入、费用等要素入账的时间依据，包括权责发生制和收付实现制。

权责发生制基础要求，凡是当期已经实现的收入和已经发生或应当负担的费用，无论款项是否收付，都应当作为当期的收入和费用，计入当期利润表；凡是不属于当期的收入和费用，即使款项已在当期收付，也不应当作为当期的收入和费用。

收付实现制是与权责发生制相对应的一种会计基础，它是以实际收到或支付资金的时间作为确认收入和费用的依据，不考虑经济业务是否发生。

在实务中，单位的交易或者事项的发生时间与相关货币收支时间有时并不完全一致。例如，款项已经收到，但销售并未实现；或者款项已经支付，但并不是为本期生产经营活动而发生的。为了更加真实、公允地反映特定会计期间的财务状况和经营成果，《会计准则》明确规定，企业在会计确认、计量和报告时应当以权责发生制为基础，行政单位在会计确认、计量和报告时应当以收付实现制为基础，事业单位在会计确认、计量和报告时应当以收付实现制为基础，但带经营性质的业务在会计确认、计量和报告时应当以权责发生制为基础。

任务三　理解会计信息质量要求

会计信息质量要求是对企业财务报告中所提供会计信息质量的基本要求，它规范了财务报告中所提供的会计信息。会计信息质量要求主要包括可靠性、相关性、可理解性、可比性、实质重于形式、重要性、谨慎性和及时性等。

一、可靠性

可靠性要求企业应当以实际发生的交易或者事项为依据进行确认、计量和报告，如实反映会计要素及其他相关信息，保证会计信息真实可靠、内容完整。

为了保证会计信息的质量，可靠性要求企业应当以实际发生的交易或者事项进行确认、计量和报告，具体要求做到以下几个方面：一是要求以实际发生的交易或者事项为依据进行确认、计量；二是要求保证会计信息的完整；三是要求在财务报告中反映的会计信息应当是客观中立的。

【例题 1-6】 为了达到预期的业绩目标，企业人为性地增加会计业务违背了（　　）的质量要求。

A. 可靠性　　　　　　　　　　B. 实质重于形式
C. 及时性　　　　　　　　　　D. 谨慎性

二、相关性

相关性要求企业提供的会计信息应当与会计信息使用者的经济决策需要相关，有助于信息使用者对企业过去、现在或未来的财务状况、经营成果、现金流量等作出评价或者预测。

企业提供的会计信息是否有用，是否具有价值，关键是看企业提供的会计信息与使用者的经济决策需要是否相关，是否有助于信息使用者提高决策水平。会计信息的相关性应当能够反映以下两个方面：

一是有利于信息使用者评价企业过去的情况，提供证实或者修正过去预测的有力依据，能够真实反映企业过去的情况。

二是具有预测价值，有利于信息使用者根据财务报告提供的会计信息预测企业未来的财务状况、经营成果和现金流量等情况。

三、可理解性

可理解性要求企业提供的会计信息应当清晰明了，便于投资者等财务报告使用者理解和使用。

企业提供会计信息的目的在于满足信息使用者的经济决策需要，然而，只有让信息使用者了解会计信息的内涵，理解财务报告的内容，才能帮助信息使用者提高决策水平。这就要求企业财务报告提供的会计信息应当清晰明了，易于理解，提高会计信息的有用性，实现财务报告的目标，满足向信息使用者提供对决策有用信息的要求。

【例题 1-7】 企业提供的会计信息应当让所有人都看得懂、学得会，反映其可理解性的信息质量要求。（　　）

四、可比性

可比性要求企业提供的会计信息应当相互可比。可比性主要包括两个方面：

（一）纵向可比

纵向可比，是指同一企业在不同时期发生的相同或相似的业务，应当采用一致的会计政策，不得随意变更。

为了方便会计信息使用者了解企业财务状况、经营成果和现金流量等的变动趋势，比较同一企业在不同时期的会计信息，全面地评价企业的过去、预测未来，从而作出经济决策，会计信息质量的纵向可比性要求同一企业不同时期发生的相同或相似的经济业务，应当采用一致的会计政策，不得随意变更。

（二）横向可比

横向可比，是指不同企业在同一会计期间发生的相同或者相似的经济业务，应当采用国家统一规定的会计政策，确保会计信息口径一致、相互可比。

为了方便信息使用者评价同一时期不同企业的财务状况、经营成果和现金流量等会计信息，会计信息质量的横向可比性要求不同企业在同一会计期间发生的相同或者相似的经济业务，应当采用国家统一规定的会计政策，确保会计信息口径一致、相互可比，以使不同企业按照一致的确认、计量和报告要求提供会计信息。

【例题 1-8】 可比性要求不同企业发生的所有业务都能够相互可比。（　　　）

五、实质重于形式

实质重于形式要求企业应当按照交易或者事项的经济实质进行会计确认、计量和报告，不仅仅以交易或者事项的法律形式为依据。

在实务中，企业发生的多数交易或者事项的经济实质和法律形式是一致的，但是，也存在经济实质和法律形式不一致的情况。例如，以融资租赁方式租入的资产，虽然从法律形式来讲企业并不拥有其所有权，但是由于租赁合同中规定的租赁期相当长，往往接近于该资产的使用寿命；租赁期结束时，承租企业有优先购买该资产的选择权；在租赁期内承租企业有权支配资产并从中受益等，从其经济实质来看，企业能够控制融资租入资产所创造的未来经济利益，在会计确认、计量和报告时就应当将以融资租赁方式租入的资产视为企业的资产，列入企业的资产负债表。

六、重要性

重要性要求企业提供的会计信息应当反映与企业的财务状况、经营成果和现金流量等有关的所有重要交易或者事项。

在实务中，如果某会计信息的省略或者错报会影响会计信息使用者作出正确的经济决策，该信息就具有重要性。重要性要根据企业所处环境和实际情况综合分析，一般要依赖会计职业判断，具有一定的主观性。重要性的判断一般从项目的性质和金额大小两方面加以判断。

七、谨慎性

谨慎性要求企业对交易或者事项进行会计确认、计量和报告时应当保持必要的谨慎，不应高估资产或收益，也不应低估负债或费用。

八、及时性

及时性要求企业对于已经发生的交易或者事项，应当及时进行确认、计量和报告，不得提前或延后。

会计信息具有时效性，在特定的时间有利于会计信息使用者作出经济决策，过期的会计信息，对信息使用者就没有什么价值。在会计确认、计量和报告时贯彻及时性，一是要求及时收集会计信息，即在经济交易或者事项发生后，及时收集整理各种原始单据或者凭证；二是要求及时处理会计信息，即按照会计准则的规定，及时对经济交易或者事项进行确认或者计量，并编制财务报告；三是要求及时传递会计信息，即按照国家规定的有关时限，及时地将编制的财务报告传递给财务报告使用者，便于其及时使用和决策。

【例题 1-9】 下列项目中，关于会计信息质量要求，表述正确的有（　　　　）。

A. 可比性要求企业采用相同的会计政策

B. 实质重于形式要求企业不仅仅以交易或事项的法律形式为依据

C. 及时性对相关性和可靠性起着制约作用

D. 重要性要求企业提供的会计信息应当反映与企业财务状况、经营成果和现金流量有关的所有重要交易或者事项

任务四　认识会计要素与计量属性

会计要素是对会计对象按经济特征作出的基本分类，属于会计对象的具体化。企业会计要素按照其性质分为资产、负债、所有者权益、收入、费用和利润，其中，资产、负债和所有者权益要素侧重于反映企业的财务状况，收入、费用和利润要素侧重于反映企业的经营成果。

一、资产

（一）资产的概念

资产，是指企业过去的交易或者事项形成的，由企业拥有或者控制的，预期会给企业带来经济利益的资源。资产具有以下三个方面的特征：

1. 资产由企业过去的交易或者事项形成

资产应当由企业过去的交易或者事项所形成，过去的交易或者事项主要包括通过购买、生产、建造等行为形成的交易或者事项，只有过去的交易或者事项才能产生资产，企业预期在未来发生的交易或者事项不能确认为资产。

2. 资产属于企业拥有或者控制的经济资源

资产作为一种资源，应当由企业拥有或者控制，具体是指企业享有某项资源的所有权，或者虽然不享有某项资源的所有权，但该资源能被企业控制。

企业拥有资产的所有权，表明企业能够从资产中获取一定的经济利益。在判断资产是否属于某企业时，考虑的首要因素是对资产的拥有权；当然，在特殊情况下，企业虽然没拥有资产的所有权，但能够实际控制某项资产，也可以表明企业能够从资产中获取一定的经济利益，符合资产的概念。

3. 资产预期能给企业带来经济利益

资产预期会给企业带来经济利益，是指资产具有能够直接或者间接地导致现金和现金

等价物流入企业的潜力。这种潜力既包括来自企业日常的生产经营活动，也包括非日常活动；带来的经济利益既包括现金或者现金等价物，也包括转化为现金或者现金等价物的形式、减少现金或者现金等价物流出的形式。

（二）资产的确认条件

某一项资源确认为资产，除了要符合资产的概念，还应当同时满足以下两个条件：

1. 与该资源有关的经济利益很可能流入企业

能给企业带来经济利益是资产的一个基本特征，不能给企业带来经济利益的资源不应确认为资产。在实务中，某些资源能否给企业带来经济利益具有不确定性，与资源有关的经济利益能否流入企业或者能够流入的金额面临不确定性。因此，资产的确认还应当与经济利益流入的不确定性程度的判断结合起来。当与该资源相关的经济利益很可能流入企业的时候，该资源可以确定为资产，当与该资源相关的经济利益可能或者极小可能流入企业的时候，该资源不确定为资产。

2. 该资源的成本或者价值能够可靠计量

可靠计量是所有会计要素确认的重要前提，资产的确认也如此。只有当该资源的成本或者价值能够可靠计量时，才能确认为资产。在实务中，企业取得的大部分资产都需要付出成本。例如，企业购买或者生产的存货、企业购置的厂房或者设备等，对于这些资产，只有实际发生的成本或者生产成本能够可靠计量，才能视为符合资产确认的可计量条件。

【例题1-10】下列项目中，属于企业资产的有（　　　）。

A. 应收票据　　　　　　　　　　B. 固定资产
C. 无形资产　　　　　　　　　　D. 预收账款

二、负债

（一）负债的概念

负债也叫债务，是指企业过去的交易或者事项形成的，预期会导致经济利益流出企业的现时义务。负债具有以下三个方面的特征：

1. 负债由企业过去的交易或者事项形成

只有过去的交易或者事项才形成负债，企业将在未来发生的承诺、签订的合同等交易或者事项，不形成负债。因此，某一交易或事项是否形成企业的负债，首先得判断该交易或事项是不是过去发生的，如果该交易或事项不是过去发生的，那就不满足负债的概念。

2. 负债是企业承担的现时义务

负债必须是企业现时条件下承担的义务，即企业在现时条件下已承担的义务，未来发生的交易或者事项形成的义务，或者由或有事项引起的潜在义务，均不应当确认为负债。

现时条件下承担的义务可以是法定义务，也可以是推定义务。其中，法定义务，是指具有约束力的合同或者法律、法规规定的义务，通常在法律意义上需要强制执行。推定义务，是指根据企业多年来的习惯做法、公开的承诺或者公开宣布的经营政策而导致企业将承担的责任，这些责任也使有关各方形成了企业将履行义务承担责任的合理预期。

3. 负债预期会导致经济利益流出企业

预期会导致经济利益流出企业是负债的一个本质特征。如果某一项义务在履行时会导致经济利益流出企业，才属于负债；如果某一项义务在履行时不会导致经济利益流出企业，就不属于负债的范畴。

（二）负债的确认条件

某一项现时义务是否确认为负债，除了需要符合负债的概念外，还应当同时满足以下两个条件：

1. 与该义务有关的经济利益很可能流出企业

从负债的概念可以看到，预期会导致经济利益流出企业是负债的一个本质特征。在实务中，履行某项义务所引起的经济利益流出具有不确定性，尤其是与推定义务相关的经济利益需要依赖会计职业判断和主观性的估计。因此，负债的确认应当与经济利益流出的不确定性程度的判断结合起来，只有履行某项现时义务很可能导致相关的经济利益流出企业，才能将其确认为负债。

2. 未来流出的经济利益的金额能够可靠计量

在确认负债的过程中，除了要满足经济利益很可能流出企业外，还应当满足未来流出的经济利益的金额应当能够可靠计量。对于法定义务，一般根据合同或协议确定，对于推定义务，应当结合企业的具体情况综合判断。

【例题1-11】负债是企业承担的一项现时义务，既包括法定义务，也包括推定义务。（　　）

【例题1-12】下列项目中，属于企业负债的有（　　）。

A. 应付账款   B. 应付票据

C. 长期借款   D. 应付债券

三、所有者权益

（一）所有者权益的概念

所有者权益也称股东权益，是指企业资产减去负债后，由所有者享有的剩余权益。所有者权益实际上是企业全部的资产扣除负债后，由所有者对企业净资产的要求权，即股东对企业资产的剩余索取权。

所有者权益的来源包括所有者投入的资本、直接计入所有者权益的利得和损失以及留存收益等，具体包括实收资本或股本、资本公积（股本溢价或资本溢价、其他资本公积）、盈余公积（法定盈余公积、任意盈余公积）和未分配利润。

所有者投入的资本，是指所有者按投资合同或协议约定实际投入企业的资本，它既包括构成企业注册资本或者股本的金额，也包括投入资本超过注册资本或股本部分的金额。

直接计入所有者权益的利得和损失，是指不应直接计入当期损益、会导致所有者权益发生增减变动的、与所有者投入资本或者向所有者分配利润无关的利得或者损失。直接计入所有者权益的利得和损失主要包括其他债权投资、其他权益工具投资的公允价值变动额、现金流量套期中套期工具公允价值变动额等。

留存收益，是指企业历年实现的净利润留存于企业的部分，主要包括盈余公积和未分配利润。

（二）所有者权益的确认条件

所有者权益体现的是所有者在企业中的剩余权益，因此，所有者权益的确认主要依赖于资产、负债、收入、费用、利得和损失，尤其是资产和负债的确认；所有者权益金额的确定主要取决于资产和负债的计量。例如，企业接受投资者投入的资产，在该资产符合资产确认条件时，就相应地符合了所有者权益的确认条件；当该资产的价值能够可靠计量时，所有者权益的金额也就可以确定。

【例题 1-13】 下列项目中，属于企业所有者权益的有（　　　）。

A. 实收资本或股本　　　　　　　　　B. 资本公积

C. 盈余公积　　　　　　　　　　　　D. 未分配利润

四、收入

（一）收入的概念

收入，是指企业在日常活动中形成的、会导致所有者权益增加的、与所有者投入资本无关的经济利益的总流入。收入具有以下三个方面的特征：

1. 收入是企业在日常活动中形成的

日常活动，是指企业为完成其经营目标所从事的经常性活动以及与之相关辅助性的活动。例如，工业企业制造并销售产品属于日常活动，超市销售货物属于日常活动，建筑公司建造房子属于日常经营活动等。明确界定日常活动是将收入与利得相区分，因为企业非日常活动所形成的经济利益的流入应当确认为利得。

2. 收入会导致所有者权益的增加

与收入相关的经济利益的流入应当会导致所有者权益的增加，不会导致所有者权益增加的经济利益的流入不符合收入的概念，不应确认为收入。例如，企业向银行借入款项，尽管也导致了企业经济利益的流入，但该流入并不导致所有者权益的增加，反而使企业承担了一项现时义务。企业对于因借入款项所导致的经济利益的增加，不应将其确认为收入，应当确认为一项负债。

3. 收入是与所有者投入资本无关的经济利益的总流入

收入应当会导致经济利益的流入，从而导致资产的增加。例如，企业销售商品，应当收到现金或者有权在未来收到现金，才表明该交易符合收入的概念。但是在实务中，经济利益的流入有时是所有者投入资本的增加所导致的，所有者投入资本的增加不应当确认为收入，应当将其直接确认为所有者权益。

（二）收入的确认条件

企业收入的来源渠道多种多样，不同收入来源的特征有所不同，其收入确认条件也往往存在差别。在实务中，收入的确认应当符合以下五个条件：

（1）合同各方已批准该合同并承诺将履行各自义务。

（2）该合同明确了合同各方与所转让商品相关的权利和义务。

（3）该合同有明确的与所转让商品相关的支付条款。

（4）该合同具有商业实质。

（5）企业因向客户转让商品而有权取得的对价很可能收回。

【例题 1-14】 下列项目中，属于企业收入的有（　　）。

A. 预收客户的货款

B. 销售货物，款项已收到

C. 提供劳务，款项已收

D. 接受捐赠的款项

五、费用

（一）费用的概念

费用，是指企业在日常活动中发生的、会导致所有者权益减少的、与向所有者分配利润无关的经济利益的总流出。费用具有以下三个方面的特征：

1. 费用是企业在日常活动中形成的

费用必须是企业在日常活动中所形成的，这里日常活动的界定与收入概念中涉及的日常活动的界定相一致。日常活动所产生的费用通常包括销售成本、职工薪酬、折旧费、无形资产摊销等。将费用界定为日常活动所形成的，目的是将其与损失相区分，企业非日常活动所形成的经济利益的流出应当确认为损失。

2. 费用会导致所有者权益的减少

与费用相关的经济利益的流出应当会导致所有者权益的减少，不会导致所有者权益减少的经济利益的流出不符合费用的概念，不应确认为费用。例如，代客户或第三方垫付的款项，不属于费用。

3. 费用是与向所有者分配利润无关的经济利益的总流出

费用的发生应当会导致经济利益的流出，从而导致资产的减少或者负债的增加，其表现形式包括现金或者现金等价物的流出，存货、固定资产和无形资产等的流出或者消耗等。企业向所有者分配利润也会导致经济利益的流出，而该经济利益的流出属于所有者权益的抵减项目，不应确认为费用。

（二）费用的确认条件

费用的确认除了应当符合费用的概念外，还应当满足以下三个条件：

（1）与费用相关的经济利益应当很可能流出企业。

（2）经济利益流出企业的结果会导致资产的减少或者负债的增加。

（3）经济利益的流出额能够可靠计量。

【例题 1-15】 下列项目中，属于企业费用的有（　　）。

A. 管理费用

B. 销售费用

C. 营业外支出

D. 财务费用

六、利润

（一）利润的概念

利润，是指企业在一定会计期间的经营成果，主要体现为一段时间内企业通过从事经营活动而获取的利润或者发生的亏损。一般来说，如果企业通过经营活动获取了一定数额的利润，表明该企业的经营成果好，所有者权益会增加；如果企业通过经营活动发生亏损，表明该企业的经营成果不好，所有者权益会减少。在实务中，利润往往是评价企业经营管理活动业绩的一项直观的重要的指标，也是会计信息使用者进行决策时的重要参考依据。

利润包括收入减去费用后的净额以及直接计入当期利润的利得和损失等。其中，收入减去费用后的净额反映的是企业日常经营活动的业绩。直接计入当期利润的利得和损失，是指在发生时不计入收入和费用，而是直接计入当期营业外收入和营业外支出。直接计入当期利润的利得和损失最终会引起所有者权益发生增减变动并与所有者投入资本或者向所有者分配利润无关。企业应当严格区分收入和利得、费用和损失，全面准确地反映企业的经营业绩。

（二）利润的确认条件

利润反映的是收入减去费用再加上利得减去损失后的净额。因此，利润的确认主要依赖于收入和费用以及利得和损失的确认，其金额的确定也主要取决于收入、费用、利得和损失金额的计量。

【例题1-16】下列项目中，属于反映企业经营成果要素的有（　　　　）。

A. 负债
B. 收入
C. 费用
D. 利润

七、会计要素计量属性

会计计量是为了将符合确认条件的会计要素登记入账、列报于财务报表并确定其金额的过程。企业应当按照规定的会计计量属性进行计量，确定相关金额。会计计量是会计要素金额的确定基础，主要包括历史成本、重置成本、可变现净值、现值和公允价值。

（一）历史成本

历史成本又称实际成本，是指取得或制造某项财产物资时所实际支付的现金或者其他等价物。在历史成本计量下，资产按照其购置时支付的现金或现金等价物的金额，或者按照购置资产时所付出的对价的公允价值计量。负债按照因承担现时义务而实际收到的款项或者资产的金额，或者承担现时义务的合同金额，或者按照日常活动中为偿还负债预期需要支付的现金或者现金等价物的金额计量。

（二）重置成本

重置成本又称现行成本，是指按照当前市场条件，重新取得同样一项资产所需支付的现金或现金等价物金额。在重置成本下，资产按照现在购买相同或者相似资产所需支付的现金或者现金等价物的金额计量。负债按照现在偿付该项债务所需支付的现金或者现金等价物的金额计量。

（三）可变现净值

可变现净值，是指在企业生产经营过程中，以预计售价减去进一步加工成本和销售所必需的预计税金、费用后的净值。在可变现净值计量下，资产按照其正常对外销售所能收到的现金或者现金等价物的金额扣减该资产至完工时估计将要发生的成本、估计的销售费用以及相关税金后的金额计量。

（四）现值

现值，是指对未来现金流量以恰当的折现率进行折现后的价值，是考虑货币时间价值因素的一种计量属性。在现值计量下，资产按照预计从其持续使用和最终处置中所产生的未来现金流入量的折现金额计量。负债按预计期限内需要偿还的未来现金流出量的折现金额计量。

（五）公允价值

公允价值，是指在有序的市场交易中，熟悉情况的交易双方自愿进行资产交换或者债务清偿的金额。在公允价值计量下，资产和负债按照在公平交易中，熟悉情况的交易双方自愿进行资产交换或者债务清偿的金额计量。

【例题1-17】 下列项目中，属于会计计量属性的有（　　　）。

A. 历史成本　　　　　　　　　　　B. 重置成本

C. 公允价值　　　　　　　　　　　D. 现值

项目总结

本项目主要介绍了初级财务会计的概念、初级财务会计的目标、会计信息使用者（投资者、债权人、政府及有关部门、社会公众等）对会计信息的需求、会计基本假设（会计主体、持续经营、会计分期、货币计量）、会计基础（权责发生制、收付实现制）、会计信息质量要求（可靠性、相关性、可理解性、可比性、实质重于形式、重要性、谨慎性、及时性）、会计要素（资产、负债、所有者权益、收入、费用、利润）和会计要素计量属性（历史成本、重置成本、可变现净值、现值和公允价值）。

巩固练习

一、思考题

1. 初级财务会计的目标是什么？

2. 初级财务会计的要素有哪些？

3. 初级财务会计的基本假设有哪些？

4. 初级财务会计的信息质量要求有哪些？

二、单项选择题

1. 我国实行公历制会计年度是基于（　　　）的基本会计假设。

A. 会计主体　　　　B. 货币计量　　　　C. 会计分期　　　　D. 持续经营

2. 形成权责发生制和收付实现制不同的记账基础，进而出现应收、应付、预收、预付、折旧、摊销等会计处理方法所依据的会计基本假设是（　　　）。

A. 货币计量　　　　B. 会计年度　　　　C. 持续经营　　　　D. 会计分期

3. 下列项目中，有关会计主体的表述不正确的是（　　　）。

A. 会计主体是指会计核算和监督的特定单位和组织

B. 会计主体就是法律主体

C. 由若干具有法人资格的企业组成的企业集团也是会计主体

D. 会计主体界定了从事会计工作和提供会计信息的空间范围

4. 下列项目中，不应作为负债处理的是（　　）。

A. 应付账款　　　　B. 应交税费　　　　C. 预收款项　　　　D. 预付款项

5. 下列项目中，属于会计主要计量单位的是（　　）。

A. 货币　　　　　　B. 劳动量　　　　　C. 实物　　　　　　D. 价格

6. 根据权责发生制原则，下列项目中，属于本期收入和费用的是（　　）。

A. 支付明年的房屋租金　　　　　　　B. 本期已经收款，但商品尚未制造完成

C. 当期按照税法规定预缴的税费　　　D. 商品在本期销售，但货款尚未收到

7. 会计分期是把企业持续经营过程划分为若干个起讫日期较短的会计期间，其起讫日期通常为（　　）。

A. 一个会计日度　B. 一个会计月度　C. 一个会计年度　D. 一个会计季度

8. 负债是指由过去的交易或事项形成的企业需要以（　　）等偿付的现时义务。

A. 资产或劳务　　　　　　　　　　　B. 资本或劳务

C. 资产或债权　　　　　　　　　　　D. 收入或劳务

9. 下列项目中，属于界定会计工作和提供会计信息的空间范围的是（　　）。

A. 会计职能　　　　B. 会计主体　　　　C. 会计内容　　　　D. 会计对象

10. "商誉"科目按所归属的会计要素分类，属于（　　）类科目。

A. 资产　　　　　　B. 负债　　　　　　C. 所有者权益　　　D. 成本

三、多项选择题

1. 下列项目中，可以作为一个会计主体进行核算的有（　　）。

A. 销售部门　　　　B. 分公司　　　　　C. 母公司　　　　　D. 企业集团

2. 下列项目中，根据权责发生制原则应计入本期的收入和费用有（　　）。

A. 前期提供劳务未收款，本期收款　　B. 本期销售商品一批，尚未收款

C. 本期耗用的水电费，尚未支付　　　D. 预付下一年的报刊费

3. 下列项目中，属于负债类科目的有（　　）。

A. 长期借款　　　　B. 应交税费　　　　C. 累计折旧　　　　D. 应付利息

4. 下列项目中，属于流动负债的有（　　）。

A. 应付票据　　　　B. 应付账款　　　　C. 应付利息　　　　D. 应付债券

5. 下列项目中，属于动态会计要素的有（　　）。

A. 资产　　　　　　B. 负债　　　　　　C. 收入　　　　　　D. 费用

四、判断题

1. 由于有了持续经营这个会计核算的基本假设，才产生了当期与其他期间的区别，从而出现了权责发生制与收付实现制的区别。　　　　　　　　　（　　）

2. 法律主体不一定是会计主体，但会计主体一定是法律主体。　　　　　（　　）

3. 持续经营假设是假设企业可以长生不老，即使进入破产清算，也不应该改变会计核算方法。　　　　　　　　　　　　　　　　　　　　　　　（　　）

4. 所有者权益和负债的区别包括两者的对象不同、两者体现的经济关系不同、两者的偿还期限不同、两者承担的风险不同。（　　）

5. 会计上所称的"资产"仅指过去的交易或事项形成的、由企业拥有、预期会给企业带来经济利益流入的资源。（　　）

项目二 认识货币资金、应收款项与核算

1. **知识目标**

熟悉库存现金、银行存款、其他货币资金、应收及预付款项的内容；

理解库存现金、银行存款清查的核算、应收款项减值的核算；

掌握库存现金、银行存款、其他货币资金、应收账款、应收票据、其他应收款、预付账款的核算与管理。

2. **能力目标**

通过学习货币资金、应收款项与核算相关知识，形成货币时间价值思维，提升对货币资金、应收款项的核算能力，提升对货币资金、应收款项的管理能力。

3. **素质目标**

通过学习货币资金、应收款项与核算相关知识，培养正确的金钱观、价值观，培养精确核算与管理的精神。

知识结构

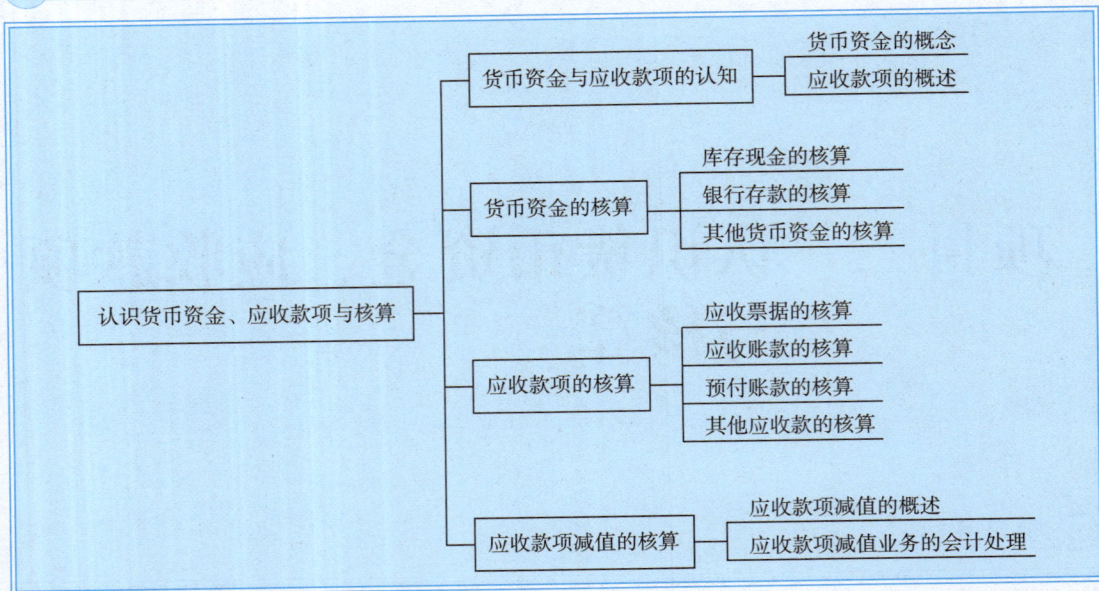

导入案例

文总"钱途"的困惑

文总经营一家规模较大的制造业公司，公司的货币资金一直比较紧张，主要是材料、人工等都不能赊账，而公司销售的商品大部分都是赊销的，资金回笼压力很大，经常发生因为小客户破产而收不到货款的情况，应收账款的坏账率比较高。文总百思不得其解，为什么其他公司资金周转那么快、资金回笼那么快？问题出在哪里呢？你知道吗？

任务一　货币资金与应收款项的认知

一、货币资金的概念

货币资金，是指企业在生产经营活动过程中处于货币形态的流动资产，主要包括库存现金、银行存款和其他货币资金。

（一）库存现金

库存现金，是指存放在企业财务部门由出纳人员保管的货币。库存现金是企业流动性最强的资产，企业应当严格遵守国家有关规定加强对现金的管理，正确地进行现金收支的核算，监督现金使用的合法性与合理性。

1. 现金的使用范围

根据《现金管理条例》规定，企业可以采用现金支付的范围包括以下八个方面：

（1）职工工资、奖金、津贴、补贴；

（2）个人劳务报酬；

（3）根据国家规定颁发给个人的科学技术、文化艺术、体育等各种奖金；

（4）各种劳保、福利费用以及国家规定的对个人的其他支出；

（5）向个人收购农副产品和其他物资的款项；

（6）出差人员必须随身携带的差旅费；

（7）结算起点以下的零星支出（1 000元以下）；

（8）中国人民银行确定需要支付现金的其他支出。

除上述情况可以用现金支付外，其他款项的支付应当通过银行存款账户结算，当然，上述业务也可采用银行存款账户结算。

2. 库存现金的限额规定

库存现金的限额，是指为了保证企业日常零星开支的需要，允许企业留存现金的最高额度。库存现金的限额是根据企业开户银行的管理制度，结合企业现金需要量核定的，一般按照企业3~5天日常零星开支的额度确定，边远地区和交通不便地区企业的库存现金限额，可按多于5天但最长得不超过15天的日常零星开支的需要确定。经开户银行核定后的现金限额，企业必须严格遵守，超过限额规定的现金应于当日下班前存入银行。需要增加或减少现金限额的企业，应向开户银行提出申请，由开户银行核定。

注意：工资薪酬、货款、差旅费等大额开支，不属于现金限额的范围。

3. 现金收支的规定

企业现金收支应当依照以下相关规定处理：

（1）企业现金收入应当于当日送存开户银行，当日送存确有困难的，由开户银行确定送存时间，但不宜推迟时间过长；

（2）企业支付现金，可以从企业库存现金中支付或从开户银行提取支付，不得从本企业的现金收入中直接支付，即不得"坐支"现金，因特殊情况需要坐支现金，应事先报经有关部门审查批准，并在核定的范围和限额内进行，同时，收支的现金必须入账；

（3）企业从开户银行提取现金时，应如实写明提取现金的用途，由本企业财会部门负责人签字盖章，并经开户银行审查批准后予以支付；

（4）因采购地点不确定、交通不便、抢险救灾及其他特殊情况必须使用现金的企业，应向开户银行提出书面申请，由本企业财会部门负责人签字盖章，并经开户银行审查批准后予以支付。

此外，不准用不符合会计制度规定的凭证顶替库存现金，即不得"白条顶库"；不准谎报用途套取现金；不准用银行账户代其他单位和个人存入或支取现金；不准拿企业收入的现金以个人名义储存；不准保留账外公款，即不得"公款私存"，不得设置"小金库"等。

（二）银行存款

银行存款，是指企业存放在银行或其他金融机构的货币。企业应当根据业务需要，按照规定在其所在地银行开设账户，运用所开设的账户，进行存款、取款以及各种收支业务的结算。银行存款的收付应严格执行银行结算制度的规定。

银行存款账户主要包括以下四种：

1. 基本存款账户

基本存款账户是企业办理日常转账结算和现金收付的账户。企业的工资、奖金等现金的支取，只能通过基本存款账户办理。一个企业只能开立一个基本存款账户，其他银行结算账户的开立必须以基本存款账户的开立为前提，凭基本存款账户开户登记证办理相关手续，并在基本存款账户开户登记证上进行相应登记。

2. 一般存款账户

一般存款账户是企业因借款或其他结算需要，在基本存款账户开户银行以外的银行等金融机构开立的银行结算账户。一般存款账户不得办理现金支取。

3. 临时存款账户

临时存款账户是企业因临时经营活动需要开立的账户，临时存款账户主要是临时经营活动发生的资金收付，该账户按规定可以支取现金，最长不得超过两年。

4. 专用存款账户

专用存款账户是企业对特定用途的资金，由企业向开户行出具相应证明的账户。如企业的社保基金账户、住房公积金账户都属于该类账户。

（三）其他货币资金

其他货币资金，是指企业除了库存现金、银行存款以外的各项货币资金，主要包括银行汇票存款、银行本票存款、信用卡存款、信用证保证金存款、存出投资款、外埠存款。

1. 银行汇票存款

银行汇票，是指由银行签发的、承诺自己在见票时按照实际结算金额无条件支付给收款人或者持票人的票据。银行汇票的出票银行为银行汇票的付款人。单位和个人各种款项的结算，均可使用银行汇票。银行汇票可以用于转账，填明"现金"字样的银行汇票也可以用于支取现金。

2. 银行本票存款

银行本票，是指由银行签发的、承诺自己在见票时无条件支付确定的金额给收款人或持票人的票据。单位和个人在同一票据交换区域需要支付的各种款项，均可使用银行本票。银行本票可以用于转账，注明"现金"字样的银行本票可以用于支取现金。

3. 信用卡存款

信用卡存款，是指企业为取得信用卡而存入银行信用卡专户的款项。信用卡是银行卡的一种。信用卡按使用对象分为单位卡和个人卡；按信用等级分为金卡和普通卡；按是否向发卡银行交存备用金分为贷记卡和准贷记卡。

4. 信用证保证金存款

信用证保证金存款，是指采用信用证结算方式的企业为开具信用证而存入银行信用证保证金专户的款项。企业向银行申请开立信用证，应按规定向银行提交开证申请书、信用证申请人承诺书和购销合同。

5. 存出投资款

存出投资款，是指企业已存入证券公司用于购买各种有价证券的货币资金，通常用于企业通过证券公司在二级市场购入的股票、债券、基金等投资。

6. 外埠存款

外埠存款，是指企业为了到外地进行临时或零星采购，而汇往采购地银行开立采购专户的款项。该账户的存款不计利息、只付不收、付完清户，除了采购人员可从中提取少量现金外，一律采用转账结算。

二、应收款项的概述

应收款项是企业拥有的各项债权，即在未来可以获取资金、商品或劳务的权利，应收款项主要包括：应收账款、应收票据、预付账款、应收股利、应收利息、其他应收款等。

（一）应收账款

应收账款，是指企业因销售产品、提供劳务等经营活动应收取的款项。可以通过以下三个方面理解：一是应收账款是企业因销售活动引起的债权；二是应收账款是流动资产性质的债权，不包括长期性质的债权；三是应收账款是企业应收客户的款项，不包括企业付出的各类存出保证金，如投标保证金和租入包装物保证金。

（二）应收票据

应收票据，是指企业因销售产品、提供劳务等而收到的商业汇票。商业汇票按其承兑人不同，分为商业承兑汇票和银行承兑汇票两种；商业汇票按其是否计息可分为不带息商业汇票和带息商业汇票两种。不带息商业汇票的到期值等于面值；带息商业汇票的到期值等于其面值加上到期应计利息。在我国，一般使用的商业汇票是不带息商业汇票。

（三）预付账款

预付账款，是指企业按照购货合同或协议的规定预付给供应单位的款项。

按照权责发生制原则，预付账款虽款项已经付出，但对方的义务尚未尽到，要求对方履行义务仍是企业的权利，因此，预付账款和应收账款一样，都是企业的短期债权。但是，两者又有所区别。应收账款是企业销货引起的，是应向购货方收取的款项；而预付账款是企业购货引起的，是预先付给供货方的款项。

（四）应收股利

应收股利，是指企业因股权投资而应收取的现金股利以及应收其他单位的利润。应收股利包括企业股票实际支付的款项中所包括的已宣告发放但尚未领取的现金股利和企业对外投资应分得的现金股利或利润等，但不包括应收的股票股利。

（五）应收利息

应收利息，是指企业因债券投资或贷款而应收取的利息。包括债券的价款中已到付息期但尚未领取的债券利息，和分期付息到期还本的债券或贷款在持有期间产生的利息。不包括企业到期一次还本付息的债券或贷款应收取的利息。

（六）其他应收款

其他应收款，是指企业除应收票据、应收账款和预付账款等经营活动以外的其他各种应收、暂付款项。通过其他应收款核算的项目主要包括以下几项：

（1）应收的各种赔款、罚款；

（2）应收出租包装物的租金；

（3）应向职工收取的各种垫付款项；

（4）备用金；

（5）存出的保证金，如租入包装物支付的押金；

（6）其他各种应收、暂付款项。不包括企业拨出用于投资、购买物资的各种款项。

任务二　货币资金的核算

一、库存现金的核算

为了核算企业库存现金的收入、支出和结存情况，企业应当设置"库存现金"科目。该科目属于资产类，借方登记库存现金的增加，贷方登记库存现金的减少，期末余额在借方，表示企业持有库存现金的余额。为了全面、连续地反映和监督库存现金的增、减和结存情况，企业应当设置库存现金总账和库存现金日记账，分别进行库存现金的总分类核算和明细分类核算。

（一）库存现金业务的会计处理

1. 企业提取现金的会计处理

从银行提取现金时，企业的会计分录如下：

借：库存现金（根据支票存根所记载的金额）

　　贷：银行存款

将现金存入银行时，企业的会计分录如下：

借：银行存款（根据银行退回的进账单）

　　贷：库存现金

2. 企业支付职工预借现金的会计处理

支付职工预借现金时，企业的会计分录如下：

借：其他应收款（按支出凭证所记载的金额）

　　贷：库存现金

收到职工偿还现金时，企业的会计分录如下：

借：库存现金（按实际收回的现金）

　　管理费用

　　销售费用

　　　贷：其他应收款

3. 企业因企业原因收到现金的会计处理

因其他原因收到现金时，企业的会计分录如下：

借：库存现金

　　　　贷：营业外收入等

4. 企业因其他原因支付现金的会计处理

因其他原因支付现金时，企业的会计分录如下：

借：营业外支出等

　　贷：库存现金

【例题 2-1】 2024 年 1 月 6 日，XR 公司签发一张现金支票，提取现金 30 000 元备用。

提取现金时，XR 公司的会计分录如下：

借：库存现金　　　　　　　　　　　　　　　　　　　　　　　　　30 000

　　贷：银行存款　　　　　　　　　　　　　　　　　　　　　　　　　　30 000

【例题 2-2】 2024 年 1 月 10 日，XR 公司职工小韦预借差旅费 6 000 元，以现金支付。

小韦预借差旅费时，XR 公司的会计分录如下：

借：其他应收款——小韦　　　　　　　　　　　　　　　　　　　　6 000

　　贷：库存现金　　　　　　　　　　　　　　　　　　　　　　　　　　6 000

【例题 2-3】 2024 年 1 月 10 日，XR 公司以现金支付上月职工工资 50 000 元。

支付职工工资时，XR 公司的会计分录如下：

借：应付职工薪酬　　　　　　　　　　　　　　　　　　　　　　　50 000

　　贷：库存现金　　　　　　　　　　　　　　　　　　　　　　　　　　50 000

【例题 2-4】 2024 年 1 月 12 日，XR 公司职工小王报销购买办公用品费用共计 3 000 元，以现金支付。

支付购买办公用品款时，XR 公司的会计分录如下：

借：管理费用　　　　　　　　　　　　　　　　　　　　　　　　　3 000

　　贷：库存现金　　　　　　　　　　　　　　　　　　　　　　　　　　3 000

【例题 2-5】 2024 年 1 月 13 日，XR 公司向贫困户小张捐款 6 000 元，以现金支付。

捐赠给小张时，XR 公司的会计分录如下：

借：营业外支出　　　　　　　　　　　　　　　　　　　　　　　　6 000

　　贷：库存现金　　　　　　　　　　　　　　　　　　　　　　　　　　6 000

（二）库存现金的清查

为了保证库存现金的安全完整，企业应当定期或不定期地对库存现金进行清查。在实务中，对库存现金的清查一般采用实地盘点法，由清查人员和出纳人员共同清查并在库存现金盘存表上签名盖章，对于清查的结果，应当编制库存现金盘点报告表，交给领导审批。库存现金清查的目的主要包括检查账实是否相符、是否有挪用现金、是否有白条顶库、是否有私借公款等情况；在清查中，如果存在账款不符，有待查明原因的现金短缺或溢余，应先通过"待处理财产损溢"账户核算。按管理权限报经批准后，按照不同的情况分别处理。

如果是现金短缺，属于应由责任人赔偿或保险公司赔偿的部分，记入其他应收款；属于无法查明的其他原因，记入管理费用。

如果是现金溢余，属于应支付给有关人员或单位的，记入其他应付款；属于无法查明原因的，记入营业外收入。

1. 库存现金盘亏业务的会计处理

库存现金盘亏时，企业的会计分录如下：

审批前：

借：待处理财产损溢——待处理流动资产损溢

　　贷：库存现金

审批后：

借：其他应收款——××（由责任人赔偿的金额）

　　管理费用（无法查明原因的金额）

　　贷：待处理财产损溢——待处理流动资产损溢

2. 库存现金盘盈业务的会计处理

库存现金盘盈时，企业的会计分录如下：

审批前：

借：库存现金

　　贷：待处理财产损溢——待处理流动资产损溢

审批后：

借：待处理财产损溢——待处理流动资产损溢

　　贷：其他应付款

　　　　营业外收入

【例题 2-6】2024 年 4 月 30 日，XR 公司在对库存现金进行清查时，发现盘亏 500 元。

盘亏现金时，XR 公司的会计分录如下：

借：待处理财产损溢——待处理流动资产损溢　　　　　　　　　　　　　　　　500

　　贷：库存现金　　　　　　　　　　　　　　　　　　　　　　　　　　　　　　500

【例题 2-7】承接【例题 2-6】，上述库存现金盘亏，属于无法查明原因，按规定转入管理费用。审批后，XR 公司的会计分录如下：

借：管理费用　　　　　　　　　　　　　　　　　　　　　　　　　　　　　　500

　　贷：待处理财产损溢——待处理流动资产损溢　　　　　　　　　　　　　　　　500

【例题 2-8】2024 年 5 月 31 日，XR 公司在对现金进行清查时，发生溢余 800 元。

盘盈现金时，XR 公司的会计分录如下：

借：库存现金　　　　　　　　　　　　　　　　　　　　　　　　　　　　　　800

　　贷：待处理财产损溢——待处理流动资产损溢　　　　　　　　　　　　　　　　800

【例题 2-9】承接【例题 2-8】，库存现金溢余原因不明，经批准计入营业外收入。

审批后，XR 公司的会计分录如下：

借：待处理财产损溢——待处理流动资产损溢　　　　　　　　　　　　　　　　800

　　贷：营业外收入——盘盈利得　　　　　　　　　　　　　　　　　　　　　　800

二、银行存款的核算

为了核算企业银行存款的增加、减少和结存情况，企业应当设置"银行存款"科目。该科目属于资产类，借方登记银行存款的增加，贷方登记银行存款的减少，期末余额在借方，表示企业银行存款的余额。为了全面、连续地反映和监督银行存款的增、减和结存情况，企业应当设置银行存款总账和银行存款日记账，分别进行企业银行存款的总分类核算和明细分类核算。

（一）银行存款业务的会计处理

从银行提取现金时，企业的会计分录如下：

借：库存现金

　　贷：银行存款（根据支票存根所记载的提取金额）

将现金存入银行时，企业的会计分录如下：

借：银行存款（根据银行退回的进账单）

　　贷：库存现金

支付前欠供应商款项时，企业的会计分录如下：

借：应付账款

　　应付票据

　　贷：银行存款（按支出凭证所记载的金额）

收到客户偿还货款时，企业的会计分录如下：

借：银行存款（按实际收回的金额）

　　贷：应收账款

　　　　应收票据

【例题 2-10】2024 年 2 月 3 日，XR 公司签发一张现金支票，提取现金 40 000 元备用。

提取备用金时，XR 公司的会计分录如下：

借：库存现金　　　　　　　　　　　　　　　　　　　　40 000

　　贷：银行存款　　　　　　　　　　　　　　　　　　　　40 000

【例题 2-11】2024 年 2 月 10 日，XR 公司出纳小王将超过限额规定的现金存入银行，金额为 12 000 元。

将现金存入银行时，XR 公司的会计分录如下：

借：银行存款　　　　　　　　　　　　　　　　　　　　12 000

　　贷：库存现金　　　　　　　　　　　　　　　　　　　　12 000

【例题 2-12】2024 年 2 月 10 日，XR 公司签发转账支票，支付上月欠供应商的货款，金额为 23 200 元。

偿还货款时，XR 公司的会计分录如下：

借：应付账款　　　　　　　　　　　　　　　　　　　　23 200

　　贷：银行存款　　　　　　　　　　　　　　　　　　　　23 200

【例题 2-13】2024 年 2 月 11 日，XR 公司以银行存款支付产品展览费，金额为 7 000 元，不考虑相关税费。

支付产品展览费时，XR 公司的会计分录如下：

借：销售费用　　　　　　　　　　　　　　　　　　　　7 000

　　贷：银行存款　　　　　　　　　　　　　　　　　　　　7 000

（二）银行存款的对账

为了保证银行存款的安全完整，企业应当定期或不定期与银行对账。对账的结果如果相符，说明银行存款账务处理一般没有问题；对账的结果如果不相符，说明存在错账或未达账项，应当进一步查找原因。

所谓未达账项，是指银行与企业之间，由于凭证传递上存在时间差，导致一方已登记入账，而另一方尚未登记入账的情况。银行存款的未达账项具体包括四种情况：

（1）银行已收、企业未收；

（2）银行已付、企业未付；

（3）企业已收、银行未收；

（4）企业已付、银行未付。

对于未达账项，企业应该通过编制银行存款余额调节表进行调节。调节后，若无记账差错，双方调整后的余额相等；调节后，双方余额如果仍不相符，说明记账有差错，需进一步查找原因，找出错误并更正。

调节后的银行存款余额，表示企业实际的存款余额。

需要注意的是，银行存款余额调节表是用来核对企业和银行的记账有无错误，不能作为记账的依据。对于未达账项，无须进行账面调整，待结算凭证收到后再进行账务处理。

【例题 2-14】XR 公司 2024 年 5 月 31 日银行存款日记账的余额为 5 400 000 元，银行转来对账单的余额为 8 300 000 元。经过核对，属于未达账项导致的差异，具体有以下四个方面（表 2-1）：

（1）XR 公司送存转账支票 6 000 000 元，并已登记银行存款增加，但银行尚未记账；

（2）XR 公司开出转账支票 4 500 000 元，但持票单位尚未到银行办理转账，银行尚未记账；

（3）XR 公司委托银行代收某公司购货款 4 800 000 元，银行已收妥并登记入账，但 XR 公司尚未收到收款通知，尚未记账；

（4）银行代企业支付水电费 400 000 元，银行已登记企业银行存款减少，但 XR 公司未收到银行付款通知，尚未记账。

表 2-1　银行存款余额调节表　　　　　　　　　　　　　　　　　　　　　元

项目	金额	项目	金额
企业银行存款日记账余额	5 400 000	银行对账单余额	8 300 000
加：银行已收、企业未收的款项合计	4 800 000	加：企业已收、银行未收的款项合计	6 000 000
减：银行已付、企业未付的款项合计	400 000	减：企业已付、银行未付的款项合计	4 500 000
调节后余额	9 800 000	调节后余额	9 800 000

三、其他货币资金的核算

为了核算企业持有的除了库存现金、银行存款以外的货币资金，企业应当设置"其他货币资金"总账科目，并设置外埠存款、银行汇票存款、银行本票存款、信用卡存款、信用证保证金、存出投资款等科目进行明细核算。该科目属于资产类，借方登记增加，贷方登记减少，期末余额在借方，表示企业持有其他货币资金的余额。

其他货币资金的业务处理主要包括以下几个方面：

（一）银行汇票存款业务的会计处理

银行汇票存款业务的会计处理一般包括申请银行汇票、消费结账、退回剩余款和收到银行汇票结算四个部分。

填写"银行汇票申请书"将款项交存银行时，企业的会计分录如下：

借：其他货币资金——银行汇票

　　贷：银行存款

持银行汇票购货收到有关发票账单时，企业的会计分录如下：

借：材料采购（在计划成本法下使用）

　　在途物资（在实际成本法下使用）

　　原材料

　　库存商品等

　　应交税费——应交增值税（进项税额）（按增值税能抵扣的金额）

　　贷：其他货币资金——银行汇票

采购完毕收回剩余款项时，企业的会计分录如下：

借：银行存款

　　贷：其他货币资金——银行汇票

收到银行汇票、填制进账单到开户银行办理款项入账手续时，企业的会计分录如下：

借：银行存款（根据进账单及销货发票等）

　　贷：主营业务收入

　　　　其他业务收入

　　　　应交税费——应交增值税（销项税额）

【例题 2-15】 XR 公司为增值税一般纳税人，2024 年 5 月 10 日向银行申请办理银行汇票用以购买原材料，将款项 2 500 000 元交存银行转作银行汇票存款。

申请银行汇票时，XR 公司的会计分录如下：

借：其他货币资金——银行汇票　　　　　　　　　　　　　　2 500 000

　　贷：银行存款　　　　　　　　　　　　　　　　　　　　　　2 500 000

XR 公司购入原材料一批，取得的增值税专用发票上注明的原材料价款为 2 000 000元，增值税税额为 260 000 元，已用银行汇票办理结算，多余款项 240 000 元退回开户银行，XR 公司已收到开户银行转来的多余款项收账通知。

用银行汇票购买材料时，XR 公司的会计分录如下：

借：原材料　　　　　　　　　　　　　　　　　　　　　　　2 000 000

　　应交税费——应交增值税（进项税额）　　　　　　　　　　260 000

　　贷：其他货币资金——银行汇票　　　　　　　　　　　　　　2 260 000

同时，XR 公司还需做会计分录如下：

借：银行存款　　　　　　　　　　　　　　　　　　　　　　　240 000

　　贷：其他货币资金——银行汇票　　　　　　　　　　　　　　240 000

（二）银行本票存款业务的会计处理

银行本票存款业务的会计处理一般包括申请银行本票、消费结账和收到银行本票结算三个部分。

填写"银行本票申请书"将款项交存银行时，企业的会计分录如下：

借：其他货币资金——银行本票

　　贷：银行存款

　　持银行本票购货收到有关发票账单时，企业的会计分录如下：

借：材料采购（计划成本法）

　　在途物资（实际成本法）

　　原材料

　　库存商品等

　　应交税费——应交增值税（进项税额）（按增值税能抵扣的金额）

　　　贷：其他货币资金——银行本票

收到银行本票、填制进账单到开户银行办理款项入账手续时，企业的会计分录如下：

借：银行存款（根据进账单及销货发票等）

　　　贷：主营业务收入

　　　　　其他业务收入

　　　　　应交税费——应交增值税（销项税额）

　　【例题 2-16】 XR 公司为取得银行本票，2024 年 5 月 10 日向银行填交"银行本票申请书"，并将 20 000 元银行存款转作银行本票存款。

申请银行本票时，XR 公司的会计分录如下：

借：其他货币资金——银行本票　　　　　　　　　　　　　　20 000

　　　贷：银行存款　　　　　　　　　　　　　　　　　　　　　　20 000

XR 公司用银行本票购买办公用品，金额为 20 000 元，取得增值税普通发票，不考虑相关税费。

购买办公用品时，XR 公司的会计分录如下：

借：管理费用　　　　　　　　　　　　　　　　　　　　　　20 000

　　　贷：其他货币资金——银行本票　　　　　　　　　　　　　　20 000

（三）信用卡存款业务的会计处理

信用卡存款业务的会计处理一般包括申请信用卡、消费结账和销卡退回剩余款三个部分。

企业应填制"信用卡申请表"，连同支票和有关资料一并送存发卡银行。

申请信用卡或续存资金时，企业的会计分录如下：

借：其他货币资金——信用卡

　　　贷：银行存款

购物或支付有关费用时，企业的会计分录如下：

借：管理费用

　　销售费用等

　　应交税费——应交增值税（进项税额）（按增值税能抵扣的金额）

　　　贷：其他货币资金——信用卡（根据收到银行转来的信用卡存款的付款凭证）

企业的持卡人如不需要继续使用信用卡时，应持信用卡主动到发卡银行办理销户，销卡时，单位卡科目余额转入企业基本存款户，不得提取现金。

注销信用卡时，企业的会计分录如下：

借：银行存款

　　贷：其他货币资金——信用卡

【例题 2-17】 XR 公司于 2024 年 3 月 5 日向银行申请信用卡，向银行交存 50 000 元，4 月 10 号，该公司用信用卡向某饭店支付招待费 8 000 元，取得增值税普通发票。

　　申请信用卡时，XR 公司的会计分录如下：

　　借：其他货币资金——信用卡　　　　　　　　　　　　　　　　　50 000

　　　　贷：银行存款　　　　　　　　　　　　　　　　　　　　　　　　50 000

　　用信用卡付款时，XR 公司的会计分录如下：

　　借：管理费用　　　　　　　　　　　　　　　　　　　　　　　　8 000

　　　　贷：其他货币资金——信用卡　　　　　　　　　　　　　　　　　8 000

（四）信用证保证金存款业务的会计处理

　　信用证保证金存款业务的会计处理一般包括申请信用证保证金、消费结账和撤销保证金退回剩余款三个部分。

　　填写"信用证申请书"，将信用证保证金交存银行时，企业的会计分录如下：

　　借：其他货币资金——信用证保证金（根据银行盖章退回的"信用证申请书"回单）

　　　　贷：银行存款

　　接到开证行付款通知时，企业的会计分录如下：

　　借：材料采购（计划成本法）

　　　　在途物资（实际成本法）

　　　　原材料

　　　　库存商品等

　　　　应交税费——应交增值税（进项税额）（按增值税能抵扣的金额）

　　　　贷：其他货币资金——信用证保证金（根据供货单位信用证结算凭证）

　　将未用完的信用证保证金存款余额转回开户银行时，企业的会计分录如下：

　　借：银行存款

　　　　贷：其他货币资金——信用证保证金

【例题 2-18】 XR 公司于 2024 年 4 月 3 日向银行交存 800 000 元申请信用证，用来做国际结算。

　　申请信用证保证金时，XR 公司的会计分录如下：

　　借：其他货币资金——信用证保证金　　　　　　　　　　　　　800 000

　　　　贷：银行存款　　　　　　　　　　　　　　　　　　　　　　800 000

　　4 月 9 号，XR 公司收到银行转来的境外销货单位信用证结算凭证以及所附发票账单、海关进口增值税专用缴款书等有关凭证，材料价款 600 000 元，增值税额 78 000 元，材料已验收入库。

　　用信用证保证金结算时的会计分录如下：

　　借：原材料　　　　　　　　　　　　　　　　　　　　　　　　600 000

　　　　应交税费——应交增值税（进项税额）　　　　　　　　　　　78 000

　　　　贷：其他货币资金——信用证保证金　　　　　　　　　　　　678 000

　　XR 公司收到银行收款通知，将该境外销货单位开出的信用证余款 122 000 元已经转回银行账户。退回信用证款项时，XR 公司的会计分录如下：

借：银行存款	122 000
贷：其他货币资金——信用证保证金	122 000

（五）存出投资款业务的会计处理

存出投资款业务的会计处理一般包括划拨款项、投资结账和转回剩余款三个部分。

向证券公司划出资金时，企业的会计分录如下：

借：其他货币资金——存出投资款

　贷：银行存款

购买股票、债券等时，企业的会计分录如下：

借：交易性金融资产

　　投资收益

　　应交税费——应交增值税（进项税额）

　　应收股利等

　贷：其他货币资金——存出投资款

投资结束将投资款转回银行账户时，企业的会计分录如下：

借：银行存款

　贷：其他货币资金——存出投资款

【例题 2-19】 XR 公司于 2024 年 4 月 5 日将银行存款 900 000 元存入华创证券账户，4月 10 日，在二级市场上购入 A 公司股票 100 000 股作为交易性金融资产，每股 7 元，另支付手续费 10 000 元，不考虑相关税费。

将资金转入证券账户时，XR 公司的会计分录如下：

借：其他货币资金——存出投资款	900 000
贷：银行存款	900 000

购买股票时，XR 公司的会计分录如下：

借：交易性金融资产——成本	700 000
投资收益	10 000
贷：其他货币资金——存出投资款	710 000

（六）外埠存款业务的会计处理

外埠存款业务的会计处理一般包括异地汇款开户、消费结账、销户退回款项三个部分。

将款项汇往外地开立采购专用账户时，企业的会计分录如下：

借：其他货币资金——外埠存款（根据汇出款项凭证）

　贷：银行存款

收到采购人员转来的供应单位发票账单等报销凭证时，企业的会计分录如下：

借：材料采购（计划成本法）

　　在途物资（实际成本法）

　　原材料

　　库存商品等

　　应交税费——应交增值税（进项税额）（按增值税能抵扣的金额）

　贷：其他货币资金——外埠存款

采购完毕收回剩余款项时，企业的会计分录如下：

借：银行存款

　　贷：其他货币资金——外埠存款

【例题 2-20】 XR 公司派采购员小王到异地采购原材料，2024 年 5 月 10 日，XR 公司委托开户银行汇款 1 000 000 元到采购地设立采购专户，根据收到的银行汇款凭证到账联入账。

将款项汇到采购专户时，XR 公司的会计分录如下：

借：其他货币资金——外埠存款　　　　　　　　　　　　　　　1 000 000

　　贷：银行存款　　　　　　　　　　　　　　　　　　　　　　　1 000 000

5 月 20 日，采购员交来从采购专户付款购入材料的有关凭证，增值税专用发票上注明的原材料价款为 800 000 元，增值税额为 104 000 元。

支付材料款时，XR 公司的会计分录如下：

借：原材料　　　　　　　　　　　　　　　　　　　　　　　　　800 000

　　应交税费——应交增值税（进项税额）　　　　　　　　　　　104 000

　　贷：其他货币资金——外埠存款　　　　　　　　　　　　　　　904 000

5 月 25 日，收到开户银行的收款通知，该采购专户中的结余款项已经转回。

退回多余款项时，XR 公司的会计分录如下：

借：银行存款　　　　　　　　　　　　　　　　　　　　　　　　96 000

　　贷：其他货币资金——外埠存款　　　　　　　　　　　　　　　96 000

任务三　应收款项的核算

一、应收票据的核算

为了核算企业因销售商品、提供劳务等而收到的商业汇票，企业应设置"应收票据"科目。该科目属于资产类，借方登记应收票据的增加，贷方登记应收票据的减少，期末余额在借方，表示企业持有应收票据的余额。企业应当按照开出、承兑商业汇票的单位进行明细核算，同时应当设置"应收票据备查簿"。

应收票据业务的会计处理一般包括收到应收票据、票据贴现、背书转让、票据到期收回款项四个部分。

（一）收到商业汇票业务的会计处理

收到商业汇票时，企业的会计分录如下：

借：应收票据（按票面金额）

　　贷：主营业务收入（按销售价款）

　　　　其他业务收入

　　　　应交税费——应交增值税（销项税额）

【例题 2-21】 XR 公司 2024 年 5 月 3 日向 A 公司销售商品一批，货款为 30 000 元，增值税销项税额为 3 900 元，同日收到 A 公司签发并承兑的期限为 3 个月、面值为 33 900 元的不带息商业承兑汇票一张。

收到商业汇票时，XR 公司的会计分录如下：

借：应收票据——A 公司　　　　　　　　　　　　　　　　　　33 900

　　贷：主营业务收入　　　　　　　　　　　　　　　　　　　　30 000

　　　　应交税费——应交增值税（销项税额）　　　　　　　　　 3 900

（二）商业汇票贴现业务的会计处理

1. 商业汇票贴现的计算

贴现，是指企业以未到期票据向银行等金融机构融通资金，银行等金融机构按票据的应收金额扣除一定期间的利息后的余额支付给企业的融资行为。

商业汇票贴现额的计算公式如下：

$$贴现息 = 票据到期值 \times 贴现率 \times 贴现期$$

$$贴现额 = 票据到期值 - 贴现息$$

票据有带息与不带息之分，其到期值的计算及账务处理也有所不同。不带息票据到期值即票据面值，而带息票据到期值等于票据面值与票据利息之和。其中，票据到期利息计算公式如下：

$$票据到期利息 = 应收票据面值 \times 票面利率 \times 时间$$

其中，以上公式的票面利率有年、月、日利率之分。如需换算成月利率或日利率，每月统一按 30 天计算，全年按 360 天计算。三者之间的关系是：

$$月利率 = 年利率 \div 12$$

$$日利率 = 月利率 \div 30 \ 或年利率 \div 360$$

时间，是指从票据生效之日起到票据到期之日止的时间间隔。通常有两种表示方法：

第一种以月表示，即按月计息。计算时一律以次月对日为一个月（如从 3 月 15 日至 4 月 15 日）；月末签发的票据，无论月份大小，以到期月份的月末为到期日（如 1 月 31 日签发票据，期限为一个月的票据于 2 月 28 日或 29 日到期，期限为两个月的票据于 3 月 31 日到期）。计算利息的利率要换算成月利率。

【例题 2-22】 XR 公司收到一张面值为 50 000 元、利率为 10%、期限为 6 个月的商业汇票，其出票日为 3 月 18 日，其票据到期日应为 9 月 18 日。该商业汇票到期应计利息如下：

$$50\ 000 \times 10\% \times 6/12 = 2\ 500\ （元）$$

第二种以日数表示，即按日计息。计算时以实际日历天数计算到期日及利息，到期日那天不计息，称为"算头不算尾"。

【例题 2-23】 将上例中的商业汇票改为 180 天到期，其面值、利率不变，出票日仍为 3 月 18 日，则其票据到期日应为 9 月 14 日（3 月 18 日至月底计 14 天，4 月 30 天，5 月 31 天，6 月 30 天，7 月 31 天，8 月 31 天，到 9 月 13 日共 180 天，按"算头不算尾"的办法，到期日应为 9 月 14 日，14 日不计息）。

根据题意计算分析如下：

该商业汇票到期应计利息为：

$$50\ 000 \times 10\% \times 180/360 = 2\ 500\ （元）$$

2. 商业汇票贴现业务的会计分录

持未到期的应收票据向银行贴现时，企业的会计分录如下：

借：银行存款（按实际收到的金额，即减去贴现息后的净额）
　　财务费用（贴现息）
　　贷：应收票据

【例题 2-24】 XR 公司 2024 年 4 月 30 日售给 M 公司一批产品，货款总计 1 000 000 元，适用增值税税率为 13%。M 公司交来一张出票日为 5 月 1 日、面值为 1 130 000 元、期限为 3 个月的商业承兑无息票据。该企业 6 月 1 日持票据到银行贴现，贴现率为 12%，不考虑其他因素。

5 月 1 日收到票据时，XR 公司的会计分录如下：

借：应收票据　　　　　　　　　　　　　　　　　　　　　　　　　1 130 000
　　贷：主营营业收入　　　　　　　　　　　　　　　　　　　　　　　　1 000 000
　　　　应交税费——应交增值税（销项税额）　　　　　　　　　　　　　　130 000

6 月 1 日到银行贴现时，XR 公司的会计分录如下：

票贴现息 = 1 130 000×12%×2/12 = 22 600（元）
贴现额 = 1 130 000−22 600 = 1 107 400（元）

借：银行存款　　　　　　　　　　　　　　　　　　　　　　　　　1 107 400
　　财务费用　　　　　　　　　　　　　　　　　　　　　　　　　　　22 600
　　贷：应收票据　　　　　　　　　　　　　　　　　　　　　　　　　1 130 000

3. 商业汇票贴现后业务的会计分录

已贴现的商业承兑汇票到期，因承兑人的银行存款账户不足支付，申请贴现的企业收到银行退回的商业承兑汇票时（带追索权），按商业汇票的票面金额入账。

退回贴现款时，企业的会计分录如下：

借：应收账款
　　贷：银行存款

如果申请贴现企业的银行存款账户余额不足，银行作逾期贷款处理，应按商业汇票的票面金额入账。

无力退回贴现款时，企业的会计分录如下：

借：应收账款
　　贷：短期借款

【例题 2-25】 承接【例题 2-24】，假设到 8 月 1 日，XR 公司已办理贴现的应收票据到期，若 M 公司无力向贴现银行支付票款。

退回贴现款时，XR 公司的会计分录如下：

借：应收账款——M 公司　　　　　　　　　　　　　　　　　　　　1 130 000
　　贷：银行存款　　　　　　　　　　　　　　　　　　　　　　　　　1 130 000

若 XR 公司银行存款账户余额不足，无力退回贴现款时，XR 公司的会计分录如下：

借：应收账款——M 公司　　　　　　　　　　　　　　　　　　　　1 130 000
　　贷：短期借款　　　　　　　　　　　　　　　　　　　　　　　　　1 130 000

（三）商业汇票背书转让业务的会计处理

在实务中，企业可以将持有的尚未到期的商业汇票背书转让。

背书转让时，企业的会计分录如下：

借：材料采购
　　在途物资
　　原材料
　　库存商品等
　　应交税费——应交增值税（进项税额）
　　银行存款（借方差额）
　　贷：应收票据（按商业汇票的票面金额）
　　　　银行存款（贷方差额）

（四）商业汇票到期业务的会计处理

在实务中，企业应收的商业汇票到期，应分别按照不同情况进行会计处理：

商业汇票到期收回款项时，企业的会计分录如下：

借：银行存款
　　贷：应收票据

【例题 2-26】 承接【例题 2-21】，2024 年 8 月 3 日，XR 公司收回为期 3 个月的商业承兑汇票，金额为 33 900 元。

收回票据款时，XR 公司的会计分录如下：

借：银行存款		33 900
贷：应收票据		33 900

因付款人无力支付票款，收到银行退回的商业承兑汇票、委托收款凭证、未付票款通知书或拒绝付款证明等，按应收票据的票面金额入账。

票据到期收不到款项时，企业的会计分录如下：

借：应收账款
　　贷：应收票据

【例题 2-27】 承接【例题 2-21】，2024 年 8 月 3 日，XR 公司为期 3 个月的商业承兑汇票到期，A 公司无力支付票款且未签发新票据。

票据到期收不到款项时，XR 公司的会计分录如下：

借：应收账款——A 公司		33 900
贷：应收票据——A 公司		33 900

二、应收账款的核算

为了核算企业因销售商品、提供劳务等应收但尚未收回的款项，企业应当设置"应收账款"科目。该科目属于资产类，借方登记应收账款的增加，贷方登记应收账款的减少，期末余额一般在借方，表示企业尚未收回的应收账款；如果期末余额在贷方，表示企业预收的账款。应收账款科目应当按照债务人进行明细核算。

在实务中，应收账款业务的会计处理一般包括确认应收账款、收回应收账款、计提坏账准备等。

确认收入时，企业的会计分录如下：

借：应收账款（按照应收的金额）
　　贷：主营业务收入

　　　　其他业务收入

　　　　应交税费——应交增值税（销项税额）

　　收回应收账款时，企业的会计分录如下：

　　借：银行存款

　　　　财务费用（涉及现金折扣的金额）

　　　　　贷：应收账款

　　注意：在实务中，销货方代垫的运杂费、装卸费等，也应该通过"应收账款"科目核算。

　　在实务中，在没有商业折扣的情况下，企业应收账款应当按照应收的全部金额入账。

【例题 2-28】 XR 公司赊销给 A 公司商品一批，货款合计 20 000 元，适用的增值税税率为 13%，代垫运杂费 1 000 元（假设运费不考虑增值税）。

　　确认收入时，XR 公司的会计分录如下：

　　借：应收账款　　　　　　　　　　　　　　　　　　　　　　　　23 600

　　　　贷：主营营业收入　　　　　　　　　　　　　　　　　　　　　20 000

　　　　　　应交税费——应交增值税（销项税额）　　　　　　　　　　2 600

　　　　　　银行存款　　　　　　　　　　　　　　　　　　　　　　　1 000

　　收到货款时，XR 公司的会计分录如下：

　　借：银行存款　　　　　　　　　　　　　　　　　　　　　　　　23 600

　　　　贷：应收账款　　　　　　　　　　　　　　　　　　　　　　　23 600

　　在实务中，在有商业折扣的情况下，企业应收账款和销售收入按扣除商业折扣后的金额入账。

【例题 2-29】 XR 公司赊销商品一批，按价目表的价格计算，货款金额总计 100 000 元，给买方的商业折扣为 10%，适用增值税税率为 13%，代垫运杂费 5 000 元（假设运费不考虑增值税）。

　　确认收入时，XR 公司的会计分录如下：

　　借：应收账款　　　　　　　　　　　　　　　　　　　　　　　　106 700

　　　　贷：主营业务收入　　　　　　　　　　　90 000［100 000×（1-10%）］

　　　　　　应交税费——应交增值税（销项税额）　　11 700［90 000×13%］

　　　　　　银行存款　　　　　　　　　　　　　　　　　　　　　　　5 000

　　收到货款时，XR 公司的会计分录如下：

　　借：银行存款　　　　　　　　　　　　　　　　　　　　　　　　106 700

　　　　贷：应收账款　　　　　　　　　　　　　　　　　　　　　　　106 700

　　在实务中，在有现金折扣的情况下，企业应当采用总价法进行核算。

【例题 2-30】 XR 公司赊销一批商品，货款为 100 000 元，适用的增值税税率为 13%，代垫运杂费 4 000 元，规定的付款条件为 2/10、N/30。销售业务发生时，根据有关销货发票金额确认收入。

　　确认收入时，XR 公司的会计分录如下：

　　借：应收账款　　　　　　　　　　　　　　　　　　　　　　　　117 000

　　　　贷：主营业务收入　　　　　　　　　　　　　　　　　　　　　100 000

　　　　　　应交税费——应交增值税（销项税额）　　　　　　　　　　13 000

银行存款		4 000

客户在 10 天内付款时，XR 公司的会计分录如下：

借：银行存款　　　　　　　　　　　　　　　　114 660
　　财务费用　　　　　　　　　　　2 340 ［117 000×2%］
　　贷：应收账款　　　　　　　　　　　　　　　117 000

客户超过 10 天付款时，XR 公司的会计分录如下：

借：银行存款　　　　　　　　　　　　　　　　117 000
　　贷：应收账款　　　　　　　　　　　　　　　117 000

三、预付账款的核算

为了核算企业预付账款的增、减变动及其余额，企业应设置"预付账款"科目。该科目属于资产类，借方登记预付账款的增加，贷方登记预付账款的减少，期末余额在借方，表示预付的款项，期末余额在贷方，表示应付的款项。预付账款不多的企业，也可以不设置"预付账款"科目，把预付账款业务放在"应付账款"科目核算。

在实务中，预付账款业务的会计处理一般包括按合同约定预付货款、购买货物结算、补付货款和退回多付款项四个部分。

因购货而预付款项时，企业的会计分录如下：

借：预付账款
　　贷：银行存款

收到所采购的物资时，企业的会计分录如下：

借：材料采购
　　在途物资
　　原材料
　　库存商品等
　　应交税费——应交增值税（进项税额）
　　贷：预付账款（按应付金额）

补付款项时，企业的会计分录如下：

借：预付账款
　　贷：银行存款

退回多付款项时，企业的会计分录如下：

借：银行存款
　　贷：预付账款

【例题 2-31】 XR 公司向 B 公司采购材料 500 吨，单价 200 元，所需支付的款项总额 100 000 元。按照合同规定向 B 公司预付货款的 50%，验收货物后补付其余款项。

预付 50% 货款时，XR 公司的会计分录如下：

借：预付账款——B 公司　　　　　　　　　　　50 000
　　贷：银行存款　　　　　　　　　　　　　　　50 000

收到 B 公司发来的 500 吨材料，验收无误，增值税专用发票记载的货款为 100 000 元，增值税税额为 13 000 元。XR 公司以银行存款补付所欠款项 66 000 元。

收到材料时，XR 公司的会计分录如下：

借：原材料   100 000

  应交税费——应交增值税（进项税额）   13 000

   贷：预付账款——B公司   113 000

借：预付账款——B公司   63 000

   贷：银行存款   63 000

四、其他应收款的核算

为了核算企业其他应收款的增、减变动及其余额情况，企业应设置"其他应收款"科目。该科目属于资产类，借方登记其他应收款的增加，贷方登记其他应收款的减少，余额一般在借方，表示应收未收的其他应收款项；期末如为贷方余额，反映企业尚未支付的其他应付款。

在实务中，其他应收款业务的会计处理一般包括发生其他应收款和结算转销两个部分。

发生其他应收款时，企业的会计分录如下：

借：其他应收款

  贷：存款现金

    银行存款等

结算转销其他应收款时，企业的会计分录如下：

借：库存现金

  管理费用

  销售费用等

   贷：其他应收款

【例题2-32】XR公司的采供部门实行定额备用金制度，财务部门以现金支票支付定额备用金6 000元。

以现金支票支付定额备用金时，XR公司的会计分录如下：

借：其他应收款——采供部——备用金   6 000

   贷：银行存款   6 000

采供部门凭发票报销部门办公费时，XR公司的会计分录如下：

借：管理费用   5 000

   贷：银行存款   5 000

【例题2-33】2024年5月3日，XR公司管理人员小刘借差旅费2 000元，以现金支付，6月10日，小刘出差归来，报销差旅费1 500元，余款交回。

预借差旅费时，XR公司的会计分录如下：

借：其他应收款——小刘   2 000

   贷：库存现金   2 000

小刘出差回来结算差旅费时，XR公司的会计分录如下：

借：管理费用   1 500

  库存现金   500

   贷：其他应收款——小刘   2 000

【例题2-34】2024年5月10日，XR公司用现金支付C公司包装物押金900元。

支付押金时，XR公司的会计分录如下：

借：其他应收款——C 公司　　　　　　　　　　　　　　　　　　　900
　　贷：库存现金　　　　　　　　　　　　　　　　　　　　　　　　900

【例题 2-35】2024 年 5 月 15 日，XR 公司帮职工小芳垫付医药费 3 200 元，用现金支付。

代垫医药费时，XR 公司的会计分录如下：

借：其他应收款——小芳　　　　　　　　　　　　　　　　　　　3 200
　　贷：库存现金　　　　　　　　　　　　　　　　　　　　　　　3 200

任务四　应收款项减值的核算

一、应收款项减值的概述

应收款项是企业在日常生产经营过程中发生的各项债权，包括应收票据、应收账款、预付账款、应收股利、应收利息、其他应收款等。企业应当严格地将不同内容的应收款项分类加以核算，以正确反映各种短期债权的发生及收回情况，保证企业这部分资产的安全完整，加速企业流动资金的周转。

根据《企业会计准则》规定，企业应当在资产负债表日对以公允价值计量且其变动计入当期损益的金融资产以外的金融资产的账面价值进行检查，有客观证据表明该金融资产发生减值的，应当计提减值准备。

为了核算企业应收款项减值的情况，企业应设置"坏账准备"科目。该科目属于资产类备抵项目，贷方登记坏账准备的增加，借方登记坏账准备的减少，期末余额一般在贷方，表示已经计提尚未注销的坏账准备金额，在期末资产负债表上列作各项应收款项的减项。

二、应收款项减值业务的会计处理

在实务中，应收账款减值业务的会计处理一般包括三个方面：一是期末按一定方法确定应收款项的减值损失，计提坏账准备的会计处理；二是实际发生坏账时的会计处理；三是已确认的坏账又收回的会计处理。

资产负债表日计提计坏账准备时，企业的会计分录如下：

借：信用减值损失
　　贷：坏账准备（按应计提坏账准备的金额）

本期应计提的坏账准备大于其账面余额的，应按其差额计提；应计提的金额小于其账面余额的差额，做相反的会计分录。

发生坏账时，企业的会计分录如下：

借：坏账准备（按确实无法收回的金额）
　　贷：应收账款等

已确认并转销的应收款项以后又收回时，企业的会计分录如下：

借：应收账款等
　　贷：坏账准备（按实际收回的金额）

同时，还要做会计分录如下：

借：银行存款
　　贷：应收账款等

【例题 2-36】 XR 公司对应收账款采用按年末应收账款余额百分比法计提坏账准备，预计的计提百分比为 3‰，对应收账款预计未来产生的现金流量不进行折现。XR 公司第一年年末应收账款余额为 2 500 000 元。第二年应收账款中客户 X 公司所欠 9 000 元账款已超过 3 年，确认为坏账；第二年年末，XR 公司应收账款余额为 3 000 000 元；第三年应收账款中客户 Y 公司破产，所欠 20 000 元账款有 8 500 元无法收回，确认为坏账，第三年年末，XR 公司应收账款余额为 2 600 000 元；第四年，X 公司所欠 9 000 元账款又收回，年末应收账款余额为 3 200 000 元。

第一年年末计提坏账准备时，XR 公司的会计分录如下：

借：信用减值损失　　　　　　　　　　　　　　　　　　　7 500
　　贷：坏账准备　　　　　　　　　　　　　　　　　　　　　7 500

第二年冲销坏账时，XR 公司的会计分录如下：

借：坏账准备　　　　　　　　　　　　　　　　　　　　　9 000
　　贷：应收账款——X 公司　　　　　　　　　　　　　　　　9 000

第二年年末计提坏账准备时，XR 公司的会计分录如下：

借：信用减值损失　　　　　　　10 500（9 000+1 500）
　　贷：坏账准备　　　　　　　　　　　　　　　　　　　　　10 500

第三年冲减坏账时，XR 公司的会计分录如下：

借：坏账准备　　　　　　　　　　　　　　　　　　　　　8 500
　　贷：应收账款　　　　　　　　　　　　　　　　　　　　　8 500

第三年年末计提坏账准备时，XR 公司的会计分录如下：

借：信用减值损失　　　　　　　7 300（260 000×3‰-500）
　　贷：坏账准备　　　　　　　　　　　　　　　　　　　　　7 300

第四年已确认为坏账冲销的应收款又收回时，XR 公司的会计分录如下：

借：应收账款——X 公司　　　　　　　　　　　　　　　　9 000
　　贷：坏账准备　　　　　　　　　　　　　　　　　　　　　9 000
借：银行存款　　　　　　　　　　　　　　　　　　　　　9 000
　　贷：应收账款——X 公司　　　　　　　　　　　　　　　　9 000

第四年年末计提坏账准备时，XR 公司的会计分录如下：

借：坏账准备　　　　　　　　　　7 200（16 800-9 600）
　　贷：信用减值损失　　　　　　　　　　　　　　　　　　　7 200

项目总结

本项目主要介绍了货币资金的概念（库存现金、银行存款、其他货币资金）、应收款项的概述（应收账款、应收票据、预付账款、应收股利、应收利息、其他应收款）、库存现金的核算（库存现金业务的会计处理、库存现金的清查）、银行存款的核算（银行存款业务的会计处理、银行存款的对账）、其他货币资金的核算（银行汇票存款业务的会计处理、银行本票存款业务的会计处理、信用卡存款业务的会计处理、信用证保证金存款业务的会计处理、存出投资款业务的会计处理、外埠存款业务的会计处理）、应收票据的核算（收到商业汇票业务的会计处理、商业汇票贴现业务的会计处理、商业汇票背书转让业务的会计处理、商业汇票到期业务的会计处理）、应收账款的核算、预付账款的核算、其他应收款的核算、应收款项减值的概述、应收款项减值业务的会计处理。

巩固练习

一、思考题

1. 对库存现金的使用有哪些规定？

2. 如何进行银行存款的对账？

3. 其他货币资金的内容包括哪些？如何进行核算？

4. 如何进行应收款项的减值核算？

二、单项选择题

1. 预付账款不多的企业，可以不设置"预付账款"科目，把发生的预付账款放到（ ）核算。

A. "应付账款"的借方　　　　　　B. "应付账款"的贷方

C. "应收账款"的借方　　　　　　D. "应收账款"的贷方

2. 下列项目中，库存现金日记账和银行存款日记账的登记时间是（ ）。

A. 序时登记　　　B. 定期登记　　　C. 汇总登记　　　D. 合并登记

3. 库存现金清查过程中，无法查明原因的现金短款，经批准应该记入（ ）科目。

A. 管理费用　　　B. 财务费用　　　C. 其他应收款　　　D. 营业外支出

4. 企业发现无法查明原因的现金溢余时，经批准后应该记入（ ）科目。

A. 待处理财产损溢　　　　　　B. 营业外收入

C. 其他应收款　　　　　　　　D. 管理费用

5. 按照现金内部控制制度的要求，下列项目中，说法不正确的是（ ）。

A. 现金要实行日清月结

B. 各种现金开支要进行审批

C. 单位的库存现金可以以个人名义存入银行

D. 库存的纸币和铸币应实行分类保管

6. 根据内部控制制度的要求，出纳人员不可以（ ）。

A. 登记现金和银行存款日记账　　　B. 保管库存现金和各种有价证券

C. 保管会计档案　　　　　　　　　D. 保管空白收据、空白支票以及有关印章

7. 下列项目中，不通过"其他货币资金"科目核算的是（ ）。

A. 存出投资款　　　B. 信用证存款　　　C. 信用卡存款　　　D. 备用金

8. 下列项目中，属于银行汇票存款核算应该使用的科目是（ ）。

A. 银行存款　　　B. 其他货币资金　　　C. 应付票据　　　D. 应收票据

9. 下列项目中，属于企业到外地进行临时或零星采购时，汇往采购地银行开立采购

专户款项的是（   ）。

    A. 外埠存款   B. 银行汇票   C. 银行本票   D. 在途货币资金

    10. 2024 年年末 XR 公司应收账款的账面余额为 1 000 万元，由于债务人发生严重财务困难，预计 3 年内只能收回部分货款，经过测算，预计未来现金流量的现值为 800 万元，"坏账准备"期初余额为 0。2024 年年末 XR 公司应收账款计提坏账准备（   ）万元。

    A. 200   B. 0   C. 800   D. 1 000

三、多项选择题

1. 下列项目中，有关库存现金进行清查时的做法，正确的有（   ）。

A. 在盘点库存现金时，出纳人员必须在场

B. 库存现金的清查方法采用实地盘点法

C. 库存现金盘点报告表须由盘点人员和出纳人员共同签章方能生效

D. 经领导批准，借条、收据可以抵充现金

2. 下列项目中，属于货币资金项目的有（   ）。

A. 库存现金   B. 银行存款

C. 其他货币资金   D. 商业汇票

3. 下列项目中，属于在库存现金盘盈的账务处理中可能贷记的科目有（   ）。

A. 管理费用   B. 营业外收入   C. 销售费用   D. 其他应付款

4. 下列项目中，应通过"其他应收款"科目核算的项目有（   ）。

A. 应收出租包装物租金   B. 存出保证金

C. 应收投资利润   D. 应收的各种赔款、罚款

5. 下列项目中，属于应在"坏账准备"科目贷方反映的有（   ）。

A. 提取的坏账准备

B. 收回前期已确认为坏账并转销的应收账款

C. 发生的坏账损失

D. 冲销的坏账准备

四、判断题

1. 企业在银行的实有存款数一定是银行存款日记账上列明的余额。   （   ）

2. 一般而言，对于库存现金，每日终了应由稽核人员进行清点核算。   （   ）

3. 预付账款可以在"应付账款"科目核算，因此，预付货款应作为企业的一项负债。

                                                  （   ）

4. 企业和银行对账，如果核对不相符，那么一定是存在错账。   （   ）

5. 支付给某职工工资 1 200 元，由于超过了结算起点 1 000 元，因此，不能用库存现金支付，必须通过银行进行转账结算。   （   ）

五、业务题

1. XR 公司 2024 年 5 月 31 日银行存款日记账余额 476 000 元，银行对账单余额 486 000 元。经逐笔核对，发现有以下几笔未达账项：

（1）企业偿还 A 公司货款 50 000 元已登记入账，但银行尚未登记入账；

（2）企业收到销售商品款 70 200 元已登记入账，但银行尚未登记入账；

（3）银行已划转电费 9 800 元登记入账，但企业尚未收到付款通知单，未登记入账；

（4）银行已收到外地汇入货款 40 000 元登记入账，但企业尚未收到收款通知单，未登记入账。

要求：根据上述给定资料（1）～（4），填列银行存款余额调节表如表 2-2 所示。

表 2-2　银行存款余调节表

2024 年 5 月 31 日　　　　　　　　　　　　　　　　　　　　　　元

项目	金额	项目	金额
加：银行已收、企业未收款	（1）	加：企业已收、银行未收款	（2）
减：银行已付、企业未付款	（3）	减：企业已付、银行未付款	（4）
调节后余额	（5）	调节后余额	（6）

2. XR 公司对赊销商品给予现金折扣优惠，其折扣条件为 2/10、1/20、N/30。该公司对坏账损失采用应收账款余额百分比法，2023 年 12 月 31 日"坏账准备"账户余额在贷方，金额为 2 574 元。2024 年发生以下经济业务：

（1）2 月 10 日，赊销给 A 公司商品一批，货款 10 000 元，增值税额 1 300 元。

（2）2 月 28 日，A 公司付来本月 10 日赊购商品的货款及增值税额的转账支票一张，已存入银行。

（3）3 月 18 日，销售给 B 公司商品一批，货款 20 000 元，增值税额 2 600 元；运杂费 500 元，以转账支票付讫，且一并向银行办妥托收手续。

（4）6 月 20 日，向 C 公司定购商品一批，预付货款 15 000 元。

（5）8 月 21 日，B 公司因商品外观质量不符合要求而拒付货款。经联系后，决定给予对方 5% 的折让，今收到对方汇来扣除折让后的全部款项。

（6）9 月 25 日，应收 D 公司货款 1 640 元，因该公司已破产无法收回，经批准转作坏账损失。

（7）12 月 30 日，E 公司还来前欠货款 560 元，已存入银行。该款已于 2024 年 6 月转作坏账损失，予以冲转。

（8）12 月 31 日，应收账款账户余额为 254 000 元，坏账准备率为 5‰。计提本年度坏账准备。

要求：根据以上经济业务，编制相关的会计分录。

项目三　认识存货与核算

学习目标

　　1. 知识目标

　　熟悉存货的概念及其特征、存货的分类和内容；

　　理解存货的清查和处理方法；

　　掌握存货取得、发出和期末计价及其计算方法，原材料实际成本法核算、原材料计划成本法核算，库存商品的核算、周转材料的核算，委托加工物资的核算。

　　2. 能力目标

　　通过学习存货与核算相关知识，形成存货成本价值思维，提升对存货的核算能力和管理能力。

　　3. 素质目标

　　通过学习存货与核算相关知识，培养数字化管理思维和精益求精的精神。

📝 知识结构

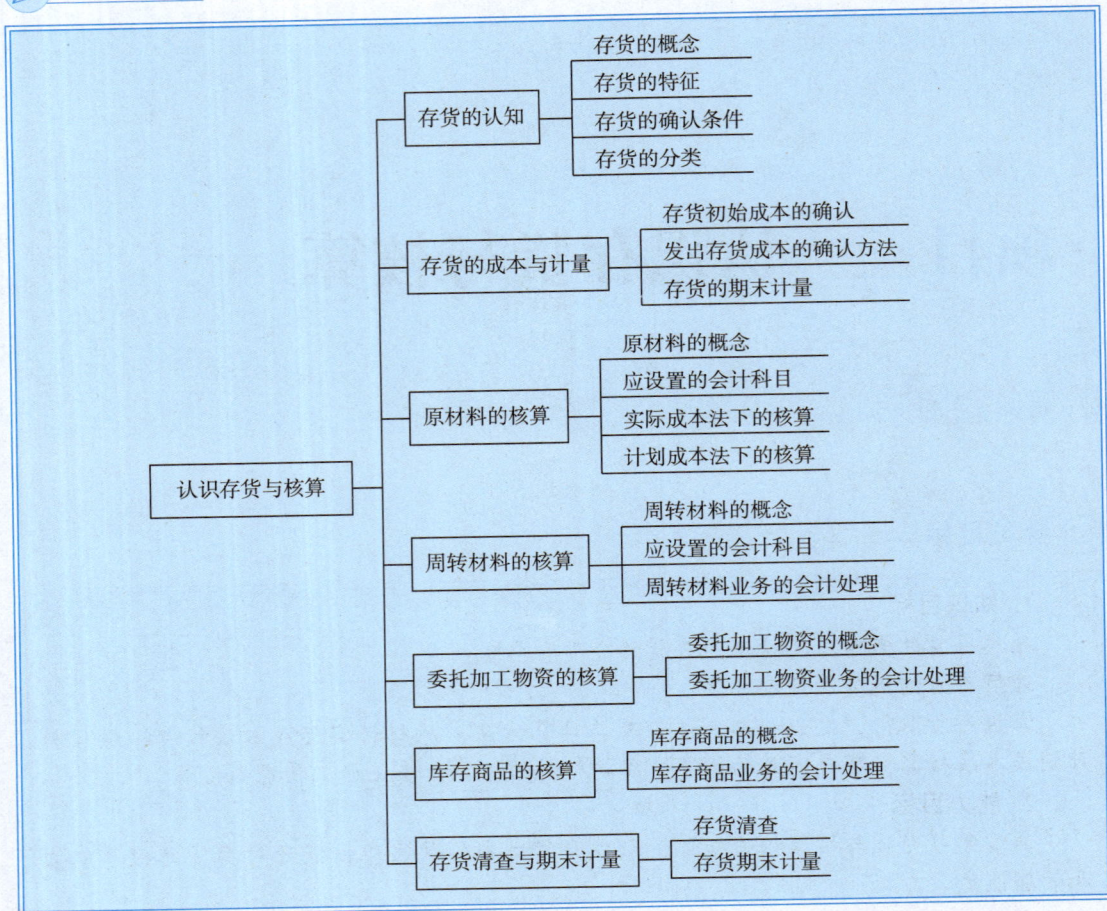

📦 导入案例

文会计的"存货"烦恼

文同学大专毕业后，到一家规模很大的超市当会计，于是成了文会计。月底到仓库盘点时，他发现几千平方米的仓库到处都堆满了各种商品，他简直不敢相信自己的眼睛，那么多存货，怎么盘点呢？文会计迷茫了，从何处下手？该如何盘点和核对？该如何记录？该如何写报告？一连串的问题困扰着文会计。你知道怎么办吗？你敢去接手这个工作吗？

任务一　存货的认知

一、存货的概念

存货，是指企业在日常活动中持有以备出售的产成品或商品、处在生产过程中的在产品、在生产过程或提供劳务过程中耗用的材料与物料等。存货主要包括原材料、在产品、半成品、产成品、商品、包装物、低值易耗品、委托代销商品等；但是，为工程准备的各种工程物资，不属于存货的范畴。

二、存货的特征

存货具有以下三个方面的特征：

（一）存货是有形资产

存货具有实物形态，这一特点是存货和无形资产区分的一个重要特点。

（二）有较强的流动性

在企业经营活动中，存货处于不断销售、耗用、购买或重置中，具有较强的变现能力和较强的流动性。

（三）有时效性和潜在损失的可能性

在正常的生产经营过程中，存货能够规律地转变成货币资产或其他资产，但长期不能耗用的存货，就可能变成积压物资需降价销售，从而给企业造成损失。

三、存货的确认条件

某项资源是否属于存货，应当同时满足存货的概念和确认条件。存货的确认条件包括以下两个方面：

（一）与该存货有关的经济利益很可能流入企业

企业在确认存货时，需要判断与该项存货相关的经济利益是否很可能流入企业，这主要通过判断与该项存货所有权相关的风险和报酬是否转移到了企业来确定。一般来说，取得存货的所有权是与存货相关的经济利益很可能流入企业的一个重要标志。在实务中，企业在判断与存货相关的经济利益能否流入企业时，主要结合该项存货所有权的归属情况来分析确定。

（二）该存货的成本能够可靠计量

作为企业资产的组成部分，要确认存货，企业必须能够对其成本进行可靠计量。存货的成本能够可靠计量必须以取得确凿、可靠的证据为依据，并且具有可验证性。如果存货成本不能可靠计量，则不能确认为企业的存货。

四、存货的分类

存货按不同的管理要求有不同的分类，一般将存货分为以下几类：

（一）原材料

原材料，是指企业在生产过程中经加工改变其形态或性质并构成产品、主要实体的各种原料及主要材料、辅助材料、外购半成品（外购件）、修理用备件（备品备件）、包装材料、燃料等。

（二）在产品

在产品，是指企业正在制造尚未完工的产品，包括正在各个生产工序加工的产品和已加工完毕但尚未检验或已检验但尚未办理入库手续的产品。

（三）半成品

半成品，是指经过一定生产过程并已检验合格交付半成品仓库保管，但尚未制造完工成为产成品，仍需进一步加工的中间产品。

（四）产成品

产成品，是指工业企业已经完成全部生产过程并验收入库，可以按照合同规定的条件送交订货单位或者可以作为商品对外销售的产品。企业接受外来原材料加工制造的代制品和为外单位加工修理的代修品，制造和修理完成验收入库后，应视同企业的产成品。

（五）库存商品

库存商品，是指企业已完成全部生产过程并已验收入库，合乎标准规格和技术条件，可以按照合同规定的条件送交订货单位，或可以作为商品对外销售的产品以及外购或委托加工完成验收入库用于销售的各种商品。

（六）周转材料

周转材料，是指企业能够多次使用但不符合固定资产概念的材料，主要包括低值易耗品和包装物。

任务二　存货的成本与计量

一、存货初始成本的确认

根据《企业会计准则》规定，企业应当按照成本对存货进行计量。存货的成本主要包括采购成本（购买价款、相关税费、运输费、装卸费等）、加工成本和使存货达到目前场所和状态所发生的合理的、必要的支出。企业取得存货的主要途径是外购取得和自行建造取得。不同方式取得的存货，其成本构成是不同的，主要包括以下三种类型：

（一）外购存货的成本

企业外购存货主要包括原材料和商品。外购存货的成本即存货的采购成本，是指企业物资从采购到入库前所发生的全部支出，包括购买价款、相关税费、运输费、装卸费、保险费以及其他可归属于存货采购成本的费用。

商品流通企业在采购商品过程中发生的运输费、装卸费、保险费以及发生的其他可归属于存货采购成本的相关费用，应计入所购商品成本。在实务中，企业也可以将发生的运输费、装卸费、保险费以及其他可归属于存货采购成本的费用等进货费用先进行归集，期末再按照所购商品的存销情况进行分摊。

（二）加工取得存货的成本

企业通过进一步加工取得的存货，主要包括产成品、在产品、半成品、委托加工物资等，其成本由采购成本、加工成本构成。某些存货还包括使存货达到目前场所和状态所发生的其他成本，如可直接认定的产品设计费用等。通过进一步加工取得存货的成本中采购成本是由所使用或消耗的原材料采购成本转移而来的，因此，计量加工取得的存货成本，重点是要确定存货的加工成本。

存货的加工成本由直接人工和制造费用构成，其实质是企业在进一步加工存货的过程中追加发生的生产成本，因此，不包括直接由材料存货转移来的价值。

（三）其他方式取得存货的成本

企业取得存货的其他方式主要包括接受投资者投资、非货币性资产交换、债务重组、企业合并以及存货盘盈等。

1. 投资者投入存货的成本

投资者投入存货的成本，应当按照投资合同或协议约定的价值确定，但合同或协议约定价值不公允的除外。在投资合同或协议约定价值不公允的情况下，按照该项存货的公允价值作为其入账价值。

2. 通过非货币性资产交换、债务重组、企业合并等方式取得存货的成本

企业通过非货币性资产交换、债务重组、企业合并等方式取得的存货，其成本应当分别按照《企业会计准则第7号——非货币性资产交换》《企业会计准则第12号——债务重组》和《企业会计准则第20号——企业合并》等的规定确定。但是，其后续计量和披露应当执行《企业会计准则第1号——存货》的规定。

3. 盘盈存货的成本

盘盈存货应按其重置成本作为入账价值，并通过"待处理财产损溢"科目进行会计处理，按管理权限报经批准后，冲减当期管理费用。

在实务中，在确定存货成本的过程中，以下各项费用均不得计入存货成本，在其发生时直接计入当期损益：

（1）非正常消耗的直接材料、直接人工及制造费用，应计入当期损益，不得计入存货成本。

（2）仓储费用，是指企业在采购入库后发生的储存费用，应计入当期损益。但是，在生产过程中为达到下一个生产阶段所必需的仓储费用，则应计入存货成本。

（3）不能归属于使存货达到目前场所和状态的其他支出，不符合存货的定义和确认条件，应在发生时计入当期损益，不得计入存货成本。

二、发出存货成本的确认方法

企业发出存货的计价方法主要包括实际成本法和计划成本法，如采用实际成本法核算，期末存货的余额就是存货的实际成本，不需要调整；如采用计划成本核算，期末应将存货的计划成本调整为实际成本。

（一）实际成本法

企业应当根据管理的要求、存货的流转方式等具体情况，合理地选择发出存货成本的确认方法，对于用途相同的存货，应当采用一致的成本确认方法。企业如果选择实际成本法核算，发出存货成本的计价方法包括先进先出法、个别计价法、月末一次加权平均法和移动加权平均法。

1. 先进先出法

先进先出法，是指假设"先入库的存货先发出，不考虑存货的实际流转方式"，并根据这种假设的成本流转顺序来确认发出存货成本的一种常用方法。采用先进先出法，先购入的存货成本在后购入的存货成本之前转出，据此确认发出存货以及期末存货的实际成本。

先进先出法的优点是可以随时结转发出存货的成本，成本核算比较准确；缺点是成本计算过程比较繁杂，工作量比较大，在持续通货膨胀的时候，期末存货的成本接近于市价，而发出存货的成本偏低，会导致高估企业当期利润和库存存货的价值；在持续通货紧缩的时候，则会低估企业存货价值和当期利润。

【例题3-1】XR公司2024年4月W商品的入库、出库、结存的成本数据资料如表3-1所示。

表3-1　W商品购销明细账（先进先出法）

日期 月	日	摘要	收入 数量/件	单价/元	金额/元	发出 数量/件	单价/元	金额/元	结存 数量/件	单价/元	金额/元
4	1	期初余额							200	10	2 000
	4	购入	100	12	1 200				200 100	10 12	2 000 1 200
	12	销售				200 50	10 12	2 000 600	50	12	600
	13	购入	200	14	2 800				50 200	12 14	600 2 800
	18	销售				50 50	12 14	600 700	150	14	2 100
	20	购入	100	15	1 500				150 100	14 15	2 100 1 500
	27	销售				100	14	1 400	50 100	14 15	700 1 500
	30	本期合计	400	—	5 500	450	—	5 300	50 100	14 15	700 1 500

根据表3-1的数据分析可知，12日发出的250件W商品，按先进先出法的流转顺序，应先发出期初库存存货200×10=2 000（元），然后再发出4日购入的50件，即50×12=600（元），其他以此类推。从表3-1中可以看出，使用先进先出法得出的发出存货成本和期末存货成本分别为5 300元和2 200元。

根据题意计算分析如下：

$$发出存货成本=200×10+50×12+50×12+50×14+100×14=5\,300（元）$$
$$期末存货成本=50×14+100×15=2\,200（元）。$$

2. 个别计价法

个别计价法也称个别认定法、具体辨认法、分批实际法，是指采用假设存货的实物流转与成本流转相同，按照各种存货逐一辨认各次发出存货和期末存货所属的购进批别或生产批别，分别按其购入或生产时所确定的单位成本计算各批发出存货成本和期末存货成本的方法。在个别计价法下，是把每一种存货的实际成本作为计算发出存货成本和期末存货成本的基础。

个别计价法的优点是成本计算非常准确，符合存货的实际情况；缺点是在存货收发频繁的情况下，其发出成本分辨的工作量较大，核算工作比较繁杂。因此，个别计价法适用于数量较少、单位价值较高的存货，如金银、珠宝、专用器具、名贵字画等贵重物品。

【例题 3-2】XR 公司 2024 年 4 月 W 商品的入库、出库、结存的成本数据资料如表 3-2 所示。

表 3-2　W 商品购销明细账

日期		摘要	收入			发出			结存		
月	日		数量/件	单价/元	金额/元	数量/件	单价/元	金额/元	数量/件	单价/元	金额/元
4	1	期初余额							200	10	2 000
	4	购入	100	12	1 200				300		
	12	销售				250			50		
	13	购入	200	14	2 800				250		
	18	销售				100			150		
	20	购入	100	15	1 500				250		
	27	销售				100			150		
	30	本期合计	400	—	5 500	450			150		

假设经过具体辨认，本期发出存货的单位成本如下：4 月 12 日发出的 250 件存货中，150 件是期初结存存货，单位成本为 10 元，100 件作为 4 日购入存货，单位成本为 12 元；4 月 18 日发出的 100 件存货是 13 日购入，单位成本为 14 元；4 月 27 日发出的 100 件存货中，50 件为期初结存存货，单位成本为 10 元，50 件为 20 日购入，单位成本为 15 元。则按照个别计价法，XR 公司 4 月 W 商品收入、发出与结存情况如表 3-3 所示。

表 3-3　W 商品购销明细账（个别计价法）

日期		摘要	收入			发出			结存		
月	日		数量/件	单价/元	金额/元	数量/件	单价/元	金额/元	数量/件	单价/元	金额/元
4	1	期初余额							200	10	2 000
	4	购入	100	12	1 200				200	10	2 000
									100	12	1 200
	12	销售				150	10	1 500	50	10	500
						100	12	1 200			

日期		摘要	收入			发出			结存		
月	日		数量/件	单价/元	金额/元	数量/件	单价/元	金额/元	数量/件	单价/元	金额/元
	13	购入	200	14	2 800				50 200	10 14	500 2 800
	18	销售				100	14	1 400	50 100	10 14	500 1 400
	20	购入	100	15	1 500				50 100 100	10 14 15	500 1 400 1 500
	27	销售				50 50	10 15	500 750	100 50	14 15	1 400 750
	30	本期合计	400	—	5 500	450	—	5 350	100 50	14 15	1 400 750

根据题意计算分析如下：

本期发出存货成本=150×10+100×12+100×14+50×10+50×15＝5 350（元）

期末结存存货成本=期末结存存货成本+本期购入存货成本−本期发出存货成本

＝200×10+100×12+200×14+100×15−5 350＝2 150（元）

3. 月末一次加权平均法

月末一次加权平均法，是指以本月全部进货数量加上月初结存存货数量作为权数，去除本月全部进货成本加上月初存货成本，计算出存货的加权平均单位成本，以此为基础，计算出本月发出存货成本和期末存货成本的一种方法。其计算公式如下：

存货单位成本=［月初存货的实际成本+∑（本月各批进货的实际单位成本×本月各批进货的数量）］÷（月初存货数量+本月各批进货数量之和）

本月发出存货成本=本月发出存货的数量×存货单位成本

本月月末存货成本=月末存货的数量×存货单位成本

或本月月末存货成本=月初存货的实际成本+本月收入存货的实际成本−本月发出存货的实际成本

采用月末一次加权平均法核算的优点是到月末一次性计算存货的加权平均单价，计算比较简单，有利于节约成本计算工作；缺点是只有到月末才能计算平均单价，平时无法从账上反映存货的发出成本和结存存货的成本，不利于存货成本的日常管理与控制。

【例题3-3】XR公司2024年4月W商品的入库、出库、结存的成本数据资料如表3-4表所示。

表3-4　W商品入库、出库、结存成本表（月末一次加权平均法）

日期		摘要	收入			发出			结存		
月	日		数量/件	单价/元	金额/元	数量/件	单价/元	金额/元	数量/件	单价/元	金额/元
4	1	期初余额							200	10	2 000

续表

日期		摘要	收入			发出			结存		
月	日		数量/件	单价/元	金额/元	数量/件	单价/元	金额/元	数量/件	单价/元	金额/元
	4	购入	100	12	1 200				300		
	12	销售				250			50		
	13	购入	200	14	2 800				250		
	18	销售				100			150		
	20	购入	100	15	1 500				250		
	27	销售				100			150		
	30	本期合计	400	—	5 500	450	—		150		

4 月 W 商品的平均单位成本=（期初结存存货成本+本期购入存货成本）÷

（期初存货结存数量+本期购入存货数量）=

（200×10+100×12+200×14+100×15）÷（200+

100+200+100）=12.5（元）

4 月 W 商品的发出存货成本=450×12.5=5 625（元）

4 月 W 商品的期末结存成本=7 500−5 625=1 875（元）

4. 移动加权平均法

移动加权平均法，是指以每次进货的成本加上原有存货的成本，除以每次进货数量加上原有存货的数量，据以计算加权平均单位成本，作为在下次进货前计算各次存货发出成本的一种方法。计算公式如下：

存货单位成本=（原有存货的实际成本+本次进货的实际成本）÷

（原有存货的数量+本次进货的数量）

本次发出存货的成本=本次发出存货的数量×本次发货前存货的单位成本

本月月末存货成本=月末存货的数量×本月月末存货单位成本

采用移动加权平均法的优点是方便企业管理层及时掌握存货入库、出库和结存的情况，通过计算确定的平均单位成本以及发出和结存的存货成本比较真实客观；缺点是由于每次存货入库都需要重新计算平均单位成本，计算工作量比较大，核算过程比较繁杂，对收发货较频繁的企业不适用。

【例题 3-4】XR 公司 2024 年 4 月 W 商品的入库、出库、结存的成本数据资料如表 3-5 所示。

表 3-5　W 商品入库、出库、结存成本表（移动加权平均法）

日期		摘要	收入			发出			结存		
月	日		数量/件	单价/元	金额/元	数量/件	单价/元	金额/元	数量/件	单价/元	金额/元
4	1	期初余额							200	10	2 000
	4	购入	100	12	1 200				300	10.7	3 200
	12	销售				250	10.7	2 675	50	10.7	535

续表

日期		摘要	收入			发出			结存		
月	日		数量/件	单价/元	金额/元	数量/件	单价/元	金额/元	数量/件	单价/元	金额/元
	13	购入	200	14	2 800				250	13.3	3 335
	18	销售				100	13.3	1 330	150	13.3	1 995
	20	购入	100	15	1 500				250	14	3 495
	27	销售				100	14	1 400	150	14	2 095
	30	本期合计	400	—	5 500	450	—	5 405	150	尾数调整	2 095

从表 3-5 中可以看出，存货的平均成本从期初的 10 元变为期中的 10.7 元、13.3 元，再变成期末的 14 元，移动加权平均成本的计算过程如下：

4 月 4 日购入存货后的平均单位成本 = （200×10+100×12）÷（150+100）≈10.7（元）

4 月 13 日购入存货后的平均单位成本 = （50×10.7+200×14）÷（50+200）≈13.3（元）

4 月 20 日购入存货后的平均单位成本 = （150×13.3+100×15）÷（150+100）≈14（元）

由表 3-5 可知，采用移动加权平均法得出的本期发出存货成本和期末结存存货成本分别为 5 405 元和 2 095 元。

（二）计划成本法

计划成本法，是指存货的入库、出库和结余均按计划成本计价，同时通过设置相应成本差异科目，记录和结转实际成本与计划成本的差额，期末将发出和结存存货的成本调整为实际成本的一种计价方法。

发出存货应负担的成本差异，必须按月分摊，不得在季末或年末一次计算。发出存货应负担的成本差异，除委托外部加工发出存货可以按月初成本差异率计算外，其余都应使用当月的实际成本差异率；如果月初成本差异率与本月成本差异率相差不大，也可按月初成本差异率计算。计算方法一经确定，不得随意变更。以材料成本为例，计算公式如下：

期初材料成本差异率 = 期初结存材料的成本差异÷期初结存材料的计划成本×100%

本期材料成本差异率 = （期初结存材料的成本差异+本期验收入库材料的成本差异）÷（期初结存材料的计划成本+本期验收入库材料的计划成本）×100%

本月发出材料应负担的成本差异 = 本月发出材料的计划成本×材料成本差异率

本月发出材料的实际成本 = 本月发出材料的计划成本±本月发出材料应负担的成本差异

本月结存材料的实际成本 = 本月结存材料的计划成本±本月结存材料应负担的成本差异

注意：本月入库存货的计划成本中不包括暂估入账的存货计划成本。

企业应按照存货的类别或品种，如原材料、包装物、低值易耗品等，对材料成本差异进行明细核算，不能使用一个综合差异率来分摊发出存货和库存存货应负担的材料成本差异。

【例题 3-5】XR 公司期初库存材料 10 吨，计划成本 10 000 元，材料成本差异为超支 250 元，本月购进材料 10 吨，总成本为 9 800 元，材料成本差异为节约 200 元。根据题目可知：

本月材料成本差异率 = （250-200）÷（10 000+9 800+200）= 0.25%

三、存货的期末计量

在资产负债表日，存货应当按照成本与可变现净值孰低计量。成本与可变现净值孰低计量，是指对期末存货按照成本与可变现净值两者之中较低者计量的方法。存货的成本高于其可变现净值的，按其差额计提存货跌价准备；存货的成本低于其可变现净值的，按其成本计量，不计提存货跌价准备，但原已计提存货跌价准备的，应在按已计提存货跌价准备金额的范围内转回。

任务三　原材料的核算

一、原材料的概念

原材料，是指企业在生产过程中经过加工改变其形态或性质并构成产品主要实体的各种原料、主要材料和外购半成品，以及不构成产品实体但有助于产品形成的各种辅助材料。实务中，原材料具体包括原料及主要材料、辅助材料、外购半成品（外购件）、修理用备件（备品备件）、包装材料、燃料等。原材料的日常收发及结存，可以采用实际成本核算，也可以采用计划成本核算。

二、应设置的会计科目

1. "原材料" 科目

为了核算企业持有原材料的增、减变动及其余额，企业应设置"原材料"科目。该科目属于资产类，借方登记入库材料的实际成本或计划成本，贷方登记发出材料的实际成本或计划成本，期末余额在借方，表示企业库存材料的实际成本或计划成本。

2. "在途物资" 科目

为了核算实际成本法下企业购入但尚未验收入库材料的情况，企业应设置"在途物资"科目。该科目属于资产类，借方登记企业购入的在途物资的实际成本，贷方登记验收入库的在途物资的实际成本，期末余额在借方，表示企业在途物资的采购成本。

3. "材料采购" 科目

为了核算计划成本法下企业购入材料的情况，企业应设置"材料采购"科目。该科目属于资产类，借方登记采购材料的实际成本，贷方登记入库材料的计划成本。借方大于贷方表示超支，从本科目贷方转入"材料成本差异"科目的借方；贷方大于借方表示节约，从本科目借方转入"材料成本差异"科目的贷方；期末为借方余额，表示企业在途材料的采购成本。

4. "材料成本差异" 科目

为了核算计划成本法下企业入库出库材料的成本差异情况，企业应设置"材料成本差异"科目。该科目属于资产类，借方登记入库超支差异及发出材料应负担的节约差异，贷方登记入库节约差异及发出材料应负担的超支差异。期末如为借方余额，表示企业库存材料的实际成本大于计划成本的差异（即超支差异）；如为贷方余额，表示企业库存材料实际成本小于计划成本的差异（即节约差异）。

三、实际成本法下的核算

（一）取得原材料业务的会计处理

在实务中，企业取得原材料的来源不同，其会计处理也不相同，主要包括以下几种情况：

1. 外购原材料业务的会计处理

（1）材料和单据同时到达。

购入材料入库时，企业的会计分录如下：

借：原材料

应交税费——应交增值税（进项税额）

贷：应付账款

应付票据

银行存款等

【例题 3-6】XR 公司购入 A 材料一批，增值税专用发票上注明材料价款为 30 000 元，增值税为 3 900 元，发票账单已收到，材料已验收入库，全部款项以银行存款支付，不考虑其他因素。

购入材料时，XR 公司的会计分录如下：

借：原材料——A 材料　　　　　　　　　　　　　　　　　　30 000

应交税费——应交增值税（进项税额）　　　　　　　　3 900

贷：银行存款　　　　　　　　　　　　　　　　　　　　33 900

（2）材料已到，单据未到。

企业购入的材料已经入库，到月底发票账单尚未收到，应当按暂估价值入账。

购入材料已入库但发票账单未到时，企业的会计分录如下：

借：原材料

贷：应付账款——暂估应付账款

下个月月初用红字冲回时，企业的会计分录如下：

借：原材料（金额用红字）

贷：应付账款——暂估应付账款（金额用红字）

【例题 3-7】XR 公司 2024 年 5 月 28 日购入并验收入库 D 材料一批，发票账单尚未收到，D 材料暂估价值为 50 000 元，5 月 31 日，发票账单尚未到达。为反映库存真实情况，应当根据暂估价值入账。

购入 D 材料时，XR 公司的会计分录如下：

借：原材料　　　　　　　　　　　　　　　　　　　　　　50 000

贷：应付账款——暂估应付账款　　　　　　　　　　　50 000

6 月 1 日，用红字冲回时，XR 公司的会计分录如下：

借：原材料　　　　　　　　　　　　　　　　　　　　　　50 000

贷：应付账款——暂估应付账款　　　　　　　　　　　50 000

6月5日，收到上述购入 D 材料的结算凭证和发票账单，专用发票上注明材料价款为50 000 元，增值税为 6 500 元，以银行存款支付，不考虑其他因素。

收到 D 材料时，XR 公司的会计分录如下：

借：原材料——D 材料 50 000
　　应交税费——应交增值税（进项税额） 6 500
　　　贷：银行存款 56 500

（3）单据已到，材料未到。

发票账单已到，材料尚未入库时，企业的会计分录如下：

借：在途物资
　　应交税费——应交增值税（进项税额）
　　　贷：应付账款
　　　　　应付票据
　　　　　银行存款等

【例题 3-8】 XR 公司购入一批 E 材料，增值税专用发票上注明的材料价款为 50 000 元，增值税为 6 500 元。双方商定采用商业承兑汇票结算方式支付货款，付款期限为三个月，材料尚未到达，不考虑其他因素。

购买 E 材料尚未入库时，XR 公司的会计分录如下：

借：在途物资——E 材料 50 000
　　应交税费——应交增值税（进项税额） 6 500
　　　贷：应付票据 56 500

E 材料到达验收入库时，XR 公司的会计分录如下：

借：原材料——E 材料 50 000
　　　贷：在途物资——E 材料 50 000

如果上例购入 E 材料取得的是增值税普通发票，注明材料价款为 56 500 元，采用商业承兑汇票结算方式支付货款，付款期限为三个月，材料尚未到达。

购入 E 材料尚未入库时，XR 公司的会计分录如下：

借：在途物资——E 材料 56 500
　　　贷：应付票据 56 500

（4）款项已付，材料尚未到达。

预付款购买材料时，企业的会计分录如下：

借：预付账款
　　　贷：银行存款
借：在途物资
　　应交税费——应交增值税（进项税额）
　　　贷：预付账款
　　　　　银行存款等

【例题 3-9】 2024 年 4 月 10 日，XR 公司从 B 公司购入一批 F 材料，增值税专用发票上注明材料价款为 50 000 元，增值税为 6 500 元。双方商定采用预付款方式，4 月 10 日签订合同，签订时预付 30 000 元，B 公司发出材料时补付余款，4 月 15 日材料已发出，但尚未到达，不考虑其他因素。

预付款购买 F 材料时，XR 公司的会计分录如下：

借：预付账款 30 000
　　贷：银行存款 30 000
借：在途物资——F 材料 50 000
　　应交税费——应交增值税（进项税额） 6 500
　　贷：预付账款 30 000
　　　　银行存款 26 500

2. 投资者投入原材料业务的会计处理

在实务中，企业收到投资者投入材料作为出资的，应当按确定的实际成本入账。

收到投资者投入材料时，企业的会计分录如下：

借：原材料
　　应交税费——应交增值税（进项税额）（专用发票上注明的增值税额）
　　银行存款（收到的补价）
　　贷：实收资本或股本（其在注册资本中所占有的份额）
　　　　资本公积（差额）

（二）发出原材料业务的会计处理

采用实际成本进行材料核算的企业，发出原材料的实际成本，可以采用先进先出法、个别计价法、月末一次加权平均法、移动加权平均法计算确定。对不同的原材料可以采用不同的计价方法，但是，原材料的计价方法一经确定，不得随意变更。

生产经营领用原材料时，企业的会计分录如下：

借：生产成本
　　制造费用
　　销售费用
　　管理费用
　　在建工程等
　　贷：原材料（按领用材料的实际成本入账）

【例题 3-10】2024 年 4 月 10 日，XR 公司在建生产线项目领用库存原材料金额为 50 000 元，生产产品领用原材料金额为 30 000 元，原材料适用的增值税税率为 13%，不考虑其他因素。

领用材料时，XR 公司的会计分录如下：

借：在建工程 50 000
　　生产成本 30 000
　　贷：原材料 80 000

出售原材料时，企业的会计分录如下：

借：银行存款（按已收的价款入账）
　　应收账款等
　　贷：其他业务收入
　　　　应交税费——应交增值税（销项税额）

同时结转成本：

借：其他业务成本（发出原材料的实际成本）
　　贷：原材料

四、计划成本法下的核算

采用计划成本核算时，材料的收发及结存，无论总分类核算还是明细分类核算，均按照计划成本计价。在实务中，材料的实际成本与计划成本的差异，通过"材料成本差异"科目核算。月末，计算本月发出材料应负担的成本差异并进行分摊，根据领用材料的用途计入相关资产的成本或者当期损益，从而将发出材料的计划成本调整为实际成本。

（一）购入原材料业务的会计处理

购入材料时，企业的会计分录如下：

借：材料采购（材料的实际成本）
　　应交税费——应交增值税（进项税额）
　　贷：应付票据
　　　　应付账款
　　　　银行存款等

【例题3-11】2024年4月18日，XR公司购入一批L材料，增值税专用发票上注明材料价款为30 000元，增值税为3 900元，发票账单已收到，计划成本为32 000元，材料尚未验收入库，全部款项以银行存款支付，不考虑其他因素。

购入L材料时，XR公司的会计分录如下：

借：材料采购——L材料　　　　　　　　　　　　　　　　　　30 000
　　应交税费——应交增值税（进项税额）　　　　　　　　　　3 900
　　贷：银行存款　　　　　　　　　　　　　　　　　　　　　33 900

【例题3-12】2024年5月20日，XR公司采用汇兑结算方式购入一批M材料，增值税专用发票上注明材料价款为20 000元，增值税为2 600元，发票账单已收到，计划成本为18 000元，材料尚未入库，不考虑其他因素。

购入M材料时，XR公司的会计分录如下：

借：材料采购——M材料　　　　　　　　　　　　　　　　　　20 000
　　应交税费——应交增值税（进项税额）　　　　　　　　　　2 600
　　贷：银行存款　　　　　　　　　　　　　　　　　　　　　22 600

【例题3-13】2024年5月25日，XR公司采用商业承兑汇票支付方式购入一批Q材料，增值税专用发票上注明材料价款为5 000元，增值税为650元，发票账单已收到，计划成本为5 200元，材料尚未验收入库，不考虑其他因素。

购入Q材料时，XR公司的会计分录如下：

借：材料采购——Q材料　　　　　　　　　　　　　　　　　　5 000
　　应交税费——应交增值税（进项税额）　　　　　　　　　　650
　　贷：应付票据　　　　　　　　　　　　　　　　　　　　　5 650

注意：在计划成本法下，验收入库时应当按照计划成本验收入库，材料采购的实际成本与计划成本之间的差异，转入材料成本差异。

入库材料实际成本大于计划成本时，企业的会计分录如下：

借：原材料（计划成本）
　　材料成本差异（超支差异）
　　贷：材料采购（实际成本）

入库材料实际成本小于计划成本时，企业的会计分录如下：

借：原材料（计划成本）
　　贷：材料采购（实际成本）
　　　　材料成本差异（节约差异）

【例题 3-14】 承接【例题 3-11】，2024 年 4 月 18 日购入的 L 材料已经验收入库。

L 材料验收入库时，XR 公司的会计分录如下：

借：原材料——L 材料　　　　　　　　　　　　　　　　　　32 000
　　贷：材料采购——L 材料　　　　　　　　　　　　　　　　　30 000
　　　　材料成本差异　　　　　　　　　　　　　　　　　　　　 2 000

【例题 3-15】 承接【例题 3-12】，2024 年 5 月 20 日购入的 M 材料已经验收入库。

M 材料验收入库时，XR 公司的会计分录如下：

借：原材料——M 材料　　　　　　　　　　　　　　　　　　18 000
　　材料成本差异　　　　　　　　　　　　　　　　　　　　　 2 000
　　贷：材料采购——M 材料　　　　　　　　　　　　　　　　　20 000

【例题 3-16】 承接【例题 3-13】，2024 年 5 月 25 日购入的 Q 材料已经验收入库。

Q 材料验收入库时，XR 公司的会计分录如下：

借：原材料——Q 材料　　　　　　　　　　　　　　　　　　 5 200
　　贷：材料采购——Q 材料　　　　　　　　　　　　　　　　　 5 000
　　　　材料成本差异　　　　　　　　　　　　　　　　　　　　　200

（二）发出材料业务的会计处理

在计划成本法下，月末企业根据领料单等编制"发料凭证汇总表"结转发出材料的计划成本，应当根据所发出材料的用途，按计划成本分别记入"生产成本""制造费用""销售费用""管理费用"等科目。

领用材料时，企业的会计分录如下：

借：生产成本
　　制造费用
　　销售费用
　　管理费用
　　其他业务成本
　　在建工程等
　　贷：原材料（计划成本）

月末结转发出材料应负担的超支差异时，企业的会计分录如下：

借：生产成本
　　制造费用
　　销售费用

　　管理费用

　　其他业务成本

　　在建工程等

　　　贷：材料成本差异

月末结转发出材料应负担的节约差异时，企业的会计分录如下：

　借：材料成本差异

　　　贷：生产成本

　　　　　制造费用

　　　　　销售费用

　　　　　管理费用

　　　　　其他业务成本

　　　　　在建工程等

【例题 3-17】XR 公司本月领用的材料汇总如下：生产车间领用 100 000 元，车间管理部门领用 10 000 元，企业管理部门领用 10 000 元，材料成本差异率为−5%，不考虑其他因素。

　　领用材料时，XR 公司的会计分录如下：

借：生产成本		100 000
制造费用		10 000
管理费用		10 000
贷：原材料		120 000

结转发出材料应负担的节约差异时，XR 公司的会计分录如下：

借：材料成本差异		6 000
贷：生产成本		5 000
制造费用		500
管理费用		500

任务四　周转材料的核算

一、周转材料的概念

　　周转材料，是指企业在经营活动中能够多次使用，并逐渐转移其价值但仍保持原有形态的不作为固定资产确认的包装物和低值易耗品等。周转材料主要包括包装物和低值易耗品。其中，包装物，是指企业为了包装本企业产成品、商品等而储备的各种包装容器，例如桶、箱、瓶、坛、袋等。包装物的核算主要包括生产过程中用于包装产品作为产品组成部分的包装物、随同产品出售不单独计价的包装物、随同产品出售单独计价的包装物、出租或出借给购买单位使用的包装物。低值易耗品，是指企业持有的不能作为固定资产的各种用具物品等，以及在经营过程中周转使用的容器等。

二、应设置的会计科目

为了核算企业持有周转材料的实际成本或计划成本，企业应当设置"周转材料"科目。该科目属于资产类，借方表示增加，贷方表示减少，期末余额在借方，表示企业在库周转材料的实际成本或计划成本以及在用周转材料的摊余价值。周转材料按照其种类，分别设置"在库""在用""摊销"科目进行明细核算。

三、周转材料业务的会计处理

（一）实际成本法下的会计处理

在实际成本法下，企业购入、自制、委托外单位加工完成验收入库的周转材料等，其核算方法参照本项目任务三中原材料按实际成本法核算的相关规定。领用周转材料的成本分摊可以用一次摊销法和五五摊销法核算。

1. 一次摊销法下的会计处理

一次摊销法，是指在领用低值易耗品、出租出借包装物时，将其实际成本一次计入有关成本、费用科目的一种方法。

领用周转材料时，企业的会计分录如下：

借：生产成本
　　管理费用
　　销售费用等
　　贷：周转材料（按周转材料的账面价值入账）

【例题 3-18】 XR 公司本月领用的周转材料（包装物）汇总如下：生产车间领用 1 000 元，车间管理部门领用 100 元，企业管理部门领用 100 元，周转材料采用一次摊销法核算，不考虑其他因素。

领用包装物时，XR 公司的会计分录如下：

借：生产成本　　　　　　　　　　　　　　　　　　　　　1 000
　　制造费用　　　　　　　　　　　　　　　　　　　　　　100
　　管理费用　　　　　　　　　　　　　　　　　　　　　　100
　　贷：周转材料——包装物　　　　　　　　　　　　　　　1 200

2. 五五摊销法下的会计处理

五五摊销法实际上是一种在周转材料领用时摊销其一半价值，在报废时再摊销其另一半价值的方法。

领用周转材料时，企业的会计分录如下：

借：周转材料——在用
　　贷：周转材料——在库（按其账面价值入账）

摊销周转材料价值的一半时，企业的会计分录如下：

借：生产成本
　　管理费用
　　销售费用等

贷：周转材料——摊销（领用周转材料价值的一半）

摊销周转材料价值另一半时，企业的会计分录如下：

借：生产成本

　　管理费用

　　销售费用等

　　　　贷：周转材料——摊销（领用周转材料价值的一半）

转销全部已摊销额时，企业的会计分录如下：

借：周转材料——摊销

　　　　贷：周转材料——在用

【例题 3-19】XR 公司的车间管理部门领用周转材料（专用工具）一批，实际成本为 10 000 元，采用五五摊销法进行摊销，不考虑其他因素。

领用专用工具时，XR 公司的会计分录如下：

借：周转材料——低值易耗品——在用　　　　　　　　　　　　 10 000

　　　　贷：周转材料——低值易耗品——在库　　　　　　　　　　　 10 000

领用摊销其价值的一半时，XR 公司的会计分录如下：

借：制造费用　　　　　　　　　　　　　　　　　　　　　　　　 5 000

　　　　贷：周转材料——低值易耗品——摊销　　　　　　　　　　　　 5 000

报废摊销其价值的另一半时，XR 公司的会计分录如下：

借：制造费用　　　　　　　　　　　　　　　　　　　　　　　　 5 000

　　　　贷：周转材料——低值易耗品——摊销　　　　　　　　　　　　 5 000

同时：

借：周转材料——低值易耗品——摊销　　　　　　　　　　　　　 10 000

　　　　贷：周转材料——低值易耗品——在用　　　　　　　　　　　 10 000

（二）计划成本法下的会计处理

周转材料采用计划成本法进行日常核算的，发出周转材料时，应当同时结转其应分摊的成本差异，将发出周转材料的计划成本转为实际成本。

在计划成本法下，企业购入、自制、委托外单位加工完成验收入库的周转材料等，其核算方法参照本项目任务三中原材料按计划成本法核算的相关规定。在实务中，企业领用周转材料的会计处理如下：

领用周转材料时，企业的会计分录如下：

借：生产成本

　　管理费用

　　销售费用等

　　　　贷：周转材料

　　　　　　材料成本差异（发出周转材料承担的超支差异）

或为：

借：生产成本

　　管理费用

　　销售费用等

材料成本差异（发出周转材料承担的节约差异）

　　　　贷：周转材料

【例题 3-20】XR 公司对包装物采用计划成本核算，2024 年 3 月生产产品领用包装物的计划成本为 10 000 元，材料成本差异率为 -3%，不考虑其他因素。

　　领用包装物时，XR 公司的会计分录如下：

借：生产成本　　　　　　　　　　　　　　　　　　　　　　9 700

　　材料成本差异　　　　　　　　　　　　　　　　　　　　　300

　　　贷：周转材料——包装物　　　　　　　　　　　　　　　　　　　10 000

【例题 3-21】2024 年 4 月，XR 公司销售商品领用不单独计价包装物的计划成本为 5 000 元，材料成本差异率为 -3%，不考虑其他因素。

　　领用包装物时，XR 公司的会计分录如下：

借：销售费用　　　　　　　　　　　　　　　　　　　　　　4 850

　　材料成本差异　　　　　　　　　　　　　　　　　　　　　150

　　　贷：周转材料——包装物　　　　　　　　　　　　　　　　　　　5 000

任务五　委托加工物资的核算

一、委托加工物资的概念

　　委托加工物资，是指企业委托外单位进行加工的各种材料、商品等物资。企业委托外单位加工物资的成本包括加工中实际耗用物资的成本、支付的加工费用、应负担的运杂费等、支付的税金，其中，支付的税金包括委托加工物资所应负担的消费税（指属于消费税应税范围的加工物资）等。

二、委托加工物资业务的会计处理

　　为了核算企业委托加工物资增减变动及其结存情况，企业应设置"委托加工物资"科目。该科目属于资产类，借方登记委托加工物资的实际成本，贷方登记加工完成验收入库物资的实际成本和剩余物资的实际成本，期末余额在借方，表示企业尚未完工的委托加工物资的实际成本和发出加工物资的运杂费等。

（一）实际成本法下的会计处理

采用实际成本法核算的，委托加工物资的发出、加工、收回均按实际成本核算。

把物资发给外单位加工时，企业的会计分录如下：

借：委托加工物资

　　贷：原材料

　　　　周转材料

　　　　库存商品

支付加工费用、运杂费、增值税、消费税时，企业的会计分录如下：

借：委托加工物资

应交税费——应交增值税（进项税额）（一般纳税人取得增值税专用发票）

　　贷：应付账款

　　　　银行存款等

　　委托加工物资收回后直接用于销售的，应将受托方代收代交的消费税计入委托加工物资成本。

　　收回后用于销售时，企业的会计分录如下：

　　借：委托加工物资

　　　　贷：应付账款

　　　　　　银行存款等

　　委托加工物资收回后用于连续生产的，受托方代收代交的消费税不计入委托加工物资成本。

　　收回后用于连续生产时，企业的会计分录如下：

　　借：委托加工物资

　　　　应交税费——应交消费税

　　　　贷：应付账款

　　　　　　银行存款等

　　加工完成验收入库物资和剩余物资，按其实际成本入账。

　　加工完成验收入库时，企业的会计分录如下：

　　借：原材料

　　　　库存商品

　　　　周转材料

　　　　贷：委托加工物资

【例题 3-22】2024 年 5 月 1 日，XR 公司委托 A 量具厂加工一批量具，发出材料一批，实际成本 8 000 元，以银行存款支付运杂费 200 元，5 月 15 日加工完成支付加工费 4 000 元，支付回程运杂费 300 元，该批量具已验收入库，不考虑其他因素。

　　发出材料时，XR 公司的会计分录如下：

　　借：委托加工物资　　　　　　　　　　　　　　　　　　　　　8 000

　　　　贷：原材料　　　　　　　　　　　　　　　　　　　　　　　　8 000

　　支付运杂费时，XR 公司的会计分录如下：

　　借：委托加工物资　　　　　　　　　　　　　　　　　　　　　　200

　　　　贷：银行存款　　　　　　　　　　　　　　　　　　　　　　　200

　　支付加工费时，XR 公司的会计分录如下：

　　借：委托加工物资　　　　　　　　　　　　　　　　　　　　　4 000

　　　　贷：银行存款　　　　　　　　　　　　　　　　　　　　　　4 000

　　支付回程运杂费时，XR 公司的会计分录如下：

　　借：委托加工物资　　　　　　　　　　　　　　　　　　　　　　300

　　　　贷：银行存款　　　　　　　　　　　　　　　　　　　　　　　300

　　量具入库时，XR 公司的会计分录如下：

　　借：周转材料——低值易耗品——量具　　　　　　　　　　　12 500

　　　　贷：委托加工物资　　　　　　　　　　　　　　　　　　　12 500

（二）计划成本法下的会计处理

委托加工物资采用计划成本法核算的，应当将发出的委托加工物资由计划成本转为实际成本，并结转相应的材料成本差异。

把物资发给外单位加工时，企业的会计分录如下：

借：委托加工物资（按实际成本）

材料成本差异（发出物资承担的节约差异）

贷：原材料（按计划成本）

库存商品（按计划成本）

材料成本差异（发出物资承担的超支差异）

支付加工费，应承担的运杂费、增值税时，企业的会计分录如下：

借：委托加工物资

应交税费——应交增值税（进项税额）（一般纳税人取得增值税专用发票）

贷：应付账款

银行存款等

支付由受托方代收代交的消费税时，企业的会计分录如下：

收回后直接用于销售时，企业的会计分录如下：

借：委托加工物资

贷：应付账款

银行存款等

收回后用于连续生产时，企业的会计分录如下：

借：委托加工物资

应交税费——应交消费税

贷：应付账款

银行存款等

加工完成验收入库时，企业的会计分录如下：

借：原材料（按计划成本）

库存商品（按计划成本）

材料成本差异（验收入库的超支差异）

贷：委托加工物资（按实际成本）

材料成本差异（验收入库的节约差异）

【例题 3-23】 2024 年 3 月 10 日，XR 公司委托 Z 公司加工一批应税消费品 1 000 件，3 月 10 日，发出材料一批，计划成本为 60 000 元，材料成本差异率为-3%；3 月 25 日，以银行存款支付商品加工费 12 000 元，支付消费税 6 600 元，支付往返运杂费 800 元。该商品收回后用于连续生产，XR 公司和 Z 公司均为一般纳税人，适用的增值税税率为 13%，3 月 25 日，委托加工商品加工完成验收入库，计划成本为 72 000 元，不考虑其他因素。

发出委托加工材料时，XR 公司的会计分录如下：

借：委托加工物资 58 200

材料成本差异 1 800

贷：原材料 60 000

支付加工费及相关税费时，XR公司的会计分录如下：

借：委托加工物资　　　　　　　　　　　　　　　　　　　12 000
　　应交税费——应交消费税　　　　　　　　　　　　　　 6 600
　　　　　　　——应交增值税（进项税额）　　　　　　　 1 560
　　　贷：银行存款　　　　　　　　　　　　　　　　　　20 160

支付往返运杂费时，XR公司的会计分录如下：

借：委托加工物资　　　　　　　　　　　　　　　　　　　　 800
　　　贷：银行存款　　　　　　　　　　　　　　　　　　　 800

加工完成验收入库时，XR公司的会计分录如下：

借：库存商品　　　　　　　　　　　　　　　　　　　　　72 000
　　　贷：委托加工物资　　　　　　　　　　　　　　　　71 000
　　　　　产品成本差异　　　　　　　　　　　　　　　　 1 000

任务六　库存商品的核算

一、库存商品的概念

库存商品，是指企业已完成全部生产过程并已验收入库、符合标准规格和技术条件，可以按照合同规定的条件送交订货单位，或可以作为商品对外销售的产品以及外购或委托加工完成验收入库用于销售的各种商品。库存商品具体包括库存产成品、外购商品、存放在门市部准备出售的商品、发出展览的商品、寄存在外的商品、接受来料加工制造的代制品和为外单位加工修理的代修品等。

库存商品可以采用实际成本核算，也可以采用计划成本核算，其方法与原材料的核算方法相似。采用计划成本核算时，库存商品实际成本与计划成本的差异，可单独设置"产品成本差异"科目核算。

二、库存商品业务的会计处理

为了核算企业持有库存商品的增减变动及其结存情况，企业应设置"库存商品"科目。该科目属于资产类，借方表示验收入库的库存商品成本，贷方表示发出的库存商品成本，期末余额在借方，表示各种库存商品的实际成本或计划成本。

（一）实际成本法下的会计处理

企业生产的产成品一般应按实际成本核算，产成品的入库和出库，平时只记数量不记金额；月末计算入库产成品的实际成本；对出库的产成品，可以采用先进先出法、月末一次加权平均法、移动加权平均法或者个别计价法等方法确定其实际成本。核算方法一经确定，不得随意变更。

1. 生产完工验收入库商品的会计处理

产品完工验收入库时，企业的会计分录如下：

借：库存商品（按实际成本入账）

贷：生产成本

【例题 3-24】 XR 公司 2024 年 2 月的商品入库汇总表记录本月已验收入库 W 产品 100 台，实际单位成本 2 000 元，计 200 000 元；U 产品 500 台，实际单位成本 1 000 元，计 500 000 元，不考虑其他因素。

产品完工验收入库时，XR 公司的会计分录如下：

借：库存商品——W 产品   200 000
     ——U 产品   500 000
 贷：生产成本——W 产品   200 000
     ——U 产品   500 000

2. 销售商品的会计处理

销售商品时，符合收入确认条件的，应当一方面确认收入，另一方面结转其销售成本。

结转产品成本时，企业的会计分录如下：

借：主营业务成本
 贷：库存商品

【例题 3-25】 XR 公司 2024 年 3 月末发出商品汇总表记录本月已实现销售的 W 产品有 50 台，U 产品有 100 台。该月 W 产品实际单位成本 2 000 元，U 产品实际单位成本 1 000 元，不考虑其他因素。

结转产品成本时，XR 公司的会计分录如下：

借：主营业务成本   200 000
 贷：库存商品——W 产品   100 000
     ——U 产品   100 000

3. 外购商品的会计处理

在实务中，企业外购商品采用售价核算的，商品售价和进价的差额，可通过"商品进销差价"科目核算。月末，应分摊已销商品的进销差价，将已销商品的销售成本调整为实际成本。

商品流通企业的库存商品还可以采用销售毛利率法和售价金额法进行日常核算。

（1）销售毛利率法。销售毛利率法，是指根据本期销售净额乘以上期实际成本或本期计划成本的销售毛利率匡算本期的销售毛利，并据以计算发出存货和期末存货成本的一种专门方法。

销售毛利率法的计算公式如下：

销售毛利率=销售毛利÷销售净额×100%

销售净额=商品销售收入-销售退回和销售折让

销售毛利=销售净额×销售毛利率

销售成本=销售净额-销售毛利

期末存货成本=期初存货成本+本期购货成本-本期销售成本

这一方法是商品流通企业，尤其是商业批发企业常用的计算本期商品销售成本和期末库存商品成本的方法。

【例题 3-26】 K 商场 2024 年 4 月 1 日库存商品 200 万元，本月购进商品 300 万元，本月销售收入 400 万元，上季度该类商品的销售毛利率为 20%，不考虑其他因素。

根据题意计算分析如下：

$$本月销售收入 = 400（万元）$$
$$销售毛利 = 400 \times 20\% = 80（万元）$$
$$本月销售成本 = 400 - 80 = 320（万元）$$
$$库存商品成本 = 200 + 300 - 320 = 180（万元）$$

（2）售价金额法。售价金额法，是指平时商品的购入、加工收回、销售均按售价记账，售价与进价的差额通过"商品进销差价"科目核算，期末计算进销差价率和本期已销商品应分摊的进销差价，并据以调整本期销售成本的一种方法。售价金额法计算公式如下：

$$商品进销差价率 = （期初库存商品进销差价 + 本期购入商品进销差价）\div$$
$$（期初库存商品售价 + 本期购入商品售价）\times 100\%$$
$$本期销售商品应分摊的商品进销差价 = 本期销售商品收入 \times 商品进销差价率$$
$$本期销售商品的成本 = 本期销售商品收入 - 本期销售商品应分摊的商品进销差价$$
$$期末结存商品成本 = 期初库存商品进价成本 + 本期购进商品进价成本 -$$
$$本期销售商品成本$$

企业的商品进销差价率各期之间是比较均衡的，因此，也可以采用上期商品进销差价率计算分摊本期商品进销差价。年度终了，应对商品进销差价进行核实调整。

【例题 3-27】M 超市 2024 年 3 月期初库存商品的进价成本为 10 万元，售价总额为 11 万元，本月购进该商品的进价成本为 8 万元，售价总额为 9 万元，本月销售收入为 12 万元，不考虑其他因素。

根据题意计算分析如下：

$$商品进销差价率 = （1+1）\div（11+9）\times 100\% = 10\%$$
$$已销商品应分摊的商品进销差价 = 12 \times 10\% = 1.2（万元）$$
$$已销售商品成本 = 12 - 1.2 = 10.8（万元）$$
$$期末库存商品成本 = 10 + 8 - 10.8 = 7.2（万元）$$

（二）计划成本法下的会计处理

产成品种类比较多的企业，也可以按计划成本进行日常核算，其实际成本与计划成本的差异，可以单独设置"产品成本差异"科目进行核算，或在"库存商品"科目下设置"成本差异"二级科目进行核算。

产品生产完成验收入库时，企业的会计分录如下：

借：库存商品
　　产品成本差异（超支差异）
　　贷：生产成本等
　　　　产品成本差异（节约差异）

对外销售产品结转销售成本时，企业的会计分录如下：

借：主营业务成本

　　　　贷：库存商品

　　　　　　产品成本差异（发出产品承担的超支差异）

　　或为：

　　借：主营业务成本

　　　　产品成本差异（发出产品承担的节约差异）

　　　　贷：库存商品

任务七　存货清查与期末计量

一、存货清查

（一）存货清查的概念

　　存货清查，是指通过对存货的实地盘点，确定存货的实有数量，并与账面结存数核对，从而确定存货实存数与账面结存数是否相符的一种专门方法。

　　由于存货种类繁多、收发频繁，在日常收发过程中可能发生计量错误、计算错误、自然损耗，还可能发生损坏变质以及贪污、盗窃等情况，造成账实不符，形成存货的盘盈盘亏。对于存货的盘盈盘亏，应填写存货盘点报告（如实存账存对比表），及时查明原因，按照规定程序报批处理。

（二）应当设置的会计科目

　　为了核算企业在财产清查中查明的各种存货的盘盈、盘亏和毁损情况，企业应设置"待处理财产损溢"科目。该科目属于资产类，借方表示存货的盘亏、毁损金额及盘盈的转销金额，贷方表示存货的盘盈金额及盘亏的转销金额，期末处理完毕后无余额。

（三）存货清查业务的会计处理

　　在实务中，企业存货清查业务的会计处理主要包括审批前和审批后两个环节。

1. 审批前

　　盘盈存货时，企业的会计分录如下：

　　借：原材料

　　　　库存商品等

　　　　贷：待处理财产损溢——待处理流动资产损溢

　　盘亏、毁损存货时，企业的会计分录如下：

　　借：待处理财产损溢——待处理流动资产损溢

　　　　贷：原材料

　　　　　　库存商品等

　　　　　　应交税费——应交增值税（进项税额转出）（管理不善导致的情况）

　　注意：采用计划成本（或售价）核算的，还应当同时结转成本差异（或商品进销差价）。已计提存货跌价准备的，还应当同时结转存货跌价准备。

2. 审批后

盘盈存货审批后，企业的会计分录如下：

借：待处理财产损溢——待处理流动资产损溢
　　贷：管理费用

盘亏、毁损存货审批后，企业的会计分录如下：

借：库存现金
　　原材料
　　其他应收款
　　营业外支出
　　贷：待处理财产损溢——待处理流动资产损溢

【例题3-28】W公司在财产清查中发现盘亏K材料1 000千克，实际单位成本5元，经查属于一般经营管理不善所致，不考虑其他因素。

审批前，W公司的会计分录如下：

借：待处理财产损溢——待处理流动资产损溢　　　　　　　　　　　　5 650
　　贷：原材料——K　　　　　　　　　　　　　　　　　　　　　　　5 000
　　　　应交税费——应交增值税（进项税额转出）　　　　　　　　　　650

审批后，W公司的会计分录如下：

借：管理费用　　　　　　　　　　　　　　　　　　　　　　　　　　5 650
　　贷：待处理财产损溢——待处理流动资产损溢　　　　　　　　　　　5 650

【例题3-29】R公司因台风造成一批库存的B材料毁损，实际成本50 000元，根据保险责任范围及保险合同规定，应由保险公司赔偿30 000元，不考虑增值税。

审批前，R公司的会计分录如下：

借：待处理财产损溢——待处理流动资产损溢　　　　　　　　　　　50 000
　　贷：原材料——B　　　　　　　　　　　　　　　　　　　　　　50 000

审批后，R公司的会计分录如下：

借：其他应收款——保险公司　　　　　　　　　　　　　　　　　　30 000
　　营业外支出——非常损失　　　　　　　　　　　　　　　　　　20 000
　　贷：待处理财产损溢——待处理流动资产损溢　　　　　　　　　　50 000

二、存货期末计量

资产负债表日，存货应当按照成本与可变现净值孰低计量，即存货按照历史成本与可变现净值低的一方来确认存货的期末价值。其中，成本是指期末存货的实际成本，可变现净值是指存货在日常活动中的估计售价减去至完工时估计将要发生的成本、估计的销售费用以及相关税费后的净额。

资产负债表日，存货成本高于其可变现净值，表明存货发生了减值，应当对该存货计提存货跌价准备，并计入当期损益。已计提存货跌价准备，导致存货价值减少的影响因素已经消失的，应当在原已计提的存货跌价准备金额的范围内转回。

（一）应设置的会计科目

为了核算企业存货减值情况，企业应设置"存货跌价准备"科目。该科目属于资产类的备抵项目，贷方登记应计提的存货跌价准备金额，借方登记实际发生的存货跌价损失金额和冲减的存货跌价准备金额，期末余额一般在贷方，表示企业已计提但尚未转销的存货跌价准备。

（二）存货减值业务的会计处理

计提存货跌价准备时，企业的会计分录如下：

借：资产减值损失——计提的存货跌价准备
　　贷：存货跌价准备

冲销已计提的存货跌价准备时，企业的会计分录如下：

借：存货跌价准备
　　贷：资产减值损失——计提的存货跌价准备

结转发出已计提的存货跌价准备时，企业的会计分录如下：

借：存货跌价准备
　　贷：主营业务成本
　　　　营业外支出等

【例题 3-30】 2023 年 12 月 31 日，XR 公司 A 材料的账面余额为 10 000 元，由于市场价格下跌，预计可变现净值为 8 000 元，该材料原先没有计提存货跌价准备，不考虑其他因素。

计提减值准备时，XR 公司的会计分录如下：

借：资产减值损失——计提的存货跌价准备　　　　　　　　　　　　　2 000
　　贷：存货跌价准备　　　　　　　　　　　　　　　　　　　　　　　　2 000

【例题 3-31】 承接【例题 3-30】，2024 年 3 月 31 日，XR 公司 A 材料市场价格有所上升，原先导致价格下跌的因素消失，使得 A 材料的预计可变现净值为 9 600 元，应转回的存货跌价准备为 1 600 元。

转回减值准备时，XR 公司的会计分录如下：

借：存货跌价准备　　　　　　　　　　　　　　　　　　　　　　　　1 600
　　贷：资产减值损失——计提的存货跌价准备　　　　　　　　　　　　　1 600

项目总结

本项目主要介绍了存货的概念、存货的特征、存货的确认条件、存货的分类，存货初始成本的确认（外购存货的成本、加工取得存货的成本、其他方式取得存货的成本）、发出存货成本的确认方法（实际成本法、计划成本法）、存货的期末计量，原材料的概念、应设置的会计科目、实际成本法下的核算（取得原材料业务的会计处理、发出原材料业务的会计处理）、计划成本法下的核算（购入原材料业务的会计处理、发出材料业务的会计处理），周转材料的概念、应设置的会计科目、周转材料业务的会计处理（实际成本法下的会计处理、计划成本法下的会计处理），委托加工物资的概念、委托加工物资业务的会计处理（实际成本法下的会计处理、计划成本法下的会计处理），库存商品的概念、库存商品业务的会计处理（实际成本法下的会计处理、计划成本法下的会计处理），存货清查

（存货清查的概念、应当设置的会计科目、存货清查业务的会计处理）、存货期末计量（应设置的会计科目、存货减值业务的会计处理）。

巩固练习

一、思考题

1. 存货有哪些内容？

2. 存货的计价方法有哪些？它们的优点缺点分别是什么？

3. 存货盘盈、盘亏如何处理？

4. 存货期末如何计量？

二、单项选择题

1. K公司为增值税小规模纳税企业，2024年2月10日，K公司外购原材料一批，购买价格为10 000元，增值税为1 300元，入库前发生的挑选整理费用为600元。该批原材料的入账价值为（　　）元。

    A. 13 300　　　　　B. 11 600　　　　　C. 11 900　　　　　D. 12 300

2. XR公司采用计划成本法进行材料的日常核算。2024年3月初结存材料的计划成本为800 000元，实际成本为1 000 000元。3月购入材料一批，实际成本为1 300 000元，计划成本为1 200 000元。当月领用材料的计划成本为1 000 000元，当月领用材料应负担的材料成本差异为（　　）元。

    A. 超支50 000　　B. 节约50 000　　C. 超支150 000　　D. 节约150 000

3. XR公司2024年1月3日存货结存数量为200件，单价为4元；1月4日发出存货150件；1月6日购进存货200件，单价4.4元；1月7日发出存货100件。在对存货发出采用移动加权平均法核算的情况下，1月7日结存存货的实际成本为（　　）元。

    A. 648　　　　　　B. 432　　　　　　C. 1 080　　　　　D. 1 032

4. R公司期末"原材料"科目余额为1 000 000元，"生产成本"科目余额为700 000元，"材料成本差异"科目贷方余额为50 000元，"库存商品"科目余额为1 500 000元，"工程物资"科目余额为2 000 000元。则R公司期末资产负债表中"存货"项目的金额为（　　）元。

    A. 2 450 000　　　B. 3 150 000　　　C. 3 250 000　　　D. 5 150 000

5. K公司是小规模纳税企业，2024年5月因火灾盘亏一批材料，金额为16 000元。收到责任人赔款1 500元，残料入库100元。报经批准后，应计入营业外支出账户的金额为（　　）元。

    A. 17 020　　　　　B. 18 620　　　　　C. 14 300　　　　　D. 14 400

6. 企业随同产品出售单独计价的包装物，其发出时应当按照实际成本计入（　　）。

    A. 其他业务成本　　　　　　　　　　B. 财务费用

    C. 销售费用　　　　　　　　　　　　D. 营业外支出

7. 2024年5月2日，X公司销售产品领用一批不单独计价包装物，其计划成本为8 000元，材料成本差异率为1%，该笔业务发生时，X公司应计入销售费用的金额是（　　）元。

　　A. 8 001　　　　　　B. 7 920　　　　　　C. 8 080　　　　　　D. 10 000

　　8. R 公司为增值税一般纳税企业，2024 年 2 月购入 X 材料 1 000 千克，增值税专用发票上注明价款为 20 000 元，增值税为 2 600 元，该批 X 材料在运输途中发生 1% 的合理损耗，实际验收入库 990 千克，该批材料采用计划成本法核算，X 材料的单位计划成本为 22 元，则该批 X 材料的入账价值为（　　　）元。

　　A. 20 000　　　　　　B. 21 780　　　　　　C. 22 000　　　　　　D. 22 120

　　9. XR 公司是增值税一般纳税企业，2024 年 8 月购入 Z 材料 2 000 千克，增值税专用发票上注明价款为 100 000 元，增值税为 13 000 元，该批 Z 材料在运输途中发生 2% 的合理损耗，在入库前发生挑选整理费 400 元。该批入库 Z 材料的单位成本是（　　　）元。

　　A. 51.22　　　　　　B. 50　　　　　　C. 59.90　　　　　　D. 50.20

　　10. XR 公司委托外单位加工一批应税消费品，发出的材料成本为 1 000 000 元，加工费 100 000 元（不含税），受托方增值税税率为 13%，受托方代收代交消费税 20 000 元。该批材料加工后委托方继续生产应税消费品，则该批材料加工完毕入库时的成本是（　　　）元。

　　A. 1 100 000　　　　　　B. 1 020 000　　　　　　C. 1 137 000　　　　　　D. 1 120 000

三、多项选择题

　　1. 下列项目中，应当计入材料采购成本的有（　　　）。

　　A. 入库前的挑选整理费　　　　　　　　B. 进口关税

　　C. 运输途中的合理损耗　　　　　　　　D. 一般纳税人购入材料支付的增值税

　　2. 进行存货清查时，企业对于盘亏的材料，应先记入"待处理财产损溢"账户，待期末或报经批准后，根据不同的原因可分别转入（　　　）科目。

　　A. 管理费用　　　　B. 其他应付款　　　　C. 营业外支出　　　　D. 其他应收款

　　3. 下列项目中，属于企业存货的有（　　　）。

　　A. 委托加工材料　　　　　　　　　　　B. 在途材料

　　C. 低值易耗品　　　　　　　　　　　　D. 工程物资

　　4. 下列项目中，构成外购存货入账价值的有（　　　）。

　　A. 买价　　　　　　　　　　　　　　　B. 运杂费

　　C. 运输途中的合理损耗　　　　　　　　D. 入库前的挑选整理费

　　5. 下列项目中，应当计入存货成本的有（　　　）。

　　A. 材料入库前发生的挑选整理费　　　　B. 材料采购过程中发生的装卸费

　　C. 材料入库后发生的储存费　　　　　　D. 材料采购过程中发生的保险费

四、判断题

　　1. 企业采用计划成本法进行材料日常核算时，月末分摊材料成本差异时，超支差异记入"材料成本差异"科目的借方，节约差异记入"材料成本差异"科目的贷方。
　　　　　　　　　　　　　　　　　　　　　　　　　　　　　　　　　　　　（　　　）

　　2. 购入材料在运输途中发生的合理损耗应计入销售费用。　　　　　　　（　　　）

　　3. 属于非常损失造成的存货毁损，应按该存货的实际成本计入营业外支出。（　　　）

　　4. 存货发生减值时，应当提取存货跌价准备，提取存货跌价准备后，当存货的价值又得到恢复时，不能将已提取的存货跌价准备转回。　　　　　　　　　　　（　　　）

　　5. 存货的成本只有存货的采购成本。　　　　　　　　　　　　　　　　（　　　）

五、计算题

W 公司为增值税一般纳税企业，主要从事 T 产品的生产和加工。2024 年 1 月 1 日库存 M 原材料 100 吨，价值 77 905 元；当月购入 M 原材料 4 000 吨，收到的增值税专用发票上注明价款为 3 200 000 元，增值税为 416 000 元，另发生运输费 50 000 元（假定运输费不考虑增值税），装卸费 12 000 元，途中保险费 13 900 元。上述款项均以银行存款支付。原材料验收入库时发现运输途中发生合理损耗 5 吨。

本月生产 T 产品领用 M 原材料 2 000 吨，生产 Y 产品领用 M 原材料 1 600 吨，W 公司工程领用 400 吨材料，当时购买时进项税额为 55 692 元，不考虑其他因素。

要求：

（1）计算购入 M 原材料的入账价值及单位采购成本；

（2）编制购入 M 原材料的会计分录；

（3）计算 M 原材料的加权平均成本；

（4）编制领用 M 原材料的会计分录。

项目四 认识金融资产、长期股权投资与核算

学习目标

1. 知识目标

熟悉交易性金融资产、债权投资、其他债权投资、其他权益工具投资的划分、长期股权投资的概念及特点；

理解交易性金融资产、债权投资、其他债权投资、其他权益工具投资的确认、长期股权投资公允价值变动的核算；

掌握交易性金融资产、债权投资、其他债权投资、其他权益工具投资、长期股权投资的初始计量和后续计量。

2. 能力目标

通过学习金融资产、长期股权投资与核算相关知识，形成理性投资价值思维，提升对金融资产、长期股权投资的核算能力和管理能力。

3. 素质目标

通过学习金融资产、长期股权投资与核算相关知识，培养投资风险思维、投资成本思维、投资收益思维，培养理性应对投资风险与收益的理念和坚守初衷的精神。

知识结构

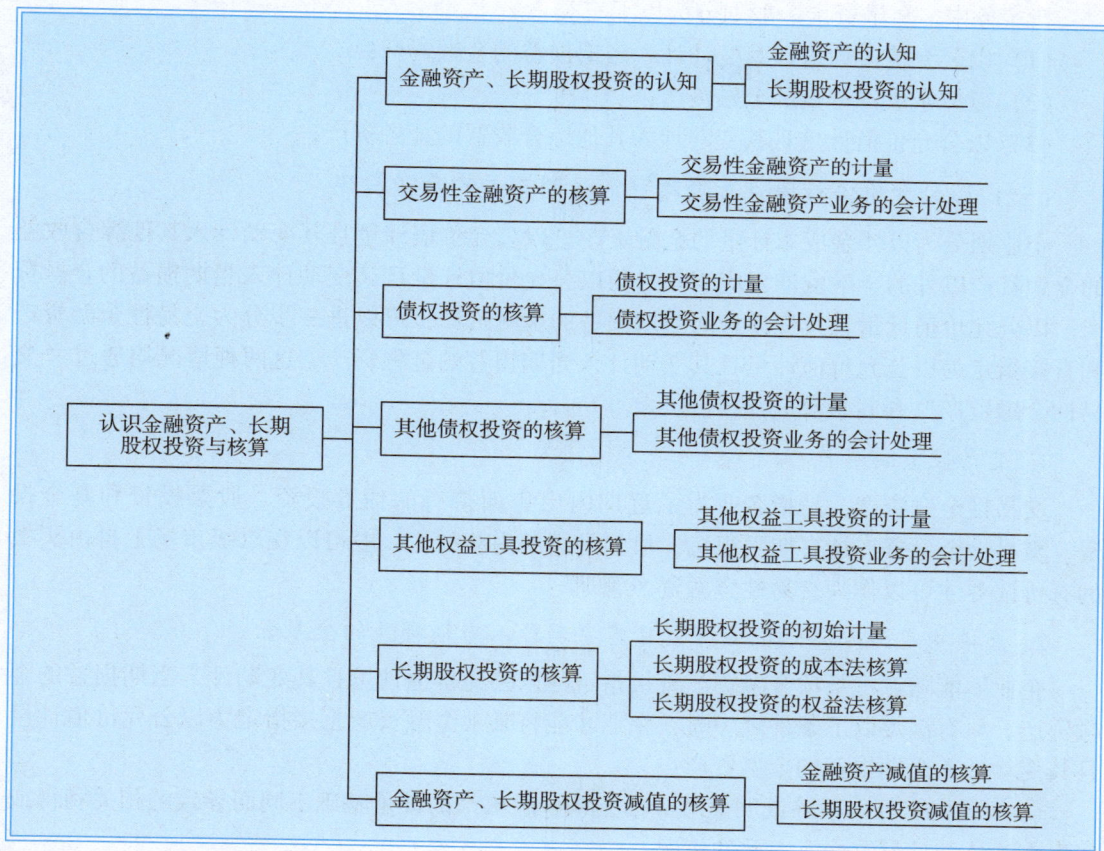

导入案例

XR 公司的投资困惑

XR 公司从二级证券市场上购入 500 万元的股票和 600 万元的债券，市场又不太稳定，XR 公司就如何管理这些投资很是困惑。是作为交易性金融资产管理还是作为债权投资资产管理呢？XR 公司一直把握不准。那么，到底该如何管理、如何确认收益、如何避免减值和损失呢？你知道如何帮助 XR 公司解惑吗？

任务一　金融资产、长期股权投资的认知

一、金融资产的认知

金融资产主要包括货币资金、应收及预付款项、贷款、债权投资、其他债权投资、其他权益工具投资等。企业应当根据其管理金融资产的业务模式和金融资产的合同现金流量

特征，对金融资产进行分类。

在实务中，金融资产一般划分为以下三类：

（1）以公允价值计量且其变动计入当期损益的金融资产；

（2）以摊余成本计量的金融资产；

（3）以公允价值计量且其变动计入其他综合收益的金融资产。

（一）以公允价值计量且其变动计入当期损益的金融资产

企业划分为以摊余成本计量的金融资产、以公允价值计量且其变动计入其他综合收益的金融资产以外的金融资产，应当划分为以公允价值计量且其变动计入当期损益的金融资产。以公允价值计量且其变动计入当期损益的金融资产，可以进一步分为交易性金融资产和直接指定为以公允价值计量且其变动计入当期损益的金融资产。这两种情况均通过"交易性金融资产"科目核算。

1. 交易性金融资产

交易性金融资产，是指企业为了近期内出售而持有的债券投资、股票投资和基金投资。交易性金融资产持有期限很短，目的是短期内获利，一般可以在二级市场上自由买卖的有价证券才可以作为交易性金融资产管理。

2. 直接指定为以公允价值计量且其变动计入当期损益的金融资产

企业不能随意将某项金融资产直接指定为以公允价值计量且其变动计入当期损益的金融资产。只有满足以下条件之一时，企业才能将某项金融资产直接指定为以公允价值计量且其变动计入当期损益的金融资产：

（1）该指定可以消除或明显减少由于该金融资产的计量基础不同而导致的相关利得或损失在确认和计量方面不一致的情况。

（2）企业的风险管理或投资策略的正式书面文件已载明，该金融资产组合等，以公允价值为基础进行管理、评价并向关键管理人员报告。

（二）以摊余成本计量的金融资产

在实务中，金融资产同时符合以下条件之一时，应当划分为以摊余成本计量的金融资产：

（1）企业管理该金融资产的业务模式是以收取合同现金流量为目标的；

（2）该金融资产的合同条款规定，在特定日期产生的现金流量，仅为对本金和以未偿还本金金额为基础的利息支付。

1. 债权投资的概念

债权投资，是指企业持有的按实际摊余成本计量、到期日固定、回收金额可确定，且有明确意图和有能力持有至到期的非衍生金融资产。

2. 债权投资的特点

债权投资具有以下几个方面的特点：

（1）到期日固定、回收金额可确定；

（2）有明确意图持有至到期；

（3）有能力持有至到期。

（三）以公允价值计量且其变动计入其他综合收益的金融资产

在实务中，金融资产同时符合以下条件的，应当划分为以公允价值计量且其变动计入其他综合收益的金融资产：

（1）企业管理该金融资产的业务模式既以收取合同现金流量为目标又以出售该金融资产为目标；

（2）该金融资产的合同条款规定，在特定日期产生的现金流量，仅为对本金和以未偿付本金金额为基础的利息支付。

二、长期股权投资的认知

（一）长期股权投资的概念

长期股权投资，是指企业持有的对子公司、合营企业和联营企业的权益性投资，即企业对被投资单位具有控制、共同控制和重大影响的权益性投资。长期股权投资具有期限长、风险收益性、不得随时出售、风险比较大的特点。

（二）长期股权投资核算的范围

根据《企业会计准则》规定，长期股权投资包括以下三个部分：

1. 对子公司的投资

投资企业能够对被投资企业实施控制的权益性投资，即对子公司的投资。控制，是指一个企业有权决定另一个企业的财务和经营政策，并能够依据控制权从被投资企业的经营活动中获取利益，实现投资收益或投资价值增值。

2. 对合营企业的投资

投资企业与其他合营方一起对被投资企业实施共同控制的权益性投资，即对合营企业的投资。对合营企业的投资其显著特点是合营各方均受到合营合同或协议的限制和约束。一般在合营企业设立时，合营各方在投资合同或协议中约定在所设立合营企业的重要财务和生产经营决策制定过程中，必须由合营各方均同意才能通过。

3. 对联营企业的投资

投资企业对被投资企业具有重大影响的权益性投资，即对联营企业的投资。在实务中，较为常见的重大影响体现为在被投资企业的董事会或类似权力机构中派有代表，通过对被投资企业生产经营决策、财务决策制定过程中的发言权实施重大影响。

（三）长期股权投资核算的方法

1. 成本法核算

根据《企业会计准则》规定，企业能够对被投资企业实施控制的长期股权投资（即子公司）采用成本法核算，但编制合并财务报表时应当按照权益法进行调整，在合并财务报告中反映。

2. 权益法核算

根据《企业会计准则》规定，企业对被投资企业具有共同控制或重大影响时（即合营企业或联营企业）采用权益法核算。

任务二　交易性金融资产的核算

一、交易性金融资产的计量

企业初始确认交易性金融时，应当按照公允价值计量，相关交易费用应当在发生时直接计入当期损益（投资收益）。其中，交易费用，是指可直接归属于购买、发行或处置金融工具新增的外部费用。新增的外部费用，是指企业不购买、不发行或不处置金融工具就不会发生的费用，主要包括支付给代理机构、咨询公司、券商等的手续费和佣金及其他必要支出，不包括债券溢价、折价、融资费用、内部管理成本及其他不直接相关的费用。

企业取得交易性金融资产所支付的价款中包含的已宣告但尚未发放现金股利或已到计息期但尚未领取的利息，应当单独确认为应收股利或应收利息。

交易性金融资产应当按照公允价值进行后续计量，持有交易性金融资产期间产生的公允价值变动，应当计入当期损益（公允价值变动损益）。

二、交易性金融资产业务的会计处理

为了核算企业持有的以公允价值计量且变动计入当期损益的金融资产，企业应设置"交易性金融资产"科目。该科目属于资产类，借方登记交易性金融资产的成本、公允价值大于账面价值的变动，贷方登记交易性金融资产的公允价值低于账面价值的变动、出售交易性金融资产的账面价值，期末余额在借方，表示交易性金融资产的公允价值。企业应当在"交易性金融资产"科目下设置"成本、公允价值变动"明细科目进行具体核算。

（一）交易性金融资产取得的会计处理

取得交易性金融资产时，企业的会计分录如下：

借：交易性金融资产——成本（按其取得时公允价值入账）
　　投资收益（发生的交易费用）
　　应交税费——应交增值税（进项税额）
　　贷：其他货币资金等

【例题 4-1】R 公司 2023 年 1 月 1 日从上海证券交易所购入 A 公司 10 000 000 股股票，每股股票的价格为 3.2 元（每股包含 0.2 元已宣告但尚未发放的股利），另外支付交易费用 200 000 元（不考虑增值税）。R 公司将其划分为交易性金融资产，款项已通过证券账户支付，不考虑增值税及其他因素。

取得交易性金融资产时，R 公司的会计分录如下：

借：交易性金融资产——成本　　　　　　　　　　　　　　30 000 000
　　应收股利　　　　　　　　　　　　　　　　　　　　　 2 000 000
　　投资收益　　　　　　　　　　　　　　　　　　　　　　 200 000
　　贷：其他货币资金——存出投资款　　　　　　　　　　　32 200 000

（二）交易性金融资产股利或利息的会计处理

确认持有期间的股利或利息时，企业的会计分录如下：

借：应收股利（被投资单位宣告发放的现金股利×投资持股比例）

　　应收利息（资产负债表日计算的应收取的利息）

　　　贷：投资收益

【例题 4-2】承接【例题 4-1】，2023 年 7 月 1 日，A 公司宣告每股派发现金股利 0.1元，R 公司按比例分得现金股利 1 000 000 元，不考虑其他因素。

确认应收股利时，R 公司的会计分录如下：

借：应收股利　　　　　　　　　　　　　　　　　　　　　　　　1 000 000

　　贷：投资收益　　　　　　　　　　　　　　　　　　　　　　1 000 000

（三）交易性金融资产公允价值变动的会计处理

资产负债表日，交易性金融资产的公允价值高于其账面余额的差额或交易性金融资产的公允价值低于其账面余额的差额，一方面记入"交易性金融资产——公允价值变动"科目，另一方面记入"公允价值变动损益"科目。

公允价值上升时，企业的会计分录如下：

借：交易性金融资产——公允价值变动

　　贷：公允价值变动损益

公允价值下降时，企业的会计分录如下：

借：公允价值变动损益

　　贷：交易性金融资产——公允价值变动

【例题 4-3】承接【例题 4-1】，2023 年 12 月 31 日，A 公司每股股票的公允价值为3.5 元，2024 年 1 月 31 日，A 公司股票每股公允价值为 3.3 元，不考虑其他因素。

2023 年 12 月 31 日公允价值上升时，R 公司的会计分录如下：

借：交易性金融资产——公允价值变动　　5 000 000〔（3.5-3.0）×10 000 000〕

　　贷：公允价值变动损益　　　　　　　　　　　　　　　　　　5 000 000

2024 年 1 月 31 日公允价值下降时，R 公司的会计分录如下：

借：公允价值变动损益　　　　2 000 000〔（3.3-3.5）×10 000 000〕

　　贷：交易性金融资产——公允价值变动　　　　　　　　　　　2 000 000

（四）交易性金融资产出售的会计处理

出售交易性金融资产，应按实际收到的金额，记入"其他货币资金"等科目，按其账面余额，记入"交易性金融资产——成本、公允价值变动"科目，按其差额，记入"投资收益"科目。

出售交易性金融资产时，企业的会计分录如下：

借：其他货币资金——存出投资款（按实际收到的金额入账，即价款扣除手续费）

　　贷：交易性金融资产——成本

　　　　　　　　　　　——公允价值变动（也可能在借方）

　　　　投资收益（按借方与贷方差额入账，也可能在借方）

【例题 4-4】承接【例题 4-3】，R 公司 2024 年 3 月 1 日将持有 A 公司 10 000 000 股股票全部出售，取得价款 36 000 000 元，不考虑手续费和其他因素。

出售交易性金融资产时，R 公司的会计分录如下：

借：其他货币资金——存出投资款　　　　　　　　　　　　　　36 000 000

贷：交易性金融资产——成本		30 000 000
——公允价值变动		3 000 000
投资收益		3 000 000

【例题 4-5】 2023 年 5 月 13 日，XR 公司支付价款 1 050 000 元从二级市场购入乙公司发行的股票 100 000 股，每股价格 10.5 元（含已宣告但尚未发放的现金股利 0.5 元），另支付交易费用 3 000 元，款项通过证券账户支付，XR 公司将持有的乙公司股权划分为交易性金融资产，且持有乙公司股权后对其无重大影响，5 月 23 日，收到乙公司发放的现金股利；6 月 30 日，乙公司股票价格涨到每股 14 元；8 月 15 日，XR 公司将持有的乙公司股票全部售出，每股售价 16 元，不考虑增值税和其他因素。

购入乙公司股票时，XR 公司的会计分录如下：

借：交易性金融资产——成本		1 000 000
应收股利		50 000
投资收益		3 000
贷：其他货币资金——存出投资款		1 053 000

收到乙公司发放的现金股利时，XR 公司的会计分录如下：

借：其他货币资金——存出投资款		50 000
贷：应收股利		50 000

确认股票公允价值上升时，XR 公司的会计分录如下：

借：交易性金融资产——公允价值变动		400 000
贷：公允价值变动损益		400 000

出售乙公司股票时，XR 公司的会计分录如下：

借：其他货币资金——存出投资款		1 600 000
贷：交易性金融资产——成本		1 000 000
——公允价值变动		400 000
投资收益		200 000

【例题 4-6】 2023 年 1 月 1 日，XR 公司用银行存款从二级市场购入丙公司债券，支付价款合计 2 080 000 元，其中，已到付息期但尚未领取的利息 40 000 元，交易费用 40 000 元。该债券面值 2 000 000 元，剩余期限为 3 年，票面年利率为 4%，每半年末付息一次。XR 公司将其划分为交易性金融资产。2023 年 1 月 10 日，XR 公司收到丙公司债券 2022 年下半年利息 40 000 元；2023 年 6 月 30 日，丙公司债券的公允价值为 2 400 000 元（不含利息）；2023 年 7 月 10 日，XR 公司收到丙公司债券 2023 年上半年利息；2023 年 12 月 31 日，丙公司债券的公允价值为 2 200 000 元（不含利息）；2024 年 1 月 10 日，XR 公司收到丙公司债券 2023 年下半年利息；2024 年 6 月 20 日，XR 公司通过二级市场出售丙公司债券，取得价款 2 500 000 元。不考虑其他因素。

购入丙公司债券时，XR 公司的会计分录如下：

借：交易性金融资产——丙公司债券——成本		2 000 000
应收利息——丙公司		40 000
投资收益		40 000
贷：银行存款		2 080 000

收到丙公司债券 2022 年下半年利息时，XR 公司的会计分录如下：

借：银行存款 40 000
　　贷：应收利息——丙公司 40 000

确认丙公司债券公允价值上升时，XR公司的会计分录如下：

借：交易性金融资产——丙公司债券——公允价值变动
400 000（2 400 000－2 000 000）
　　贷：公允价值变动损益——丙公司债券 400 000

确认丙公司债券2023年上半年利息时，XR公司的会计分录如下：

借：应收利息——丙公司 40 000
　　贷：投资收益——丙公司债券 40 000（2 000 000×4%÷2）

收到丙公司债券2023年上半年利息时，XR公司的会计分录如下：

借：银行存款 40 000
　　贷：应收利息——丙公司 40 000

确认丙公司债券公允价值下降时，XR公司的会计分录如下：

借：公允价值变动损益——丙公司债券 200 000（2 200 000－2 400 000）
　　贷：交易性金融资产——丙公司债券——公允价值变动 200 000

确认丙公司债券2023年下半年利息时，XR公司的会计分录如下：

借：应收利息——丙公司 40 000（2 000 000×4%÷2）
　　贷：投资收益 40 000

收到丙公司债券2023年下半年利息时，XR公司的会计分录如下：

借：银行存款 40 000
　　贷：应收利息——丙公司 40 000

出售丙公司债券时，XR公司的会计分录如下：

借：银行存款 2 500 000
　　贷：交易性金融资产——丙公司债券——成本 2 000 000
　　　　　　　　　　　　　　　　　——公允价值变动 200 000
　　　　投资收益 300 000

任务三　债权投资的核算

一、债权投资的计量

　　企业初始确认债权投资时，应当按照公允价值计量。债权投资相关交易费用应当计入初始确认金额中。在实务中，债权投资应当采用实际利率法，按实际摊余成本进行后续计量。其中，实际利率法，是指按照金融资产或金融负债的实际利率计算其摊余成本及各期利息收入或利息费用的方法。

　　在实务中，实际摊余成本是该金融资产或金融负债的初始确认金额经过以下调整后的结果：

　　（1）扣除已偿还的本金；

　　（2）加上或减去采用实际利率法将该初始确认金额与到期日金额之间的差额进行摊销

形成的累计摊销额；

（3）扣除已发生的减值损失。

二、债权投资业务的会计处理

为了核算企业债权投资的增、减变动及其余额，企业应设置"债权投资"科目。该科目属于资产类，借方登记债权投资价值的增加，贷方登记持有至到期债权投资价值的减少，期末余额在借方，表示企业债权投资的实际摊余成本。企业应当在债权投资科目下设置"成本""利息调整""应计利息"等科目进行明细核算。

（一）债权投资取得的会计处理

取得债权投资时，企业的会计分录如下：

借：债权投资——成本（按该投资的面值入账）

　　　　　　——利息调整（按借方与贷方的差额入账，也可能在贷方）

　　应收利息（已到付息期但尚未领取的利息）

　　贷：银行存款等

【例题4-7】 2023年1月1日，W公司支付价款10 000 000元（包括交易费用）从上海证券交易所购入A公司同日发行的5年期公司债券，面值12 500 000元，票面利率为4.72%，市场利率为10%，于每年年末支付本年度利息，本金最后一次偿还。W公司有明确的意图和能力将该债券持有至到期，不考虑其他因素。

取得债权投资时，W公司的会计分录如下：

借：债权投资——成本 　　　　　　　　　　　　　　　　　　　　12 500 000

　　贷：银行存款 　　　　　　　　　　　　　　　　　　　　　　　　10 000 000

　　　　债权投资——利息调整 　　　　　　　　　　　　　　　　　　 2 500 000

（二）债权投资利息的会计处理

1. 分期付息到期还本的业务

资产负债表日，债权投资属于分期付息到期还本的债券，应当按照其面值乘以票面利率计算确定的利息收入，记入"应收利息"科目，按照债权投资的实际摊余成本乘以实际利率计算确定的利息收入，记入"投资收益"科目。

确认利息时，企业的会计分录如下：

借：应收利息（按面值乘以票面利率计算的金额）

　　贷：投资收益（债权投资的实际摊余成本乘以实际利率计算确定的金额）

　　　　债权投资——利息调整（借方与贷方的差额入账，也可能在借方）

2. 到期一次还本付息的业务

资产负债表日，债权投资属于到期还本付息的债券，应当按面值乘以票面利率计算确定的利息收入，记入"债权投资——应计利息"科目，按债权投资的实际摊余成本乘以实际利率计算确定的利息收入，记入"投资收益"科目。

确认利息时，企业的会计分录如下：

借：债权投资——应计利息（按面值乘以票面利率计算的金额）

　　贷：投资收益（债权投资的实际摊余成本乘以实际利率计算确定的金额）

债权投资——利息调整（借方与贷方的差额入账，也可能在借方）

【例题 4-8】承接【例题 4-7】，2023 年 12 月 31 日，W 公司确认利息收入为590 000元。

确认利息时，W 公司的会计分录如下：

借：应收利息　　　　　　　　　　　　　　　　　　　　　590 000
　　债权投资——利息调整　　　　　　　　　　　　　　　　410 000
　　贷：投资收益　　　　　　　　　　　　　　　　　　　1 000 000

（三）债权投资出售的会计处理

企业出售债权投资，应按实际收到的金额记入"银行存款"等科目，按其账面余额记入"债权投资——成本、利息调整、应计利息"科目，按其差额，记入"投资收益"科目。

出售债权投资时，企业的会计分录如下：

借：银行存款等
　　债权投资减值准备（已计提的减值准备在出售时转销）
　　贷：债权投资——成本
　　　　　　　　——利息调整（有可能在借方）
　　　　　　　　——应计利息
　　　　投资收益（按差额入账，也可能在借方）

【例题 4-9】承接【例题 4-8】，2024 年 1 月 1 日，W 公司由于财务困难，无法将 A 公司的债券持有至到期，并于当日全部处置，收到价款 13 000 000 元，不考虑手续费和其他因素。

出售 A 公司债券时，W 公司的会计分录如下：

借：银行存款　　　　　　　　　　　　　　　　　　　13 000 000
　　债权投资——利息调整　　　　　　　　　　　　　　2 090 000
　　贷：债权投资——成本　　　　　　　　　　　　　　12 500 000
　　　　投资收益　　　　　　　　　　　　　　　　　　2 590 000

任务四　其他债权投资的核算

一、其他债权投资的计量

企业初始确认其他债权投资时，应当按照公允价值计量。企业取得其他债权投资产生的相关交易费用应当计入初始确认金额，取得其他债权投资所支付的价款中包含的已宣告但尚未发放的债券利息，应当单独确认为应收利息。

其他债权投资的后续计量，应当按照公允价值计量，且不扣除将来处置该金融资产时可能发生的交易费用。其他债权投资公允价值变动形成的利得或损失，除减值损失和外币货币性金融资产形成的汇兑差额外，应当直接计入其他综合收益，在该金融资产终止确认时转出，并转入投资收益。

二、其他债权投资业务的会计处理

为了核算企业持有的其他债权投资的增、减变动及其余额，企业应设置"其他债权投资"科目。该科目属于资产类，借方登记其他债权投资取得的成本、公允价值大于账面价值的变动，贷方登记公允价值小于账面价值的变动及处置转出的公允价值，期末余额在借方，表示企业持有其他债权投资的公允价值。

（一）其他债权投资取得的会计处理

企业取得其他债权投资，应按债券的面值，记入"其他债权投资——成本"科目，按支付的价款中包含的已到付息期但尚未领取的利息，记入"应收利息"科目，按实际支付的金额，记入"银行存款"等科目，按借方与贷方的差额，记入"其他债权投资——利息调整"科目。

取得其他债权投资时，企业的会计分录如下：

借：其他债权投资——成本（按债券的面值）
  应收利息（已到付息期但尚未领取的利息）
  其他债权投资——利息调整（借方与贷方的差额，也可能在贷方）
  贷：银行存款等

（二）其他债权投资利息的会计处理

1. 分期付息的债权投资

资产负债表日，其他债权投资属于分期付息的债券，应按面值乘以票面利率计算确定的金额，记入"应收利息"科目，按其他债权投资的实际摊余成本乘以实际利率计算确定的金额，记入"投资收益"科目，按其差额，记入"其他债权投资——利息调整"科目。

资产负债表日计算利息时，企业的会计分录如下：

借：应收利息（债券的面值乘以票面利率确定的金额）
  贷：投资收益（按其他债权投资的实际摊余成本乘以实际利率确定的金额）
    其他债权投资——利息调整（借方与贷方的差额，也可能在借方）

2. 到期一次还本债权投资

资产负债表日，其他债权投资属于到期还本付息的债券，应按面值乘以票面利率计算确定的金额，记入"其他债权投资——应计利息"科目，按其他债权投资的实际摊余成本乘以实际利率计算确定的金额，记入"投资收益"科目，按其差额，记入"其他债权投资——利息调整"科目。

资产负债表日计算利息时，企业的会计分录如下：

借：其他债权投资——应计利息（债券的面值乘以票面利率计算确定的金额）
  贷：投资收益（其他债权投资的实际摊余成本乘以实际利率计算确定的金额）
    其他债权投资——利息调整（借方与贷方的差额，也可能在借方）

【例题 4-10】2023 年 1 月 1 日，XR 公司购买了一项债券，剩余年限 5 年，划分为其他债权投资，公允价值为 900 000 元，交易费用为 50 000 元，该债券面值为 1 000 000 元，票面利率为 4%，实际利率为 5.16%，每年年末付息，到期还本，不考虑其他因素。

购入该债券时，XR 公司的会计分录如下：

借：其他债权投资——成本　　　　　　　　　　　　　　　　　　1 000 000

　　贷：银行存款　　　　　　　　　　　　　　　　　　　　　　　　950 000

　　　　其他债权投资——利息调整　　　　　　　　　　　　　　　　50 000

年末计提利息时，XR 公司的会计分录如下：

借：应收利息　　　　　　　　　　　　　　　　　　　　　　　　40 000

　　其他债权投资——利息调整　　　　　　　　　　　　　　　　　9 000

　　贷：投资收益　　　　　　　　　　　　　　　　　　　　　　　49 000

收到利息时，XR 公司的会计分录如下：

借：银行存款　　　　　　　　　　　　　　　　　　　　　　　　40 000

　　贷：应收利息　　　　　　　　　　　　　　　　　　　　　　　40 000

（三）其他债权投资公允价值变动的会计处理

资产负债表日，其他债权投资的公允价值高于或低于其账面余额的差额，应当一方面记入"其他债权投资——公允价值变动"科目，另一方面记入"其他综合收益"科目。

公允价值上升时，企业的会计分录如下：

借：其他债权投资——公允价值变动

　　贷：其他综合收益

公允价值下降时，企业的会计分录如下：

借：其他综合收益

　　贷：其他债权投资——公允价值变动

（四）其他债权投资出售的会计处理

出售其他债权投资，应按实际收到的金额，记入"银行存款"等科目，按其账面余额，记入"其他债权投资——成本、公允价值变动、利息调整、应计利息"科目，按其差额，记入"投资收益"科目；同时，将原记入"其他综合收益"科目的金额，转入"投资收益"科目。

出售其他债权投资时，企业的会计分录如下：

借：银行存款等

　　贷：其他债权投资——成本

　　　　　　　　　　——公允价值变动（有可能在借方）

　　　　　　　　　　——利息调整（有可能在借方）

　　　　　　　　　　——应计利息

　　　　投资收益（借方与贷方的差额，也可能在借方）

同时，做会计分录如下：

借：其他综合收益（从其他综合收益中转出的公允价值累计变动额）

　　贷：投资收益

或为：

借：投资收益

　　贷：其他综合收益（从其他综合收益中转出的公允价值累计变动额）

【例题 4-11】2019 年 1 月 1 日，XR 公司支付价款 5 000 万元（含交易费用）购入 A 公司同日发行的 5 年期公司债券（作为其他债权投资），面值 6 000 万元，票面利率

5.6%，于每年年末支付本年利息，本金最后一次偿还，实际利率为10%，2019年12月31日公允价值为5 800万元；2020年12月31日公允价值为6 500万元；2021年12月31日公允价值为6 300万元；2022年12月31日公允价值为6 900万元；2023年1月1日，XR公司出售全部债券，取得价款7 100万元，不考虑减值损失等因素。

购入A公司债券时，XR公司的会计分录如下：

借：其他债权投资——成本　　　　　　　　　　　　　60 000 000

　　贷：银行存款　　　　　　　　　　　　　　　　　　　50 000 000

　　　　其他债权投资——利息调整　　　　　　　　　　　10 000 000

2019年12月31日确认利息收入时，XR公司的会计分录如下：

借：应收利息　　　　　　　　　　3 360 000（60 000 000×5.6%）

　　其他债权投资——利息调整　　　　　1 640 000

　　贷：投资收益　　　　　　　5 000 000（50 000 000×10%）

收到利息时，XR公司的会计分录如下：

借：银行存款　　　　　　　　　　　　　　　　　　　3 360 000

　　贷：应收利息　　　　　　　　　　　　　　　　　　　3 360 000

2019年12月31日债券公允价值上升时，XR公司的会计分录如下：

借：其他债权投资——公允价值变动

　　　　6 360 000 [58 000 000-（50 000 000+1 640 000）]

　　贷：其他综合收益　　　　　　　　　　　　　　　　6 360 000

2020年12月31日确认利息收入时，XR公司的会计分录如下：

借：应收利息　　　　　　　　　　　　　　　　　　　3 360 000

　　其他债权投资——利息调整　　　　　　　　　　　1 804 000

　　贷：投资收益　　　　　　　5 164 000（51 640 000×10%）

收到利息时，XR公司的会计分录如下：

借：银行存款　　　　　　　　　　　　　　　　　　　3 360 000

　　贷：应收利息　　　　　　　　　　　　　　　　　　　3 360 000

2020年12月31日债券公允价值上升时，XR公司的会计分录如下：

借：其他债权投资——公允价值变动

　　　　5 196 000 [65 000 000-（58 000 000+1 804 000）]

　　贷：其他综合收益　　　　　　　　　　　　　　　　5 196 000

2021年12月31日确认利息收入时，XR公司的会计分录如下：

借：应收利息　　　　　　　　　　　　　　　　　　　3 360 000

　　其他债权投资——利息调整　　　　　　　　　　　1 984 400

　　贷：投资收益　　　　　　　5 344 400（53 444 000×10%）

收到利息时，XR公司的会计分录如下：

借：银行存款　　　　　　　　　　　　　　　　　　　3 360 000

　　贷：应收利息　　　　　　　　　　　　　　　　　　　3 360 000

2021年12月31日债券公允价值下降时，XR公司的会计分录如下：

借：其他综合收益　　　　　　　　　　　　　　　　　3 984 400

  贷：其他债权投资——公允价值变动

          3 984 400[63 000 000-（65 000 000+1 984 400）]

2022 年 12 月 31 日确认利息收入时，XR 公司的会计分录如下：

  借：应收利息   3 360 000

    其他债权投资——利息调整   2 182 800

    贷：投资收益   5 542 800 （55 428 000×10%）

收到利息时，XR 公司的会计分录如下：

  借：银行存款   3 360 000

    贷：应收利息   3 360 000

2022 年 12 月 31 日债券公允价值上升时，XR 公司的会计分录如下：

  借：其他债权投资——公允价值变动

        3 817 200 ［69 000 000-（63 000 000+2 182 800）]

    贷：其他综合收益   3 817 200

2023 年 1 月 1 日出售债券时，XR 公司的会计分录如下：

  借：银行存款   71 000 000

    其他债权投资——利息调整   2 388 800

    其他综合收益   11 384 300

    贷：其他债权投资——成本   60 000 000

          ——公允价值变动   11 384 300

    投资收益   13 388 800

注意：此笔分录由两笔分录合成。

任务五　其他权益工具投资的核算

一、其他权益工具投资的计量

  企业初始确认其他权益工具投资时，应当按照公允价值计量。其中，其他权益工具投资的公允价值，应当以市场交易价格为基础确定。企业取得其他权益工具投资产生的相关交易费用，应当计入初始确认金额，取得其他权益工具投资所支付的价款中包含的已宣告但尚未发放的现金股利，应当单独确认为应收股利。

  其他权益工具投资的后续计量，应当按照公允价值计量，且不扣除将来处置该金融资产时可能发生的交易费用。其他权益工具投资公允价值变动形成的利得或损失，除减值损失和外币货币性金融资产形成的汇兑差额外，应当直接计入其他综合收益，在该金融资产终止确认时转出，并转入留存收益。

二、其他权益工具投资业务的会计处理

  为了核算企业持有的其他权益工具投资的增、减变动及其余额，企业应设置"其他权益工具投资"科目。该科目属于资产类，借方登记其他权益工具投资取得的成本、公允价值大于账面价值的变动，贷方登记公允价值小于账面价值的变动及处置转出的公允价值，

期末余额在借方，表示企业持有其他权益工具投资的公允价值。

（一）其他权益工具投资取得的会计处理

企业取得其他权益工具投资，应按其公允价值与交易费用之和，记入"其他权益工具投资——成本"科目，按支付的价款中包含的已宣告但尚未发放的现金股利，记入"应收股利"科目，按实际支付的金额，记入"其他货币资金"等科目。

取得其他权益工具投资时，企业的会计分录如下：

借：其他权益工具投资——成本（公允价值与交易费用之和）

应收股利（已宣告但尚未发放的现金股利）

贷：其他货币资金——存出投资款等

【例题 4-12】2023 年 5 月 20 日，R 公司从证券市场购入乙公司股票 1 000 000 股，占乙公司有表决权股份的 5%，支付价款 5 100 000 元，其中，证券交易税、交易费用 8 000 元，已宣告但尚未发放的现金股利 100 000 元。R 公司将其划分为其他权益工具投资。2023 年 6 月 20 日，R 公司收到乙公司发放的 2022 年现金股利 100 000 元，不考虑其他因素。

购入股票时，R 公司的会计分录如下：

借：其他权益工具投资——成本　　　　　　　　　　　　　　5 000 000

应收股利　　　　　　　　　　　　　　　　　　　　100 000

贷：其他货币资金——存出投资款　　　　　　　　　　　5 100 000

股票的单位成本＝（5 100 000－100 000）÷1 000 000＝5（元/股）

收到现金股利时，R 公司的会计分录如下：

借：其他货币资金——存出投资款　　　　　　　　　　　　　100 000

贷：应收股利　　　　　　　　　　　　　　　　　　　　100 000

（二）其他权益工具投资股利的会计处理

持有其他权益工具投资期间，被投资单位宣告发放现金股利时，企业按照持股比例所享有的金额，一方面记入"应收股利"科目，另一方面记入"投资收益"科目。

宣告发放现金股利时，企业的会计分录如下：

借：应收股利

贷：投资收益

收到现金股利时，企业的会计分录如下：

借：其他货币资金等

贷：应收股利

（三）其他权益工具投资公允价值变动的会计处理

资产负债表日，其他权益工具投资的公允价值高于或低于其账面余额的差额，应当一方面记入"其他权益工具投资——公允价值变动"科目，另一方面记入"其他综合收益"科目。

公允价值上升时，企业的会计分录如下：

借：其他权益工具投资——公允价值变动

贷：其他综合收益

公允价值下降时，企业的会计分录如下：

借：其他综合收益

　　贷：其他权益工具投资——公允价值变动

【例题4-13】 承接【例题4-12】，2023年6月30日，乙公司股票收盘价为每股5.2元。2023年12月31日，乙公司股票收盘价为每股4.9元。

2023年6月30日股票公允价值上升时，R公司的会计分录如下：

借：其他权益工具投资——公允价值变动　　　　200 000 [（5.2-5）×1 000 000]

　　贷：其他综合收益　　　　　　　　　　　　　　　　　　　　　　200 000

2023年12月31日股票公允价值下降时，R公司的会计分录如下：

借：其他综合收益　　　　　　　　　　300 000 [（4.9-5.2）×1 000 000]

　　贷：其他权益工具投资——公允价值变动　　　　　　　　　　　　300 000

（四）其他权益工具投资出售的会计处理

出售其他权益工具投资，应按实际收到的金额，记入"其他货币资金"等科目，按其账面余额，记入"其他权益工具投资——成本、公允价值变动"科目，按其差额，调整年初留存收益项目，记入"盈余公积""利润分配——未分配利润"科目；同时，将原记入"其他综合收益"科目的金额转入"投资收益"科目。

出售其他权益工具投资时，企业的会计分录如下：

借：其他货币资金等

　　贷：其他权益工具投资——成本

　　　　　　　　　　　　——公允价值变动（有可能在借方）

　　　　盈余公积

　　　　利润分配——未分配利润

同时，做会计分录如下：

借：其他综合收益（从其他综合收益中转出的公允价值累计变动额）

　　贷：盈余公积

　　　　利润分配——未分配利润

或为：

借：盈余公积

　　利润分配——未分配利润

　　贷：其他综合收益（从其他综合收益中转出的公允价值累计变动额）

【例题4-14】 XR公司于2023年1月6日从证券市场上购入B公司发行在外的股票30万股作为其他权益工具投资，每股支付价款6元；2023年12月31日，该股票公允价值为2 000 000元；2024年5月11日，XR公司将上述股票对外出售，收到款项2 100 000元存入银行，不考虑其他因素。

2023年1月6日购入股票时，XR公司的会计分录如下：

借：其他权益工具投资——成本　　　　　　　　　　　　　　　　　1 800 000

　　贷：其他货币资金——存出投资款　　　　　　　　　　　　　　　1 800 000

2023年12月31日股票公允价值上升时，XR公司的会计分录如下：

借：其他权益工具投资——公允价值变动　　　　　　　　　　　　　　200 000

贷：其他综合收益		200 000

2024 年 5 月 11 日出售股票时，XR 公司的会计分录如下：

借：其他货币资金——存出投资款		2 100 000
贷：其他权益工具投资——成本		1 800 000
——公允价值变动		200 000
盈余公积		10 000
利润分配——未分配利润		90 000

同时，做会计分录如下：

借：其他综合收益		200 000
贷：盈余公积		20 000
利润分配——未分配利润		180 000

任务六　长期股权投资的核算

一、长期股权投资的初始计量

　　企业的长期股权投资包括形成控股权的长期股权投资和未形成控股权的长期股权投资。其中，形成控股权的长期股权投资又分为同一控制下的控股合并和非同一控制下的控股合并两种情况。未形成控股权的长期股权投资主要包括对合营企业的投资和对联营企业的投资。

（一）形成控股权的长期股权投资

　　形成控股权的长期股权投资，初始投资成本的确定应区分企业合并的类型，分别同一控制下的控股合并与非同一控制下的控股合并确定形成长期股权投资的成本。

1. 同一控制下的控股合并

　　同一控制下的控股合并，合并方以支付货币性资金、转让非货币性资产或承担债务方式作为交易的，应当在合并日按照取得被合并方在最终控制方合并报表中净资产账面价值的份额作为长期股权投资的初始投资成本。长期股权投资的初始投资成本与支付的货币资金、转让的非货币性资产及所承担债务账面价值之间的差额，应当记入"资本公积"科目；如果资本公积不足以抵减的，记入"留存收益"科目；合并方以发行股票作为股权交换的，应按发行股票份额的面值总额记入"股本"科目，长期股权投资初始投资成本与所发行股票份额的面值总额之间的差额，应当记入"资本公积"科目；资本公积不足抵减的，抵减留存收益。

　　在合并日，企业的会计分录如下：

借：长期股权投资（取得被合并方在最终控制方合并报表中净资产账面价值的份额）
　　资本公积——资本溢价或股本溢价（按借方差额）
　　盈余公积（资本公积不够抵减时）
　　利润分配——未分配利润（盈余公积不够抵减时）
　　贷：银行存款等
　　　　资本公积——资本溢价或股本溢价（按其贷方差额）

【例题 4-15】2023 年 12 月 30 日，W 公司向其母公司 S 公司发行 20 000 000 股普通股（每股面值为 1 元，市价为 3 元），取得母公司 S 公司拥有对 N 子公司 100% 的股权，并于当日起 W 公司成为 N 公司的母公司，实施控制权。合并后 N 公司仍维持其独立法人地位继续经营。2023 年 12 月 31 日，N 公司在 S 公司合并报表中净资产账面价值为 40 000 000 元。假定 N 公司和 S 公司在企业合并前采用的会计政策相同。

合并时，W 公司的会计分录如下：

借：长期股权投资——N 公司　　　　　　　　　　　　　　　　40 000 000
　　贷：股本　　　　　　　　　　　　　　　　　　　　　　　　20 000 000
　　　　资本公积——股本溢价　　　　　　　　　　　　　　　　20 000 000

【例题 4-16】2023 年 12 月 20 日，W 公司将子公司 N 转让给其另外的子公司 K，双方约定交易价为 48 000 000 元，合并日 N 公司在 W 公司合并报表中净资产账面价值为 50 000 000 元，K 公司取得母公司 W 公司拥有对 N 子公司 100% 的股权，合并当日起 K 公司成为 N 公司的母公司，实施控制权。合并后 N 公司仍维持其独立法人地位继续经营，款项已用银行存款支付，不考虑其他因素。

合并时，K 公司的会计分录如下：

借：长期股权投资——N 公司　　　　　　　　　　　　　　　　50 000 000
　　贷：银行存款　　　　　　　　　　　　　　　　　　　　　　48 000 000
　　　　资本公积——股本溢价　　　　　　　　　　　　　　　　 2 000 000

2. 非同一控制下的控股合并

在非同一控制下的控股合并中，购买方应当按照实际支付的货币性资金、非货币性资产或承担债务金额作为长期股权投资的初始投资成本。企业合并成本由购买方付出的资产、发生或承担的负债、发行的股票公允价值以及为进行企业合并发生的各项直接相关费用构成。

非同一控制下的控股合并，是将合并行为看作是一方购买另一方的交易，原则上，购买方为了取得对被购买方的控制权而放弃的资产、发生或承担的负债、发行的权益性证券等均应按其在购买日的公允价值计量，所有为进行控股合并而支付对价的公允价值之和以及发生的各项相关费用作为合并中形成长期股权投资的成本。

合并时，企业的会计分录如下：

借：长期股权投资（按支付的对价公允价值）
　　贷：银行存款（支付货币资金）
　　　　主营业务收入（商品的公允价值）
　　　　无形资产（账面余额）
　　　　固定资产清理等（固定资产的公允价值）

【例题 4-17】R 公司于 2023 年 3 月 31 日取得了 E 公司 70% 的股权。在合并中，R 公司用土地使用权和银行存款支付，合并日土地使用权的公允价值为 3 000 000 元，账面价值为 2 800 000 元，没有计提摊销，用银行存款支付 5 000 000 元，R 公司和 E 公司不属于同一控制的关系，不考虑其他因素。

合并时，R 公司的会计分录如下：

借：长期股权投资　　　　　　　　　　　　　　　　　　　　　 8 000 000
　　贷：无形资产　　　　　　　　　　　　　　　　　　　　　　 2 800 000

银行存款	5 000 000
营业外收入	200 000

【例题 4-18】2023 年 7 月 1 日，XR 公司发行股票 20 000 000 股作为对价换取 A 公司 60% 的股权，每股面值为 1 元，实际发行价为每股 1.5 元，支付了佣金和手续费 90 000 元。不考虑其他相关税费，XR 公司和 A 公司不属于同一控制的关系。

合并时，XR 公司的会计分录如下：

借：长期股权投资	30 000 000
贷：股本	20 000 000
资本公积——股本溢价	9 910 000
银行存款	90 000

（二）非合并方式取得的长期股权投资

1. 支付货币性资金方式

以支付货币性资金方式取得的长期股权投资，应当按照实际支付的购买价款和购买过程中支付的手续费等作为长期股权投资的初始投资成本。

以支付货币性资金方式取得长期股权投资时，企业的会计分录如下：

借：长期股权投资
　　贷：银行存款

2. 发行股票方式

以发行股票方式取得的长期股权投资，应当按照所发行股票的公允价值作为长期股权投资的初始投资成本，发行股票支付的佣金等抵减资本公积，资本公积不够抵减的，应抵减盈余公积，盈余公积不够抵减的，抵减未分配利润。

以发行股票方式取得长期股权投资时，企业的会计分录如下：

借：长期股权投资
　　资本公积——股本溢价（借方差额）等
　　贷：股本
　　　　资本公积——股本溢价（贷方差额）

二、长期股权投资的成本法核算

（一）成本法的概念

成本法，是指长期股权投资应当按照初始投资成本入账，不随被投资企业权益的增减而调整投资企业的长期股权投资的方法。

（二）成本法下业务的会计处理

1. 长期股权投资初始投资成本的确定

除企业合并形成的长期股权投资以外，以支付货币性资金取得的长期股权投资，应当按照实际支付的购买价款作为初始投资成本。企业所发生的与取得长期股权投资直接相关的费用、税金及其他必要支出，应计入长期股权投资的初始投资成本。另外，企业取得长期股权投资，实际支付的价款或对价中包含的已宣告但尚未发放的现金股利或利润，作为应收股利处理，不构成长期股权投资的成本。

2. 取得长期股权投资的会计处理

取得长期股权投资时，应按照初始投资成本入账。除企业合并形成的长期股权投资以外，以支付货币性资金、非货币性资产等其他方式取得的长期股权投资，应当按照初始投资成本入账。

取得长期股权投资时，企业的会计分录如下：

借：长期股权投资
　　应收股利（价款中包含已宣告但尚未发放的现金股利或利润）
　　　贷：银行存款等

【例题 4-19】2023 年 4 月 1 日，R 公司用银行存款买入 X 公司 60%的股份准备长期持有，实际支付购买价款 600 000 元。在购买过程中支付手续费等相关费用 1 000 元，购买时 X 公司已经宣告但尚未发放的现金股利为 100 000 元，不考虑其他因素。

取得长期股权投资时，R 公司的会计分录如下：

借：长期股权投资——X 公司　　　　　　　　　　　　　541 000
　　应收股利　　　　　　　　　　　　　　　　　　　　 60 000
　　　贷：银行存款　　　　　　　　　　　　　　　　　　　601 000

3. 持有期间被投资单位宣告发放现金股利或利润的会计处理

被投资企业宣告发放现金股利或利润时，企业的会计分录如下：

借：应收股利（按应享有的部分）
　　　贷：投资收益

4. 长期股权投资处置的会计处理

处置长期股权投资时，按实际取得的价款与长期股权投资账面价值的差额确认为投资损益，并应同时结转已计提的长期股权投资减值准备。

处置长期股权投资时，企业的会计分录如下：

借：银行存款（按实际收到的金额）
　　长期股权投资减值准备（按原已计提的减值准备）
　　投资收益（借方差额）
　　　贷：长期股权投资（按长期股权投资的账面余额）
　　　　　应收股利（按尚未发放的现金股利或利润）
　　　　　投资收益（贷方差额）

【例题 4-20】XR 公司将其作为长期股权投资持有的 Q 公司股票 10 000 股，以每股 16 元的价格卖出，支付相关税费 1 000 元，收取价款 159 000 元，款项已存入银行。该长期股权投资账面价值为 150 000 元，假定没有计提减值准备。

处置长期股权投资时，XR 公司的会计分录如下：

借：银行存款　　　　　　　　　 159 000（16×10 000-1 000）
　　　贷：长期股权投资　　　　　　　　　　　　　　　150 000
　　　　　投资收益　　　　　　　　　　　　　　　　　　 9 000

三、长期股权投资的权益法核算

（一）权益法的概念

权益法，是指长期股权投资以初始投资成本计量后，在投资持有期间根据投资企业享有的被投资企业所有者权益份额的变动对投资的账面价值进行调整的方法。投资企业对被投资企业具有共同控制或重大影响的长期股权投资，即对合营企业或联营企业投资，应当采用权益法核算。

（二）权益法下业务的会计处理

1. 取得长期股权投资的会计处理

投资企业取得对合营企业或联营企业的投资，如果初始投资成本大于取得投资时应享有的被投资企业可辨认净资产公允价值份额的，按照初始投资成本入账，不调整长期股权投资的成本，该部分差额体现为商誉。

取得长期股权投资时，企业的会计分录如下：

借：长期股权投资——成本
  贷：银行存款等

【例题 4-21】M 公司于 2023 年 1 月 2 日取得 B 公司 30%的股权，用银行存款支付价款 3 000 000 元。取得投资时 B 公司（被投资企业）可辨认净资产公允价值为 9 000 000 元，取得股权后，M 公司对 B 公司具有重大影响，不考虑其他因素。

取得长期股权投资时，M 公司的会计分录如下：

借：长期股权投资——B 公司——成本   30 000 000
  贷：银行存款   30 000 000

投资企业取得对合营企业或联营企业的投资，如果投资成本小于取得投资时应享有被投资企业可辨认净资产公允价值份额，应按享受被投资企业可辨认净资产公允价值份额入账，调整长期股权投资的成本，差额计入营业外收入。

取得长期股权投资时，企业的会计分录如下：

借：长期股权投资——成本
  贷：银行存款等
    营业外收入

【例题 4-22】W 公司于 2023 年 1 月 10 日取得 C 公司 30%的股权，用银行存款支付价款 2 500 000 元。取得投资时 C 公司（被投资企业）可辨认净资产公允价值为 9 000 000 元，取得股权后，W 公司对 C 公司具有重大影响，不考虑其他因素。

取得长期股权投资时，W 公司的会计分录如下：

借：长期股权投资——C 公司——成本   2 700 000
  贷：银行存款   2 500 000
    营业外收入   200 000

2. 确认投资损益的会计处理

投资企业在确认应享有被投资企业实现的净利润或应分担被投资企业净亏损时，如果取得投资时被投资企业各项资产、负债的公允价值与其账面价值不同，投资企业在计算确定投资损益时，不能完全以被投资企业自身核算的净利润与持股比例计算确定，而是需要在被投资企业实现净利润的基础上经过适当调整后确定。

被投资企业实现利润时，企业的会计分录如下：

借：长期股权投资——损益调整（根据被投资单位实现的净利润计算应享有的份额）

　　贷：投资收益

【例题4-23】承接【例题4-22】，2023年度C公司实现净利润2 000 000元，不考虑其他因素。

确认实现收益时，W公司的会计分录如下：

借：长期股权投资——损益调整　　　　　　　　　　　600 000（2 000 000×30%）

　　贷：投资收益　　　　　　　　　　　　　　　　　　　　　　　　　600 000

被投资企业发生净亏损时，企业的会计分录如下：

借：投资收益

　　贷：长期股权投资——损益调整

注意：如果被投资企业持续亏损，投资企业以"长期股权投资——对××企业投资"科目的账面价值减记至零为限，即"长期股权投资——对××企业投资"的明细科目"成本""损益调整""其他综合收益""其他权益变动"四个科目合计为零。

被投资企业宣告发放现金股利或利润时，企业的会计分录如下：

借：应收股利（根据持有的股份计算应分得的部分）

　　贷：长期股权投资——损益调整

注意：收到被投资企业宣告发放的股票股利，不进行账务处理，但应在备查簿中登记。

收到被投资企业发放现金股利时，企业的会计分录如下：

借：银行存款

　　贷：应收股利

3. 被投资单位其他综合收益变动的会计处理

在采用权益法核算时，投资企业对于被投资企业发生的其他综合收益变动，应当按照所持股份的比例与被投资企业其他综合收益变动额的乘积进行确认，并调整长期股权投资的账面价值，同时调增或调减其他综合收益。

其他综合收益变动时，企业的会计分录如下：

借：长期股权投资——其他综合收益（归属于投资企业的其他综合收益变动上涨部分）

　　贷：其他综合收益

或为：

借：其他综合收益

　　贷：长期股权投资——其他综合收益（归属于投资企业的其他综合收益变动下降
　　　　　　　　　　　　　　　　　　部分）

4. 被投资单位其他权益变动

在采用权益法核算时，投资企业对于被投资企业除净损益、利润分配和其他综合收益以外的所有者权益的其他变动，应当按照所持股份的比例与被投资企业除净损益、利润分配和其他综合收益以外的所有者权益的其他变动额的乘积进行确认，并调整长期股权投资的账面价值，同时调增或调减资本公积（其他资本公积）。

其他权益变动时，企业的会计分录如下：

借：长期股权投资——其他权益变动（归属于投资企业的其他权益变动上涨部分）
　　　贷：资本公积——其他资本公积

或为：

借：资本公积——其他资本公积
　　　贷：长期股权投资——其他权益变动（归属于投资企业的其他权益变动下降部分）

5. 长期股权投资处置的会计处理

处置长期股权投资，应按实际收到的款项与长期股权投资账面价值的差额，确认当期损益。在采用权益法核算时，因被投资企业发生的其他综合收益变动以及除净损益、利润分配和其他综合收益以外所有者权益的其他变动而计入投资企业所有者权益的，处置该项长期股权投资时应当将原计入所有者权益的部分相应地转入当期损益，即将原计入其他综合收益、资本公积的金额转入投资收益账户。

处置长期股权投资时，企业的会计分录如下：

借：银行存款
　　长期股权投资减值准备
　　投资收益（处置时亏损的部分）
　　　贷：长期股权投资——成本
　　　　长期股权投资——损益调整
　　　　长期股权投资——其他综合收益
　　　　长期股权投资——所有者权益其他变动
　　　　投资收益（处置时盈利的部分）

同时将原计入其他综合收益、资本公积准备项目的金额转入投资收益，企业的会计分录如下：

借：其他综合收益
　　资本公积——其他资本公积
　　　贷：投资收益

或为：

借：投资收益
　　　贷：其他综合收益
　　　　资本公积——其他资本公积

【例题 4-24】 XR 公司拥有 Z 公司有表决权股份的 30%，对 Z 公司具有重大影响。2023 年 12 月 31 日，XR 公司出售 Z 公司的全部股权，所得价款 2 300 000 元全部存入银行。截至 2023 年 12 月 31 日，该项长期股权投资的账面价值为 2 000 000 元，其中投资成本为 1 500 000 元，损益调整借方为 400 000 元，长期股权投资其他综合收益借方为 300 000 元，长期股权投资减值准备贷方为 200 000 元，假设不考虑相关税费。

处置长期股权投资时，XR 公司的会计分录如下：

借：银行存款　　　　　　　　　　　　　　　　　　　　　　2 300 000
　　长期股权投资减值准备　　　　　　　　　　　　　　　　　 200 000

　　　贷：长期股权投资——Z公司——成本　　　　　　　　　　　　1 500 000
　　　　　长期股权投资——Z公司——损益调整　　　　　　　　　　400 000
　　　　　长期股权投资——Z公司——其他综合收益　　　　　　　　300 000
　　　　　投资收益　　　　　　　　　　　　　　　　　　　　　　300 000
　　同时将原计入资本公积准备项目的金额转入投资收益，XR公司的会计分录如下：
　　借：其他综合收益　　　　　　　　　　　　　　　　　　　　　300 000
　　　贷：投资收益　　　　　　　　　　　　　　　　　　　　　　300 000

任务七　金融资产、长期股权投资减值的核算

一、金融资产减值的核算

（一）金融资产减值损失的确认

　　企业应当在资产负债表日对以公允价值计量且其变动计入当期损益的金融资产以外的所有金融资产的账面价值进行减值测试，如果有客观证据表明某项金融资产发生减值的，应当对其确认减值损失，并计提相应的减值准备。

　　金融资产发生减值的客观证据是指金融资产初始确认后实际发生的、对该金融资产的预计未来现金流量有影响，且企业能够对该影响进行可靠计量的事项。在实务中，金融资产发生减值的客观证据包括以下几个方面：

　　（1）证券发行方或债务人发生非常严重的财务困难；

　　（2）债务人已经违反了合同条款，如偿付利息或本金发生违约或逾期等；

　　（3）债权人出于经济利益或法律等方面因素的考虑，对发生财务困难的债务人作出相应的让步；

　　（4）债务人很可能破产或进行企业财务重新组合；

　　（5）因发行方发生严重的财务困难，该金融资产无法在活跃市场继续进行交易；

　　（6）无法辨认一组金融资产中的某项资产的现金流量是否已经减少，但根据公开的数据对其进行总体评价后发现，该组金融资产自初始确认以来的预计未来现金流量确实已经减少并且可以计量，如该组金融资产的债务人支付能力逐步恶化，或债务人所在国家或地区失业率提高、担保物在其所在地区的价格明显下降、所处行业不景气等；

　　（7）发行方经营地的技术、市场、经济或法律环境等发生重大不利变化，使权益工具投资人可能无法收回投资成本；

　　（8）权益工具投资的公允价值发生严重或非暂时性下跌；

　　（9）其他表明金融资产发生减值的客观证据。

（二）金融资产减值损失的计量

1. 债权投资减值损失的会计处理

　　债权投资发生减值时，企业的会计分录如下：
　　借：信用减值损失

贷：债权投资减值准备

对于已确认减值损失的债权投资，如有客观证据表明该金融资产价值已恢复，且客观上与确认该损失后发生的事项有关的，应在原确认的减值损失范围内恢复。

减值损失恢复时，企业的会计分录如下：

借：债权投资减值准备

贷：信用减值损失

2. 以公允价值计量且其变动记入其他综合收益的金融资产减值损失的会计处理

确定以公允价值计量且其变动计入其他综合收益的金融资产发生减值的，应按减记的金额，一方面记入"信用减值损失"科目，另一方面记入"其他综合收益——信用减值准备"科目。

计提减值损失时，企业的会计分录如下：

借：信用减值损失

贷：其他综合收益——信用减值准备

注意：指定为以公允价值计量且其变动计入其他综合收益的非交易性权益工具投资不需计提减值准备。

二、长期股权投资减值的核算

长期股权投资减值，是指长期股权投资未来可收回金额低于账面价值所发生的损失。企业应当在期末对长期股权投资的账面价值进行减值测试，如果有迹象表明长期股权投资发生减值的，应当计提长期股权投资减值准备。长期股权投资减值准备一经计提，以后期间不得转回。

(一) 长期股权投资减值的判断

1. 在活跃市场中有报价的长期股权投资减值的判断

在实务中，在活跃市场中有报价的长期股权投资减值的判断迹象主要包括以下几个方面：

(1) 市价持续 2 年低于账面价值。

(2) 该项投资暂停交易 1 年或 1 年以上。

(3) 被投资企业当年发生严重亏损。

(4) 被投资企业持续两年发生亏损。

(5) 被投资企业进行清理整顿、清算或出现其他不能持续经营的迹象。

2. 在活跃市场中没有报价的长期股权投资减值的判断

在实务中，在活跃市场中没有报价的长期股权投资减值的判断迹象主要包括以下四个方面：

(1) 影响被投资企业经营的政治或法律环境的变化，如税收、贸易等法规的颁布或修订，可能导致被投资企业出现巨额亏损。

(2) 被投资企业所供应的商品或提供的劳务因产品过时或消费者偏好改变而使市场的需求发生变化，从而导致被投资企业财务状况严重恶化。

(3) 被投资企业所在行业的生产技术等发生重大变化，被投资企业已失去竞争能力，从而导致财务状况严重恶化，如进行清理整顿、清算等。

（4）有证据表明该项投资实质上已经不能再给企业带来经济利益的其他情形。

（二）长期股权投资减值业务的会计处理

在实务中，有迹象表明企业持有的长期股权投资发生减值时，企业应当计提长期股权投资减值准备。

计提长期股权投资减值准备时，企业的会计分录如下：

借：资产减值损失

　　贷：长期股权投资减值准备

项目总结

本项目主要介绍了金融资产的认知（以公允价值计量且其变动计入当期损益的金融资产、以摊余成本计量的金融资产、以公允价值计量且其变动计入其他综合收益的金融资产）、长期股权投资的认知（长期股权投资的概念、长期股权投资核算的范围、长期股权投资核算的方法），交易性金融资产的计量、交易性金融资产业务的会计处理（交易性金融资产取得的会计处理、交易性金融资产股利或利息的会计处理、交易性金融资产公允价值变动的会计处理、交易性金融资产出售的会计处理），债权投资的计量、债权投资业务的会计处理（债权投资取得的会计处理、债权投资利息的会计处理、债权投资出售的会计处理），其他债权投资的计量、其他债权投资业务的会计处理（其他债权投资取得的会计处理、其他债权投资利息的会计处理、其他债权投资公允价值变动的会计处理、其他债权投资出售的会计处理），其他权益工具投资的计量、其他权益工具投资业务的会计处理（其他权益工具投资取得的会计处理、其他权益工具投资股利的会计处理、其他权益工具投资公允价值变动的会计处理、其他权益工具投资出售的会计处理），长期股权投资的初始计量（形成控股权的长期股权投资、非合并方式取得的长期股权投资）、长期股权投资的成本法核算（成本法的概念、成本法下业务的会计处理）、长期股权投资的权益法核算（权益法的概念、权益法下业务的会计处理），金融资产减值的核算（金融资产减值损失的确认、金融资产减值损失的计量）、长期股权投资减值的核算（长期股权投资减值的判断、长期股权投资减值业务的会计处理）。

巩固练习

一、思考题

1. 如何核算交易性金融资产？

2. 如何核算债权投资？

3. 如何核算其他债权投资与其他权益工具投资？

4. 长期股权投资的成本法在什么范围内使用？

5. 长期股权投资的权益法在什么范围内使用？

二、单项选择题

1. 企业购入的在活跃市场中有报价的债券投资，不可能划分为（　　　）。

A. 交易性金融资产　　　　　　　　B. 债权投资

C. 贷款和应收款项　　　　　　　　D. 其他债权投资与其他权益工具投资

2. 2023 年 3 月 8 日，A 公司以银行存款 35 万元取得一项股权投资并作为交易性金融资产核算，支付的价款中包括已宣告但尚未发放的现金股利 2 万元，另支付相关交易费用 0.5 万元。则 A 公司该项交易性金融资产的初始入账价值为（　　　）万元。

A. 36　　　　　　B. 35.5　　　　　　C. 33　　　　　　D. 33.5

3. 下列关于金融资产的说法，不正确的是（　　　）。

A. 交易性金融资产以公允价值进行初始计量

B. 其他债权投资与其他权益工具投资以公允价值计量

C. 其他债权投资与其他权益工具投资以实际摊余成本计量

D. 债权投资以实际摊余成本进行后续计量

4. 2023 年 7 月 1 日，A 公司从二级市场以 30 万元（含已到付息期但尚未领取的利息 1 万元）购入乙公司发行的债券，另发生交易费用 0.1 万元，划分为交易性金融资产。2023 年 12 月 31 日，该交易性金融资产的公允价值为 35 万元。假定不考虑其他因素，2023 年 12 月 31 日，A 公司应就该资产确认的公允价值变动损益为（　　　）万元。

A. 5　　　　　　B. 5.1　　　　　　C. 6.1　　　　　　D. 6

5. 2023 年 1 月 1 日，B 公司从证券市场上购入 C 公司分期付息、到期还本的债券 10 万张，以银行存款支付价款 1 058.91 万元，另支付相关交易费用 10 万元。该债券是 C 公司 2022 年 1 月 1 日发行的，每张债券面值为 100 元，期限为 3 年，票面年利率为 5%，购入债券的实际年利率为 4%，每年 1 月 5 日支付上年度利息。B 公司作为债权投资管理。则 2023 年 1 月 1 日，B 公司购入该债券的初始入账金额为（　　　）万元。

A. 1 010　　　　　B. 1 068.91　　　　C. 1 018.91　　　　D. 1 160

6. 甲公司出资 1 000 万元，取得了乙公司 80% 的控股权，假如购买股权时乙公司的账面净资产价值为 1 500 万元，甲、乙公司合并前后不受同一方控制。则甲公司确认的长期股权投资成本为（　　　）万元。

A. 1 000　　　　　B. 1 500　　　　　C. 800　　　　　　D. 1 200

7. A、B 两家公司属于非同一控制下的独立公司。A 公司于 2022 年 7 月 1 日以本公司的固定资产对 B 公司投资，取得 B 公司 60% 的股份。该固定资产原值 1 500 万元，已计提折旧 400 万元，已提取减值准备 50 万元，7 月 1 日该固定资产公允价值为 1 300 万元。B 公司 2022 年 7 月 1 日所有者权益为 2 000 万元。A 公司这项长期股权投资的成本为（　　　）万元。

A. 1 500　　　　　B. 1 050　　　　　C. 1 300　　　　　D. 1 200

8. 甲公司出资 600 万元，取得了乙公司 60% 的控股权，甲公司对这项长期股权投资应采用（　　　）核算。

A. 权益法　　　　　　　　　　　　B. 成本法

C. 市价法　　　　　　　　　　　　D. 成本与市价孰低法

9. 下列项目中，与其他权益工具投资相关的交易或事项不应计入当期损益的是（　　　）。

A. 其他权益工具投资产生的减值损失

B. 其他权益工具投资持有期间取得的现金股利

C. 取得其他权益工具投资发生的相关交易费用

D. 外币其他权益工具投资持有期间产生的汇兑差额

10. 下列项目中，属于长期股权投资的成本法适用范围的是（　　　）。

A. 投资企业能够对被投资企业实施控制的长期股权投资

B. 投资企业对被投资企业不具有共同控制或重大影响，并且在活跃市场中没有报价、公允价值不能可靠计量的长期股权投资

C. 投资企业对被投资企业具有共同控制的长期股权投资

D. 投资企业对被投资企业具有重大影响的长期股权投资

三、多项选择题

1. 下列项目中，属于企业金融资产的有（　　　）。

A. 贷款　　　　　　　B. 应收票据　　　　　C. 无形资产　　　　　D. 债权投资

2. 下列关于以公允价值计量且其变动计入当期损益的金融资产的说法，正确的有（　　　）。

A. 以公允价值计量且其变动计入当期损益的金融资产包括交易性金融资产和直接指定为以公允价值计量且其变动计入当期损益的金融资产

B. 企业取得的拟近期内出售的股票投资应划分为交易性金融资产

C. 以公允价值计量且其变动计入当期损益的金融资产初始确认时，应按公允价值和相关交易费用之和计量

D. 直接指定为以公允价值计量且其变动计入当期损益的金融资产，主要是指企业基于风险管理、战略投资需要等所做的指定

3. 下列有关债权投资的相关说法，正确的有（　　　）。

A. 债权投资在活跃的交易市场上有报价

B. 债权投资在初始确认时，应当按照公允价值和相关交易费用之和作为初始入账金额

C. 企业在确定债权投资实际利率时，应当在考虑金融资产所有合同条款的基础上预计未来现金流量，同时应考虑未来信用损失的影响

D. 确定债权投资的实际利率应在该债权投资预期存续期间或适用的更短期间内保持不变

4. 下列关于金融资产的说法，正确的有（　　　）。

A. 交易性金融资产以公允价值进行初始计量和后续计量

B. 其他债权投资与其他权益工具投资以公允价值计量且其变动计入其他综合收益

C. 其他债权投资与其他权益工具投资以实际摊余成本计量

D. 债权投资以实际摊余成本进行后续计量

5. 下列项目中，不应作为长期股权投资取得时初始成本入账的有（　　　）。

A. 投资时支付的不含应收股利的价款

B. 为取得长期股权投资而发生的评估费、审计费、咨询费

C. 购买方作为合并对价发行的权益性证券或债务性证券的佣金和手续费

D. 投资时支付款项中所含的已宣告但尚未领取的现金股利

6. 下列项目中，属于长期股权投资的权益法适用范围的有（　　　）。

A. 投资企业能够对被投资企业实施控制的长期股权投资

B. 投资企业对被投资企业不具有共同控制或重大影响，并且在活跃市场中没有报价、

公允价值不能可靠计量的长期股权投资

C. 投资企业对被投资企业具有共同控制的长期股权投资

D. 投资企业对被投资企业具有重大影响的长期股权投资

7. 下列项目中，关于企业处置长期股权投资的方法，正确的有（　　　）。

A. 处置长期股权投资，其账面价值与实际取得价款的差额，应当计入投资收益

B. 处置长期股权投资，其账面价值与实际取得价款的差额，应当计入营业外收入

C. 采用权益法核算的长期股权投资，因被投资企业除净损益以外所有者权益的其他变动而计入所有者权益的，处置该项投资时应当将原计入所有者权益的部分按相应比例转入投资收益

D. 采用权益法核算的长期股权投资，因被投资企业除净损益以外所有者权益的其他变动而计入所有者权益的，处置该项投资时应当将原计入所有者权益的部分按相应比例转入营业外收入

四、判断题

1. 债权投资在持有期间应当按照面值和票面利率计算确认利息收入，计入投资收益。
（　　　）

2. 企业拥有的可以在市场上出售但企业准备持有至到期的长期债券，应该作为其他债权投资进行管理。
（　　　）

3. 其他权益工具投资和交易性金融资产的相同点是都按公允价值进行后续计量，且公允价值变动计入当期损益。
（　　　）

4. 企业对债权投资初始确认金额与到期日金额之间的差额既可以采用实际利率法进行摊销，也可采用直线法进行摊销。
（　　　）

5. 企业持有的长期股权投资发生减值的，减值损失一经确认，即使以后期间价值得以回升，也不得转回。
（　　　）

五、业务题

1. 2023 年 5 月 10 日，甲公司以 62 万元（含已宣告但尚未领取的现金股利 2 万元）购入乙公司股票 20 万股，作为交易性金融资产，另支付手续费 0.6 万元，5 月 30 日，甲公司收到现金股利 2 万元。2023 年 6 月 30 日该股票每股市价为 3.2 元，2023 年 8 月 10 日，乙公司宣告分配现金股利，每股 0.20 元，8 月 20 日，甲公司收到分配的现金股利。截至 12 月 31 日，甲公司仍持有该交易性金融资产，期末每股市价为 3.6 元，2024 年 1 月 3 日，甲公司以 63 万元出售该交易性金融资产。

要求：

（1）编制上述经济业务的会计分录。

（2）计算该交易性金融资产的累计损益。

2. 2022 年 1 月 1 日，XR 公司以银行存款 5 000 000 元取得 B 公司 80% 的股份。该项投资属于非同一控制下的控股合并。B 公司所有者权益的账面价值为 7 000 000 元。

2022 年 5 月 10 日，B 公司宣告分配现金股利 1 000 000 元；2022 年度 B 公司实现利润 2 000 000 元；2023 年 5 月 10 日，B 公司宣告分配现金股利 3 000 000 元，2023 年度 B 公司实现利润 3 000 000 元；2024 年 5 月 10 日，B 公司宣告分配现金股利 2 000 000 元。

要求：编制 XR 公司上述股权投资的相关会计分录。

项目五 认识固定资产与核算

学习目标

1. 知识目标

熟悉固定资产的概念、特点、分类和期末清查；

理解固定资产后续支出的处理原则、固定资产的期末计量；

掌握固定资产的初始计量、固定资产折旧的计算及会计处理、固定资产的后续支出和期末计量。

2. 能力目标

通过学习固定资产与核算相关知识，形成长期资产价值理念与资产减值思维，提升对固定资产的核算能力和管理能力。

3. 素质目标

通过学习固定资产与核算相关知识，培养正确的财产观念和与时俱进的精神。

📝 知识结构

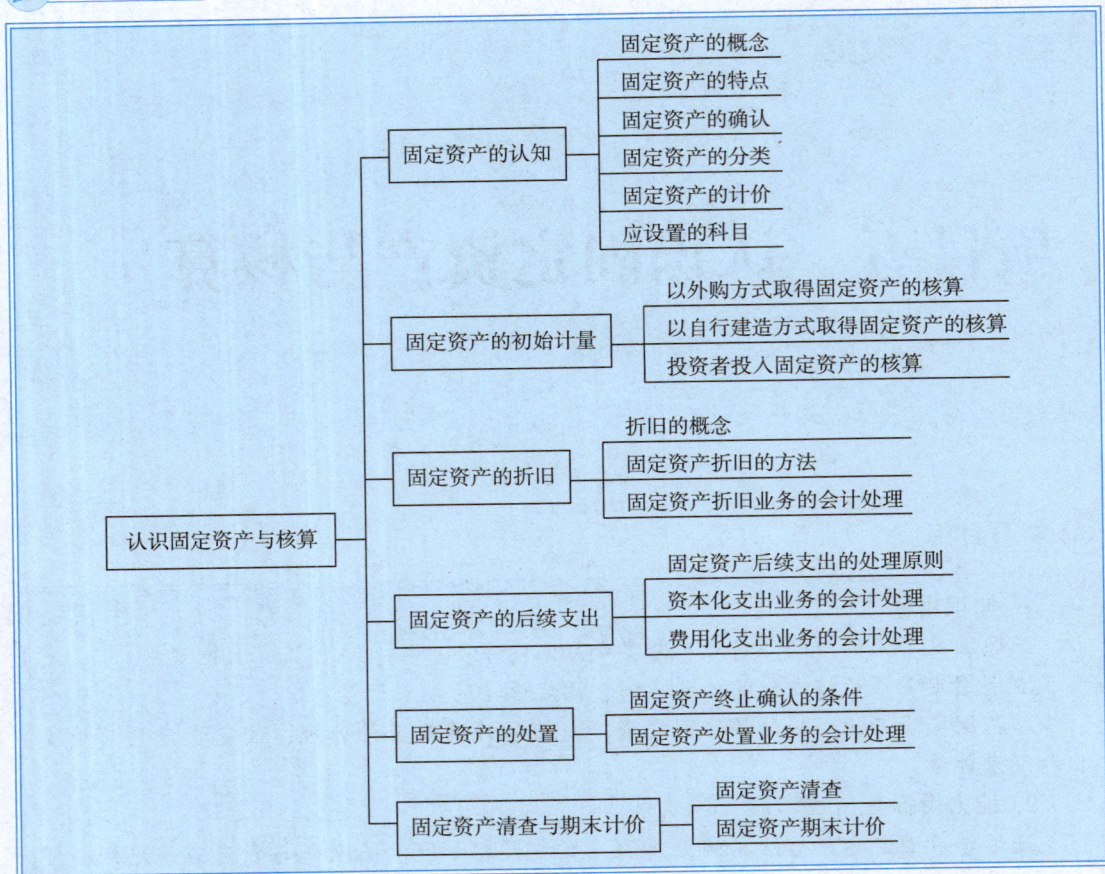

📦 导入案例

XR公司的房子和车子

XR投资数千万成立了一家管理咨询有限公司，公司在繁华的地段买了一层写字楼，同时买了一辆汽车办公用。后来XR公司越来越觉得买汽车亏了，原因是写字楼的价格不断地攀升，压根不用考虑计提折旧和减值的问题；而汽车越开越便宜，不断地计提折旧，新车的价格不断地往下降，减值准备提了一次又一次。你知道为什么会这样吗？企业使用固定资产需要计提折旧吗？如何计提呢？你会处理吗？

任务一 固定资产的认知

一、固定资产的概念

固定资产，是指企业为生产商品、提供劳务、出租或经营管理而持有的，使用寿命超过一个完整会计年度的有形资产。固定资产主要包括房屋建筑物、机器设备、运输工具以及其他设备等。

二、固定资产的特点

固定资产具有以下几个特点：

（一）企业持有固定资产的目的是生产商品、提供劳务、出租或经营管理而持有

企业持有固定资产的目的是生产商品、提供劳务、出租或经营管理而持有，而不是像存货一样直接用于出售。其中，出租，是指企业将拥有或控制的机器设备、运输工具以及其他设备等以经营租赁方式出租。

（二）固定资产的使用寿命通常超过一个完整会计年度

这是固定资产区别于流动资产的重要标志。固定资产的使用寿命，是指企业固定资产所能给企业带来经济利益的期间，或生产产品、提供劳务的总数量。

（三）固定资产属于有形资产

这是固定资产区别于无形资产的重要标志。有些无形资产可能同时符合固定资产的其他特征，如无形资产是为生产商品、提供劳务而持有，使用寿命超过一个会计年度，但是，无形资产没有实物形态，不属于固定资产。

三、固定资产的确认

在实务中，固定资产同时满足以下两个条件时才能进行确认：

（一）与该固定资产有关的经济利益很可能流入企业

企业在确认固定资产时，需要判断与该固定资产有关的经济利益是否很可能流入企业。衡量的标准是以50%作为临界点，如果与该固定资产有关的经济利益流入企业的概率大于50%，则认为与该固定资产有关的经济利益很可能流入企业。在实务中，主要是通过判断与该固定资产所有权相关的风险和报酬是否转移到了企业来综合判断。

（二）该固定资产的成本能够可靠计量

成本能够可靠计量是资产确认的基本条件。某项资产是否要确认为固定资产，除了满足固定资产的概念和与该资产有关的经济利益很可能流入企业外，还应当满足企业取得该资产所发生的支出必须能够可靠计量。企业在确定固定资产成本时，有时需要根据所获得的最新资料，对固定资产的成本进行合理估计。如果企业能够合理地估计出固定资产的成本，则视同固定资产的成本能够可靠计量。

四、固定资产的分类

在实务中，固定资产的种类、外形特征、规格型号、用途等各不相同，企业应当根据管理和核算的需要，对固定资产进行科学合理的分类。企业固定资产按经济用途可以分为生产经营用固定资产和非生产经营用固定资产，按使用情况可以分为使用中的固定资产、未使用的固定资产、不需用的固定资产、租出的固定资产，按所有权可以分为自有固定资产和租入固定资产，按经济用途和使用情况可以分为生产经营用固定资产、非生产经营用

固定资产、租出固定资产、不需用固定资产、未使用固定资产、土地、融资租入固定资产。

五、固定资产的计价

固定资产的计价，是指固定资产价值的计量，不同方式取得的固定资产，其计价方法是不一致的。固定资产的计价主要包括历史成本、重置成本、公允价值。

（一）历史成本

历史成本又称实际成本，是指取得或制造某项固定资产时所实际支付的现金或者其他等价物。在历史成本计量下，固定资产按照其购置时支付的现金或现金等价物的金额，或者按照购置资产时所付出的对价公允价值计量。一般情况下，固定资产按照历史成本计量。

（二）重置成本

重置成本又称现行成本，是指按照当前市场条件，重新取得同样一项固定资产所需支付的现金或现金等价物金额。在重置成本计量下，固定资产按照现在购买相同或者相似资产所需支付的现金或者现金等价物的金额计量。固定资产在盘盈时，一般按照重置成本计量。

（三）公允价值

公允价值，是指在公平交易中，熟悉情况的交易双方自愿进行固定资产交换的金额。在公允价值计量下，固定资产按照在公平交易中，熟悉情况的交易双方自愿进行交换的金额计量。一般在非货币性资产交换或接受投资者投入固定资产时按照公允价值计量。

六、应设置的科目

为了加强对固定资产的核算，企业根据管理要求一般需要设置"固定资产""累计折旧""工程物资""在建工程""固定资产清理""固定资产减值准备""资产处置损益"等科目，核算固定资产的取得情况、计提折旧情况、处置情况等。下面简要介绍前5种科目。

（一）"固定资产"科目

为了核算企业持有固定资产的增减变动及其余额，企业应设置"固定资产"科目。该科目属于资产类，借方登记企业增加的固定资产原价，贷方登记企业减少的固定资产原价，期末余额在借方，表示企业期末固定资产的原价。

（二）"累计折旧"科目

为了核算企业持有固定资产累计计提折旧的情况，企业应设置"累计折旧"科目。该科目属于"固定资产"科目的备抵项目，贷方登记计提的固定资产折旧，借方登记减少固定资产转出的累计已计提折旧额，期末余额在贷方，反映企业累计计提的固定资产折旧额。

（三）"工程物资"科目

为了核算企业为构建固定资产而准备的工程物资的增减变动情况，企业应设置"工程物资"科目。该科目属于资产类，借方登记企业购入工程物资的实际成本，贷方登记领用工程物资的实际成本，期末余额在借方，表示企业为工程购入但尚未领用的工程物资的实际成本。

（四）"在建工程"科目

为了核算企业为构建固定资产而建造的工程成本，企业应设置"在建工程"科目。该科目属于资产类，借方登记企业各项在建工程的实际支出，贷方登记完工工程转出的实际支出，期末余额在借方，表示企业尚未完工的工程发生的实际支出。

（五）"固定资产清理"科目

为了核算企业因出售、报废和毁损等原因转入清理的固定资产价值及其在清理过程中所发生的清理支出以及清理收益的情况，企业应设置"固定资产清理"科目。该科目属于资产类，借方登记转入清理的固定资产净值、清理过程中发生的清理费用以及应交的税费，贷方登记清理固定资产的变价收入、保险公司或过失人的赔偿款等，清理完毕后该科目没有余额。

任务二 固定资产的初始计量

固定资产的初始计量是通过计算确定固定资产在不同方式下取得时的入账价值。一般来说，固定资产应当按历史成本进行初始计量，已经确认登记入账的固定资产成本称为固定资产原价。在实务中，企业取得固定资产的方式和途径各不相同，固定资产成本的确认和计量也有所不同。

一、以外购方式取得固定资产的核算

以外购方式取得固定资产的成本主要包括购买价款、相关税费（不含可以抵扣的增值税）、使固定资产达到预定可使用状态前所发生的可归属于该项资产的运输费、装卸费、保险费、安装费和专业人员服务费等。

（一）购入不需要安装的固定资产的会计处理

购入不需要安装的固定资产，是指购入不需要安装就可以直接使用的固定资产，其成本一般包括购买价款、相关税费（不含可以抵扣的增值税）、使固定资产达到预定可使用状态前所发生的可归属于该项资产的运输费、装卸费、保险费和专业人员服务费等。

购入不需要安装的固定资产时，企业的会计分录如下：

借：固定资产
　　应交税费——应交增值税（进项税额）
　　贷：银行存款
　　　　应付账款
　　　　应付票据等

【例题 5-1】2024 年 1 月 1 日，XR 公司购入一台不需要安装的生产经营用 A 设备，取得的增值税专用发票上注明的设备价款为 1 000 000 元，增值税额为 130 000 元，款项用银行存款转账支付，不考虑其他相关税费。

购入 A 设备时，XR 公司的会计分录如下：

借：固定资产——A设备 1 000 000
　　应交税费——应交增值税（进项税额） 130 000
　　贷：银行存款 1 130 000

（二）购入需要安装的固定资产的会计处理

购入需要安装的固定资产，是指购入需要经过安装、调试达到预定可使用状态才可以使用的固定资产，其成本一般包括购买价款、相关税费（不含可以抵扣的增值税）、使固定资产达到预定可使用状态前所发生的可归属于该项资产的运输费、装卸费、保险费、安装费和专业人员服务费等。

购入需要安装的固定资产时，企业的会计分录如下：

借：在建工程
　　应交税费——应交增值税（进项税额）
　　贷：银行存款
　　　　应付账款
　　　　应付票据等

安装固定资产时，企业的会计分录如下：

借：在建工程
　　贷：原材料
　　　　银行存款
　　　　应付账款
　　　　应付票据等

安装完毕达到预定可使用状态时，企业的会计分录如下：

借：固定资产
　　贷：在建工程

【例题5-2】2024年3月20日，XR公司购入一台需要安装的C设备，取得的增值税专用发票上注明的价款为500 000元，增值税为65 000元，支付的运杂费为5 000元（不考虑增值税），3月22日安装设备时，领用本企业生产用材料价值5 000元，购进该批材料时支付的增值税为650元，支付安装人员劳务费8 000元（不考虑增值税），3月25日安装完毕，达到预定可使用状态。所有款项均以银行存款支付，不考虑其他因素。

购入C设备时，XR公司的会计分录如下：

借：在建工程——C设备 505 000
　　应交税费——应交增值税（进项税额） 65 000
　　贷：银行存款 570 000

安装领用材料、支付人员劳务费时，XR公司的会计分录如下：

借：在建工程——C设备 13 000
　　贷：原材料 5 000
　　　　银行存款 8 000

安装完成达到预定可使用状态时，XR公司的会计分录如下：

借：固定资产——C设备 518 000
　　贷：在建工程——在安装设备 518 000

在实务中，如果企业以一笔款项购入多项没有单独标价的固定资产，应当按照购入各项固定资产的公允价值比例对购入各项固定资产总成本进行分配，分别确定各项固定资产的初始成本。

【例题 5-3】2024 年 3 月 10 日，R 公司采用一揽子交易购入不需要安装的 A、B、C 三项固定资产，增值税专用发票上注明的价款为 800 万元，增值税为 104 万元。A、B、C 三项固定资产均没有单独标价，但有公允价值，A 的公允价值为 500 万元，B 的公允价值为 300 万元，C 的公允价值为 200 万元。款项已通过银行转账支付，不考虑其他因素。

由题目分析可知，R 公司确认：

$$A 固定资产的成本 = 800 \times (500/1\ 000) = 400 （万元）$$
$$B 固定资产的成本 = 800 \times (300/1\ 000) = 240 （万元）$$
$$C 固定资产的成本 = 800 \times (200/1\ 000) = 160 （万元）$$

购入固定资产时，R 公司的会计分录如下：

借：固定资产——A 　　　　　　　　　　　　　　　　　　　4 000 000
　　　　　　——B 　　　　　　　　　　　　　　　　　　　2 400 000
　　　　　　——C 　　　　　　　　　　　　　　　　　　　1 600 000
　　应交税费——应交增值税（进项税额）　　　　　　　　　1 040 000
　　贷：银行存款 　　　　　　　　　　　　　　　　　　　　　　9 040 000

二、以自行建造方式取得固定资产的核算

自行建造的固定资产，是指企业自行组织采购工程物资、自行组织施工人员从事工程施工完成的固定资产或与第三方签订建造合同委托第三方建造完成的固定资产。自行建造固定资产的成本由建造该项资产达到预定可使用状态前所发生的合理的必要的支出构成，主要包括工程物资成本、人工成本、交纳的相关税费、应予资本化的借款费用以及应分摊的间接费用等。企业自行建造的固定资产有两种方式：以自营方式建造的固定资产和以出包方式建造的固定资产。

（一）以自营方式建造的固定资产的会计处理

企业以自营方式建造的固定资产，是指企业自行组织采购工程物资、组织施工人员施工建造完成的固定资产。以自营方式建造的固定资产成本应当按照实际发生的工程物资、施工人员工资薪酬、机械施工费等进行确认。

购入为工程准备的物资时，企业的会计分录如下：

借：工程物资
　　应交税费——应交增值税（进项税额）
　　贷：银行存款
　　　　应付账款
　　　　应付票据等

工程领用工程物资时，企业的会计分录如下：

借：在建工程
　　贷：工程物资

工程用本企业材料时，企业的会计分录如下：

借：在建工程

　　贷：原材料

结算工程负担的职工薪酬时，企业的会计分录如下：

借：在建工程

　　贷：应付职工薪酬

结算辅助生产部门为工程提供的水、电、设备安装等劳务时，企业的会计分录如下：

借：在建工程

　　贷：生产成本——辅助生产成本

结算工程进行负荷联合试车发生的相关费用时，企业的会计分录如下：

借：在建工程

　　贷：银行存款

　　　　应付票据

　　　　原材料等

试车形成的产品或副产品对外销售或转为库存商品时，企业的会计分录如下：

借：银行存款

　　应收票据

　　库存商品等

　　贷：在建工程

工程达到预定可使用状态时，企业的会计分录如下：

借：固定资产

　　贷：在建工程

注意：已达到预定可使用状态但尚未办理竣工决算手续的固定资产，应按估计价值入账，待确定实际成本后再进行调整，已计提折旧不再调整。

【例题 5-4】 2024 年 4 月 10 日，XR 公司董事会决定自行建造一座仓库，4 月 20 日购入各种工程物资 200 000 元，支付的增值税额为 26 000 元，货款用银行存款支付，截至 5 月 20 日，实际领用工程物资共计 200 000 元；另外还领用了企业生产经营用的原材料一批，实际成本为 50 000 元，支付的增值税进项税额为 8 000 元；支付工程人员工资 40 000 元，企业辅助生产车间为工程提供有关劳务支出 10 000 元，5 月 30 日工程完工交付使用。

购入为工程准备的物资时，XR 公司的会计分录如下：

借：工程物资	200 000
应交税费——应交增值税（进项税额）	26 000
贷：银行存款	226 000

工程领用物资时，XR 公司的会计分录如下：

借：在建工程——仓库	200 000
贷：工程物资	200 000

工程领用本企业原材料时，XR 公司的会计分录如下：

借：在建工程——仓库	50 000
贷：原材料	50 000

支付工程人员工资薪酬时，XR 公司的会计分录如下：

借：在建工程——仓库	40 000

　　　　贷：应付职工薪酬　　　　　　　　　　　　　　　　　　　　　　　　　　　40 000

确认辅助生产车间为工程提供的劳务支出时，XR 公司的会计分录如下：

　　借：在建工程——仓库　　　　　　　　　　　　　　　　　　　　　　　　　10 000

　　　　贷：生产成本——辅助生产成本　　　　　　　　　　　　　　　　　　　　　10 000

仓库工程完工交付使用时，XR 公司的会计分录如下：

　　借：固定资产——仓库　　　　　　　　　　　　　　　　　　　　　　　　　300 000

　　　　贷：在建工程——仓库　　　　　　　　　　　　　　　　　　　　　　　　300 000

【例题 5-5】 2024 年 4 月 10 日，R 公司董事会决定自行建造一台生产经营用 A 设备，4 月 20 日购入各种工程物资 100 000 元，支付的增值税额为 13 000 元，货款用银行存款支付，截至 4 月 30 日，实际领用工程物资 100 000 元（不含增值税）；另外还领用了企业生产经营用的原材料一批，实际成本为 50 000 元，支付的增值税进项税额为 6 500 元；支付工程人员工资 10 000 元，企业辅助生产车间为工程提供有关劳务支出 5 000 元，5 月 5 日工程完工交付使用。

购入为工程准备的物资时，R 公司的会计分录如下：

　　借：工程物资　　　　　　　　　　　　　　　　　　　　　　　　　　　　100 000

　　　　应交税费——应交增值税（进项税额）　　　　　　　　　　　　　　　　　13 000

　　　　　贷：银行存款　　　　　　　　　　　　　　　　　　　　　　　　　　113 000

工程领用物资时，R 公司的会计分录如下：

　　借：在建工程——A 设备　　　　　　　　　　　　　　　　　　　　　　　100 000

　　　　贷：工程物资　　　　　　　　　　　　　　　　　　　　　　　　　　　100 000

工程领用本企业原材料时，R 公司的会计分录如下：

　　借：在建工程——A 设备　　　　　　　　　　　　　　　　　　　　　　　　50 000

　　　　贷：原材料　　　　　　　　　　　　　　　　　　　　　　　　　　　　　50 000

支付工程人员工资薪酬时，R 公司的会计分录如下：

　　借：在建工程——A 设备　　　　　　　　　　　　　　　　　　　　　　　　10 000

　　　　贷：应付职工薪酬　　　　　　　　　　　　　　　　　　　　　　　　　　10 000

确认辅助生产车间为工程提供的劳务支出时，R 公司的会计分录如下：

　　借：在建工程——A 设备　　　　　　　　　　　　　　　　　　　　　　　　5 000

　　　　贷：生产成本——辅助生产成本　　　　　　　　　　　　　　　　　　　　　5 000

A 设备建设工程完工交付使用时，R 公司的会计分录如下：

　　借：固定资产——A 设备　　　　　　　　　　　　　　　　　　　　　　　165 000

　　　　贷：在建工程——A 设备　　　　　　　　　　　　　　　　　　　　　　　165 000

（二）以出包方式建造的固定资产的会计处理

　　企业以出包方式建造的固定资产，其成本由建造该项固定资产达到预定可使用状态前所发生的合理的必要支出构成，包括发生的建筑工程支出、安装工程支出，以及需分摊计入的待摊支出。

　　以出包方式建造的固定资产的具体支出，由建造承包商核算，"在建工程"科目实际成为企业与建造承包商的结算科目，企业将与建造承包商结算的工程价款作为工程成本，统一通过"在建工程"科目进行核算。

按照发包工程合同规定预付工程款时，企业的会计分录如下：

借：预付账款

贷：银行存款

按照工程进度或合同规定的进度付款时，企业的会计分录如下：

借：在建工程

贷：银行存款

预付账款

按合同规定补付工程款时，企业的会计分录如下：

借：在建工程

贷：银行存款

工程完工达到预定可使用状态时，企业的会计分录如下：

借：固定资产

贷：在建工程

【例题 5-6】 2024 年 5 月 10 日，W 公司将一条生产线的建造工程出包给 J 公司承建，按照合同约定，合同签订之日预付工程款 200 000 元，5 月 30 日，按合理估计的出包工程进度和合同规定向 J 公司结算进度款 600 000 元，6 月 20 日，工程完工后，收到 J 公司有关工程结算单据，补付工程款 400 000 元，工程完工并达到预定可使用状态（不考虑相关税费）。

预付工程款时，W 公司的会计分录如下：

借：预付账款 200 000

  贷：银行存款 200 000

向 J 公司结算工程进度款时，W 公司的会计分录如下：

借：在建工程——厂房 600 000

  贷：银行存款 400 000

  预付账款 200 000

补付工程款给 J 公司时，W 公司的会计分录如下：

借：在建工程——厂房 400 000

  贷：银行存款 400 000

工程完工达到预定可使用状态时，W 公司的会计分录如下：

借：固定资产——厂房 1 000 000

  贷：在建工程——厂房 1 000 000

三、投资者投入固定资产的核算

投资者以固定资产的方式进行投资，应当按照投资合同或协议约定的价值入账（投资合同或协议约定的价值不公允除外），企业收到投资者投入的固定资产，一方面，使企业的固定资产增加；另一方面，使企业的实收资本或股本增加。

收到投资者投入固定资产时，企业的会计分录如下：

借：固定资产

应交税费——应交增值税（进项税额）

贷：实收资本（或股本）

资本公积

【例题 5-7】M 公司收到 T 企业投入的固定资产一台，T 企业开具的增值税专用发票上注明该固定资产的价款为 100 000 元，增值税额为 13 000 元；该固定资产公允价值为100 000 元，不考虑其他因素。

收到固定资产投入时，M 公司的会计分录如下：

借：固定资产　　　　　　　　　　　　　　　　　　　　　　　　　　 100 000

应交税费——应交增值税（进项税额）　　　　　　　　　　　　　 13 000

贷：实收资本　　　　　　　　　　　　　　　　　　　　　　　　 113 000

任务三　固定资产的折旧

一、折旧的概念

折旧，是指在固定资产使用寿命内，按照确定的方法对应计折旧额进行系统分摊。其中，应计折旧额，是指应当计提折旧的固定资产原价减去预计净残值后的金额；已计提减值准备的固定资产，还应当扣除已计提的固定资产减值准备累计金额。预计净残值，是指固定资产预计使用寿命达到预计的期限并处于使用寿命终了时的预期状态，企业从该项资产处置中获得的净现金流量。

企业应当根据固定资产的性质和使用情况，合理确定固定资产的使用寿命和预计净残值。固定资产的使用寿命、预计净残值一经确定，不得随意变更。

（一）固定资产折旧的范围

根据《企业会计准则》规定，企业应当对所有固定资产计提折旧（但不包含已提足折旧仍继续使用的固定资产、单独计价入账的土地使用权）。企业在计提固定资产折旧时，应当注意以下几种情况：

（1）企业在计提折旧时，应按月计提折旧，当月增加的固定资产，当月不计提折旧，从下月起计提折旧；当月减少的固定资产，当月照计提折旧，从下月起不计提折旧。固定资产提足折旧后，无论能否继续使用，均不再提取折旧；提前报废的固定资产，也不再补提折旧。

（2）已达到预定可使用状态但尚未办理竣工决算的固定资产，应当按照估计价值确定其成本，并计提折旧；待办理竣工决算后再按实际成本调整原来的暂估价值，但不需要调整原已计提的折旧额。

（3）处于更新改造过程停止使用的固定资产，应将其账面价值转入在建工程，不再计提折旧。更新改造项目达到预定可使用状态转为固定资产后，再按照重新确定的折旧方法和该项固定资产尚可使用年限计提折旧。

（4）融资租入固定资产，应当采用与自有应计提折旧资产相一致的折旧政策。

（二）影响固定资产折旧的因素

影响固定资产折旧的主要因素主要包括以下四个方面：

（1）固定资产原值，即固定资产的账面成本，一般固定资产的原值越高，应计提的折旧就越多。

（2）固定资产减值准备，是指固定资产已计提的固定资产减值准备累计金额，一般已计提固定资产减值准备的固定资产，应计提的折旧会减少。

（3）固定资产的预计净残值，是指假定固定资产预计使用寿命已满并处于使用寿命终了时的预期状态，企业目前从该项资产处置中获得的扣除预计处置费用以后的金额。由于在计算折旧时，对固定资产的残余价值和清理费用是人为估计的，所以固定资产的预计净残值的确定有一定的主观性。

（4）固定资产的使用寿命，是指企业使用固定资产的预计期间，或者该固定资产所能生产产品或提供劳务的数量。固定资产使用寿命的长短直接影响各期应计提折旧额。

二、固定资产折旧的方法

企业应当根据与固定资产有关的经济利益的预期实现方式，合理选择折旧方法。固定资产折旧的方法包括年限平均法、工作量法、双倍余额递减法和年数总和法等。企业选用不同的折旧方法，将影响固定资产使用寿命期间内不同时期的折旧费用，因此，固定资产的折旧方法一经确定，不得随意变更。

（一）年限平均法

年限平均法，又称直线法，是指将固定资产的应计折旧额均衡地分摊到固定资产预计使用寿命内的一种方法。其计算公式如下：

固定资产年折旧额＝（固定资产原价－预计净残值）÷预计使用年限

固定资产月折旧额＝固定资产年折旧额÷12

或为：

固定资产年折旧率＝（1－预计净残值率）÷预计使用年限×100%

固定资产月折旧率＝固定资产年折旧率÷12

固定资产月折旧额＝固定资产原价×月折旧率

【例题 5-8】 2023 年 2 月 1 日，XR 公司购入机器设备 1 台，价值 40 000 元，预计使用年限为 5 年，预计净残值为 4 000 元，不考虑其他因素。计算该设备的年折旧额和年折旧率、月折旧额、月折旧率。

根据题意计算分析如下：

年折旧额＝（40 000－4 000）÷5＝7 200（元）

年折旧率＝7 200÷40 000＝18%

月折旧额＝7 200÷12＝600（元）

月折旧率＝18%÷12＝1.5%

（二）工作量法

工作量法，是按照固定资产预计所完成的工作量作为计算折旧额的方法。用工作量法计提折旧考虑了固定资产在各个期间的磨损情况，通过固定资产承担的工作量大小来分摊固定资产折旧。这种方法一般适用于一些专用设备、运输工具等。

采用工作量法计提固定资产折旧的计算公式如下：

$$单位工作量折旧额＝（固定资产原价－预计净残值）÷预计总工作量$$

$$固定资产月折旧额＝固定资产当月工作量×单位工作量折旧额$$

【例题 5-9】 2024 年 2 月 10 日，XR 公司购入一辆大货车，原价为 560 000 元，预计总行驶里程为 500 000 千米，预计净残值为 10 000 元，3 月行驶了 4 000 千米，4 月行驶了 5 000 千米。计算该货车 3 月、4 月的折旧额。

根据题意计算分析如下：

$$单位里程折旧额＝（560\,000－10\,000）÷500\,000＝1.1（元／千米）$$

$$3 月该货车折旧额＝4\,000×1.1＝4\,400（元）$$

$$4 月该货车折旧额＝5\,000×1.1＝5\,500（元）$$

（三）双倍余额递减法

双倍余额递减法，是指在不考虑固定资产预计净残值的情况下，根据每期期初固定资产原价减去累计折旧后的金额和双倍的直线法折旧率计算固定资产折旧的一种方法。应用这种方法计算折旧额时，由于每年年初固定资产净值没有扣除预计净残值，所以在计算固定资产折旧额时，应在其折旧年限到期前两年内，将固定资产净值扣除预计净残值后的余额平均摊销。其计算公式如下：

$$固定资产年折旧率＝2÷预计使用年限×100\%$$

$$固定资产月折旧率＝固定资产年折旧率÷12$$

$$固定资产月折旧额＝（固定资产原价－累计折旧）×月折旧率$$

【例题 5-10】 W 公司 2018 年 12 月 20 日购入一台不需要安装的设备，买价 100 000 元，预计可用 5 年，采用双倍余额递减法计提折旧，预计净残值为 1 600 元，不考虑其他因素。

根据题意计算分析如下：

$$固定资产年折旧率＝2÷5×100\%＝40\%$$

$$2019 年计提折旧额＝100\,000×40\%＝40\,000（元）$$

$$2020 年计提折旧额＝（100\,000－40\,000）×40\%＝24\,000（元）$$

$$2021 年计提折旧额＝（100\,000－40\,000－24\,000）×40\%＝14\,400（元）$$

2022 年和 2023 年将该固定资产的净值减去预计净残值后平均分摊。

$$100\,000－40\,000－24\,000－14\,400＝21\,600（元）$$

$$（21\,600－1\,600）÷2＝10\,000（元）$$

（四）年数总和法

年数总和法，又称年限合计法，是指将固定资产的原价减去预计净残值后的余额，乘以一个以固定资产尚可使用寿命为分子、以预计使用寿命逐年数字之和为分母的逐年递减的分数计算每年的折旧额。其计算公式如下：

$$固定资产年折旧率＝尚可使用寿命÷预计使用寿命的年数总和×100\%$$

$$固定资产月折旧率＝年折旧率÷12$$

$$固定资产月折旧额＝（固定资产原价－预计净残值）×月折旧率$$

【例题 5-11】 R 公司 2018 年 12 月 10 日购入一项固定资产，原价为 1 000 000 元，预计使用年限为 5 年，预计净残值为 4 000 元。按年数总和法计提折旧，不考虑其他因素。

根据题意计算分析如下：

2019 年计提折旧额 =（1 000 000-4 000）×5/15 = 332 000（元）

2020 年计提折旧额 =（1 000 000-4 000）×4/15 = 265 600（元）

2021 年计提折旧额 =（1 000 000-4 000）×3/15 = 199 200（元）

2022 年计提折旧额 =（1 000 000-4 000）×2/15 = 132 800（元）

2023 年计提折旧额 =（1 000 000-4 000）×1/15 = 66 400（元）

三、固定资产折旧业务的会计处理

企业对固定资产计提折旧，应当根据固定资产的用途计入相关资产的成本或者当期损益。一般来说，基本生产车间使用的固定资产，计提折旧应计入制造费用；行政管理部门使用的固定资产，计提的折旧应计入管理费用；销售部门使用的固定资产，计提的折旧应计入销售费用；研发无形资产使用的固定资产，计提的折旧计入研发支出；工程使用的固定资产，计提的折旧计入在建工程；出租的固定资产，计提的折旧计入其他业务成本；未使用固定资产，计提的折旧应计入管理费用。

固定资产计提折旧时，企业的会计分录如下：

借：制造费用
管理费用
销售费用
研发支出
在建工程
其他业务成本
贷：累计折旧

【例题 5-12】 XR 公司采用年限平均法对固定资产计提折旧。2024 年 1 月，确定的各车间、厂部管理部门、销售部门应分配的折旧额为：一车间 15 000 元，二车间 25 000 元，三车间 30 000 元，管理部门 20 000 元，销售部门 30 000 元。

计提折旧时，XR 公司的会计分录如下：

借：制造费用 70 000
管理费用 20 000
销售费用 30 000
贷：累计折旧 120 000

企业至少应当于每年年度终了，对固定资产使用寿命和预计净残值进行复核。如有证据表明：固定资产的使用寿命估计数与原先计划有差异，应当调整固定资产使用寿命；固定资产预计净残值与原先计划有差异，应当调整预计净残值。

在固定资产使用过程中，与其有关的经济利益预期实现方式也可能发生重大变化，在这种情况下，企业也应相应改变固定资产的折旧方法。固定资产使用寿命、预计净残值和折旧方法的改变按照会计估计变更的有关规定处理。

任务四　固定资产的后续支出

固定资产的后续支出，是指固定资产使用过程中发生的更新改造支出、修理费用等。企业将固定资产投入使用后，因为市场的变化、技术的进步等因素，导致固定资产的目前状态无法满足生产经营需要，企业为了获取更多的经济利益，往往会对现有固定资产进行维修、改建、扩建或者提升性能。固定资产的后续支出，有些满足资本化条件，应当计入固定资产的成本，有些不满足资本化条件，在发生时计入当期损益。

一、固定资产后续支出的处理原则

固定资产的后续支出，应当遵循相关规定和处理原则，即固定资产的后续支出如果符合固定资产确认条件的，应当计入固定资产成本，同时将被替换部分的账面价值扣除；固定资产的后续支出如果不符合固定资产确认条件的，应当计入当期损益。

二、资本化支出业务的会计处理

固定资产的后续支出符合固定资产确认条件的，应当计入固定资产成本，同时将被替换部分的账面价值扣除。固定资产发生可资本化的后续支出时，企业应当将该固定资产的原价、已计提的累计折旧、已计提的固定资产减值准备转销，将其账面价值转入在建工程，并停止计提折旧。发生的可资本化后续支出，通过"在建工程"科目核算。在固定资产发生的可资本化后续支出完成并达到预定可使用状态时，再从在建工程转为固定资产，并按重新确定的使用寿命、预计净残值和折旧方法计提折旧。

将固定资产转入改造时，企业的会计分录如下：

借：在建工程
　　累计折旧
　　固定资产减值准备
　　贷：固定资产

改造过程中领用工程物资时，企业的会计分录如下：

借：在建工程
　　贷：工程物资

发生工程人员的工资、出包工程所支付的工程价款、应由工程负担的借款费用、税费及其他有关费用时，企业会计分录如下：

借：在建工程
　　贷：应付职工薪酬
　　　　银行存款
　　　　长期借款等

工程改造完成达到预定可使用状态时，企业的会计分录如下：

借：固定资产
　　贷：在建工程

【例题5-13】2023年10月8日，XR公司决定对一台生产经营用D设备进行技术改造，准备生产新产品，D 设备原价为 65 000 元，已计提折旧 15 000 元，被替换的部件账面价值为 4 000 元，已经变卖获得 4 000 元存入银行，支付改造清理费用 1 000 元，领用工程物资 20 000 元，支付安装人员工资 20 000 元。2023 年 10 月 25 日技改完工交付生产使用，不考虑其他因素。

将设备转入改造工程时，XR 公司的会计分录如下：

借：在建工程——D 设备　　　　　　　　　　　　　　　　　　50 000
　　累计折旧　　　　　　　　　　　　　　　　　　　　　　　15 000
　　贷：固定资产——D 设备　　　　　　　　　　　　　　　　　　65 000

收到替换部分零件变价收入时，XR 公司的会计分录如下：

借：银行存款　　　　　　　　　　　　　　　　　　　　　　　4 000
　　贷：在建工程——D 设备　　　　　　　　　　　　　　　　　　4 000

更换新部件领用工程物资，支付工资和清理费用时，XR 公司的会计分录如下：

借：在建工程——D 设备　　　　　　　　　　　　　　　　　　41 000
　　贷：工程物资　　　　　　　　　　　　　　　　　　　　　　20 000
　　　　应付职工薪酬　　　　　　　　　　　　　　　　　　　　20 000
　　　　银行存款　　　　　　　　　　　　　　　　　　　　　　1 000

改造工程完工达到预定可使用状态时，XR 公司的会计分录如下：

借：固定资产——D 设备　　　　　　　　　　　　　　　　　　87 000
　　贷：在建工程——D 设备　　　　　　　　　　　　　　　　　　87 000

【例题 5-14】 W 公司是一家工业生产公司，有关业务资料如下：

（1）2016 年 12 月，该公司自行建造了一条 K 生产线并投入使用，建造成本为 1 000 000 元；采用年限平均法计提折旧；预计净残值率为固定资产原价的 5%，预计使用年限为 5 年。

（2）2018 年 12 月 31 日，由于 K 生产线生产的产品适销对路，现有这条 K 生产线的生产能力已经无法满足公司生产发展的需要，公司决定对 K 生产线进行改扩建，以提高其生产能力。假定该生产线未发生过减值，不考虑其他因素。

（3）至 2019 年 4 月 30 日，公司完成了对这条生产线的改扩建工程，达到预定可使用状态。改扩建过程中发生以下支出：用银行存款购买工程物资一批，增值税专用发票上注明的价款为 300 000 元，增值税额为 48 000 元，已全部用于改扩建工程；发生有关人员薪酬 40 000 元。

（4）该生产线改扩建工程达到预定可使用状态后，大大提高了生产能力，预计尚可使用年限为 4 年。假定改扩建后生产线的预计净残值率为改扩建后其账面价值的 10%；折旧方法仍为年限平均法，不考虑其他因素。

根据题意计算分析如下：

K 生产线改扩建后生产能力大大提高，能够为企业带来更多的经济利益，改扩建的支出金额也能可靠计量，因此该后续支出符合固定资产的确认条件，应计入固定资产的成本。

固定资产后续支出发生前，K 生产线的年折旧折旧额为：

$$1\ 000\ 000 \times (1-5\%) \div 5 = 190\ 000\ (元)$$

2017 年计提折旧时，W 公司的会计分录如下：

借：制造费用　　　　　　　　　　　　　　　　　　　　190 000
　　贷：累计折旧　　　　　　　　　　　　　　　　　　　　　　190 000

2018 年计提折旧时，W 公司的会计分录如下：

借：制造费用　　　　　　　　　　　　　　　　　　　　190 000
　　贷：累计折旧　　　　　　　　　　　　　　　　　　　　　　190 000

2018 年 12 月 31 日将 K 生产线转入在建工程时，W 公司的会计分录如下：

借：在建工程——K 生产线　　　620 000（1 000 000-380 000）
　　累计折旧　　　　　　　　　　　　　　　　　　　　380 000
　　贷：固定资产——K 生产线　　　　　　　　　　　　　1 000 000

购入改造工程物资时，W 公司的会计分录如下：

借：工程物资　　　　　　　　　　　　　　　　　　　　300 000
　　应交税费——应交增值税（进项税额）　　　　　　　　48 000
　　贷：银行存款　　　　　　　　　　　　　　　　　　　　　348 000

改扩建工程发生相关支出时，W 公司的会计分录如下：

借：在建工程——K 生产线　　　　　　　　　　　　　　340 000
　　贷：工程物资　　　　　　　　　　　　　　　　　　　　　300 000
　　　　应付职工薪酬　　　　　　　　　　　　　　　　　　　40 000

K 生产线改扩建工程达到预定可使用状态时，W 公司的会计分录如下：

借：固定资产——K 生产线　　　　　　　　　　　　　　960 000
　　贷：在建工程——K 生产线　　　　　　　　　　　　　　960 000

2019 年 4 月 30 日，K 生产线的价值为 960 000 元，预计可使用年限为 4 年，预计净残值为 10%。

改扩建后 K 生产线应计折旧额 = 960 000×（1-10%）= 864 000（元）

K 生产线月折旧额 = 864 000÷4÷12 = 18 000（元）

2019 年计提折旧时，W 公司的会计分录如下：

借：制造费用　　　　　　　　　　　　　144 000（18 000×8）
　　贷：累计折旧　　　　　　　　　　　　　　　　　　　　　144 000

2020—2022 年每年计提折旧时，W 公司的会计分录如下：

借：制造费用　　　　　　　　　　　　216 000（18 000×12）
　　贷：累计折旧　　　　　　　　　　　　　　　　　　　　　216 000

2023 年计提折旧时，W 公司的会计分录如下：

借：制造费用　　　　　　　　　　　　　72 000（18 000×4）
　　贷：累计折旧　　　　　　　　　　　　　　　　　　　　　72 000

三、费用化支出业务的会计处理

固定资产投入使用后，由于固定资产磨损、各组成部分耐用程度不同，可能导致固定资产的局部损坏，为了保证固定资产的正常生产能力，发挥它应有的工作效能，企业必须加强对固定资产的维护和修理。固定资产的日常维护支出通常不满足固定资产的确认条件，应在发生时直接计入当期损益。企业生产车间和行政管理部门等发生的固定资产修理费用等后续支出计入管理费用；企业专设销售机构的，其发生的与专设销售机构相关的固定资产修理费用等后续支出，计入销售费用。固定资产更新改造支出不满足固定资产确认条件的，也应在发生时直接计入当期损益。

发生费用化支出时，企业的会计分录如下：

借：管理费用
　　销售费用等
　　贷：银行存款
　　　　应付职工薪酬
　　　　原材料等

【例题 5-15】 2023 年 6 月 10 日，R 公司请工程施工队对其行政办公楼进行维护修理，发生维修费 20 000 元，款项以银行存款支付，不考虑其他因素。

发生维修费时，R 公司的会计分录如下：

借：管理费用　　　　　　　　　　　　　　　　　　　　　　　　　　　20 000
　　贷：银行存款　　　　　　　　　　　　　　　　　　　　　　　　　　20 000

任务五　固定资产的处置

固定资产处置是指企业将不需要、不能用或因其他原因需要处置的固定资产予以处置。一般来说，固定资产处置包括固定资产的出售、转让、报废或毁损、对外投资、非货币性资产交换、债务重组等。

一、固定资产终止确认的条件

固定资产满足以下条件之一的，应当予以终止确认。

1. 该固定资产处于处置状态

处于处置状态的固定资产不再用于生产商品、提供劳务、出租或经营管理，因此不再符合固定资产的概念，应予终止确认。

2. 该固定资产预期通过使用或处置不能产生经济利益

固定资产的确认条件之一是与该固定资产有关的经济利益很可能流入企业，如果一项固定资产预期通过使用或处置不能产生经济利益，就不再符合固定资产的概念和确认条件，应予终止确认。

二、固定资产处置业务的会计处理

企业出售、转让、报废固定资产或发生固定资产毁损，应当将处置收入扣除账面价值和相关税费后的金额计入当期损益。固定资产的账面价值是固定资产成本扣减累计折旧和累计减值准备后的金额。固定资产处置一般通过"固定资产清理"科目进行核算。

固定资产出售、报废或毁损的会计处理如下：

1. 把固定资产转入固定资产清理的会计处理

转入固定资产清理时，企业的会计分录如下：

借：固定资产清理　　　　（按处置时固定资产的账面价值）

累计折旧　　　　　（按处置时累计计提的折旧额）

固定资产减值准备（按处置时累计计提的减值准备）

贷：固定资产　　　（按固定资产的账面余额）

2. 发生清理费用的会计处理

清理过程发生相关费用时，企业的会计分录如下：

借：固定资产清理

　　贷：银行存款

　　　　应交税费等

3. 出售收入、残料变价收入等的会计处理

收回出售固定资产的价款、残料变价收入时，企业的会计分录如下：

借：银行存款等

　　贷：固定资产清理

　　　　应交税费——应交增值税（销项税额）

4. 保险赔款的会计处理

确认或收到应由保险公司或过失人赔偿的损失时，企业的会计分录如下：

借：其他应收款

　　银行存款等

　　贷：固定资产清理

5. 清理净损益的会计处理

固定资产清理完成后确认净损失时，企业的会计分录如下：

借：营业外支出（非流动资产毁损报废损失）

　　资产处置损益（日常活动非流动资产销售等形成的损失）

　　贷：固定资产清理

固定资产清理完成后确认净收益时，企业的会计分录如下：

借：固定资产清理

　　贷：资产处置损益（日常活动非流动资产销售等形成的利得）

【例题 5-16】XR 公司出售一台机器，原价为 200 000 元，已计提折旧 100 000 元，未计提减值准备，实际出售价不含增值税为 110 000 元，款项已通过银行收回，不考虑其他因素。

将出售固定资产转入清理时，XR 公司的会计分录如下：

借：固定资产清理　　　　　　　　　　　　　　　　　　　　　　100 000

　　累计折旧　　　　　　　　　　　　　　　　　　　　　　　　100 000

　　贷：固定资产　　　　　　　　　　　　　　　　　　　　　　　　200 000

收回出售固定资产价款时，XR 公司的会计分录如下：

借：银行存款　　　　　　　　　　　　　　　　　　　　　　　　124 300

　　贷：固定资产清理　　　　　　　　　　　　　　　　　　　　　　110 000

　　　　应交税费——应交增值税（销项税额）　　　　　　　　　　　14 300

结转出售固定资产实现的利得时，XR 公司的会计分录如下：

借：固定资产清理   10 000
  贷：资产处置损益   10 000

【例题 5-17】 XR 公司现有一台设备，由于受洪水浸泡导致不能使用，决定提前报废，原价为 100 000 元，已计提折旧 60 000 元，未计提减值准备。报废时的残料变价收入为 20 000 元，报废清理过程中发生清理费用 3 000 元。有关款项均通过银行办理结算，不考虑其他因素。

将报废固定资产转入清理时，XR 公司的会计分录如下：

借：固定资产清理   40 000
  累计折旧   60 000
  贷：固定资产   100 000

收回残料变价收入时，XR 公司的会计分录如下：

借：银行存款   20 000
  贷：固定资产清理   20 000

支付清理费用时，XR 公司的会计分录如下：

借：固定资产清理   3 000
  贷：银行存款   3 000

结转报废固定资产确认净损失时，XR 公司的会计分录如下：

借：营业外支出——非流动资产处置损失   23 000
  贷：固定资产清理   23 000

任务六 固定资产清查与期末计价

一、固定资产清查

企业应当定期或不定期地对企业的固定资产进行清查，确定固定资产的实有数量，并和企业的账面记录进行核对，确保固定资产核算资料的真实、准确。在固定资产清查过程中，如果发现盘盈、盘亏的固定资产，应填制固定资产盘盈盘亏报告表。盘盈、盘亏固定资产，应当按照规定的程序报董事会批准处理。

（一）盘盈固定资产的会计处理

固定资产单位价值比较高，在财产清查中盘盈的固定资产，企业应当作为以前年度差错处理。企业在财产清查中盘盈的固定资产，在按管理权限报经批准处理前应先通过"以前年度损益调整"科目核算。盘盈的固定资产，应按重置成本确定其入账价值。

盘盈固定资产时，企业的会计分录如下：

借：固定资产
  贷：以前年度损益调整

确认应交所得税时，企业的会计分录如下：

借：以前年度损益调整
  贷：应交税费——应交所得税

结转为留存收益时，企业的会计分录如下：

借：以前年度损益调整

　　贷：盈余公积——法定盈余公积

　　　　利润分配——未分配利润

【例题 5-18】 XR 公司在财产清查过程中，发现一台未入账的设备，重置成本为 20 000 元（假定与其计税基础不存在差异），该盘盈固定资产作为前期差错进行处理。假定 XR 公司适用的所得税税率为 25%，按净利润的 10% 计提法定盈余公积，不考虑其他因素。

盘盈固定资产时，XR 公司的会计分录如下：

借：固定资产　　　　　　　　　　　　　　　　　　　　　　　20 000

　　贷：以前年度损益调整　　　　　　　　　　　　　　　　　　　20 000

确定应交所得税时，XR 公司的会计分录如下：

借：以前年度损益调整　　　　　　　　　　　　　　　　　　　5 000

　　贷：应交税费——应交所得税　　　　　　　　　　　　　　　　5 000

结转为留存收益时，XR 公司的会计分录如下：

借：以前年度损益调整　　　　　　　　　　　　　　　　　　　15 000

　　贷：盈余公积——法定盈余公积　　　　　　　　　　　　　　　1 500

　　　　利润分配——未分配利润　　　　　　　　　　　　　　　　13 500

（二）盘亏固定资产的会计处理

在财产清查中发现盘亏的固定资产，按盘亏固定资产的账面价值入账。

盘亏固定资产时，企业的会计分录如下：

借：待处理财产损溢（盘亏固定资产的账面价值）

　　累计折旧（累计计提的折旧）

　　固定资产减值准备（累计计提的减值准备）

　　贷：固定资产（固定资产原值）

按管理权限报经批准处理时，企业的会计分录如下：

借：其他应收款（保险公司或责任人赔偿部分）

　　营业外支出——盘亏损失（净损失部分）

　　贷：待处理财产损溢

【例题 5-19】 W 公司进行财产清查时，发现短缺一台笔记本电脑，原价为 8 000 元，已计提折旧 5 000 元，不考虑其他因素。

盘亏固定资产时，W 公司的会计分录如下：

借：待处理财产损溢　　　　　　　　　　　　　　　　　　　3 000

　　累计折旧　　　　　　　　　　　　　　　　　　　　　　5 000

　　贷：固定资产　　　　　　　　　　　　　　　　　　　　　8 000

报经批准转销时，W 公司的会计分录如下：

借：营业外支出——盘亏损失　　　　　　　　　　　　　　　3 000

　　贷：待处理财产损溢　　　　　　　　　　　　　　　　　　3 000

二、固定资产期末计价

企业应当在资产负债表日对其拥有的固定资产进行估值，判断其是否存在可能发生减值的迹象；如果固定资产存在减值迹象，应当进行减值测试，计算可收回金额，可收回金额低于账面价值的，应当按照可收回金额低于账面价值的金额，计提固定资产减值准备。

（一）固定资产等资产发生减值的判断

实务中，存在以下迹象的，表明固定资产可能发生了减值：

（1）固定资产的市价当期大幅度下跌，其跌幅明显高于因时间的推移或者正常使用而预计的下跌。

（2）企业经营所处的经济、技术或者法律等环境以及资产所处的市场在当期或者将在近期发生重大变化，从而对企业产生不利影响。

（3）市场利率或者其他市场投资报酬率在当期已经提高，从而影响企业计算资产预计未来现金流量现值的折现率，导致资产可收回金额大幅度降低。

（4）有证据表明固定资产已经陈旧过时或者其实体已经损坏。

（5）固定资产已经或者将被闲置、终止使用或者计划提前处置。

（6）企业内部报告的证据表明资产的经济绩效已经低于或者将低于预期，如资产所创造的净现金流量或者实现的营业利润（或者亏损）远低于（或者高于）预计金额等。

（7）其他表明资产可能已经发生减值的迹象。

注意：在判断资产是否存在可能发生减值的迹象时，应当考虑重要性原则。

（二）固定资产减值业务的会计处理

固定资产的可收回金额低于其账面价值的，企业应当将固定资产的账面价值减计至可收回金额，减计的金额确认为资产减值损失，计入当期损益，同时计提固定资产减值准备。固定资产减值损失一经确认，在以后会计期间不得转回。

资产负债表日固定资产发生减值时，企业的会计分录如下：

借：资产减值损失

　　贷：固定资产减值准备

项目总结

本项目主要介绍了固定资产的概念、固定资产的特点、固定资产的确认、固定资产的分类、固定资产的计价、应设置的科目，外购方式取得固定资产的核算（购入不需要安装的固定资产的会计处理、购入需要安装的固定资产的会计处理）、以自行建造方式取得固定资产的核算（以自营方式建造的固定资产的会计处理、以出包方式建造的固定资产的会计处理）、投资者投入固定资产的核算，折旧的概念（固定资产折旧的范围、影响固定资产折旧的因素）、固定资产折旧的方法（年限平均法、工作量法、双倍余额递减法、年数总和法）、固定资产折旧业务的会计处理，固定资产后续支出的处理原则、资本化支出的会计处理、费用化支出的会计处理，固定资产终止确认的条件、固定资产处置业务的会计处理，固定资产清查（盘盈固定资产的会计处理、盘亏固定资产的会计处理）、固定资产期末计价（固定资产等资产发生减值的判断、固定资产减值业务的会计处理）。

巩固练习

一、思考题

1. 固定资产是如何分类的？

2. 固定资产的初始成本包括哪些内容？

3. 固定资产是如何计提折旧的？

4. 固定资产处置时如何处理？

二、单项选择题

1. 企业以自营方式建造的固定资产，不应计入固定资产取得成本的是（　　）。

A. 工程领用原材料购进时发生的增值税

B. 生产车间为工程提供的水、电等费用

C. 工程领用自产产品生产的成本

D. 工程在达到预定可使用状态后进行试运转时发生的支出

2. 下列项目中，应当计入固定资产成本的是（　　）。

A. 固定资产达到预定可使用状态前发生的专门借款利息

B. 固定资产达到预定可使用状态前由于自然灾害造成的工程毁损净损失

C. 固定资产进行日常修理发生的人工费用

D. 固定资产安装过程中领用原材料所负担的增值税

3. W 公司 2020 年 9 月初增加一台设备，该设备原值 44 000 元，预计可使用 5 年，净残值为 4 000 元，采用年限平均法计提折旧。截至 2022 年年末，对该设备进行检查后，估计其可收回金额为 23 000 元，减值测试后，该固定资产的折旧方法、年限和净残值等均不变。则 2023 年应计提的固定资产折旧是（　　）元。

　　A. 10 000　　　　　B. 8 000　　　　　C. 6 909.09　　　　　D. 9 000

4. 下列项目中，有关固定资产成本的说法，不正确的是（　　）。

A. 融资租入的固定资产，承租人应当将租赁开始日租赁资产的公允价值与最低租赁付款额现值两者中较低者，加上初始直接费用作为租入资产的入账价值

B. 企业以经营租赁方式租入的固定资产发生的改良支出，应计入固定资产成本

C. 核电站核设施企业固定资产预计的弃置费用现值应计入固定资产成本

D. 投资者投入固定资产的成本，应当按照投资合同或协议约定的价值确定，但合同或协议约定价值不公允的除外

5. 2023 年 8 月 17 日，XR 公司接受 M 公司以一台设备进行投资。该设备的原价为 1 300 000 元，已计提折旧 400 000 元，计提减值准备 200 000 元，投资合同约定的价值为 660 000 元（该金额是公允的），占 XR 公司原注册资本的 20%，XR 公司的注册资本为 2 000 000 元，假定不考虑其他税费。XR 公司接受投资的该设备的入账价值为（　　）元。

A. 900 000　　　　　B. 700 000　　　　　C. 1 100 000　　　　　D. 660 000

6. R 公司 2022 年 10 月 9 日购入一台设备，入账价值为 6 000 000 元，预计使用年限为 5 年，预计净残值为 200 000 元。在采用双倍余额递减法计提折旧的情况下，该设备 2023 年应计提折旧为（　　　）元。

A. 1 440 000　　　　　B. 1 344 000　　　　　C. 2 400 000　　　　　D. 2 240 000

7. 下列项目中，当月应计提折旧的是（　　　）。

A. 当月经营租入的固定资产　　　　　B. 已提足折旧继续使用的设备

C. 当月以融资租赁方式租入的设备　　D. 大修理停用的设备

8. 企业在建工程在达到预定可使用状态前试生产产品所取得的收入，应当（　　　）。

A. 冲减在建工程　　　　　　　　　　B. 冲减营业外支出

C. 计入营业外收入　　　　　　　　　D. 计入主营业务收入

9. R 公司 2022 年 6 月 25 日自行建造的一条生产线投入使用，该生产线建造成本为 20 000 000 元，预计可使用年限为 5 年，预计净残值为 500 000 元。采用年数总和法计提折旧，2023 年该设备应计提折旧为（　　　）元。

A. 5 200 000　　　　　B. 2 800 000　　　　　C. 2 600 000　　　　　D. 5 850 000

10. XR 公司 2022 年 9 月 15 日购入一条不需安装的生产线，原价为 9 960 000 元，预计可使用年限为 5 年，预计净残值为 600 000 元，按年数总和法计提折旧，该生产线 2023 年应计提折旧为（　　　）元。

A. 3 120 000　　　　　B. 2 964 000　　　　　C. 2 340 000　　　　　D. 1 925 600

三、多项选择题

1. 下列项目中，企业应当计提折旧的固定资产有（　　　）。

A. 大修理的固定资产　　　　　　　　B. 当月减少的固定资产

C. 正处于改良期间的经营租入固定资产　D. 融资租入的固定资产

2. 下列项目中，表述正确的有（　　　）。

A. 管理部门使用的固定资产，其计提折旧应计入管理费用

B. 销售部门使用的固定资产，其计提折旧应计入销售费用

C. 经营租出的固定资产，其计提折旧应计入其他业务成本

D. 自行建造固定资产过程中使用的固定资产（假设只用于建造固定资产），其计提折旧应计入管理费用

3. 下列项目中，属于企业计提折旧应当考虑的因素有（　　　）。

A. 固定资产的使用寿命　　　　　　　B. 固定资产的减值准备

C. 固定资产的净残值　　　　　　　　D. 固定资产的原价

4. 下列项目中，属于固定资产计提折旧初期要考虑净残值的有（　　　）。

A. 年数总和法　　　　　　　　　　　B. 工作量法

C. 双倍余额递减法　　　　　　　　　D. 平均年限法

5. 下列项目中，构成企业取得固定资产成本的有（　　　）。

A. 购买固定资产时交纳的契税

B. 自行建造固定资产所领用的原材料所负担的增值税

C. 接受捐赠的固定资产所支付的相关费用

D. 进口固定资产支付的关税

四、判断题

1. 取得固定资产需要交纳的契税、耕地占用税、增值税等相关税费应计入固定资产成本。　　　　　　　　　　　　　　　　　　　　　　　　　　　（　　）

2. 对于企业筹建期间发生的相关支出（与工程建设无关），应计入营业外支出。　　　　　　　　　　　　　　　　　　　　　　　　　　　　　　　（　　）

3. 企业采用出包方式自行建造固定资产工程时，预付承包单位的工程价款应通过"预付账款"科目核算。　　　　　　　　　　　　　　　　　　　（　　）

4. 企业对于季节性停用的固定资产，不应计提折旧。　　　　　　（　　）

5. 固定资产的各组成部分具有不同使用寿命或者以不同方式为企业提供经济利益，适用不同折旧率或折旧方法的，应当分别将各组成部分确认为单项固定资产。（　　）

五、业务题

XR 公司 2024 年发生以下经济业务：

（1）购入一台不需要安装的设备，以银行存款支付设备价款 50 000 元，同时支付运杂费 2 000 元，该设备在原单位的原价为 80 000 元，已计提折旧 40 000 元，设备已交付使用。

（2）接受 A 公司投入的一台设备，该设备在原单位原价为 100 000 元，已计提折旧 20 000 元，投资双方合同确认的价值为 75 000 元（假定是公允的），设备已交付使用。

（3）盘盈设备一台，同类设备市场价格为 40 000 元，估计有 5 成新，盘盈设备的处理已经批准。（假定不考虑盈余公积的影响）

（4）一台设备因转产不再需要，准备出售（有活跃交易市场），设备原价为 60 000 元，已计提折旧 30 000 元，设备的公允价值为 25 000 元，估计处置费用为 2 500 元。XR 公司为一般纳税企业，适用的增值税税率为 13%，不考虑其他因素。

要求：根据上述经济业务编制有关会计分录。

项目六　认识无形资产、投资性房地产、长期待摊费用与核算

🎯 **学习目标**

1. 知识目标

熟悉长期待摊费用的概念、长期待摊费用的会计处理；

理解无形资产的概念、特点及计价，投资性房地产的概念、核算范围、采用公允价值计量的条件；

掌握无形资产的取得、摊销、处置和期末计价的会计处理，投资性房地产的初始计量、成本模式和公允价值模式下的计量及其会计处理。

2. 能力目标

通过学习无形资产、投资性房地产、长期待摊费用与核算相关知识，形成长期资产价值理念、长期资产投资价值理念与资产减值思维，提升对无形资产、投资性房地产、长期待摊费用的核算能力和管理能力。

3. 素质目标

通过学习无形资产、投资性房地产、长期待摊费用与核算相关知识，培养正确的资产投资价值观和敢于面对风险的精神。

✏ **知识结构**

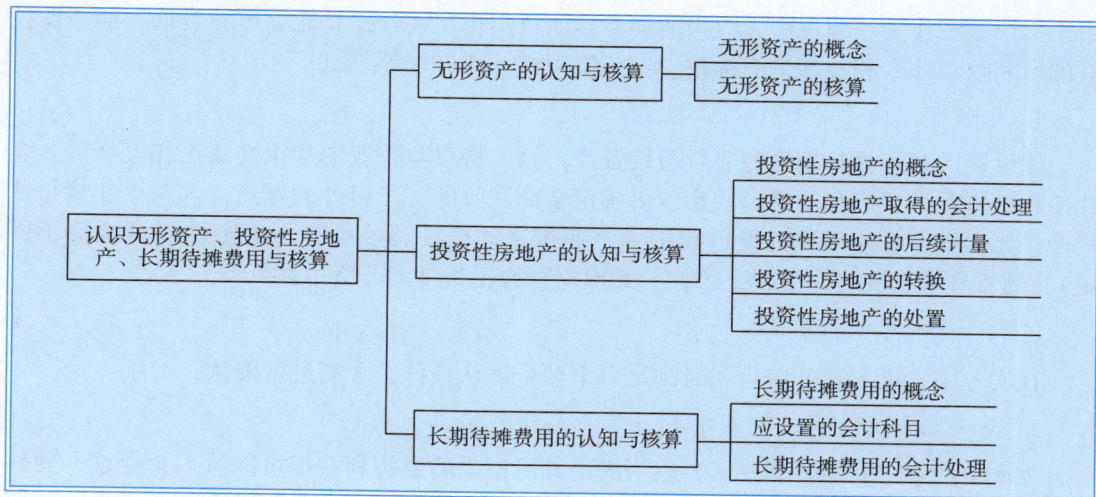

🧊 **导入案例**

老牛的地皮

老牛花了几亿元买了很多地皮，有些已经开发建房子，有些出租给别人使用，有些等着涨价转手卖出去，有些一直闲置着，政府都催了好几次，再不开发就要收回去。地皮多了，老牛也分不清哪块地皮值多少钱、怎么计算的。你知道怎么处理吗？你能给老牛提供建议吗？

任务一　无形资产的认知与核算

一、无形资产的概念

无形资产，是指企业拥有或者控制的不具有实物形态的可辨认非货币性资产，主要包括专利权、非专利技术、商标权、著作权、特许权、土地使用权等。

（一）无形资产的特点

无形资产具有以下几个方面的特点：

1. 无形资产是能给企业带来经济利益的资源

无形资产作为资产，应当具备一般资产的基本特征，即无形资产在使用或者处置过程中能给企业带来经济利益，导致现金或现金等价物流入企业。

2. 无形资产不具有实物形态

无形资产通常表现为某种权利、技术、秘方或者源于合同性的权利，这些都不具有实物形态，这一特点与存货、固定资产等有形资产相互区别。

3. 无形资产具有可辨认性

无形资产作为一项资产，应当能够与其他资产相互区分，并能够单独辨认，如企业持有的专利权、非专利技术、商标权、土地使用权、特许权等。

4. 无形资产属于非货币性长期资产

无形资产是一项长期性的非货币性资产，这一特点与企业的货币性资产相互区分。企业持有的货币性资产和能够以固定或可确定金额回收的资产以外的资产，都属于非货币性资产。无形资产在使用或处置过程中为企业带来的经济利益具有不确定性（即金额不固定），随着环境的变化而变化，因此，无形资产属于长期的非货币性资产。

（二）无形资产的确认

在实务中，无形资产应当同时满足以下两个确认条件，才能进行确认：

1. 与该无形资产有关的经济利益很可能流入企业

无形资产作为一项资产确认，应当满足其所产生的经济利益很可能流入企业这一硬性条件。很可能的概率，是指与该无形资产相关的经济利益流入企业的概率大于50%。一般来说，与无形资产相关的经济利益形成主要包含在销售商品、提供劳务的收入里面，或企业使用该无形资产而使企业减少的成本，或包含在获得的其他相关利益里面。在实务中，确定与无形资产相关的经济利益是否很可能流入企业，应当融入专业人员经验和职业判断。

2. 与该无形资产有关的成本能够可靠计量

与该无形资产有关的成本能够可靠计量是一项基本条件，满足这个确认条件是确认无形资产的前提条件之一。对于无形资产而言，这个条件显得更为重要。如企业内部产生的品牌、报刊名、客户资料和实质上类似项目的支出，不能与整个业务开发成本区分开来，成本无法可靠计量，因此，这些不能够确认为无形资产。

（三）无形资产的内容

无形资产是一项非货币性长期资产，主要包括专利权、非专利技术、商标权、著作权、土地使用权、特许权等内容。

1. 专利权

专利权，是指国家专利管理机关依法授予发明创造专利申请人对其发明创造在法律规定期限内所享有的专有权利，主要包括发明专利权、实用新型专利权和外观设计专利权。专利权给予持有人独家使用或者控制某项发明的特殊权利，从而给持有人带来特殊的经济利益；但是，不是所有的专利权都能带来经济利益。

2. 非专利技术

非专利技术也叫专有技术或技术秘密，是指独特的、先进的、未公开的、未申请专利、可以带来经济利益的技术和秘密。非专利技术主要包括：工业专有技术，即在生产上已经采用，仅限于少数人知道，不享有专利权或发明权的生产、装配、修理、工艺或加工方法的技术知识；商业（贸易）专有技术，即具有保密性质的市场情报、原材料价格情报以及用户、竞争对象的情况和有关知识；管理专有技术，即生产组织的经营方式、管理方式、培训职工方法等保密知识。非专利技术并不是专利法的保护对象，专有技术所有人依靠自我保密的方式来维持其独占权，可以用于转让和投资。

3. 商标权

商标是用来辨别特定商品或劳务的标记。商标权，是指专门在某类指定商品或产品上使用特定的名称或图案的权利。商标经过注册登记，就获得了法律上的保护。

企业自创的商标并将其注册登记，花费一般比较小。实际上，能够给企业带来经济利益的商标，一般都是经过长时间的广告宣传以及客户对商标的信赖树立起来的。如果企业购买他人的商标，一次性支出费用较大的，可以将其资本化，作为无形资产核算，根据购入商标的价款、支付的手续费及有关费用作为商标的成本。

4. 著作权

著作权又称版权，是指作者对其创作的文学、科学和艺术作品依法享有的某种特殊权利。著作权包括两方面的权利，即精神权利（人身权利）和经济权利（财产权利），前者指作品署名权、发表作品、确认作者身份、保护作品完整性、修改已经发表的作品等各项权利，包括发表权、署名权、修改权和保护作品完整权；后者指以出版、表演、广播、展览、录制唱片、摄制影片等方式使用作品以及因授权他人使用作品而获得经济利益的权利。

5. 土地使用权

土地使用权，是指国家准许企业或单位在一定时间内对国有土地享有开发、利用、经营的权利。企业取得土地使用权，应将取得时发生的合理的支出予以资本化，计入无形资产。

6. 特许权

特许权，是指企业在某一地区经营或销售某种特定商品的权利或是一家企业接受另一家企业使用其商标、商号、技术秘密等的权利。前者一般指政府机关授权、准许企业使用或在一定地区享有经营某种业务的特权，如水、电、邮电通信等专营权、烟草专卖权等；后者指企业间依照签订的合同，有期限或无期限使用另一家企业的某些权利，如连锁店分店使用总店的名称等。

二、无形资产的核算

（一）应设置的会计科目

为了核算无形资产的取得、摊销、减值和处置等情况，企业应设置"研发支出""无形资产""累计摊销""无形资产减值准备"等科目。

1. "研发支出"科目

为了核算企业内部研发无形资产所发生的费用化支出和资本化支出，企业应设置"研发支出"科目。该科目属于成本类，借方登记研究、开发无形资产发生的成本，贷方登记结转费用化支出以及结转形成无形资产的成本，期末余额在借方，表示企业研发无形资产的成本。

2. "无形资产"科目

为了核算企业持有的无形资产成本及其增、减变动情况，企业应设置"无形资产"科目。该科目属于资产类，借方登记取得无形资产的成本，贷方登记出售或报废无形资产转出的无形资产账面余额，期末余额在借方，表示企业持有无形资产的成本。

3. "累计摊销"科目

为了核算企业对使用寿命有限的无形资产计提的累计摊销情况，企业应设置"累计摊销"科目。该科目属于"无形资产"的调整项目，贷方登记企业计提的无形资产摊销，借方登记处置无形资产转出的累计摊销，期末余额在贷方，表示企业无形资产的累计摊销额。

4. "无形资产减值准备"科目

为了核算企业计提无形资产减值准备的情况，企业应设置"无形资产减值准备"科目。该科目属于"无形资产"的调整项目，贷方登记企业计提的无形资产减值准备，借方登记处置无形资产转出的无形资产减值准备，期末余额在贷方，表示企业无形资产累计计提的减值准备。

（二）外购无形资产的会计处理

外购无形资产实际上是企业通过买卖交换的方式从其他企业获得的无形资产。实务中，外购无形资产的成本主要包括购买价款、相关税费以及直接归属于使该资产达到预定可使用状态所发生的合理的必要的支出。

外购无形资产时，企业的会计分录如下：

借：无形资产
　　应交税费——应交增值税（进项税额）
　　贷：银行存款
　　　　应付票据等

【例题 6-1】2024 年 5 月 10 日，W 公司从甲公司购入一项非专利技术，支付的买价和有关费用合计 900 000 元，全部款项均以银行存款支付，不考虑相关税费。

购入无形资产时，W 公司的会计分录如下：

借：无形资产——非专利技术品　　　　　　　　　　　　　　　　900 000
　　贷：银行存款　　　　　　　　　　　　　　　　　　　　　　　　900 000

（三）企业内部研发无形资产的会计处理

企业内部研发形成无形资产的成本，主要包括可直接归属于该无形资产的各项开发耗费以及达到预定可使用状态前所发生的合理支出构成。

企业内部研究开发的无形资产，应当区分研究阶段支出和开发阶段支出，研究阶段的支出全部费用化，记入"研发支出——费用化支出"科目，企业开发阶段发生的各项支出，不满足资本化条件的支出，记入"研发支出——费用化支出"科目，满足资本化条件的支出，记入"研发支出——资本化支出"科目，费用化支出在期末转入管理费用，资本化支出在无形资产开发完成时转入无形资产。

发生不满足资本化条件的支出时，企业的会计分录如下：

借：研发支出——费用化支出
　　贷：原材料
　　　　银行存款
　　　　应付职工薪酬等

期末将不满足资本化条件的研发支出转入管理费用时，企业的会计分录如下：

借：管理费用

　　贷：研发支出——费用化支出

发生满足资本化条件的支出时，企业的会计分录如下：

借：研发支出——资本化支出

　　贷：原材料

　　　　银行存款

　　　　应付职工薪酬等

期末将满足资本化条件的研发支出转入无形资产时，企业的会计分录如下：

借：无形资产

　　贷：研发支出——费用化支出

【例题 6-2】 2023 年 1 月 1 日，XR 公司研发一项代号为 M 的新技术，XR 公司认为，研发该项目具有可靠的技术和财务等资源的支持，并且一旦研发成功，将降低本公司的经营成本。2024 年 1 月 31 日，该项新技术研发成功并达到预定可使用状态。研发过程中所发生的直接相关的必要支出情况如下：

2023 年度发生材料费用 9 000 000 元，人工费用 4 500 000 元，计提专用设备折旧 750 000 元，以银行存款支付其他费用 3 000 000 元，总计 17 250 000 元，其中，符合资本化条件的支出为 7 500 000 元。

2024 年 1 月 31 日前发生材料费用 800 000 元，人工费用 500 000 元，计提专用设备折旧 50 000 元，其他费用 20 000 元，总计 1 370 000 元，全部满足资本化。

2023 年度发生研发支出时，XR 公司的会计分录如下：

借：研发支出——M 技术——费用化支出　　　　　　　　　　　　9 750 000

　　　　　　　　　　　　——资本化支出　　　　　　　　　　　　7 500 000

　　贷：原材料　　　　　　　　　　　　　　　　　　　　　　　　9 000 000

　　　　应付职工薪酬　　　　　　　　　　　　　　　　　　　　　4 500 000

　　　　累计折旧　　　　　　　　　　　　　　　　　　　　　　　　750 000

　　　　银行存款　　　　　　　　　　　　　　　　　　　　　　　3 000 000

2023 年 12 月 31 日将费用化支出转入管理费时，XR 公司的会计分录如下：

借：管理费用——研究费用　　　　　　　　　　　　　　　　　　9 750 000

　　贷：研发支出——M 技术——费用化支出　　　　　　　　　　　9 750 000

2024 年 1 月发生研发支出时，XR 公司的会计分录如下：

借：研发支出——M 技术——资本化支出　　　　　　　　　　　　1 370 000

　　贷：原材料　　　　　　　　　　　　　　　　　　　　　　　　800 000

　　　　应付职工薪酬　　　　　　　　　　　　　　　　　　　　　500 000

　　　　累计折旧　　　　　　　　　　　　　　　　　　　　　　　 50 000

　　　　银行存款　　　　　　　　　　　　　　　　　　　　　　　 20 000

2024 年 1 月 31 日达到预定可使用状态转入无形资产时，XR 公司的会计分录如下：

借：无形资产——M 技术　　　　　　　　　　　　　　　　　　　8 870 000

　　贷：研发支出——M 技术——资本化支出　　　　　　　　　　　8 870 000

（四）无形资产摊销的会计处理

企业取得无形资产时应当分析判断其使用寿命，对使用寿命有限的无形资产，应当计提摊销，对使用寿命不确定的无形资产，不应当计提摊销。一般使用寿命有限的无形资产，其净残值应当视为零。对于使用寿命有限的无形资产，应当自达到预定可使用状态的当月开始摊销，处置当月不再摊销。无形资产摊销方法包括直线法、生产总量法等。企业选择无形资产的摊销方法，应当反映与该项无形资产有关经济利益的预期实现方式。无法可靠确定预期实现方式的，应当采用直线法摊销。

企业应当按月对无形资产进行摊销。无形资产的摊销额一般计入当期损益，企业自用的无形资产，其摊销金额计入管理费用；出租的无形资产，其摊销金额计入其他业务成本；某项无形资产包含的经济利益通过所生产的产品或其他资产实现的，其摊销金额应当计入相关资产成本。

计提无形资产摊销时，企业的会计分录如下：

借：管理费用

　　其他业务成本

　　　贷：累计摊销

【例题 6-3】2024 年 2 月 1 日，XR 公司用银行存款从 D 公司购买了一项特许权自用，成本为 480 000 元，法律寿命为 10 年，预计净残值为零，不考虑其他因素。

购入无形资产时，XR 公司的会计分录如下：

借：无形资产——特许权　　　　　　　　　　　　　　　　　480 000

　　　贷：银行存款　　　　　　　　　　　　　　　　　　　　480 000

每月应摊销时，XR 公司的会计分录如下：

借：管理费用　　　　　　　　　　　4 000（480 000÷10÷12）

　　　贷：累计摊销　　　　　　　　　　　　　　　　　　　　4 000

【例题 6-4】2024 年 1 月 1 日，XR 公司将内部研发完成的非专利技术出租给 A 公司，该项非专利技术的研发成本为 360 000 元，双方约定的租赁期限为 10 年，不考虑其他因素。

研发完成形成无形资产时，XR 公司的会计分录如下：

借：无形资产——特许权　　　　　　　　　　　　　　　　　360 000

　　　贷：研发支出——资本化支出　　　　　　　　　　　　　360 000

每月应摊销时，XR 公司的会计分录如下：

借：其他业务成本　　　　　　　　　　3 000（360 000÷10÷12）

　　　贷：累计摊销　　　　　　　　　　　　　　　　　　　　3 000

【例题 6-5】2024 年 3 月 1 日，R 公司从外单位购入一项 B 专利技术用于产品生产，支付价款及相关费用共计 600 000 元，款项已转账支付。B 专利技术法律保护期间为 15 年，公司预计运用该项专利技术生产的产品在未来 10 年内会为公司带来经济利益。预计净残值为零，采用直线法摊销。

取得无形资产时，R 公司的会计分录如下：

借：无形资产——专利权　　　　　　　　　　　　　　　　　600 000

　　　贷：银行存款　　　　　　　　　　　　　　　　　　　　600 000

每月摊销时，R公司的会计分录如下：

借：制造费用——专利权摊销　　　　　　　　　　　　　　　　　　5 000

　　贷：累计摊销　　　　　　　　　　　　　　　　　　　　　　　　　5 000

注意：无形资产规定有法律寿命和经济寿命的，应当按照法律寿命和经济寿命两者较短者确定摊销的时间。

（五）无形资产减值的会计处理

企业取得无形资产时，应当合理地估计无形资产的使用寿命，如果有确凿证据表明无法合理估计其使用寿命的无形资产，应作为使用寿命不确定的无形资产。对于使用寿命不确定的无形资产，在持有期间内不需要进行摊销，但应当至少在每年年度终了按照《企业会计准则第 8 号——资产减值》的有关规定进行减值测试，无形资产减值损失一经确认，在以后会计期间不得转回。

在减值测试中如果有迹象表明无形资产的可收回金额低于账面价值的，企业应当将该无形资产的账面价值减计至可收回金额，减计的金额确认为减值损失，计入资产减值损失，同时计提无形资产减值准备。

计提无形资产减值准备时，企业的会计分录如下：

借：资产减值损失——计提的无形资产减值准备

　　贷：无形资产减值准备

（六）无形资产处置和报废的会计处理

无形资产的处置和报废，主要是指无形资产对外出租、出售以及无法给企业带来经济利益时，应对无形资产转销，并终止确认无形资产。

1. 无形资产出租

企业让渡无形资产使用权并收取相应租金，在满足收入确认条件时，应确认为收入，同时将其摊销确认为费用。

出租无形资产取得租金收入时，企业的会计分录如下：

借：银行存款等

　　贷：其他业务收入等

借：其他业务成本（计提出租无形资产摊销）

　　贷：累计摊销

2. 无形资产出售

企业出售无形资产，应将出售时取得的价款与该无形资产账面价值的差额计入资产处置损益。

出售无形资产时，企业的会计分录如下：

借：银行存款

　　应收票据等

　　累计摊销

　　无形资产减值准备

　　资产处置损益（日常活动出售无形资产的净亏损）

贷：无形资产
    应交税费
    银行存款
    资产处置损益（日常活动出售无形资产的净收益）

【例题 6-6】 W 公司出售一项商标权，取得价款为 1 200 000 元，应交税费为 60 000元。该商标权成本为 3 000 000 元，出售时已摊销金额为 1 800 000 元，已计提的减值准备为 300 000 元，不考虑其他因素。

出售无形资产时，W 公司的会计分录如下：

借：银行存款   1 200 000
    累计摊销   1 800 000
    无形资产减值准备——商标权   300 000
   贷：无形资产——商标权   3 000 000
       应交税费   60 000
       资产处置损益   240 000

3. 无形资产报废

实务中，如果无形资产预期不能为企业带来未来经济利益，应将其报废并予以转销，其账面价值转入营业外支出。

转销无形资产时，企业的会计分录如下：

借：累计摊销
    无形资产减值准备
    营业外支出
   贷：无形资产

【例题 6-7】 R 公司拥有一项非专利技术，采用直线法进行摊销，预计使用期限为 10年。现该项非专利技术已被内部研发成功的新技术替代，并且根据市场调查，用该项非专利技术生产的产品已没有市场，预期不能再为企业带来任何经济利益，故应当予以转销。转销时，该项非专利技术的成本为 900 000 元，已摊销 6 年，累计计提减值准备 240 000元，该项非专利技术的净残值为零，不考虑其他相关因素。

转销无形资产时，R 公司的会计分录如下：

借：累计摊销   540 000
    无形资产减值准备——专利权   240 000
    营业外支出——处置非流动资产损失   120 000
   贷：无形资产——专利权   900 000

任务二　投资性房地产的认知与核算

一、投资性房地产的概念

投资性房地产，是指企业为赚取租金或资本增值，或者两者兼有而持有的房地产，主要包括已出租的土地使用权、持有并准备增值后转让的土地使用权、已出租的建筑物。

在实务中，某项资产能否确认为投资性房地产，除了要满足投资性房地产的概念，还要同时满足以下两个条件才能进行确认：一是与该投资性房地产有关的经济利益很可能流入企业；二是该投资性房地产的成本能够可靠计量。

（一）投资性房地产的核算

投资性房地产主要包括已出租的土地使用权、持有并准备增值后转让的土地使用权和已出租的建筑物。

1. 已出租的土地使用权

已出租的土地使用权，是指企业通过出让或转让方式取得并以经营租赁方式出租的土地使用权。企业计划用于出租但尚未出租的土地使用权，不属于此类。对于以经营租赁方式租入土地使用权再转租给其他单位的，不能确认为投资性房地产。

【例题 6-8】2024 年 5 月 25 日，XR 公司与乙公司签订了一项经营租赁合同，约定自 2024 年 6 月 1 日起，乙公司以年租金 200 000 元租赁使用 XR 公司拥有的一块 10 000 平方米的场地，租赁期为 10 年。2024 年 8 月 30 日，乙公司又将这块场地转租给丙公司，以赚取租金差价，租赁期为 4 年，不考虑国家相关政策和法律法规。

根据题意分析如下：

对于乙公司而言，该项土地使用权不属于其投资性房地产。对于 XR 公司而言，自租赁期开始日（2024 年 6 月 1 日）起，该项土地使用权属于投资性房地产。

2. 持有并准备增值后转让的土地使用权

持有并准备增值后转让的土地使用权，是指企业通过出让或转让方式取得并准备增值后转让的土地使用权。但是，按照国家有关规定认定的闲置土地，不属于持有并准备增值的土地使用权。

【例题 6-9】2023 年 10 月 20 日，R 公司股东会通过决议，从 2023 年 11 月 1 日起将其持有的一块 10 000 平方米的场地改变用途，用来持有增值后再转让。

根据题意分析如下：

对于 R 公司而言，自 2023 年 11 月 1 日起，该项土地使用权属于投资性房地产。

3. 已出租的建筑物

已出租的建筑物，是指企业拥有产权并以经营租赁方式出租的房屋等建筑物，包括自行建造或开发活动完成后用于出租的建筑物。

在实务中，企业在判断和确认已出租的建筑物时，应当考虑以下几个方面：

（1）用于出租的建筑物是指企业拥有产权的建筑物。企业以经营租赁方式租入再转租的建筑物不属于投资性房地产。

（2）已出租的建筑物是企业已经与其他方签订了租赁协议，约定以经营租赁方式出租的建筑物。一般应自租赁协议规定的租赁期开始日起，经营租出的建筑物才属于已出租的建筑物。

（3）企业将建筑物出租，按租赁协议向承租人提供的相关辅助服务在整个协议中不重大的，应当将该建筑物确认为投资性房地产。例如，企业将其办公楼出租，同时向承租人提供维护、保安等日常辅助服务，企业应当将其确认为投资性房地产。

（二）不属于投资性房地产的项目

在实务中，以下两种房地产不属于投资性房地产：

（1）自用房地产，即为生产商品、提供劳务或者经营管理而持有的房地产，包括自用建筑物（固定资产）和自用土地使用权（无形资产）。

（2）作为存货的房地产，通常指房地产开发企业在正常经营过程中销售的或为销售而正在开发的商品房和土地。

在实务中，如果某项房地产部分用于赚取租金或资本增值、部分自用（即用于生产商品、提供劳务或经营管理），能够单独计量和出售的、用于赚取租金或资本增值的部分，应当确认为投资性房地产；不能够单独计量和出售的、用于赚取租金或资本增值的部分，不确认为投资性房地产。该项房地产自用的部分，以及不能够单独计量和出售的、用于赚取租金或资本增值的部分，应当确认为固定资产或无形资产。

（三）应设置的会计科目

为了核算投资性房地产的取得、摊销、减值和处置等情况，企业应设置"投资性房地产""投资性房地产累计摊销""投资性房地产累计折旧""投资性房地产减值准备""公允价值变动损益""其他业务收入""其他业务成本"等科目，下面主要介绍前4种。

1. "投资性房地产"科目

为了核算企业采用成本模式计量的投资性房地产的成本或采用公允价值模式计量投资性房地产的公允价值，企业应设置"投资性房地产"科目。该科目属于资产类，借方登记取得投资性房地产的成本，贷方登记改变用途、出售等原因转出投资性房地产的账面余额，期末余额在借方，表示企业投资性房地产的余额。

采用公允价值模式计量的投资性房地产，还应当分别设置"成本"和"公允价值变动"明细科目进行核算。

2. "投资性房地产累计摊销"科目

为了核算企业对采用成本模式核算的投资性房地产（已出租的土地使用权部分）计提的累计摊销情况，企业应设置"投资性房地产累计摊销"科目。该科目属于"投资性房地产"的调整项目，贷方登记企业计提的投资性房地产摊销，借方登记处置投资性房地产等原因转出的累计摊销，期末余额在贷方，表示企业投资性房地产的累计摊销额。

3. "投资性房地产累计折旧"科目

为了核算企业对采用成本模式核算的投资性房地产（已出租的建筑物部分）计提的累计折旧情况，企业应设置"投资性房地产累计折旧"科目。该科目属于"投资性房地产"的调整项目，贷方登记企业计提的投资性房地产折旧，借方登记处置投资性房地产等原因转出的累计折旧，期末余额在贷方，表示企业投资性房地产的累计折旧额。

4. "投资性房地产减值准备"科目

为了核算企业计提投资性房地产减值准备的情况，企业应设置"投资性房地产减值准备"科目。该科目属于"投资性房地产"的调整项目，贷方登记企业计提的投资性房地产减值准备，借方登记处置投资性房地产等原因转出的投资性房地产减值准备，期末余额在贷方，表示企业投资性房地产累计计提的减值准备。

二、投资性房地产取得的会计处理

（一）外购投资性房地产的确认和初始计量

企业外购的房地产，只有在购入的同时开始对外出租或用于资本增值，才能作为投资性房地产加以确认。如果企业购入房地产，自用一段时间之后再改为出租或用于资本增值，应当先将外购的房地产确认为固定资产或无形资产，自租赁期开始日或用于资本增值之日起，才能从固定资产或无形资产转换为投资性房地产。

企业外购投资性房地产时，应当按照取得时的实际成本进行初始计量，取得时的实际成本，包括购买价款、相关税费和可直接归属于该资产的其他支出。

成本模式下购入投资性房地产时，企业的会计分录如下：

借：投资性房地产
    贷：银行存款等

公允价值模式下购入投资性房地产时，企业的会计分录如下：

借：投资性房地产——成本
    贷：银行存款等

（二）自行建造投资性房地产的确认和初始计量

企业自行建造的房地产，只有在自行建造活动完成（即达到预定可使用状态）的同时开始对外出租或用于资本增值，才能将自行建造的房地产确认为投资性房地产。自行建造投资性房地产的成本，由建造该项房地产达到预定可使用状态前发生的必要支出构成。

企业自行建造房地产达到预定可使用状态后一段时间才对外出租或用于资本增值的，应当先将自行建造的房地产确认为固定资产、无形资产或存货，自租赁期开始日或用于资本增值之日开始，从固定资产、无形资产或存货转换为投资性房地产。

自行建造投资性房地产，其成本由建造该项资产达到预定可使用状态前发生的必要支出构成，包括土地开发费、建筑成本、安装成本、应予资本化的借款费用、支付的其他费用和分摊的间接费用等。

成本模式下自行建造投资性房地产完成时，企业的会计分录如下：

借：投资性房地产
    贷：在建工程
        开发产品

公允价值模式下自行建造投资性房地产完成时，企业的会计分录如下：

借：投资性房地产——成本
    贷：在建工程
        开发产品

【例题 6-10】2023 年 2 月，XR 公司从丙公司购入一块土地，并在这块土地上开始自行建造两栋厂房。2023 年 12 月，XR 公司预计厂房即将完工，与乙公司签订了经营租赁合同，将其中的一栋厂房租赁给乙公司使用。租赁合同约定，该厂房于完工时开始起租。2024 年 1 月 1 日，两栋厂房同时完工。这块土地使用权的成本为 9 000 000 元；两栋厂房的实际造价均为 12 000 000 元，能够单独出售。假设 XR 公司采用成本模式进行后续计量。

根据题意计算分析如下：

XR 公司在 2024 年 1 月 1 日将出租部分建筑物确认为投资性房地产，同时将土地使用权中的对应部分转换为投资性房地产，其金额为 4 500 000 元 [9 000 000×（12 000 000÷24 000 000）]。

开发完成确认资产时，XR 公司的会计分录如下：

借：固定资产——厂房   12 000 000
　　投资性房地产——厂房   12 000 000
　　贷：在建工程——厂房   24 000 000

确认投资性房地产时，XR 公司的会计分录如下：

借：投资性房地产——已出租土地使用权   4 500 000
　　贷：无形资产——土地使用权   4 500 000（9 000 000÷2）

三、投资性房地产的后续计量

投资性房地产的后续计量有成本和公允价值两种模式，通常应当采用成本模式计量，满足特定条件时也可以采用公允价值模式计量。但是，同一企业只能采用一种模式对所有投资性房地产进行后续计量，不得同时采用两种模式计量。

（一）成本模式下投资性房地产后续计量的会计处理

企业通常应当采用成本模式对投资性房地产进行后续计量。在实务中，成本模式下的投资性房地产按照固定资产或无形资产的有关规定，按期（月）计提折旧或摊销。

计提折旧或摊销时，企业的会计分录如下：

借：其他业务成本
　　贷：投资性房地产累计折旧（摊销）

取得租金收入时，企业的会计分录如下：

借：银行存款等
　　贷：其他业务收入

计提减值准备时，企业的会计分录如下：

借：资产减值损失
　　贷：投资性房地产减值准备

【例题 6-11】W 公司将一栋写字楼出租给 E 公司使用，确认为投资性房地产，采用成本模式进行后续计量，假设这栋办公楼的成本为 72 000 000 元，按照年限平均法计提折旧，使用寿命为 20 年，预计净残值为零。经营租赁合同约定，E 公司每月等额支付 W 公司租金 400 000 元，不考虑其他因素。

出租写字楼取得收入时，W 公司的会计分录如下：

借：银行存款   400 000
　　贷：其他业务收入——出租写字楼租金收入   400 000

计提折旧时，W 公司的会计分录如下：

借：其他业务成本——出租写字楼折旧   300 000（72 000 000÷20÷12）
　　贷：投资性房地产累计折旧   300 000

（二）公允价值模式下投资性房地产后续计量的会计处理

只有存在确凿证据表明投资性房地产的公允价值能够持续可靠取得的情况下，企业才可以采用公允价值模式对投资性房地产进行后续计量。企业一旦选择采用公允价值模式计量，就应当对其所有投资性房地产均采用公允价值模式进行后续计量。

采用公允价值模式进行后续计量的投资性房地产，应当同时满足以下两个条件：一是投资性房地产所在地有活跃的房地产交易市场；二是企业能够从活跃的房地产交易市场上取得同类或类似房地产的市场价格及其他相关信息，从而对投资性房地产的公允价值作出合理的估计。

采用公允价值模式计量，平时不对投资性房地产计提折旧或摊销。企业应当以资产负债表日投资性房地产的公允价值为基础调整其账面价值，公允价值与原账面价值之间的差额计入当期损益。

资产负债表日公允价值高于原账面价值时，企业的会计分录如下：

借：投资性房地产——公允价值变动

　　贷：公允价值变动损益

资产负债表日公允价值低于原账面价值时，企业的会计分录如下：

借：公允价值变动损益

　　贷：投资性房地产——公允价值变动

取得租金收入时，企业的会计分录如下：

借：银行存款等

　　贷：其他业务收入

【例题6-12】2023年11月，R公司与丁公司签订租赁协议，将R公司新建造的一栋写字楼租赁给丁公司使用，从2023年12月1日开始租赁，租赁期为10年。写字楼的工程造价为8 000 000元（和公允价值相同）。该写字楼所在区域有活跃的房地产交易市场，而且能够从房地产交易市场上取得同类房地产的市场报价，R公司决定采用公允价值模式对该项出租的房地产进行后续计量。2023年12月31日，该写字楼的公允价值为8 400 000元，不考虑其他因素。

2023年12月1日出租写字楼时，R公司的会计分录如下：

借：投资性房地产——写字楼——成本　　　　　　　　　　　8 000 000

　　贷：固定资产——写字楼　　　　　　　　　　　　　　　　　8 000 000

2023年12月31日确认投资性房地产公允价值变动时，R公司的会计分录如下：

借：投资性房地产——写字楼——公允价值变动　　　　　　　　400 000

　　贷：公允价值变动损益——投资性房地产　　　　　　　　　　　400 000

（三）投资性房地产后续计量模式变更的会计处理

为保证会计信息的可比性，企业对投资性房地产的计量模式一经确定，不得随意变更。只有在房地产市场比较成熟、能够满足采用公允价值模式条件的情况下，才允许企业对投资性房地产从成本模式计量变更为公允价值模式计量。成本模式转为公允价值模式的，应当作为会计政策变更处理，将计量模式变更时公允价值与账面价值的差额，调整为期初留存收益。

转换计量模式时，企业的会计分录如下：

借：投资性房地产——成本

投资性房地产累计折旧（摊销）

投资性房地产减值准备

　　贷：投资性房地产（按照原账面余额）

利润分配——未分配利润（可能出现借方）

盈余公积等（可能出现借方）

注意：已采用公允价值模式计量的投资性房地产，不得从公允价值模式转为成本模式。

【例题 6-13】 2023 年 1 月 1 日，XR 公司决定将原价为 120 万元、已计提折旧 40 万元、已计提减值准备 10 万元、账面价值为 70 万元的一栋写字楼由成本模式转换为公允价值模式计量。转换当日该写字楼的公允价值为 78 万元，XR 公司按净利润的 10% 计提法定盈余公积，不考虑其他因素。

转换计量模式时，XR 公司的会计分录如下：

借：投资性房地产——成本　　　　　　　　　　　　　　　　　780 000

投资性房地产累计折旧　　　　　　　　　　　　　　　　400 000

投资性房地产减值准备　　　　　　　　　　　　　　　　100 000

　　贷：投资性房地产　　　　　　　　　　　　　　　　　　　1 200 000

利润分配——未分配利润　　　　　　　　　　　　　　80 000

同时，做会计分录如下：

借：利润分配——未分配利润　　　　　　　　　　　　　　　　8 000

　　贷：盈余公积　　　　　　　　　　　　　　　　　　　　　　8 000

四、投资性房地产的转换

房地产的转换是房地产用途的变更。企业有确凿证据表明房地产用途发生改变，应当将投资性房地产转换为其他资产或者将其他资产转换为投资性房地产。

实务中，满足以下条件之一的，视同房地产用途发生改变：

（1）投资性房地产开始自用，即将投资性房地产转为自用房地产。

（2）作为存货的房地产，改为出租。

（3）自用建筑物停止自用，改为出租。

（4）自用土地使用权停止自用，改用于赚取租金或资本增值。

（5）房地产企业将用于经营出租的房地产重新开发用于对外销售，从投资性房地产转为存货。

（一）成本模式下投资性房地产转换的会计处理

1. 投资性房地产转换为自用房地产

企业将采用成本模式计量的投资性房地产转换为自用房地产时，应当按该项投资性房地产在转换日的账面余额、累计折旧、减值准备等，分别转入"固定资产""累计折旧""固定资产减值准备"等科目。

转换为固定资产时，企业的会计分录如下：

借：固定资产

投资性房地产累计折旧

投资性房地产减值准备

　　贷：投资性房地产

　　　　累计折旧

　　　　固定资产减值准备

转换为无形资产时，企业的会计分录如下：

借：无形资产

　　投资性房地产累计摊销

　　投资性房地产减值准备

　　贷：投资性房地产

　　　　累计摊销

　　　　无形资产减值准备

2. 投资性房地产转换为存货

　　企业将采用成本模式计量的投资性房地产转换为存货时，应当按照该项房地产在转换日的账面价值入账。

　　转换为存货时，企业的会计分录如下：

借：开发产品

　　投资性房地产累计折旧（摊销）

　　投资性房地产减值准备

　　贷：投资性房地产

3. 自用房地产转换为投资性房地产

　　企业将自用土地使用权或建筑物转换为采用成本模式计量的投资性房地产时，应当按该项建筑物或土地使用权在转换日的原价、累计折旧、减值准备等，分别转入"投资性房地产""投资性房地产累计折旧（摊销）""投资性房地产减值准备"科目。

　　由固定资产转换时，企业的会计分录如下：

借：投资性房地产（按其账面余额）

　　累计折旧

　　固定资产减值准备

　　贷：固定资产

　　　　投资性房地产累计折旧

　　　　投资性房地产减值准备

　　由无形资产转换时，企业的会计分录如下：

借：投资性房地产（按其账面余额）

　　累计摊销

　　无形资产减值准备

　　贷：无形资产

　　　　投资性房地产累计摊销

　　　　投资性房地产减值准备

4. 作为存货的房地产转换为投资性房地产

将作为存货的房地产转换为采用成本模式计量的投资性房地产时，应当按该项存货在转换日的账面价值入账。

由存货转为投资性房地产时，企业的会计分录如下：

借：投资性房地产
　　　存货跌价准备
　　贷：开发产品（按其账面余额）

（二）公允价值模式下投资性房地产转换的会计处理

1. 投资性房地产转换为自用房地产

将采用公允价值模式计量的投资性房地产转换为自用房地产时，以其转换当日的公允价值作为自用房地产的账面价值，公允价值与原账面价值的差额计入当期损益。

转换为固定资产时，企业的会计分录如下：

借：固定资产（转换日投资性房地产的公允价值）
　　　投资性房地产——公允价值变动（价值累计下降的部分）
　　贷：投资性房地产——成本
　　　　投资性房地产——公允价值变动（价值累计上升的部分）
　　　　公允价值变动损益（差额部分，有可能在借方）

转换为无形资产时，企业的会计分录如下：

借：无形资产（转换日投资性房地产的公允价值）
　　　投资性房地产——公允价值变动（价值累计下降的部分）
　　贷：投资性房地产——成本
　　　　投资性房地产——公允价值变动（价值累计上升的部分）
　　　　公允价值变动损益（差额部分，有可能在借方）

2. 投资性房地产转换为存货

企业将采用公允价值模式计量的投资性房地产转换为存货时，应当以其转换当日的公允价值作为存货的账面价值，公允价值与原账面价值的差额计入当期损益。

转换为存货时，企业的会计分录如下：

借：开发产品等（投资性房地产的公允价值）
　　　投资性房地产——公允价值变动（价值累计下降的部分）
　　贷：投资性房地产——成本
　　　　投资性房地产——公允价值变动（价值累计上升的部分）
　　　　公允价值变动损益（差额部分，有可能在借方）

3. 自用房地产转换为投资性房地产

企业将自用土地使用权或建筑物转换为采用公允价值模式计量的投资性房地产时，转换日的公允价值大于账面价值时，企业的会计分录如下：

借：投资性房地产——成本（土地使用权或建筑物在转换日的公允价值）
　　　累计摊销（无形资产累计摊销）
　　　累计折旧（固定资产累计折旧）

    无形资产减值准备
    固定资产减值准备
   贷：无形资产（按其账面余额）
     固定资产（按其账面余额）
     其他综合收益

  企业将自用土地使用权或建筑物转换为采用公允价值模式计量的投资性房地产时，转换日的公允价值小于账面价值时，企业的会计分录如下：

  借：投资性房地产——成本（土地使用权或建筑物在转换日的公允价值）
   累计摊销（无形资产累计摊销）
   累计折旧（固定资产累计折旧）
   无形资产减值准备
   固定资产减值准备
   公允价值变动损益
   贷：无形资产（按其账面余额）
     固定资产（按其账面余额）

4. 作为存货的房地产转换为投资性房地产

  企业将作为存货的房地产转换为采用公允价值模式计量的投资性房地产时，转换日的公允价值大于账面价值时，企业的会计分录如下：

  借：投资性房地产——成本（作为存货的房地产在转换日的公允价值）
   存货跌价准备（已计提的减值准备）
   贷：开发产品等（按账面余额）
     其他综合收益

  企业将作为存货的房地产转换为采用公允价值模式计量的投资性房地产时，转换日的公允价值小于账面价值时，企业的会计分录如下：

  借：投资性房地产——成本（作为存货的房地产在转换日的公允价值）
   存货跌价准备
   公允价值变动损益
   贷：开发产品等（按其账面余额）

五、投资性房地产的处置

（一）成本模式计量下投资性房地产处置的会计处理

  投资性房地产处置时，企业的会计分录如下：
  借：银行存款
   应收票据等
   贷：其他业务收入
  同时，做会计分录如下：
  借：其他业务成本（投资性房地产的账面价值）
   投资性房地产累计折旧（摊销）
   投资性房地产减值准备

　　贷：投资性房地产（投资性房地产的账面余额）

（二）公允价值模式下投资性房地产处置的会计处理

投资性房地产处置时，企业的会计分录如下：

借：银行存款

　　应收票据等

　　贷：其他业务收入

同时，做会计分录如下：

借：其他业务成本（投资性房地产的账面价值）

　　投资性房地产——公允价值变动（下降部分）

　　贷：投资性房地产——成本

　　　　投资性房地产——公允价值变动（上涨部分）

任务三　长期待摊费用的认知与核算

一、长期待摊费用的概念

长期待摊费用，是指企业已经发生但应由本期和以后各期负担的分摊期限在一年以上的各项费用，如以经营租赁方式租入的固定资产发生的改良支出等。

二、应设置的会计科目

为了核算企业长期待摊费用的发生以及长期待摊费用的摊销情况，企业应设置"长期待摊费用"科目。该科目属于资产类，借方登记长期待摊费用发生的金额，贷方登记摊销长期待摊费用的金额，期末余额在借方，表示企业尚未摊销长期待摊费用的余额。

三、长期待摊费用的会计处理

发生长期待摊费用时，企业的会计分录如下：

借：长期待摊费用

　　贷：银行存款

　　　　原材料等

摊销长期待摊费用时，企业的会计分录如下：

借：管理费用

　　贷：长期待摊费用

【例题6-14】2023年5月1日，W公司对其租入的办公楼进行装修，发生相关支出包括：领用生产材料800 000元，购进该批原材料时支付的增值税进项税额为104 000元；辅助生产部门为该装修工程提供的劳务支出为25 000元；相关人员职工薪酬为555 000元。2024年1月1日，该办公楼装修完工，达到预定可使用状态并交付使用，并按租赁期5年开始进行摊销，假定不考虑其他因素。

装修领用原材料时，W公司的会计分录如下：

```
借：长期待摊费用                                            800 000
    贷：原材料                                                      800 000
```
辅助生产车间为该装修工程提供劳务时，W 公司的会计分录如下：
```
借：长期待摊费用                                             25 000
    贷：生产成本——辅助生产成本                                      25 000
```
确认相关人员职工薪酬时，W 公司的会计分录如下：
```
借：长期待摊费用                                            555 000
    贷：应付职工薪酬                                                555 000
```
2024 年摊销装修支出时，W 公司的会计分录如下：
```
借：管理费用                                               276 000
    贷：长期待摊费用                                                276 000
```

项目总结

　　本项目主要介绍了无形资产的概念（无形资产的特点、无形资产的确认、无形资产的内容）、无形资产的核算（应设置的会计科目、外购无形资产的会计处理、企业内部研发无形资产的会计处理、无形资产摊销的会计处理、无形资产减值的会计处理、无形资产处置和报废的会计处理）、投资性房地产的概念（投资性房地产的核算、不属于投资性房地产的项目、应设置的会计科目）、投资性房地产取得的会计处理（外购投资性房地产的确认和初始计量、自行建造投资性房地产的确认和初始计量）、投资性房地产的后续计量（成本模式下投资性房地产后续计量的会计处理、公允价值模式下投资性房地产后续计量的会计处理、投资性房地产后续计量模式变更的会计处理）、投资性房地产的转换（成本模式下投资性房地产转换的会计处理、公允价值模式下投资性房地产转换的会计处理）、投资性房地产的处置（成本模式计量下投资性房地产处置的会计处理、公允价值模式下投资性房地产处置的会计处理）、长期待摊费用的概念、应设置的会计科目、长期待摊费用的会计处理。

巩固练习

一、思考题
1. 什么是无形资产？如何确认无形资产？
2. 无形资产的内容有哪些？
3. 无形资产的核算包括哪些？
4. 什么是投资性房地产？投资性房地产的核算包括哪些？

二、单项选择题
1. 下列项目中，应确认为无形资产的是（　　　）。
A. 企业自创商誉
B. 企业内部产生的品牌

C. 企业内部研究开发项目研究阶段的支出

D. 企业购入的专利权

2. 下列项目中，关于企业内部研究开发项目支出的说法，错误的是（　　　）。

A. 企业内部研究开发项目的支出，应当区分研究阶段支出与开发阶段支出

B. 企业内部研究开发项目研究阶段的支出，应当于发生时计入当期损益

C. 企业内部研究开发项目开发阶段的支出，应确认为无形资产

D. 企业内部研究开发项目开发阶段的支出，可能确认为无形资产，也可能确认为费用

3. W 公司 2022 年 1 月 1 日购入一项专利权，实际支付的买价及相关费用共计 480 000 元，该专利权的摊销年限为 5 年，假设采用直线法摊销。2024 年 4 月 1 日，W 公司将该专利权的所有权对外转让，取得价款 200 000 元。转让交易发生相关税费 10 000 元，不考虑其他因素，转让该专利权形成的净损失为（　　　）元。

A. 92 000　　　　　B. 74 000　　　　　C. 76 000　　　　　D. 67 000

4. 如果无法区分研究阶段和开发阶段的支出，应当在发生时（　　　）。

A. 作为管理费用全部计入当期损益

B. 全部确认为无形资产

C. 按适当比例划分计入当期损益和无形资产的金额

D. 由企业自行决定计入当期损益或者无形资产

5. 企业出售无形资产发生的净损失，应计入（　　　）。

A. 营业外支出　　　　　　　　　　B. 其他业务成本

C. 销售费用　　　　　　　　　　　D. 管理费用

6. W 房地产开发商于 2022 年 1 月，将作为存货的商品房转换为采用公允价值模式计量的投资性房地产，转换日的商品房账面余额为 1 000 000 元，已计提跌价准备 200 000 元，该房地产在转换日的公允价值为 1 500 000 元，则转换日记入"投资性房地产"科目的金额是（　　　）元。

A. 1 500 000　　　　B. 800 000　　　　C. 700 000　　　　D. 1 700 000

7. 企业出租无形资产取得的收入，应当计入（　　　）。

A. 主营业务收入　　　　　　　　　B. 其他业务收入

C. 投资收益　　　　　　　　　　　D. 营业外支出

8. 采用成本模式计量的作为投资性房地产的建造物计提的累计折旧，应贷记的会计科目是（　　　）。

A. 投资性房地产累计折旧　　　　　B. 投资性房地产

C. 累计折旧　　　　　　　　　　　D. 累计摊销

9. 某项专门用于生产过程的无形资产，其摊销金额应该计入（　　　）。

A. 管理费用　　　　B. 销售费用　　　　C. 制造费用　　　　D. 其他业务成本

10. 下列项目中，属于投资性房地产的是（　　　）。

A. 房地产开发企业销售的或为销售而正在开发的商品房和土地

B. 企业生产经营用的厂房、车间

C. 企业生产经营用的办公楼

D. 企业经营性出租用的办公楼

三、多项选择题

1. 下列项目中，会引起无形资产账面价值发生增减变动的有（　　　）。

A. 对无形资产计提减值准备

B. 企业内部研究开发项目研究阶段的支出

C. 摊销无形资产成本

D. 企业内部研究开发项目开发阶段的支出不满足无形资产确认条件

2. 下列项目中，关于无形资产初始计量的说法，正确的有（　　　）。

A. 外购的无形资产，其成本包括购买价款、相关税费以及直接归属于该资产达到预定可使用状态所发生的其他支出

B. 购入无形资产超过正常信用条件延期支付价款，实质上具有融资性质的，应按所购无形资产购买价款总额入账

C. 投资者投入的无形资产的成本，应当按照投资合同或协议约定的价值确定，但合同或协议约定价值不公允的除外

D. 自行开发的无形资产，其成本包括自满足无形资产确认条件后至达到预定可使用状态前所发生的支出总额，但对于以前期间已经费用化的支出不再进行调整

3. 下列项目中，属于投资性房地产的有（　　　）。

A. 已出租的土地使用权　　　　　　　　B. 已经营性出租的建筑物

C. 持有并准备增值后转让的土地使用权　D. 自用房地产

4. 下列项目中，关于采用公允价值模式计量的投资性房地产的说法，正确的有（　　　）。

A. 投资性房地产所在地有活跃的房地产交易市场

B. 所在地，通常是指投资性房地产所在的城市，对于大中城市，应当具体化为投资性房地产所在的城区

C. 企业能够从活跃的房地产交易市场上取得同类或类似房地产的市场价格及其他相关信息，从而对投资性房地产的公允价值作出科学合理的估计

D. 同类或类似的房地产，对建筑物而言，是指所处地理位置和地理环境相同、性质相同、结构类型相同或相近、新旧程度相同或相近、可使用状态相同或相近的建筑物

5. 下列项目中，关于投资性房地产转换日确定的方法，正确的有（　　　）。

A. 投资性房地产转换为自用房地产，其转换日为房地产达到自用状态，企业开始将房地产用于生产商品、提供劳务或者经营管理的日期

B. 作为存货的房地产改为出租，其转换日为租赁期开始日

C. 作为自用建筑物停止自用改为出租，其转换日为租赁期开始日

D. 作为土地使用权停止自用改为出租，其转换日为租赁期开始日

四、判断题

1. 无形资产是指企业拥有或控制的没有实物形态的非货币性资产，包括可辨认无形资产和不可辨认无形资产。（　　　）

2. 企业开发阶段发生的支出应全部资本化，计入无形资产成本。（　　　）

3. 企业取得的使用寿命有限的无形资产均应按直线法摊销。（　　　）

4. 对投资性房地产进行后续计量，同时采用成本模式和公允价值模式两种模式计量。（　　　）

5. 投资性房地产的计量模式一经确定，不得随意变更，只有存在确凿证据表明其公允价值能够持续可靠取得的，才允许采用公允价值模式计量。　　　　　　（　　）

五、业务题

XR 公司外购的一项专利权专门用于该企业产品的生产，2023 年年末，XR 公司对外购专利权的账面价值进行了检查，发现市场上存在对 XR 公司产品的销售产生重大不利影响的因素。该专利权入账时原值为 90 000 000 元，已累计摊销 33 750 000 元（包括 2021 年摊销额），该无形资产按直线法进行摊销，剩余摊销年限为 5 年。按 2023 年年末该专利权市场的行情，如果此时 XR 公司将该专利权予以出售，则在扣除发生的律师费和其他相关税费后，可以获得 5 400 万元。但是，如果 XR 公司继续利用该专利权进行产品生产，则在未来 5 年内预计可获得的未来现金流量的现值为 47 000 000 元（假定使用年限结束时处置收益为零）。2024 年 4 月 1 日，XR 公司将该专利权出售，价款 58 000 000 元已入存银行，相关税费 2 900 000 元，已用银行存款缴纳。

要求：

编制 2023 年 XR 公司计提无形资产减值准备和 2024 年出售专利权的会计分录。

项目七 认识负债与核算

🎯 **学习目标**

> **1. 知识目标**
>
> 熟悉负债的概念、特点、分类;
>
> 理解流动负债和非流动负债的区分、流动负债核算的内容和非流动负债核算的内容;
>
> 掌握短期借款、应付票据、应付账款、预收账款、应付职工薪酬、应付利息、长期借款、应付债券的核算及业务处理。
>
> **2. 能力目标**
>
> 通过学习负债与核算相关知识,形成稳健型融资理念与正确的负债经营思维,提升对负债的核算能力和管理能力。
>
> **3. 素质目标**
>
> 通过学习负债与核算相关知识,培养正确的负债观念和诚实守信的品质。

📐 **知识结构**

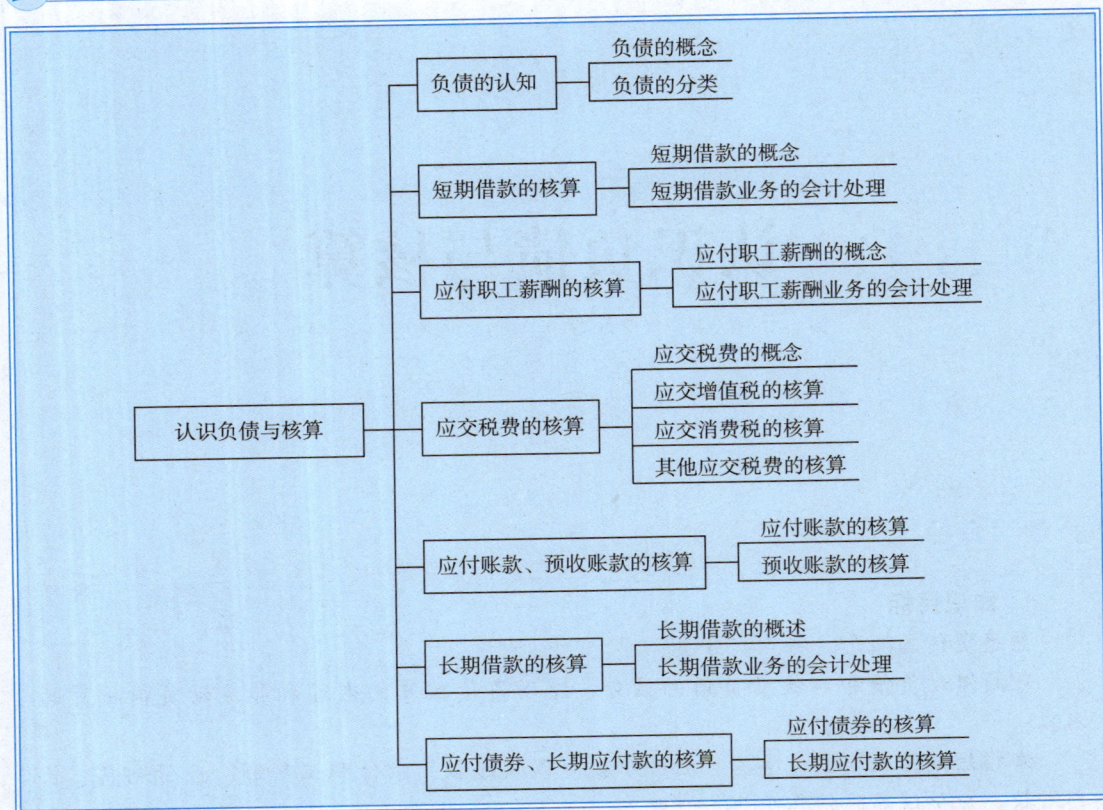

🎲 **导入案例**

老牛公司的债务

老牛公司资本有限，为了扩张的需要，老牛公司不惜举债经营。债务范围包括：在购买材料时采用赊购方式，在发放人员工资时采用延期发放，在销售时采用预收货款方式，尽量避免货款延期收回；通过银行借入1年期借款、2年期借款、3年期借款等，吸收更多的债务资本。你知道怎么区分不同的债务吗？你知道不同内容的债务怎么进行会计处理吗？

任务一　负债的认知

一、负债的概念

负债，是指企业过去的交易或者事项形成的，预期会导致经济利益流出企业的现时义务。常见的负债有短期借款、应付票据、应付账款、预收账款、其他应付款、应交税费、应付利息、长期借款、应付债券等。

（一）负债的特征

负债具有以下三个方面的特征：

1. 负债是企业承担的一项现时义务

负债应当是企业承担的现时义务。现时义务，是指企业在现实的条件下已经承担的义务，未来发生的交易或者事项形成的义务，不属于现时义务的范畴，不应当确认为负债。这里的现时义务，可以是法定义务，也可以是推定义务。其中，法定义务，是指具有约束力的合同、协议或者法律、法规明确规定的义务，一般在法律上会强制执行。推定义务是指根据行业的习惯或企业多年来形成的习惯做法、公开的承诺或者公开宣布的政策而导致企业将承担的责任。

2. 负债预期会导致经济利益流出企业

企业履行义务时会导致经济利益流出企业，才符合负债的概念，如果某项交易或事项形成的义务不会导致经济利益流出企业，就不符合负债的概念。在实务中，导致经济利益流出企业的形式多种多样，如用货币资金、以实物资产和无形资产等偿还，但是，不管企业以什么形式偿还债务，都会导致经济利益流出企业。

3. 负债是由企业过去的交易或者事项形成的

负债应当由企业过去的交易或者事项所形成，即只有过去的交易或者事项才会形成企业负债；企业将在未来发生的承诺、签订的合同等交易或者事项，均不形成负债。

（二）负债的确认条件

在实务中，负债应当同时满足以下两个条件才能进行确认：

1. 与该义务有关的经济利益很可能流出企业

从负债的概念来看，负债预期会导致经济利益流出企业，但是履行义务所需流出的经济利益带有不确定性，尤其是与推定义务相关的经济利益通常需要依赖于大量的估计。因此，负债的确认应当与经济利益流出的不确定性程度的判断结合起来。如果有确凿证据表明，与现时义务有关的经济利益很可能流出企业（概率大于 50%），就应当将其作为负债予以确认。

2. 未来流出的经济利益的金额能够可靠计量

负债偿还会导致经济利益流出企业，未来流出企业的经济利益的金额应当能够可靠计量。法定义务形成的负债，可以根据合同或法律规定的金额予以确定；推定义务形成的负债，可以根据履行相关义务所需支出的最佳估计数确定。

二、负债的分类

（一）流动负债与长期负债

负债一般按其偿还时间长短，可分为流动负债和长期负债。其中，流动负债，是指企业将在 1 年或超过 1 年的一个营业周期内偿还的债务，主要包括短期借款、应付票据、应付账款、预收账款、应付利息、应付股利等。长期负债，是指企业偿还期在 1 年或超过 1 年的一个营业周期以上的债务，包括长期借款、应付债券、长期应付款等。

（二）货币性负债与非货币性负债

负债按其偿还方式不同，可分为货币性负债与非货币性负债。其中，货币性负债，是指企业以货币偿还的债务，如应交税费。非货币性负债，是指企业以实物资产或提供劳务偿还的债务，如预收账款。

任务二　短期借款的核算

一、短期借款的概念

短期借款，是指企业基于维持正常的生产经营所需的资金等而向银行或其他金融机构等借入的、还款期限在 1 年内（含 1 年）的各种借款。在实务中，短期借款一般是企业为了维持正常的生产经营活动所借入的资金。企业的短期借款主要有经营周转借款、临时借款、结算借款、票据贴现借款、卖方信贷、预购定金借款和专项储备借款等。

二、短期借款业务的会计处理

为了核算企业短期借款的增、减变动及其余额，企业应设置"短期借款"科目。该科目属于负债类，贷方登记短期借款本金的借入数，借方登记短期借款本金的偿还数；期末余额在贷方，表示企业尚未归还的短期借款本金余数。

（一）短期借款取得的会计处理

在实务中，企业借入各种短期借款，按借入的实际本金数入账。

借入短期借款时，企业的会计分录如下：

借：银行存款

　　贷：短期借款

（二）短期借款利息的会计处理

在实务中，银行一般于每季度末收取短期借款利息，因此，企业一般采用月末预提的方式，在资产负债表日按计算确定的短期借款利息费用计入财务费用。

确认利息费用时，企业的会计分录如下：

借：财务费用

　　贷：应付利息

偿还利息时，企业的会计分录如下：

借：应付利息（根据已经预提的利息）

　　财务费用（根据当期应计提的利息）

　　贷：银行存款（根据实际偿还的利息数额）

（三）短期借款归还的会计处理

到期归还短期借款本金时，企业的会计分录如下：

借：短期借款

　　贷：银行存款

【例题 7-1】XR 公司于 2024 年 1 月 1 日向银行借入 100 万元的短期借款，用于生产经营，期限 9 个月，年利率 6%，该借款到期后按期如数归还，利息分月预提，按季支付。

借入款项时，XR 公司的会计分录如下：

借：银行存款　　　　　　　　　　　　　　　　　　　　　　　　1 000 000

　　贷：短期借款　　　　　　　　　　　　　　　　　　　　　　　　1 000 000

1 月末预提当月利息时，XR 公司的会计分录如下：

借：财务费用　　　　　　　　　　　　　　5 000（1 000 000×6%÷12）

　　贷：应付利息　　　　　　　　　　　　　　　　　　　　　　　　5 000

2 月末预提当月利息时，XR 公司的会计分录如下：

借：财务费用　　　　　　　　　　　　　　5 000（1 000 000×6%÷12）

　　贷：应付利息　　　　　　　　　　　　　　　　　　　　　　　　5 000

3 月末支付本季度应付利息时，XR 公司的会计分录如下：

借：财务费用　　　　　　　　　　　　　　　　　　　　　　　　　5 000

　　应付利息　　　　　　　　　　　　　　　　　　　　　　　　10 000

　　贷：银行存款　　　　　　　　　　　　　　　　　　　　　　　15 000

注意：4—9 月的会计分录同上。

10 月 1 日偿还借款本金时，XR 公司的会计分录如下：

借：短期借款　　　　　　　　　　　　　　　　　　　　　　　1 000 000

　　贷：银行存款　　　　　　　　　　　　　　　　　　　　　　　1 000 000

注意：如果上述借款期限是 8 个月，则到期日为 9 月 1 日，8 月末之前的会计处理与上述相同。

9 月 1 日偿还本金时，XR 公司的会计分录如下：

借：短期借款　　　　　　　　　　　　　　　　　　　　　　　1 000 000

　　应付利息　　　　　　　　　　　　　　　　　　　　　　　　10 000

　　贷：银行存款　　　　　　　　　　　　　　　　　　　　　　1 010 000

任务三　应付职工薪酬的核算

一、应付职工薪酬的概念

职工薪酬，是指企业为获得职工提供的各项服务而给予职工各种形式的报酬以及其他相关支出，包括职工在职期间和离职后提供给职工的全部货币性薪酬和非货币性福利。

这里的职工包括三类人员：一是与企业订立劳动合同的所有人员，含全职、兼职和临时职工；二是包括虽未与企业订立劳动合同但由企业正式任命的人员，如董事会成员、监事会成员等；三是在企业的计划和控制下，虽未与企业订立劳动合同或未由其正式任命，但为其提供与职工类似服务的人员，也纳入职工范畴，如劳务用工合同人员。

企业职工薪酬主要包括职工工资、奖金、津贴和补贴、职工福利费、社会保险费、住房公积金、工会经费和职工教育经费、非货币性福利、辞退福利以及股份支付。

二、应付职工薪酬业务的会计处理

为了核算企业职工薪酬的提取、结算、使用等情况，企业应设置"应付职工薪酬"科目。该科目属于负债类，贷方登记已分配计入有关成本费用的职工薪酬数额，借方登记实际发放的职工薪酬数额以及代扣代缴的款项等，期末余额一般在贷方，表示企业应付未付的职工薪酬。

（一）货币性职工薪酬的会计处理

企业应当在职工为其生产商品或提供服务的会计期间，根据职工生产商品或提供服务的受益对象，将发生的职工薪酬计入相关产品或服务的成本或当期损益。

期末确认职工薪酬时，企业的会计分录如下：

借：生产成本
　　制造费用
　　管理费用
　　销售费用
　　在建工程等
　　贷：应付职工薪酬

（二）货币性职工薪酬发放的会计处理

企业按照有关规定向职工支付工资、奖金、津贴等，按实际金额入账。

支付职工薪酬时，企业的会计分录如下：

借：应付职工薪酬
　　贷：银行存款
　　　　库存现金

企业从应付职工薪酬中扣还的各种款项（代垫的家属药费、个人所得税等）按实际金额入账。

扣还各种代垫款项时，企业的会计分录如下：

借：应付职工薪酬
　　贷：其他应收款
　　　　应交税费——应交个人所得税等

企业向职工支付职工福利费、工会经费、职工教育经费、缴纳社会保险费和住房公积金等，按实际金额入账。

计提职工福利费、工会经费、职工教育经费、缴纳社会保险费和住房公积金时，企业的会计分录如下：

借：生产成本
　　制造费用
　　管理费用
　　销售费用
　　在建工程等
　　贷：应付职工薪酬

支付职工福利费、工会经费、职工教育经费、缴纳社会保险费和住房公积金时，企业的会计分录如下：

借：应付职工薪酬
　　贷：银行存款
　　　　库存现金

【例题 7-2】 W 公司 2024 年 1 月应付工资总额为 60 000 元，实际发放工资 55 000 元。工资费用分配汇总表列示：产品生产工人工资为 42 000 元，车间管理人员工资为 5 000 元，企业行政管理人员工资为 6 000 元，销售人员工资为 7 000 元；代扣职工房租 4 000 元，代垫职工家属医药费 1 000 元。

月末计提工资时，W 公司的会计分录如下：

借：生产成本　　　　　　　　　　　　　　　　　　　　　42 000
　　制造费用　　　　　　　　　　　　　　　　　　　　　　5 000
　　管理费用　　　　　　　　　　　　　　　　　　　　　　6 000
　　销售费用　　　　　　　　　　　　　　　　　　　　　　7 000
　　贷：应付职工薪酬——工资　　　　　　　　　　　　　　60 000

实际发放工资时，W 公司的会计分录如下：

借：应付职工薪酬——工资　　　　　　　　　　　　　　　55 000
　　贷：银行存款　　　　　　　　　　　　　　　　　　　　55 000

扣还款项时，W 公司的会计分录如下：

借：应付职工薪酬——工资　　　　　　　　　　　　　　　　5 000
　　贷：其他应收款——职工房租　　　　　　　　　　　　　　4 000
　　　　　　　　　　——代垫医药费　　　　　　　　　　　　1 000

【例题 7-3】 R 公司下设一所职工食堂，每月根据在岗职工数量及岗位分布情况、相关历史经验数据计算要补贴食堂的金额，从而确定公司每期因职工食堂而需要承担的福利费金额。2024 年 2 月，企业在岗职工 100 人，其中管理部门 30 人，生产车间 70 人，每个职工每月补贴食堂 150 元，每月月初用现金支付本月职工食堂费用，不考虑其他因素。

计提福利费时，R 公司的会计分录如下：

借：生产成本　　　　　　　　　　　　　　　　　　　　　10 500
　　管理费用　　　　　　　　　　　　　　　　　　　　　　4 500
　　贷：应付职工薪酬——职工福利　　　　　　　　　　　　15 000

划拨福利费款项到职工食堂时，R 公司的会计分录如下：

借：应付职工薪酬——职工福利　　　　　　　　　　　　　15 000
　　贷：库存现金　　　　　　　　　　　　　　　　　　　　15 000

【例题 7-4】 2024 年 3 月，R 公司应向社会保险机构缴纳单位承担的职工社会保险费共计 70 000 元，其中，应计入生产成本的金额为 44 000 元，计入制造费用的金额为 12 400 元，计入管理费用的金额为 13 600 元，不考虑其他因素。

计提社会保险费时，R 公司的会计分录如下：

借：生产成本　　　　　　　　　　　　　　　　　　　　　44 000
　　制造费用　　　　　　　　　　　　　　　　　　　　　12 400
　　管理费用　　　　　　　　　　　　　　　　　　　　　13 600
　　贷：应付职工薪酬——社会保险费　　　　　　　　　　　70 000

实际缴纳社会保险费时，R 公司的会计分录如下：

借：应付职工薪酬——社会保险费   70 000

    贷：银行存款   70 000

【例题 7-5】2024 年 3 月 10 日，R 公司决定对管理部门职工小韦发放生活困难补助 900 元现金。

计提福利费时，R 公司的会计分录如下：

借：管理费用   900

    贷：应付职工薪酬——职工福利   900

实际发放困难补助时，R 公司的会计分录如下：

借：应付职工薪酬——职工福利   900

    贷：库存现金   900

（三）非货币性职工薪酬确认和发放的会计处理

在实务中，企业以自产产品发放给职工作为非货币性福利的，应按公允价值作为应付职工薪酬计入相关资产成本或当期损益；发放时应确认收入，并结转成本。

计提非货币性福利时，企业的会计分录如下：

借：生产成本

    管理费用

    销售费用等

    贷：应付职工薪酬（产品的含税价款）

将自产产品作为职工福利发放时，企业的会计分录如下：

借：应付职工薪酬

    贷：主营业务收入

        应交税费——应交增值税（销项税额）

同时，做会计分录如下：

借：主营业务成本

    贷：库存商品

在实务中，企业以外购商品发放给职工作为非货币性福利的，应按公允价值作为应付职工薪酬计入相关资产成本或当期损益。

计提非货币性福利时，企业的会计分录如下：

借：生产成本

    管理费用

    销售费用等

    贷：应付职工薪酬（产品的含税价款）

将外购商品作为福利发放时，企业的会计分录如下：

借：应付职工薪酬

    贷：库存商品

        应交税费——应交增值税（进项税转出）

【例题 7-6】R 公司是增值税一般纳税人，企业共有职工 120 人，其中生产工人 100 人，厂部管理人员 20 人。2024 年 2 月，公司决定以其生产的特制压力锅和外购洗菜盆作为福利发放给职工，每人 1 个压力锅和 1 个洗菜盆。每个压力锅单位生产成本 50 元，平均销售价格 79.1 元（含增值税）；洗菜盆是外购商品，购买时取得增值税专用发票，每个洗菜盆采购成本 60 元，不考虑其他因素。

确认将自产压力锅作为福利时，R 公司的会计分录如下：

借：生产成本　　　　　　　　　　　　　　　　7 910（79.1×1×100）

　　管理费用　　　　　　　　　　　　　　　　1 582（79.1×1×20）

　　　贷：应付职工薪酬——非货币性福利　　　　　　　　　　　　　9 492

实际发放压力锅时，R 公司的会计分录如下：

借：应付职工薪酬——非货币性福利　　　　　　9 492

　　贷：主营业务收入　　　　　　　　　　　　8 400［9 492÷（1+13%）］

　　　应交税费——应交增值税（销项税额）　　　　　　　　　　　1 092

同时，做会计分录如下：

借：主营业务成本　　　　　　　　　　　　　　6 000（120×50）

　　贷：库存商品　　　　　　　　　　　　　　　　　　　　　　　6 000

确认将洗菜盆作为福利时，R 公司的会计分录如下：

借：生产成本　　　　　　　　　　　6 780［60×（1+13%）×1×100］

　　管理费用　　　　　　　　　　　1 356［60×（1+13%）×1×20］

　　　贷：应付职工薪酬——非货币性福利　　　　　　　　　　　　8 136

实际发放洗菜盆时，R 公司的会计分录如下：

借：应付职工薪酬　　　　　　　　　　　　　　8 136

　　贷：库存商品　　　　　　　　　　　　　　7 200（60×1×120）

　　　应交税费——应交增值税（进项税额转出）　　　　　　　　　936

在实务中，企业将自有的住房无偿提供给职工使用的，应将计提的折旧作为应付职工薪酬计入相关资产成本或当期费用。

确认将自有住房作为福利提供给职工住宿时，企业的会计分录如下：

借：生产成本

　　管理费用

　　销售费用等

　　　贷：应付职工薪酬（按住房应计提折旧）

实际摊销住房折旧时，企业的会计分录如下：

借：应付职工薪酬

　　贷：累计折旧

在实务中，企业将租赁的住房无偿提供给职工使用的，应将每期应付的租金作为应付职工薪酬计入相关资产成本或到期费用。

确认将租赁的房屋作为福利提供给职工住宿时，企业的会计分录如下：

借：生产成本

　　管理费用

　　销售费用等

　　　贷：应付职工薪酬（按住房应付的租金）

实际支付租金时，企业的会计分录如下：

借：应付职工薪酬

  贷：银行存款（实际支付的租金）

注意：对于难以认定收益对象的非货币性福利，直接计入管理费用和应付职工薪酬。

【例题 7-7】R 公司为总部各部门经理级别以上职工提供汽车免费使用，同时为副总裁以上高级管理人员每人租赁一套住房。R 公司总部共有经理以上职工 30 名，每人提供一辆汽车免费使用，假定每辆汽车每月计提折旧 1 500 元，该公司共有 4 名副总裁以上高级管理人员，为其每人租赁一套面积为 150 平方米带有家具和电器的公寓，每月租金每套 5 000 元，不考虑其他因素。

确认非货币性福利时，R 公司的会计分录如下：

借：管理费用   65 000

  贷：应付职工薪酬——非货币性福利   65 000

汽车计提折旧时，R 公司的会计分录如下：

借：应付职工薪酬——非货币性福利   45 000

  贷：累计折旧   45 000

每月支付房租时，R 公司的会计分录如下：

借：应付职工薪酬——非货币性福利   20 000

  贷：银行存款   20 000

任务四 应交税费的核算

一、应交税费的概念

应交税费，是指企业按照税法规定应交纳的各种税费，包括增值税、消费税、所得税、资源税、土地增值税、城市维护建设税、房产税、土地使用税、车船使用税、教育费附加、矿产资源补偿费等。

为了核算应交的各项税费的增、减变动及其结余情况，企业应设置"应交税费"科目。该科目属于负债类，贷方登记应交的各项税费，借方登记实际交纳的各项税费，期末余额一般在贷方，表示企业尚未交纳的税费，如果期末余额在借方，表示企业多交或尚未抵扣的各项税费。

二、应交增值税的核算

（一）应交增值税的概述

增值税，是指对从事销售货物或提供应税劳务、提供服务以及进口货物的单位和个人取得的增值额征收的一种税。从计税原理上看，增值税是对商品生产、流通、劳务、服务多个环节新增的价值或商品的附加值征收的一种流转税。

增值税实行价外税，由购买方负担税额，但实务中，商品新增价值或附加值在生产和流通过程中是很难准确计算的。因此，我国根据销售商品、提供劳务或服务的销售额，按规定的税率计算出销项税额，然后扣除获得该商品、劳务、服务时所支付的增值税额，其差额就是增值部分应交的税额。

增值税的计算公式如下：

$$当期应纳税额＝销项税额－进项税额$$
$$含税销售额÷（1+税率）＝不含税销售额$$
$$不含税销售额×增值税税率＝应纳销项税额$$

在实务中，按照纳税人的经营规模及会计核算的健全程度，增值税纳税人分为一般纳税人和小规模纳税人。

（二）应设置的会计科目

为了核算企业应交增值税的发生、抵扣、交纳、退税及转出等情况，企业应在"应交税费"科目下设置"应交增值税"明细科目进行核算。"应交增值税"明细科目借方登记企业购进货物或接受应税劳务、服务支付的进项税额、实际已交纳的增值税等，借方分别设置"进项税额""已交税费"等专栏；贷方登记销售货物或提供应税劳务、服务应交纳的销项税额、出口货物退税、转出已支付或应分担的增值税等，贷方分别设置"销项税额""出口退税""进项税额转出"等专栏。期末余额在贷方，反映企业尚未交纳的增值税；期末余额在借方，反映企业多交或尚未抵扣的增值税。

（三）一般纳税人应交增值税业务的会计处理

1. 采购商品和接受应税劳务、服务的会计处理

一般纳税人（企业）从国内采购物资或接受应税劳务、服务时，按专用发票上记载的应当计入采购成本的金额入账。

采购物资或接受应税劳务、服务时，企业的会计分录如下：

借：原材料
　　库存商品
　　生产成本
　　管理费用等
　　应交税费——应交增值税（进项税额）（按可以抵扣的增值税额）
　　贷：应付账款
　　　　银行存款等

【例题7-8】2024年4月15日，XR公司购进Q材料一批，收到的增值税专用发票上注明价款为50 000元，增值税为6 500元，货款已经通过银行转账支票支付，材料已验收入库，不考虑其他因素。

购买Q材料时，XR公司的会计分录如下：

借：原材料——Q材料　　　　　　　　　　　　　　　　　　　　　　50 000
　　应交税费——应交增值税（进项税额）　　　　　　　　　　　　　6 500
　　贷：银行存款　　　　　　　　　　　　　　　　　　　　　　　　56 500

【例题7-9】2024年2月18日，R公司购入免税农产品一批，价款为10 000元，规定的扣除率为9%，货物尚未到达（实际成本法），货款已用转账支票支付，不考虑其他因素。

购入免税农产品时，R公司的会计分录如下：

借：在途物资   9 100

  应交税费——应交增值税（进项税额）   900

   贷：银行存款   10 000

注意：

    进项税额＝购买价款×扣除率＝10 000×9%＝900（元）

【例题 7-10】 2024 年 1 月 10 日，W 公司购入不需要安装的生产用机器设备一台，收到的增值税专用发票上注明价款为 300 000 元，增值税为 39 000 元，另外支付运杂费 8 000 元，全部款项已用银行存款支付。

购入不需要安装的固定资产时，W 公司的会计分录如下：

借：固定资产   308 000

  应交税费——应交增值税（进项税额）   39 000

   贷：银行存款   347 000

【例题 7-11】 2024 年 1 月 6 日，XR 公司从外地购入原材料一批，收到的增值税专用发票上注明价款为 20 000 元，原材料已运达并验收入库，公司按计划成本核算。款项已用银行存款支付。增值税税率 13%，不考虑其他因素。

购入材料时，XR 公司的会计分录如下：

借：在途物资   20 000

  应交税费——应交增值税（进项税额）   2 600

   贷：银行存款   22 600

【例题 7-12】 2024 年 2 月 3 日，XR 公司生产车间的一台生产用机器设备出现故障，委托外单位修理这台机器设备，收到的增值税专用发票上注明修理费用为 20 000 元，增值税为 2 600 元，款项已用银行存款支付。

修理机器设备时，XR 公司的会计分录如下：

借：管理费用   20 000

  应交税费——应交增值税（进项税额）   2 600

   贷：银行存款   22 600

2. 进项税额转出的会计处理

企业购进的货物发生非常损失，以及将购进的货物改变用途（如用于非应税项目、集体福利或个人消费等）时，其进项税额不能再抵扣，转入"进项税额转出"。

购进的货物发生非常损失、改变用途时，企业的会计分录如下：

借：待处理财产损溢

  应付职工薪酬等

   贷：应交税费——应交增值税（进项税额转出）

【例题 7-13】 2024 年 1 月 15 日，XR 公司仓库里的材料因管理不善造成一批材料毁损，相应增值税专用发票上注明的价款为 20 000 元，增值税为 2 600 元，不考虑其他因素。

盘亏毁损材料时，XR 公司的会计分录如下：

借：待处理财产损溢——待处理流动资产损溢   22 600

   贷：原材料   20 000

     应交税费——应交增值税（进项税额转出） 2 600

3. 销售商品或提供应税劳务及视同销售行为的会计处理

企业销售商品或提供应税劳务、服务，按照不含税收入和增值税税率计算确认销项税额。

销售商品或提供应税劳务、服务确认销项税额时，企业的会计分录如下：

借：应收账款
　　银行存款等
　　贷：主营业务收入
　　　　其他业务收入
　　　　应交税费——应交增值税（销项税额）

企业将自产或委托加工的货物用于非应税项目、集体福利或个人消费视同销售行为，应当计算确认销项税额。

将自产货物改变用途时，企业的会计分录如下：

借：在建工程
　　应付职工薪酬
　　营业外支出等
　　贷：应交税费——应交增值税（销项税额）

注意：企业将自产或委托加工的货物用于非应税项目或对外捐赠，视同销售并按商品公允价值计算销项税额，但不确认收入，直接按照商品账面价值结转成本。

【例题 7-14】2024 年 1 月 18 日，XR 公司销售产品一批，价款 100 000 元，按规定收取的增值税为 13 000 元，提货单和增值税专用发票已交给买方，款项尚未收到。

销售产品时，XR 公司的会计分录如下：

借：应收账款　　　　　　　　　　　　　　　　　　　　113 000
　　贷：主营业务收入　　　　　　　　　　　　　　　　　　100 000
　　　　应交税费——应交增值税（销项税额）　　　　　　　 13 000

【例题 7-15】2024 年 2 月 12 日，R 公司为 A 企业代加工办公桌 500 张，每张收取加工费用 200 元，适用增值税税率 13%，加工已经完成，款项已经存入银行。

加工办公桌完成确认收入时，R 公司的会计分录如下：

借：银行存款　　　　　　　　　　　　　　　　　　　　113 000
　　贷：主营业务收入　　　　　　　　　　　　　　　　　　100 000
　　　　应交税费——应交增值税（销项税额）　　　　　　　 13 000

4. 出口退税的会计处理

企业出口产品按规定可以申请退税的，按应收的出口退税额入账。

申请出口退税时，企业的会计分录如下：

借：其他应收款
　　贷：应交税费——应交增值税（出口退税）

5. 交纳增值税的会计处理

企业实际交纳当期增值税，通过"应交税费——应交增值税（已交税金）"核算。

实际交纳增值税时，企业的会计分录如下：

借：应交税费——应交增值税（已交税金）

　　　贷：银行存款

（四）小规模纳税人应交增值税业务的会计处理

小规模纳税人销售货物或者提供应税劳务、服务，一般情况下只开具普通发票；小规模纳税人销售货物或提供应税劳务、服务，实行简易办法计算应纳增值税。

小规模纳税人只需在"应交税费"科目下设"应交增值税"明细科目，该科目贷方登记应交纳的增值税，借方登记已交纳的增值税，期末余额在贷方，表示尚未交纳的增值税，期末余额在借方，表示多交纳的增值税。

小规模纳税人购入货物无论是否具有增值税专用发票，其支付的增值税均计入购入货物的成本。小规模纳税人的销售收入按不含税价格计算，其中，不含税销售额＝含税销售额÷（1+征收率），应纳税额＝不含税销售额×征收率。适用于小规模纳税人的增值税征收率为3%。

【例题7-16】XR公司为小规模纳税人，适用增值税税率3%。2024年5月4日，销售商品一批，含税价为20 600元，款项已存入银行；5月6日，购入材料一批，价格为5 000元，支付增值税650元，材料已验收入库，款项已通过银行转账支付；5月20日，接受委托加工产品一批，向对方收取加工费（含税）41 200元，款项已存入银行；6月5日，公司交纳增值税1 800元，不考虑其他因素。

5月4日销售商品时，XR公司的会计分录如下：

借：银行存款　　　　　　　　　　　　　　　　　　　　　　　20 600

　　　贷：主营业务收入　　　　　　　　　　　　　　　　　　20 000

　　　　　应交税费——应交增值税　　　　　　　　　　　　　　　600

5月6日购入材料时，XR公司的会计分录如下：

借：原材料　　　　　　　　　　　　　　　　　　　　　　　　5 650

　　　贷：银行存款　　　　　　　　　　　　　　　　　　　　5 650

5月20日确认加工收入时，XR公司的会计分录如下：

借：银行存款　　　　　　　　　　　　　　　　　　　　　　　41 200

　　　贷：其他业务收入　　　　　　　　　　　　　　　　　　40 000

　　　　　应交税费——应交增值税　　　　　　　　　　　　　1 200

6月5日交纳增值税时，XR公司的会计分录如下：

借：应交税费——应交增值税　　　　　　　　　　　　　　　　1 800

　　　贷：银行存款　　　　　　　　　　　　　　　　　　　　1 800

三、应交消费税的核算

（一）应交消费税的概述

消费税，是指在我国境内生产、委托加工和进口应税消费品的单位和个人，按其流转额交纳的一种税。消费税是价内税，对生产、委托加工、进口应税消费品征收；消费税的征收有从价定率、从量定额和混合征税三种方式；消费税从价定率征收的，按不含增值税的销售额乘以消费税税率计收。

（二）应设置的会计科目

为了核算应交消费税的发生、交纳情况，企业应设置"应交消费税"明细科目。该科目贷方登记应交纳的消费税，借方登记已交纳的消费税；期末余额在贷方，表示尚未交纳的消费税，期末余额在借方，表示多交纳的消费税。

（三）应交消费税业务的会计处理

1. 销售应税消费品的会计处理

确认消费税时，企业的会计分录如下：

借：税金及附加

　　贷：应交税费——应交消费税

【例题7-17】2024年3月10日，R公司销售所生产的化妆品一批，价款200 000元（不含增值税），适用的消费税税率为30%，不考虑其他因素。

计提消费税时，R公司的会计分录如下：

借：税金及附加　　　　　　　　　　　　　　　　　　　60 000

　　贷：应交税费——应交消费税　　　　　　　　　　　　　60 000

2. 自产自用应税消费品的会计处理

用于非应税项目时，企业的会计分录如下：

借：在建工程等

　　贷：应交税费——应交消费税

【例题7-18】2024年2月5日，XR公司在建生产线工程领用自产货物50 000元，增值税为6 500元，消费税为6 000元，不考虑其他因素。

工程领用自产货物时，XR公司的会计分录如下：

借：在建工程　　　　　　　　　　　　　　　　　　　　56 000

　贷：库存商品　　　　　　　　　　　　　　　　　　　50 000

　　　应交税费——应交消费税　　　　　　　　　　　　　6 000

3. 委托加工应税消费品的会计处理

企业如果有应交消费税的委托加工物资，一般应由受托方代收代交消费税，受托方按照应交消费税金额入账。

代收代交消费税时，企业的会计分录如下：

借：应收账款

　　银行存款等

　　贷：应交税费——应交消费税

委托加工物资收回后，用于直接销售的，应将受托方代收代交的消费税计入委托加工物资成本。

收回委托加工物资时，企业的会计分录如下：

借：委托加工物资等

　　贷：应付账款

　　　　银行存款等

委托加工物资收回后用于连续生产，按规定准予抵扣的，应按已由受托方代收代交的消费税，计入消费税项目作抵扣。

收回委托加工物资时，企业的会计分录如下：

借：应交税费——应交消费税

贷：应付账款

银行存款等

【例题 7-19】 2024 年 1 月 16 日，X 公司委托 B 公司代为加工一批应交消费税的材料。发出材料的成本为 90 000 元，加工费为 10 000 元，由 B 公司代收代交的消费税为 7 000 元（不考虑增值税）。材料已经加工完成，并由 X 公司收回验收入库，加工费尚未支付，采用实际成本法进行原材料的核算，不考虑其他因素。

假设收回的委托加工材料用于继续生产应税消费品，X 公司的会计分录如下：

借：委托加工物资　　　　　　　　　　　　　　　　　　　90 000

贷：原材料　　　　　　　　　　　　　　　　　　　　　90 000

借：委托加工物资　　　　　　　　　　　　　　　　　　　10 000

应交税费——应交消费税　　　　　　　　　　　　　7 000

贷：应付账款　　　　　　　　　　　　　　　　　　　17 000

借：原材料　　　　　　　　　　　　　　　　　　　　　100 000

贷：委托加工物资　　　　　　　　　　　　　　　　　100 000

假设收回的委托加工材料直接用于对外销售，X 公司的会计分录如下：

借：委托加工物资　　　　　　　　　　　　　　　　　　　90 000

贷：原材料　　　　　　　　　　　　　　　　　　　　　90 000

借：委托加工物资　　　　　　　　　　　　　　　　　　　17 000

贷：应付账款　　　　　　　　　　　　　　　　　　　17 000

借：原材料　　　　　　　　　　　　　　　　　　　　　107 000

贷：委托加工物资　　　　　　　　　　　　　　　　　107 000

代收代交消费税时，X 公司的会计分录如下：

借：应收账款　　　　　　　　　　　　　　　　　　　　7 000

贷：应交税费——应交消费税　　　　　　　　　　　　7 000

4. 进口应税消费品的会计处理

企业进口应税物资在进口环节应交的消费税，计入该项物资的成本。

进口应税消费品时，企业的会计分录如下：

借：原材料

固定资产等

贷：银行存款等

四、其他应交税费的核算

（一）其他应交税费的概述

其他应交税费主要包括应交资源税、应交城市维护建设税、应交土地增值税、应交所得税、应交房产税、应交土地使用税、应交车船使用税、应交教育费附加、应交矿产资源补偿费、应交个人所得税等。

（二）应设置的会计科目

为了核算企业其他应交税费的情况，企业应在"应交税费"科目下设置"应交资源税""应交城市维护建设税""应交土地增值税""应交所得税""应交房产税""应交土地使用税""应交车船使用税""应交教育费附加""应交矿产资源补偿费""应交个人所得税"等明细科目，贷方登记应交纳的有关税费，借方登记已交纳的有关税费，期末余额在贷方，表示尚未交纳的有关税费，期末余额在借方，表示多交纳的有关税费。

（三）其他应交税费业务的会计处理

1. 应交资源税的会计处理

资源税，是指对在我国境内开采矿产品或者生产盐的单位和个人征收的税。资源税按照应税产品的课税数量和规定的单位税额计算。对外销售应税产品应交的资源税应计入"税金及附加"科目，自产自用的应计入"生产成本""制造费用"科目。

确认发生资源税时，企业的会计分录如下：

借：税金及附加
  生产成本
  制造费用
  贷：应交税费——应交资源税

交纳资源税时，企业的会计分录如下：

借：应交税费——应交资源税
  贷：银行存款

2. 应交城市维护建设税

城市维护建设税，是指以增值税、消费税为计征依据征收的一种税。其纳税人为交纳增值税、消费税的单位和个人，税率因纳税人所在的地区不同，有5%和7%两个等级。其计算公式如下：

$$应纳税额 = （实交增值税+实交消费税）\times 适用税率$$

确认应交城市维护建设税时，企业的会计分录如下：

借：税金及附加
  贷：应交税费——应交城市维护建设税

实际交纳城市维护建设税时，企业的会计分录如下：

借：应交税费——应交城市维护建设税
  贷：银行存款

【例题7-20】M农场2024年4月末计算出当月公司实交增值税60 000元，假设该地区城市维护建设税税率为5%，不考虑其他因素。

确认城市维护建设税时，M公司的会计分录如下：

借：税金及附加   3 000（60 000×5%）
  贷：应交税费——应交城市维护建设税   3 000

实际交纳城市维护建设税时，M公司的会计分录如下：

借：应交税费——应交城市维护建设税   3 000

　　　　　　　　　　　　　　　　　　　　　　　　　　　　　　3 000

3. 应交教育费附加

教育费附加，是指为了发展教育事业而向企业征收的附加费。教育费附加的计算依据和城市维护建设税是一样的，只不过计提的比例不同。

确认应交教育费附加时，企业的会计分录如下：

借：税金及附加
　　贷：应交税费——应交教育费附加

实际交纳教育费附加时，企业的会计分录如下：

借：应交税费——应交教育费附加
　　贷：银行存款

4. 应交土地增值税

土地增值税，是指在我国境内有偿转让土地使用权及地上建筑物和其他附着物产权的单位和个人，就其土地增值额征收的一种税。土地增值额是转让收入减去规定扣除项目金额后的余额。扣除项目主要包括取得土地使用权所支付的金额、开发土地的费用、新建及配套设施的成本、旧房及建筑物的评估价格等。

在实务中，企业转让的土地使用权连同地上建筑物及其附着物一并在"固定资产"等科目核算，转让时应交的土地增值税应当通过"固定资产清理"科目核算。

转让土地使用权时，企业的会计分录如下：

借：固定资产清理
　　贷：应交税费——应交土地增值税

在实务中，土地使用权在"无形资产"科目核算，会计处理与处置无形资产类似。

转让土地使用权时，企业的会计分录如下：

借：银行存款等
　　资产处置损益（按处置净亏损的金额）
　　贷：应交税费——应交土地增值税
　　　　无形资产
　　　　资产处置损益（按处置净收益的金额）

5. 应交房产税、土地使用税、车船税和矿产资源补偿费

企业应交的房产税、土地使用税、车船税、矿产资源补偿费应当通过"税金及附加"科目核算。

确认相关税费时，企业的会计分录如下：

借：税金及附加
　　贷：应交税费——应交房产税
　　　　　　　　——应交土地使用税
　　　　　　　　——应交车船税
　　　　　　　　——应交矿产资源补偿费

6. 应交个人所得税

代扣个人所得税时，企业的会计分录如下：

借：应付职工薪酬

　　贷：应交税费——应交个人所得税

交纳个人所得税时，企业的会计分录如下：

借：应交税费——应交个人所得税

　　贷：银行存款

【例题 7-21】 2024 年 1 月 31 日，W 公司结算本月应付职工工资总额 300 000 元，代扣职工个人所得税共计 3 000 元，实发工资 197 000 元。

代扣个人所得税时，W 公司的会计分录如下：

借：应付职工薪酬——工资　　　　　　　　　　　　　　　　　　3 000

　　贷：应交税费——应交个人所得税　　　　　　　　　　　　　　　3 000

任务五　应付账款、预收账款的核算

一、应付账款的核算

（一）应付账款的概述

应付账款，是指企业因购买材料、商品或接受劳务等业务，应向供应单位支付的款项。应付账款是由于买卖双方在购销活动中因为取得物资与支付货款在时间上不一致而产生的负债。

为了核算应付账款的发生、偿还、转销等情况，企业应设置"应付账款"科目。该科目属于负债类，贷方登记企业购买材料、商品和接受劳务等而发生的应付账款，借方登记偿还的应付账款，或开出商业汇票抵付应付账款的款项，或已冲销的无法支付的应付账款，期末余额一般在贷方，表示企业尚未支付的应付账款余额，如果期末余额在借方，表示企业预付的款项。

（二）应付账款业务的会计处理

1. 发生应付账款的会计处理

购入货物时，企业的会计分录如下：

借：原材料

　　库存商品等

　　应交税费——应交增值税（进项税额）

　　贷：应付账款

【例题 7-22】 W 公司为增值税一般纳税人，2024 年 5 月 1 日，从 B 公司购入一批材料，货款为 20 000 元，增值税为 2 600 元，对方代垫运杂费 500 元。材料已运到并验收入库（材料按实际成本计价），款项尚未支付。

购入材料时，W 公司的会计分录如下：

借：原材料　　　　　　　　　　　　　　　　　　　　　　　　　20 500

　　应交税费——应交增值税（进项税额）　　　　　　　　　　　　2 600

贷：应付账款——B公司　　　　　　　　　　　　　　　　　　　　　　　23 100

【例题7-23】2024年1月，XR公司应支付电费6 000元。其中生产车间电费4 000元，公司行政管理部门电费2 000元，款项尚未支付，不考虑相关税费。

确认应交电费时，XR公司的会计分录如下：

借：制造费用　　　　　　　　　　　　　　　　　　　　　　　　　　　4 000

　　管理费用　　　　　　　　　　　　　　　　　　　　　　　　　　　2 000

　　贷：应付账款　　　　　　　　　　　　　　　　　　　　　　　　　　6 000

2. 偿还应付账款的会计处理

偿还应付账款或开具商业汇票抵付应付账款时，企业的会计分录如下：

借：应付账款

　　贷：银行存款

　　　　应付票据等

3. 转销应付账款的会计处理

企业转销确实无法支付的应付账款，按其账面余额直接转入"营业外收入"科目。

转销无法支付的款项时，企业的会计分录如下：

借：应付账款

　　贷：营业外收入

【例题7-24】2023年12月31日，R公司确定一笔应付账款10 000元为无法支付的款项，应予转销。

转销无法支付的应付账款时，R公司的会计分录如下：

借：应付账款　　　　　　　　　　　　　　　　　　　　　　　　　　10 000

　　贷：营业外收入　　　　　　　　　　　　　　　　　　　　　　　　10 000

二、预收账款的核算

（一）预收账款的概述

预收账款，是指企业按照合同规定向购货单位预收的款项。与应付账款不同，预收账款所形成的负债不是以货币偿还，而是以货物偿付。

为了核算预收账款的增、减变动及结转情况，企业应设置"预收账款"科目。该科目属于负债类，贷方登记增加，借方登记减少，期末余额一般在贷方，表示企业预收的款项，如果期末余额在借方，表示企业应收的款项。预收账款不多的企业，也可以把预收账款的业务放到"应收账款"科目核算。

（二）预收账款业务的会计处理

收到预收账款时，企业的会计分录如下：

借：银行存款

　　贷：预收账款

销售实现确认收入时，企业的会计分录如下：

借：预收账款

　　贷：主营业务收入

其他业务收入

应交税费——应交增值税（销项税额）

【例题 7-25】 R 公司为增值税一般纳税人。2024 年 6 月 3 日，R 公司与 C 公司签订供货合同，向其出售一批产品，货款 200 000 元，增值税 26 000 元。根据购货合同规定，C 公司在购货合同签订后一周内，应当向 R 公司预付货款 120 000 元，剩余货款在交货日付清。2024 年 6 月 9 日，R 公司收到 C 公司交来的预付货款 120 000 元并存入银行，6 月 19 日，R 公司将货物发到 C 公司并开出增值税专用发票，C 公司验收后付清了剩余货款，不考虑其他因素。

6 月 9 日收到预付货款时，R 公司的会计分录如下：

借：银行存款　　　　　　　　　　　　　　　　　　　120 000
　　贷：预收账款——C 公司　　　　　　　　　　　　　　　　120 000

6 月 19 日确认收入时，R 公司的会计分录如下：

借：预收账款——C 公司　　　　　　　　　　　　　　226 000
　　贷：主营业务收入　　　　　　　　　　　　　　　　　200 000
　　　　应交税费——应交增值税（销项税额）　　　　　　　26 000

收到 C 公司补付货款时，R 公司的会计分录如下：

借：银行存款　　　　　　　　　　　　　　　　　　　106 000
　　贷：预收账款——C 公司　　　　　　　　　　　　　　　106 000

注意：如果 R 公司不设置"预收账款"科目，可以通过"应收账款"科目核算有关业务。

6 月 9 日收到预付货款时，R 公司的会计分录如下：

借：银行存款　　　　　　　　　　　　　　　　　　　120 000
　　贷：应收账款——C 公司　　　　　　　　　　　　　　　120 000

6 月 19 日确认收入时，R 公司的会计分录如下：

借：应收账款——C 公司　　　　　　　　　　　　　　226 000
　　贷：主营业务收入　　　　　　　　　　　　　　　　　200 000
　　　　应交税费——应交增值税（销项税额）　　　　　　　26 000

收到 C 公司补付货款时，R 公司的会计分录如下：

借：银行存款　　　　　　　　　　　　　　　　　　　106 000
　　贷：应收账款——C 公司　　　　　　　　　　　　　　　106 000

任务六　长期借款的核算

一、长期借款的概述

长期借款，是指企业向银行或其他金融机构借入的期限在 1 年以上（不含 1 年）的各种借款。企业借入长期借款主要是为了扩张或改变资本结构或满足其他长期资本的需要，其会计处理的基本要求是反映和监督长期借款的借入、借款利息的结算和借款本息的归还情况。

为了核算企业长期借款的增、减变动及其余额情况，企业应设置"长期借款"科目。该科目属于负债类，贷方登记企业借入的长期借款的本金、到期一次还本付息方式下计提的利息，借方登记偿还的长期借款本金及利息，期末余额在贷方，表示尚未偿还的本金和利息。

二、长期借款业务的会计处理

长期借款业务的会计处理包括取得长期借款、发生长期借款利息、归还长期借款等环节。

（一）取得长期借款的会计处理

取得长期借款时，企业的会计分录如下：

借：银行存款（按实际收到金额）
　　长期借款——利息调整（按差额）
　　贷：长期借款——本金（借款本金）

（二）发生长期借款利息的会计处理

长期借款利息费用应当在资产负债表日按照实际利率法计算确定。

在实务中，利息费用应按以下原则计入有关成本、费用：

（1）属于筹建期间的，计入管理费用；

（2）属于生产经营期间的，计入财务费用；

（3）属于购建固定资产的，在固定资产尚未达到预定可使用状态前所发生的应当资本化的利息支出，计入在建工程成本。

确认利息费用时，企业的会计分录如下：

借：管理费用
　　财务费用
　　在建工程等
　　贷：应付利息（分期付息、到期还本的方式）
　　　　长期借款——应计利息（到期一次还本付息的方式）

（三）归还长期借款的会计处理

归还长期借款的本金时，企业的会计分录如下：

借：长期借款——本金
　　应付利息
　　长期借款——应计利息
　　贷：银行存款

【例题 7-26】XR 公司为增值税一般纳税人，于 2020 年 11 月 30 日从银行借入资金 4 800 000 元，借款期限为 3 年，年利率为 10%（到期一次还本付息，不计复利）。所借款项已存入银行，XR 公司用银行存款于当日购买不需安装的设备一台，价款为 4 000 000 元，增值税 520 000 元，另支付保险等费用 200 000 元，设备于当日投入使用，不考虑其他因素。

取得借款时，XR 公司的会计分录如下：

借：银行存款 4 800 000

　　贷：长期借款——本金 4 800 000

购入固定资产时，XR 公司的会计分录如下：

借：固定资产 4 200 000

　　应交税费——应交增值税（进项税额） 520 000

　　贷：银行存款 4 720 000

2020 年 12 月 31 日计提的长期借款利息为：

$$4\ 800\ 000 \times 10\% \div 12 = 40\ 000\ （元）$$

确认利息费用时，XR 公司的会计分录如下：

借：财务费用 40 000

　　贷：长期借款——应计利息 40 000

注意：2021 年 1 月至 2023 年 10 月月末预提利息会计分录同上。

到期偿还本金和利息时，XR 公司的会计分录如下：

借：财务费用 40 000

　　长期借款——本金 4 800 000

　　长期借款——应计利息 1 400 000

　　贷：银行存款 6 240 000

任务七　应付债券、长期应付款的核算

一、应付债券的核算

（一）应付债券的概述

应付债券，是指企业依照法定程序发行，约定在一定期限内还本付息的具有一定价值的证券。发行债券是企业筹集长期资金的方式之一。发行债券的企业，应按债券载明的付息日期和票面利率向持券人支付利息，在债券到期时按债券面值偿还本金。

为了核算企业发行债券筹资的增、减变动及其余额情况，企业应设置"应付债券"科目。该科目属于负债类，贷方登记应付债券的增加，借方登记应付债券的减少，期末余额在贷方，表示期末尚未偿还的债券本金和利息。

（二）应付债券业务的会计处理

发行债券收到价款时，企业的会计分录如下：

借：银行存款（实际收到的金额）

　　贷：应付债券——面值

　　　　应付债券——利息调整（有可能在借方）

在实务中，应付债券按实际利率（实际利率与票面利率差异较小时也可按票面利率）计算确定的利息费用，应按照与长期借款一致的原则计入有关成本、费用。其中，对于分期付息、到期一次还本的债券，按票面利率计算确定的应付未付利息通过"应付利息"科目核算；对于一次还本付息的债券，按票面利率计算确定的应付未付利息通过"应付债

券——应计利息"科目核算。

确认利息时，企业的会计分录如下：

借：财务费用

　　在建工程

　　制造费用

　　研发支出

　　管理费用

　　贷：应付利息（分期付息、到期还本的债券）

　　　　应付债券——应计利息（到期一次还本付息的债券）

债券还本付息时，企业的会计分录如下：

借：应付债券——面值

　　应付债券——应计利息

　　应付利息

　　贷：银行存款

【例题 7-27】R 公司发行债券及还本付息情况如下：

（1）R 公司于 2021 年 7 月 1 日发行 3 年期、到期一次还本付息、年利率为 8%（不计复利）、发行面值总额为 40 000 000 元的债券，该债券按面值发行。

（2）R 公司发行债券所筹资金于当日用于建造固定资产，至 2021 年 12 月 31 日时工程尚未完工，计提本年长期债券利息。该债券产生的实际利息费用应全部资本化，作为在建工程成本。2023 年 12 月 31 日该固定资产达到预定可使用状态。

（3）2024 年 7 月 1 日，R 公司偿还债券本金和利息。

发行债券时，R 公司的会计分录如下：

借：银行存款　　　　　　　　　　　　　　　　　　　40 000 000

　　贷：应付债券——面值　　　　　　　　　　　　　　　　40 000 000

2021 年计提利息时，R 公司的会计分录如下：

借：在建工程　　　　　　　　　　　　　　　　　　　1 600 000

　　贷：应付债券——应计利息　　1 600 000（40 000 000×8%÷12×6）

2022 年计提利息时，R 公司的会计分录如下：

借：在建工程　　　　　　　　　　　　　　　　　　　3 200 000

　　贷：应付债券——应计利息　　3 200 000（40 000 000×8%）

2023 年计提利息时，R 公司的会计分录如下：

借：在建工程　　　　　　　　　　　　　　　　　　　3 200 000

　　贷：应付债券——应计利息　　3 200 000（40 000 000×8%）

2024 年计提利息时，R 公司的会计分录如下：

借：财务费用　　　　　　　　　　　　　　　　　　　1 600 000

　　贷：应付债券——应计利息　　1 600 000（40 000 000×8%÷12×6）

到期偿还本息时，R 公司的会计分录如下：

借：应付债券——面值　　　　　　　　　　　　　　　40 000 000

　　　　　　——应计利息　　9 600 000（40 000 000×8%×3）

　　贷：银行存款　　　　　　　　　　　　　　　　　　49 600 000

二、长期应付款的核算

（一）长期应付款的概述

长期应付款，是指企业除长期借款和应付债券以外的其他各种长期应付款项。

为了核算企业长期应付款的增、减变动及其余额情况，企业应设置"长期应付款"科目。该科目属于负债类，贷方登记发生的长期应付款，主要有应付补偿贸易、补偿登记引进设备款及其应付利息、应付融资租入固定资产的租赁费等；借方登记长期应付款的归还数；期末余额在贷方，表示企业尚未支付的各种长期应付款。

（二）长期应付款业务的会计处理

在实务中，企业采用延期付款方式购买固定资产，如果延期支付的购买价款超过正常信用条件，实质上具有融资性质，所购资产的成本应当以延期支付购买价款的现值为基础确定。实际支付的价款与购买价款的现值之间的差额，应当在信用期间内采用实际利率法进行摊销，计入相关资产成本或当期损益。

购入资产超过正常信用条件延期付款实质上具有融资性质时，企业的会计分录如下：

借：在建工程
　　　　固定资产（购买价款的现值）
　　　　未确认融资费用（按差额）
　　贷：长期应付款（应支付的价款总额）

项目总结

本项目主要介绍了负债的概念（负债的特征、负债的确认条件）、负债的分类（流动负债与长期负债、货币性负债与非货币性负债），短期借款的概念、短期借款业务的会计处理（短期借款取得的会计处理、短期借款利息的会计处理、短期借款归还的会计处理），应付职工薪酬的概念、应付职工薪酬业务的会计处理（货币性职工薪酬的会计处理、货币性职工薪酬发放的会计处理、非货币性职工薪酬确认和发放的会计处理），应交税费的概念、应交增值税的核算（应交增值税的概述、应设置的会计科目、一般纳税人应交增值税业务的会计处理、小规模纳税人应交增值税业务的会计处理）、应交消费税的核算（应交消费税的概述、应设置的会计科目、应交消费税业务的会计处理）、其他应交税费的核算（其他应交税费的概述、应设置的会计科目、其他应交税费业务的会计处理），应付账款的核算（应付账款的概述、应付账款业务的会计处理）、预收账款的核算（预收账款的概述、预收账款业务的会计处理），长期借款的概述、长期借款业务的会计处理（取得长期借款的会计处理、发生长期借款利息的会计处理、归还长期借款的会计处理），应付债券的核算（应付债券的概述、应付债券业务的会计处理）、长期应付款的核算（长期应付款的概述、长期应付款业务的会计处理）。

巩固练习

一、思考题

1. 长期负债折价与溢价的成因是什么？会计上是如何摊销的？

2. 应付票据到期时付款方无力付款应如何进行会计处理？

3. 职工薪酬包括哪些内容？

4. 非货币性福利如何进行会计处理？

二、单项选择题

1. 企业生产经营期间发生的以下各项利息支出中，不应该计入财务费用的是（　　）。

A. 应付债券费用化的利息　　　　　　B. 带息应付票据的利息

C. 财务人员的工资　　　　　　　　　D. 长期借款费用化的利息

2. W 公司向职工发放自产的加湿器作为福利，该产品的成本为每台 450 元，共有职工 20 人，计税价格为 500 元，增值税税率为 13%，计入应付职工薪酬的金额为（　　）元。

A. 11 300　　　　　B. 7 500　　　　　C. 12 000　　　　　D. 8 200

3. 企业对外销售应税产品计算出的应交资源税，应记入（　　）科目。

A. 销售费用　　　　　　　　　　　　B. 生产成本

C. 制造费用　　　　　　　　　　　　D. 应交税费——应交资源税

4. 下列项目中，属于流动负债的是（　　）。

A. 短期借款　　　B. 长期应付款　　　C. 应付债券　　　D. 专项应付款

5. 企业因债权人撤销而转销无法支付的应付账款时，应将所转销的应付账款计入（　　）。

A. 主营业务收入　　　　　　　　　　B. 其他应付款

C. 营业外收入　　　　　　　　　　　D. 其他业务收入

6. 应交消费税的委托加工物资收回后用于连续生产应税消费品的，按规定准予抵扣由受托方代收代交的消费税，应当记入（　　）科目。

A. 制造费用　　　　　　　　　　　　B. 应交税费——应交消费税

C. 主营业务成本　　　　　　　　　　D. 委托加工物资

7. 企业为建造仓库而购进的工程物资负担的增值税应当计入（　　）。

A. 应交税费　　　B. 工程物资　　　C. 制造费用　　　D. 管理费用

8. 下列项目中，应通过"其他应付款"科目核算的是（　　）。

A. 租入包装物支付的押金　　　　　　B. 应交城市维护建设税

C. 存入保证金　　　　　　　　　　　D. 应付销售人员工资

9. 商业承兑汇票到期无法支付，按规定转入（　　）。

A. 短期借款　　　B. 应付账款　　　C. 营业外收入　　　D. 营业外支出

10. 下列项目中，关于应付票据处理的说法，正确的是（　　）。

A. 企业到期无力支付的商业承兑汇票，应按账面余额转入"短期借款"

B. 企业支付的银行承兑手续费，计入当期管理费用

C. 应付票据到期支付时，按面值结转

D. 企业开出并承兑商业汇票时，应按票据的票面金额贷记"应付票据"

三、多项选择题

1. 下列项目中，关于短期借款利息处理的方法，正确的有（　　）。

A. 采用预提方法，分期计入财务费用　　B. 一次计入财务费用

C. 一次计入短期借款　　D. 采用预提方法分期计入短期借款

2. 下列项目中，不通过"应付职工薪酬"科目核算的有（　　）。

A. 职工差旅费　　B. 职工生活困难补助

C. 职工社会保险费　　D. 业务招待费

3. 下列项目中，可能记入"税金及附加"科目的有（　　）。

A. 城建税　　B. 印花税　　C. 消费税　　D. 教育费附加

4. 下列项目中，属于企业应交纳消费税的有（　　）。

A. 销售应税消费品取得收入　　B. 销售不动产取得收入

C. 出租无形资产取得收入　　D. 企业自建厂房领用自产应税消费品

5. 下列项目中，应视同销售计算交纳增值税销项税额的有（　　）。

A. 将自产货物作为福利发放给职工　　B. 销售代销货物

C. 委托他人保管货物　　D. 将自产货物对外投资

四、判断题

1. 企业向银行或其他金融机构借入的各种款项所发生的利息一定计入财务费用。
（　　）

2. 企业因解除与职工的劳务关系应给予职工的补偿不应通过"应付职工薪酬"科目核算。
（　　）

3. 企业以自产的产品对外捐赠，由于会计核算时不作销售处理，因此不需交纳增值税。
（　　）

4. 企业只有在对外销售应税产品时才交纳消费税。　（　　）

5. P企业为小规模纳税人，销售产品一批，含税价格 82 400 元，增值税税率 3%，该批产品应交增值税为 2 400 元。
（　　）

五、业务题

R公司为增值税一般纳税人，其适用增值税税率 13%，2024 年 6 月发生以下经济业务：

（1）6月1日，购入无须安装的生产设备一台，价款为 10 万元，增值税 1.6 万元（符合增值税抵扣条件），并开出 3 个月商业承兑汇票，该票据为带息票据，票面利率 8%，于月末计提利息。

（2）6月2日，收到 B 公司预付货款 50 万元。

（3）6月8日，转让专利所有权，取得转让收入 8 万元，已存入银行，该专利权账面原值 8 万元，已摊销 2 万元，不考虑相关税费。

（4）6月14日，向 B 公司发出不含税售价 70 万元的货物，成本为 55 万元；B 公司已验收入库，并支付了剩余货款及增值税。

（5）6月29日，经过核算该月应付生产工人工资 20 万元，车间管理人员工资 12 万元，厂部管理人员工资 5 万元，工程人员工资 3 万元。

（6）6月30日，计提带息票据利息。

要求：根据 R 公司的上述经济业务（1）～（6）编制会计分录。

项目八 认识所有者权益与核算

🎯 **学习目标**

1. **知识目标**

熟悉利润分配的过程及计量；

理解所有者权益的概念和内容；

掌握实收资本（股本）的计量和会计处理、资本公积的计量和会计处理、留存收益的计量和会计处理。

2. **能力目标**

通过学习所有者权益与核算相关知识，形成理性的权益资本经营理念与利润分享思维，提升对所有者权益的核算能力和管理能力。

3. **素质目标**

通过学习所有者权益与核算相关知识，培养正确的权益观念和同甘共苦的精神。

📐 **知识结构**

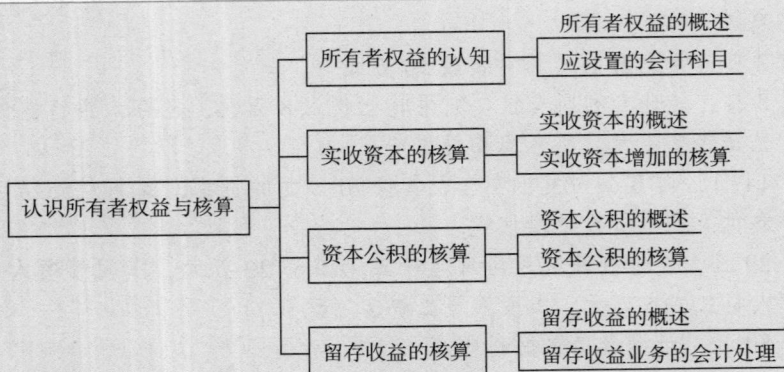

导入案例

韦大宝的创业梦

韦大宝的创业梦终于要实现了，韦大宝准备斥资 100 万元成立韦大宝实业有限责任公司。但是一系列的问题困扰着韦大宝，如公司要怎么注册呢？全部投入现金还是投入一部分现金、一部分实物资产呢？到底是一个人出资还是和别人一起出资呢？如果和别人一起出资，各出多少呢？股份怎么分呢？收益怎么分呢？后续公司发展壮大了，吸收新股东怎么处理呢？你知道怎么办吗？

任务一　所有者权益的认知

一、所有者权益的概述

（一）所有者权益的概念

所有者权益，是指企业资产扣除负债后由所有者享有的剩余权益，即所有者对企业净资产的所有权。所有者权益包括所有者投入的资本、直接计入所有者权益的利得和损失、留存收益。其中，所有者投入的资本形成实收资本（股本）与资本公积，留存收益包括盈余公积和未分配利润。

（二）所有者权益的特征

所有者权益具有以下五个特征：

（1）所有者权益既是一种财产权利，又是一种剩余权益；

（2）所有者权益是一种来自投资行为的权利；

（3）所有者权益具有长期性；

（4）所有者权益计量的间接性；

（5）所有者权益的构成包括所有者投入的资本、企业的资产增值以及经营利润。

在实务中，企业所有者权益按经济内容不同可以分为实收资本（股本）、资本公积、其他综合收益、其他权益工具、盈余公积和未分配利润。其中，实收资本（股本），是指投资者按照合同或协议约定实际投入企业的注册资本，按投资者身份不同分为国家投资、法人投资、个人投资和外商投资。资本公积，是指企业在经营过程中由于接受捐赠、股本溢价以及法定财产重估增值等原因所形成的公积金。其他综合收益，是指企业根据其他会计准则规定未在当期损益中确认的各项利得和损失。其他权益工具，是指企业发行的除普通股以外的归类为权益工具的各种金融工具，包括优先股和永续债两部分。盈余公积，是指企业从税后净利润中提取形成的、留存于企业内部、具有特定用途的收益积累。盈余公积按规定可用于弥补企业亏损，也可按法定程序转增资本金。未分配利润，是指企业实现的净利润经过弥补亏损、提取盈余公积和向投资者分配利润后留存在企业的、历年结存的利润。

二、应设置的会计科目

1. "实收资本（股本）"科目

为了核算投资者投入资本的增、减变动及其余额情况，企业应设置"实收资本（股本）"科目。该科目属于所有者权益类，贷方登记实收资本的增加数额，借方登记实收资本的减少数额，期末余额在贷方，表示企业期末实收资本实有数额。

2. "资本公积"科目

为了核算企业资本公积的增、减变动及其余额情况，企业应设置"资本公积"科目。该科目属于所有者权益类，贷方登记资本公积的增加数额，借方登记资本公积的减少数额，期末余额在贷方，表示企业期末资本公积实有数额。

3. "其他综合收益"科目

为了核算企业其他综合收益的增、减变动及其余额情况，企业应设置"其他综合收益"科目。该科目属于所有者权益类，贷方登记其他综合收益的增加数额，借方登记其他综合收益的减少数额，期末余额在贷方，表示企业期末其他综合收益实有数额。

4. "其他权益工具"科目

为了核算企业其他权益工具的增、减变动及其余额情况，企业应设置"其他权益工具"科目。该科目属于所有者权益类，贷方登记其他权益工具的增加数额，借方登记其他权益工具的减少数额，期末余额在贷方，表示企业期末其他权益工具实有数额。

5. "盈余公积"科目

为了核算企业盈余公积的增、减变动及其余额情况，企业应设置"盈余公积"科目。该科目属于所有者权益类，贷方登记盈余公积的增加数额，借方登记盈余公积的减少数额，期末余额在贷方，表示企业期末盈余公积实有数额。

6. "利润分配"科目

为了核算企业利润分配（或弥补亏损）和历年分配（或弥补亏损）后的未分配利润（或未弥补亏损）的情况，企业应设置"利润分配"科目。该科目属于所有者权益类，贷方登记利润分配的增加数额，借方登记利润分配的减少数额，期末余额如果在贷方，表示累积未分配的利润数额；期末余额如果在借方，表示累积未弥补的亏损数额。

任务二　实收资本的核算

一、实收资本的概述

实收资本，是指投资者按照投资合同或协议约定实际投入企业的注册资本（股份有限公司称为股本）。在实务中，投入企业的资本可以是货币资金，也可以是材料、商品、固定资产、无形资产等。

二、实收资本增加的核算

实收资本增加的途径包括投资者投入、资本公积转增资本、盈余公积转增资本、债务重组中债务转为股权、可转换债券转为股本等。

（一）接受现金资产投资的会计处理

1. 有限责任公司接受现金资产投资

实收资本的构成比例是确定所有者在企业所有者权益中所占的份额和参与企业财务经营决策的基础，也是企业进行利润分配或股利分配的依据。

接受现金资产投资时，企业的会计分录如下：

借：银行存款
　　贷：实收资本

【例题 8-1】2024 年 1 月 10 日，A、B、C 三位投资者共同投资设立 M 公司，注册资本为 200 000 元，A、B、C 持股比例分别为 60%、25% 和 15%。按照公司章程规定，A、B、C 投入资本分别为 120 000 元、50 000 元和 30 000 元。M 公司已收到 A、B、C 一次缴足的款项。

收到投资款时，M 公司的会计分录如下：

借：银行存款　　　　　　　　　　　　　　　　　　　　　200 000
　　贷：实收资本——A　　　　　　　　　　　　　　　　　120 000
　　　　　　——B　　　　　　　　　　　　　　　　　　　 50 000
　　　　　　——C　　　　　　　　　　　　　　　　　　　 30 000

2. 股份有限公司接受现金资产投资

股份有限公司发行股票，既可以按面值发行股票，也可以溢价发行。

收到现金资产时，企业的会计分录如下：

借：银行存款
　　贷：股本
　　　　资本公积——股本溢价（按差额计入）

【例题 8-2】RC 股份有限公司通过发行普通股筹集资金，2024 年 3 月 20 日发行普通股 10 000 000 股，每股面值 1 元，每股发行价格 3 元。假定股票发行成功，款项 30 000 000 元已全部存入银行，不考虑发行过程中的税费等因素。

股票发行时，RC 公司的会计分录如下：

借：银行存款　　　　　　　　　　　　　　　　　　　30 000 000
　　贷：股本　　　　　　　　　　　　　　　　　　　 10 000 000
　　　　资本公积——股本溢价　　　　　　　　　　　 20 000 000

（二）接受非现金资产投资的会计处理

在实务中，股东既可以用货币出资，也可以用实物、知识产权、土地使用权等非货币性资产作价出资；但是，法律、行政法规规定不得作为出资的资产除外。对作为出资的非货币性财产，企业应当按照公允价值评估作价，核实资产的价值，不得高估或低估作价。

企业接受非现金资产投资时，应按投资合同或协议约定价值确定非现金资产价值（但投资合同或协议约定价值不公允的除外）以及在注册资本中应享有的份额入账。

1. 接受投入固定资产的会计处理

企业接受投资者作价投入的房屋、建筑物、机器设备等固定资产，应按投资合同或协议约定价值确定固定资产价值（但投资合同或协议约定价值不公允的除外）和在注册资本中应享有的份额入账。

接受投入固定资产时，企业的会计分录如下：

借：固定资产
　　应交税费——应交增值税（进项税额）
　　贷：实收资本

【例题 8-3】 W 公司在设立时收到 H 公司作为资本投入的不需要安装的机器设备一台，合同约定该机器设备的价值为 200 000 元，增值税进项税额为 26 000 元（假设增值税允许抵扣）。合同约定的固定资产价值与公允价值相符，不考虑其他因素。

收到固定资产投资时，W 公司的会计分录如下：

借：固定资产　　　　　　　　　　　　　　　　　　　　　　　200 000
　　应交税费——应交增值税（进项税额）　　　　　　　　　　 26 000
　　　贷：实收资本——H 公司　　　　　　　　　　　　　　　　　　226 000

2. 接受投入材料物资的会计处理

企业接受投资者作价投入的材料、商品等，应按投资合同或协议约定价值确定材料物资价值（但投资合同或协议约定价值不公允的除外）和在注册资本中应享有的份额入账。

接受投入材料物资时，企业的会计分录如下：

借：原材料
　　库存商品
　　应交税费——应交增值税（进项税额）
　　贷：实收资本

【例题 8-4】 R 公司在设立时收到 M 公司作为资本投入的原材料一批，该批原材料投资合同或协议约定价值（不含可抵扣的增值税进项税额部分）为 1 000 000 元，增值税进项税额为 130 000 元。M 公司已开具增值税专用发票。假设合同约定的价值与公允价值相符，该进项税额允许抵扣，不考虑其他因素。

收到投入材料物资时，R 公司的会计分录如下：

借：原材料　　　　　　　　　　　　　　　　　　　　　　　 1 000 000
　　应交税费——应交增值税（进项税额）　　　　　　　　　　130 000
　　　贷：实收资本——M 公司　　　　　　　　　　　　　　　　 1 130 000

【例题 8-5】 W 公司在设立时收到 R 投资者作为资本投入的商品一批，该批商品投资合同或协议约定价值（不含可抵扣的增值税进项税额部分）为 300 000 元，增值税进项税额为 39 000 元。R 公司已开具增值税专用发票。假设合同约定的价值与公允价值相符，该进项税额允许抵扣，不考虑其他因素。

收到投入商品时，W 公司的会计分录如下：

借：库存商品　　　　　　　　　　　　　　　　　　　　　　　300 000
　　应交税费——应交增值税（进项税额）　　　　　　　　　　 39 000

　　　　　贷：实收资本——R公司　　　　　　　　　　　　　　　　　　　　339 000

3. 接受投入无形资产的会计处理

企业收到投资者以无形资产方式投入的资本，应按投资合同或协议约定价值确定无形资产价值（但投资合同或协议约定价值不公允的除外）和在注册资本中应享有的份额入账。

收到投入无形资产时，企业的会计分录如下：

借：无形资产

　　贷：实收资本

（三）实收资本增减变动的会计处理

一般情况下，企业的实收资本相对固定不变，但在某些特定的情况下，实收资本也可能发生增减变化。

1. 实收资本（或股本）增加的会计处理

在实务中，企业增加资本的途径包括接受投资者追加投资、资本公积转增资本、盈余公积转增资本。

接受投资者追加投资时，企业的会计分录如下：

借：银行存款

　　固定资产

　　无形资产

　　贷：实收资本（或股本）

　　　　资本公积（差额）

【例题8-6】T、B、M三人共同投资设立W公司，原注册资本为400 000元，T、B、M分别出资50 000元、200 000元和150 000元。为扩大经营规模，经批准，W公司注册资本扩大到500 000元，T、B、M三人按照原出资比例分别追加投资12 500元、50 000元和37 500元。W公司如期收到T、B、M三人追加的现金投资，不考虑其他因素。

收到投资者追加投资时，W公司的会计分录如下：

借：银行存款　　　　　　　　　　　　　　　　　　　　　　　100 000

　　贷：实收资本——T　　　　　　　　　　　　　　　　　　　　12 500

　　　　　　　——B　　　　　　　　　　　　　　　　　　　　50 000

　　　　　　　——M　　　　　　　　　　　　　　　　　　　　37 500

用资本公积转增资本时，企业的会计分录如下：

借：资本公积

　　贷：实收资本

【例题8-7】承接【例题8-6】，因扩大经营规模需要，经批准，W公司按原出资比例将资本公积100 000元转增资本。

将资本公积转增资本时，W公司的会计分录如下：

借：资本公积　　　　　　　　　　　　　　　　　　　　　　　100 000

　　贷：实收资本——T　　　　　　　　　　　　　　　　　　　　12 500

　　　　　　　——B　　　　　　　　　　　　　　　　　　　　50 000

　　　　　　　——M　　　　　　　　　　　　　　　　　　　　37 500

用盈余公积转增资本时，企业的会计分录如下：

借：盈余公积
  贷：实收资本

【例题 8-8】承接【例题 8-7】，因扩大经营规模需要，经批准，W 公司按原出资比例将盈余公积 200 000 元转增资本，不考虑其他因素。

将盈余公积转增资本时，W 公司的会计分录如下：

借：盈余公积   200 000
  贷：实收资本——T   25 000
     ——B   100 000
     ——M   75 000

2. 实收资本（或股本）减少的会计处理

有限责任公司减少注册资本，需由董事会制定减资方案，经过股东大会决议通过。公司减资后的注册资本不得低于法律规定的最低限额。

减少注册资本时，企业的会计分录如下：

借：实收资本
  贷：银行存款等

【例题 8-9】M 公司拟减少注册资本，R 投资者自愿退出，经协商决定，M 公司按 R 投资者当时入股金额 348 000 元退还给 R 投资者，全部款项均已用银行转账支付，不考虑其他因素。

减少注册资本时，M 公司的会计分录如下：

借：实收资本——R 投资者   348 000
  贷：银行存款   348 000

股份有限公司采用收购本公司股票方式减资的，按股票面值和注销股数计算的股票面值总额冲减股本，按注销库存股的账面余额与所冲减股本的差额冲减股本溢价，股本溢价不足冲减的，再冲减盈余公积直至未分配利润。如果回购股票支付的价款低于面值总额，所注销库存股的账面余额与所冲减股本的差额作为增加股本溢价处理。

回购本公司股票注销时，企业的会计分录如下：

借：库存股
  贷：银行存款

注销本公司股票时，企业的会计分录如下：

借：股本
  资本公积
  盈余公积
  未分配利润
  贷：库存股

【例题 8-10】RC 公司 2023 年 12 月 31 日的股本为 100 000 000 股，面值为 1 元，资本公积（股本溢价）30 000 000 元，盈余公积 40 000 000 元。经股东大会批准，RC 公司拟以现金回购本公司股票 20 000 000 股并注销。假定 RC 公司按每股 2 元回购股票，不考虑其他因素。

回购本公司股票时，RC 公司的会计分录如下：

借：库存股　　　　　　　　　　　　　　　　　　40 000 000（20 000 000×2）
　　贷：银行存款　　　　　　　　　　　　　　　　　　　　　　　40 000 000

注销本公司股票时，RC 公司的会计分录如下：

借：股本　　　　　　　　　　　　　　　　　　　　　20 000 000
　　资本公积——股本溢价　　　　20 000 000（20 000 000×2-20 000 000×1）
　　贷：库存股　　　　　　　　　　　　　　　　　　　　　　　40 000 000

【例题 8-11】RC 公司 2023 年 12 月 31 日的股本为 100 000 000 股，面值为 1 元，资本公积（股本溢价）30 000 000 元，盈余公积 40 000 000 元。经股东大会批准，RC 公司拟以现金回购本公司股票 20 000 000 股并注销。假定 RC 公司按每股 3 元回购股票，不考虑其他因素。

回购本公司股票时，RC 公司的会计分录如下：

借：库存股　　　　　　　　　　　　　　　　60 000 000（20 000 000×3）
　　贷：银行存款　　　　　　　　　　　　　　　　　　　　　60 000 000

注销本公司股票时，RC 公司的会计分录如下：

借：股本　　　　　　　　　　　　　　　　　　　20 000 000
　　资本公积——股本溢价　　　　　　　　　　　30 000 000
　　盈余公积　　　　　　　　　　　　　　　　　10 000 000
　　贷：库存股　　　　　　　　　　　　　　　　　　　　60 000 000

注意：

　　　应冲减的资本公积＝20 000 000×3-20 000 000×1＝40 000 000（元）

由于应冲减的资本公积大于公司现有的资本公积，所以只能冲减资本公积 30 000 000 元，剩余的 10 000 000 元应冲减盈余公积。

【例题 8-12】RC 公司 2023 年 12 月 31 日的股本为 100 000 000 股，面值为 1 元，资本公积（股本溢价）30 000 000 元，盈余公积 40 000 000 元。经股东大会批准，RC 公司拟以现金回购本公司股票 20 000 000 股并注销。假定 RC 公司按每股 0.9 元回购股票，不考虑其他因素。

回购本公司股票时，RC 公司的会计分录如下：

借：库存股　　　　　　　　　　　　　　　18 000 000（20 000 000×0.9）
　　贷：银行存款　　　　　　　　　　　　　　　　　　　18 000 000

注销本公司股票时，RC 公司的会计分录如下：

借：股本　　　　　　　　　　　　　　　　　20 000 000
　　贷：库存股　　　　　　　　　　　　　　　　　　18 000 000
　　　　资本公积——股本溢价　　　　　　　　　　2 000 000

注意：

　　　应增加的资本公积＝20 000 000×1-20 000 000×0.9＝2 000 000（元）

由于折价回购，股本与库存股成本的差额 2 000 000 元应作为增加资本公积处理。

任务三　资本公积的核算

一、资本公积的概述

资本公积，是指企业收到投资者投入资本超过其在注册资本或股本中所占的份额以及直接计入所有者权益的利得和损失等，包括资本溢价（或股本溢价）和其他资本公积两部分。

其中，直接计入所有者权益的利得和损失，是指不应直接计入当期损益、会导致所有者权益发生增减变化的、与所有者投入资本或者向投资者分配利润无关的利得和损失。

二、资本公积的核算

（一）资本溢价的会计处理

有限责任公司在创立时，投资者认缴的出资额与注册资本相同，通常不会产生资本溢价。但在有限责任公司重组或有投资者追加投资时，就会出现资本溢价。

收到新投资者投入资本时，企业的会计分录如下：

借：银行存款
　　原材料
　　固定资产
　　无形资产等
　　贷：实收资本
　　　　资本公积——资本溢价

【例题 8-13】 W 公司由两位投资者投资 200 000 元设立，每人各出资 100 000 元。一年后，为扩大经营规模，经批准，W 公司注册资本增加到 300 000 元，并引入第三位投资者加入。按照投资协议，新投资者需缴入现金 110 000 元，同时享有该公司三分之一的股份。W 公司已收到该现金投资，不考虑其他因素。

收到新投资者投入资本时，W 公司的会计分录如下：

借：银行存款　　　　　　　　　　　　　　　　　　　　　　　　110 000
　　贷：实收资本　　　　　　　　　　　　　　　　　　　　　　100 000
　　　　资本公积——资本溢价　　　　　　　　　　　　　　　　　10 000

（二）股本溢价的会计处理

股份有限公司以发行股票的方式筹集股本，股票可按面值发行，也可按溢价发行，但我国目前不准折价发行。与其他类型的企业不同，股份有限公司在成立时可能会溢价发行股票，因而在成立之初，就可能会产生股本溢价。

在按面值发行股票的情况下，股份有限公司发行股票取得的收入，应全部作为股本处理；在溢价发行股票的情况下，股份有限公司发行股票取得的收入，股票面值部分作为股本处理，超出股票面值的溢价收入应作为股本溢价处理。

在实务中，发行股票相关的手续费、佣金等交易费用直接冲减资本公积、盈余公积和未分配利润。

发行股票等集资本时，企业的会计分录如下：

借：银行存款

　　贷：股本

　　　　资本公积——股本溢价

确认手续费、佣金等费用时，企业的会计分录如下：

借：资本公积——股本溢价

　　贷：银行存款

【例题 8-14】 RC 公司首次公开发行普通股 10 000 000 股，每股面值 1 元，每股发行价格为 3 元。RC 公司以银行存款支付发行手续费、咨询费等费用共计 200 000 元。假定发行收入已全部收到，发行费用已全部支付，不考虑其他因素。

收到发行款项时，RC 公司的会计分录如下：

借：银行存款　　　　　　　　　　　　　　　　　　　30 000 000

　　贷：股本　　　　　　　　　　　　　　　　　　　　　10 000 000

　　　　资本公积——股本溢价　　　20 000 000 ［10 000 000× （3-1）］

支付发行费用时，RC 公司的会计分录如下：

借：资本公积——股本溢价　　　　　　　　　　　　　　200 000

　　贷：银行存款　　　　　　　　　　　　　　　　　　　　200 000

（三）其他资本公积的会计处理

其他资本公积，是指除资本溢价（或股本溢价）项目以外所形成的资本公积，其中主要是直接计入所有者权益的利得和损失。

企业对被投资单位的长期股权投资采用权益法核算，在持股比例不变的情况下，对因被投资单位除净损益、利润分配和其他综合收益以外的所有者权益的其他变动，应按持股比例计算其应享有被投资企业所有者权益的增加或减少数额。

确认其他资本公积时，企业的会计分录如下：

借：长期股权投资——其他权益变动

　　贷：资本公积——其他资本公积

或做会计分录如下：

借：资本公积——其他资本公积

　　贷：长期股权投资——其他权益变动

任务四　留存收益的核算

一、留存收益的概述

留存收益，是指企业从历年实现的净利润中提取或留存在企业的内部积累，它来源于企业生产经营活动所实现的净利润。

在实务中，留存收益的目的是保证企业实现的净利润有一部分留存在企业，一方面可以满足企业维持或扩大再生产经营活动的资金需要，保持或提高企业的获利能力；另一方面可以保证企业有足够的资金用于偿还债务，保护债权人的权益。留存收益包括盈余公积和未分配利润两部分，其中盈余公积是有特定用途的累积盈余（包括法定盈余公积和任意盈余公积），未分配利润是尚未指定用途的累积盈余。

在实务中，企业分配当年税后利润时，一般按照以下顺序进行：

（1）提取法定盈余公积。按照利润的10%提取公司法定盈余公积，法定盈余公积累计额为公司注册资本50%以上的，可以不再计提。

（2）提取任意盈余公积。公司从税后利润中提取法定盈余公积后，经股东会或者股东大会决议，还可以从税后利润中提取任意盈余公积。

（3）向投资者分配利润。公司弥补亏损和提取公积后所剩余利润，有限责任公司按照股东实缴的出资比例分配；股份有限公司按照股东持有的股份比例分配，但公司章程规定不按持股比例分配的除外。

二、留存收益业务的会计处理

（一）利润分配的会计处理

利润分配，是指企业根据国家相关规定和企业的章程、投资者合同或协议等，对企业当年可供分配的利润进行分配。利润分配是对企业一段时间内经营成果在各个利益相关者中进行分配，保证企业正常有序地发展，保障股东的合法权益等。

为了核算利润的分配情况，企业应在"利润分配"科目下设置"提取法定盈余公积""提取任意盈余公积""应付现金股利""盈余公积补亏""未分配利润"等明细科目，反映企业利润的分配过程或亏损的弥补情况以及历年分配或弥补亏损后的累计余额。

将全年实现的净利润或净亏损转入利润分配时，企业的会计分录如下：

借：本年利润
　　贷：利润分配——未分配利润（净利润转入）

或做会计分录如下：

借：利润分配——未分配利润（净亏损转入）
　　贷：本年利润

【例题8-15】R公司2023年度实现净利润1 000 000元，假设不考虑其他因素。

将全年实现的净利润转入利润分配时，R公司的会计分录如下：

借：本年利润　　　　　　　　　　　　　　　　　　　　　　　1 000 000
　　贷：利润分配——未分配利润　　　　　　　　　　　　　　　　　1 000 000

提取盈余公积时，企业的会计分录如下：

借：利润分配——提取法定盈余公积
　　　　　　　——提取任意盈余公积
　　贷：盈余公积——法定盈余公积
　　　　　　　　　——任意盈余公积

【例题8-16】承接【例题8-15】，R公司根据2023年度净利润的10%提取法定盈余公积，根据净利润的8%提取任意盈余公积，分别为100 000元和80 000元。

提取盈余公积时，R公司的会计分录如下：

借：利润分配——提取法定盈余公积 100 000
　　　　　——提取任意盈余公积 80 000
　　贷：盈余公积——法定盈余公积 100 000
　　　　　　　　——任意盈余公积 80 000

宣告发放现金股利时，企业的会计分录如下：

借：利润分配——应付股利
　　贷：应付股利（应付库存现金股利或利润）

【例题8-17】 承接【例题8-15】，R公司根据2023年度净利润的50%分配现金股利。

宣告发放现金股利时，R公司的会计分录如下：

借：利润分配——应付股利 500 000
　　贷：应付股利 500 000

注意：年末利润分配结束后，只有"利润分配——未分配利润"科目有余额，利润分配其他明细科目的余额全部转入"利润分配——未分配利润"科目。

结转利润分配明细科目时，企业的会计分录如下：

借：利润分配——未分配利润
　　贷：利润分配——提取法定盈余公积
　　　　　　　　——提取任意盈余公积
　　　　　　　　——应付现金股利等

【例题8-18】 承接【例题8-15】、【例题8-16】、【例题8-17】，R公司利润分配结束后，将"利润分配——未分配利润"科目以外的明细科目转入"利润分配——未分配利润"。

结转利润分配明细科目时，R公司的会计分录如下：

借：利润分配——未分配利润 680 000
　　贷：利润分配——提取法定盈余公积 100 000
　　　　　　　　——提取任意盈余公积 80 000
　　　　　　　　——应付现金股利 500 000

（二）盈余公积的会计处理

1. 盈余公积补亏的会计处理

在实务中，纳税人发生年度亏损的，可以用下一纳税年度的所得弥补，下一纳税年度的所得不足以弥补的，可以逐年延续弥补，但是延续弥补期最长不得超过五年。在税前利润不足以弥补亏损的情况下，可以用以前年度的盈余公积补亏。以前年度盈余公积仍不足以弥补亏损的，用提取盈余公积前的税后利润补亏。

用盈余公积弥补亏损时，企业的会计分录如下：

借：盈余公积——法定盈余公积
　　盈余公积——任意盈余公积
　　贷：利润分配——盈余公积补亏

结转利润分配明细科目时，企业的会计分录如下：

借：利润分配——盈余公积补亏
　　贷：利润分配——未分配利润

【例题 8-19】 W 公司本年发生经营亏损 400 000 元，经股东大会表决通过，决定以累积的法定盈余公积 300 000 元、任意盈余公积 100 000 元弥补亏损，不考虑其他因素。

用盈余公积弥补亏损时，W 公司的会计分录如下：

借：盈余公积——法定盈余公积　　　　　　　　　　　　　　　300 000
　　　　　　——任意盈余公积　　　　　　　　　　　　　　　100 000
　　贷：利润分配——盈余公积补亏　　　　　　　　　　　　　　　　400 000

年度终了，将"利润分配——盈余公积补亏"科目余额转入"利润分配——未分配利润"科目。

结转利润分配明细科目时，W 公司的会计分录如下：

借：利润分配——盈余公积补亏　　　　　　　　　　　　　　　400 000
　　贷：利润分配——未分配利润　　　　　　　　　　　　　　　　400 000

2. 盈余公积转增实收资本（或股本）的会计处理

盈余公积转增实收资本（或股本）时，企业的会计分录如下：

借：盈余公积——法定盈余公积
　　　　　　——任意盈余公积
　　贷：实收资本（或股本）

【例题 8-20】 W 公司经股东大会表决通过，决定以累积的法定盈余公积 300 000 元、任意盈余公积 100 000 元转增实收资本，不考虑其他因素。

用盈余公积转增实收资本时，W 公司的会计分录如下：

借：盈余公积——法定盈余公积　　　　　　　　　　　　　　　300 000
　　　　　　——任意盈余公积　　　　　　　　　　　　　　　100 000
　　贷：实收资本　　　　　　　　　　　　　　　　　　　　　　400 000

项目总结

本项目主要介绍了所有者权益的概述（所有者权益的概念、所有者权益的特征）、应设置的会计科目，实收资本的概述、实收资本增加的核算（接受现金资产投资的会计处理、接受非现金资产投资的会计处理、实收资本增减变动的会计处理），资本公积的概述、资本公积的核算（资本溢价的会计处理、股本溢价的会计处理、其他资本公积的会计处理），留存收益的概述、留存收益业务的会计处理（利润分配的会计处理、盈余公积的会计处理）。

巩固练习

一、思考题

1. 什么是所有者权益？所有者权益包括哪些内容？
2. 什么是资本公积？资本公积和盈余公积有什么不同？
3. 什么是留存收益？留存收益包括哪些内容？
4. 什么是未分配利润？未分配利润有哪些用途？

二、单项选择题

1. W 公司委托乙证券公司发行普通股，股票面值总额 400 万元，发行总额 1 600 万元，发行费按发行总额的 2% 计算，股票发行净收入全部收到，不考虑其他因素。W 公司这笔业务记入"资本公积"科目的金额为（　　）万元。

A. 4 000　　　　　　B. 1 168　　　　　　C. 1 176　　　　　　D. 1 200

2. 下列项目中，属于留存收益的是（　　）。

A. 盈余公积　　　　B. 资本公积　　　　C. 实收资本　　　　D. 股本

3. R 公司 2022 年年初所有者权益总额为 136 万元，当年实现净利润 45 万元，提取盈余公积 4.5 万元，向投资者分配现金股利 20 万元，本年内以资本公积转增资本 5 万元，投资者追加现金投资 3 万元。R 公司年末所有者权益总额为（　　）万元。

A. 156.5　　　　　　B. 159.5　　　　　　C. 164　　　　　　　D. 179.5

4. 采用权益法核算长期股权投资时，对于被投资企业除净损益、发放现金股利和其他综合收益以外的其他权益变动，应记入（　　）科目。

A. 资本公积　　　　B. 投资收益　　　　C. 其他业务收入　　D. 营业外收入

5. 甲股份有限公司委托乙证券公司发行普通股，股票面值总额 200 万元，发行总额 800 万元，发行费按发行总额的 2% 计算（不考虑其他因素），股票发行净收入全部收到。甲股份有限公司这笔业务记入"资本公积"科目的金额为（　　）万元。

A. 200　　　　　　　B. 584　　　　　　　C. 588　　　　　　　D. 600

6. W 公司 2023 年"盈余公积"科目的年初余额为 100 万元，本期提取盈余公积 50 万元，用盈余公积分配现金股利 60 万元，用盈余公积弥补亏损 20 万元。W 公司"盈余公积"科目的年末余额为（　　）万元。

A. 71　　　　　　　　B. 70　　　　　　　　C. 90　　　　　　　　D. 150

7. XR 公司 2023 年年初盈余公积为 26 万元，当年以其中的盈余公积转增资本 6 万元。实现净利润 30 万元，提取盈余公积 3 万元，以盈余公积向投资者分配股利 2 万元。XR 公司 2023 年年末盈余公积为（　　）万元。

A. 20　　　　　　　　B. 23　　　　　　　　C. 21　　　　　　　　D. 18

8. M 公司 2023 年年初未分配利润的贷方余额为 40 万元，本年度实现的净利润为 20 万元，分别按 10% 和 5% 提取法定盈余公积和任意盈余公积。假定不考虑其他因素，该公司 2023 年年末未分配利润的贷方余额应为（　　）万元。

A. 41　　　　　　　　B. 51　　　　　　　　C. 54　　　　　　　　D. 57

9. 下列项目中，不属于所有者权益的是（　　）。

A. 资本溢价　　　　　　　　　　　B. 提取的盈余公积
C. 投资者投入的资本　　　　　　　D. 应付高管人员基本薪酬

10. W 公司 2023 年年初未分配利润贷方余额为 20 万元，本年实现净利润 200 万元，按净利润 10% 提取法定盈余公积，提取任意盈余公积 10 万元，该公司年末可供分配利润为（　　）万元。

A. 200　　　　　　　B. 220　　　　　　　C. 190　　　　　　　D. 210

三、多项选择题

1. 下列项目中，不影响所有者权益总额变动的有（　　）。

A. 以盈余公积弥补亏损　　　　　　B. 提取盈余公积

C. 以资本公积转增资本   D. 实际发放股票股利

2. 下列项目中，不会引起所有者权益总额发生变动的有（   ）。

A. 股东大会宣告分配现金股利   B. 用盈余公积转增资本

C. 用盈余公积弥补亏损   D. 实际发放股票股利

3. 下列项目中，属于通过"资本公积"科目核算的有（   ）。

A. 资本溢价   B. 股本溢价

C. 交易性金融资产公允价值上升   D. 向灾区捐赠现金

4. 下列项目中，属于会引起企业留存收益总额发生变动的有（   ）。

A. 提取法定盈余公积   B. 以盈余公积补亏

C. 用盈余公积转增资本   D. 向投资者宣告分配现金股利

5. 下列项目中，属于不会引起留存收益总额发生增减变动的有（   ）。

A. 资本公积转增资本   B. 盈余公积转增资本

C. 盈余公积弥补亏损   D. 税后利润弥补亏损

四、判断题

1. 在溢价发行股票的情况下，公司发行股票的溢价收入，直接冲减当期财务费用。
                                                       （   ）

2. 企业接受投资者以原材料投资，其增值税不能计入实收资本。   （   ）

3. 企业以盈余公积向投资者分配现金股利，不会引起留存收益总额的变动。 （   ）

4. 企业以盈余公积向投资者分配现金股利，会引起所有者权益总额的变动。 （   ）

5. 企业提取法定盈余公积是按当年实现的净利润作为基数提取的，该基数不应考虑企业年初未分配利润的结存情况。   （   ）

五、业务题

1. XR 公司 2022—2023 年发生与其股票有关的业务如下：

（1）2022 年 1 月 20 日，经股东大会决议，并报有关部门核准，增发普通股 400 万股，每股面值 1 元，每股发行价格 5 元，股款已全部收到并存入银行。假定不考虑相关税费。

（2）2022 年 6 月 25 日，经股东大会决议，并报有关部门核准，以资本公积 40 万元转增股本。

（3）2023 年 6 月 25 日，经股东大会决议，并报有关部门核准，以银行存款回购本公司股票 10 万股，每股回购价格为 3 元。

（4）2023 年 6 月 21 日，经股东大会决议，并报有关部门核准，将回购的本公司股票 10 万股注销。

要求：

编制 XR 公司上述业务的相关会计分录。

2. A 公司 2023 年度的有关资料如下：

年初未分配利润为 10 万元，本年利润总额为 390 万元，适用的企业所得税税率为 25%。按税法规定本年度准予扣除的业务招待费 2 万元，实际发生业务招待费 3 万元。除此之外，不存在其他纳税调整因素；按税后利润的 10% 提取法定盈余公积 1 万元，提取任意盈余公积 1 万元；向投资者宣告分配现金股利 4 万元。

要求：

（1）计算 A 公司本期所得税费用，并编制相应的会计分录；

（2）编制 A 公司提取法定盈余公积的会计分录；

（3）编制 A 公司提取任意盈余公积的会计分录；

（4）编制 A 公司向投资者宣告分配现金股利的会计分录；

（5）计算年末未分配利润。

项目九 认识收入、费用、利润与核算

1. **知识目标**

熟悉收入的概念、特点、分类，费用的概念、特点、分类，利润的概念；

理解收入的确认与计量、费用的确认与计量、利润的形成；

掌握收入业务的会计处理、费用业务的会计处理、利润的计算。

2. **能力目标**

通过学习收入、费用、利润与核算相关知识，形成开源节流思维，提升对收入、费用、利润的核算能力和管理能力。

3. **素质目标**

通过学习收入、费用、利润与核算相关知识，培养正确的收入、费用、利润观念和爱岗敬业、务实的精神。

知识结构

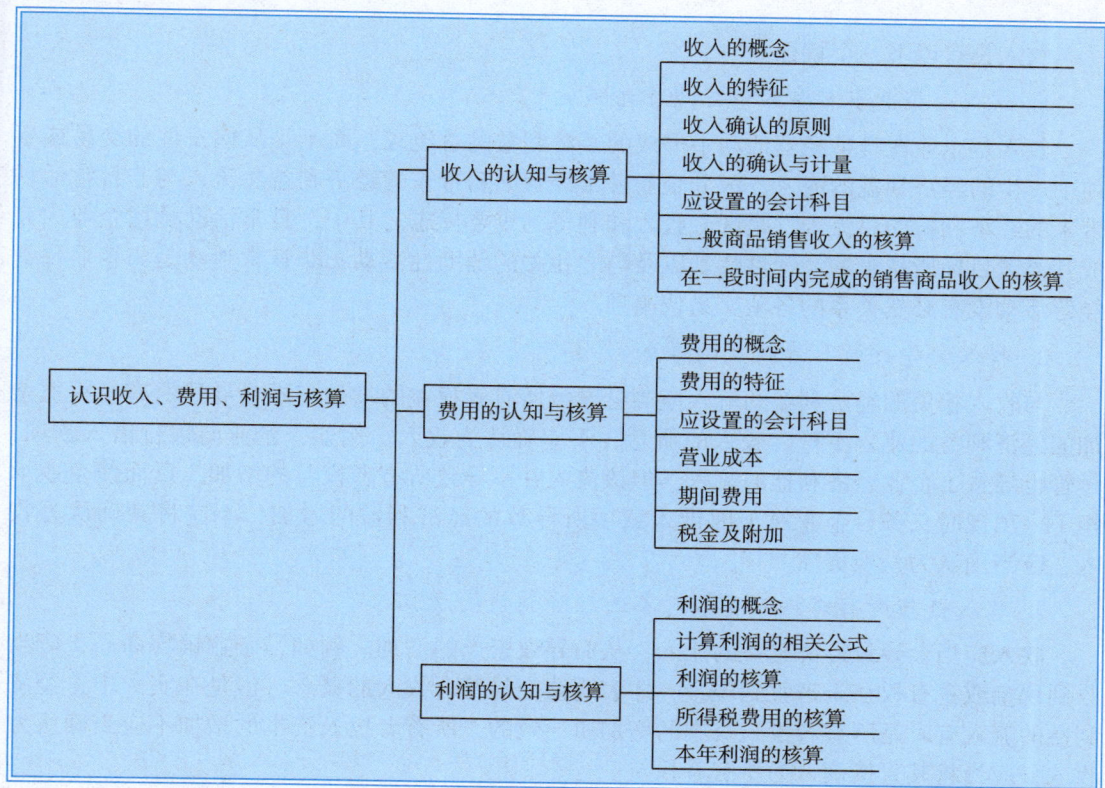

导入案例

韦二宝公司的收入、费用与利润

韦二宝的公司终于成立了，投了 1 000 万元资本。在公司运营中，韦二宝搞不清楚哪些业务是公司的收入，哪些业务是公司的利润，哪些业务是公司的费用，哪些业务是公司的损失。因此，韦二宝公司不能准确计算每个月的利润，更不知道如何增加收入、减少费用。你知道怎么核算收入与费用吗？你知道如何增加收入、减少费用吗？

任务一　收入的认知与核算

一、收入的概念

收入，是指企业在日常活动中形成的、会导致所有者权益增加的、与所有者投入资本无关的经济利益的总流入。

二、收入的特征

收入具有以下三个特征：

1. 收入是企业在日常经营活动中形成的

收入是企业在日常经营活动中形成的经济利益的总流入，而不是从偶发性的交易或事项中产生的经济利益的流入，区分企业日常经营活动带来的经济利益总流入与非日常活动带来的经济利益的总流入，是区分收入和利得的重要标志。其中，日常活动是指企业为完成其经营目标所从事的经常性活动以及与之相关的辅助性活动；非日常活动是与企业日常经营活动没有必然关系的各项交易或事项。

2. 收入会导致所有者权益的增加

与收入相关的经济利益的流入应当会导致所有者权益的增加，不会导致所有者权益增加的经济利益的流入不符合收入的概念，不应确认为收入。例如，企业向银行借入款项，尽管也导致了企业经济利益的流入，但该流入并不导致所有者权益的增加，反而使企业承担了一项现时义务。企业对于因借入款项所导致的经济利益的增加，不应将其确认为收入，应当确认为一项负债。

3. 收入是与所有者投入资本无关的经济利益的总流入

收入应当会导致经济利益的流入，从而导致资产的增加。例如，企业销售商品，应当收到现金或者有权在未来收到现金，才表明该交易符合收入的概念。但是在实务中，经济利益的流入有时是所有者投入资本的增加所导致的，所有者投入资本的增加不应当确认为收入，应当将其直接确认为所有者权益。

在实务中，按照企业收入的主次将收入分为主营业务收入、其他业务收入。其中，主营业务收入是指企业为完成其经营目标所从事的主要的经常性的活动所获得的收入。例如，工业企业生产并销售产品、商业企业销售商品等所获得的收入；其他业务收入是指企业为完成其经营目标所从事的与经常性活动相关的各项辅助性活动所获得的收入。例如，工业企业对外出售不需要的原材料、周转材料等。

三、收入确认的原则

企业确认收入的方式应当能够反映其向客户转让商品的模式，收入的金额应当能够反映企业因转让商品等而预期有权收取的对价金额。企业应当在客户取得相关商品控制权时确认收入。其中，客户取得相关商品控制权，是指客户能够主导该商品的使用并从中获得几乎全部的经济利益，也包括有能力阻止其他群体主导该商品的使用并从中获得经济利益。在实务中，具备以下三个方面的要素时可以认定已经取得商品控制权：

（1）客户必须拥有现时权利，能够主导该商品的使用并从中获得几乎全部经济利益。

（2）客户能够主导该商品的使用。客户有能力主导该商品的使用，是指客户有权使用该商品，或者能够允许或阻止其他方使用该商品。

（3）客户能够获得几乎全部的经济利益。商品的经济利益，是指该商品的潜在现金流量，既包括现金流入的增加，也包括现金流出的减少。

四、收入的确认与计量

在实务中，收入的确认与计量通常分为以下五个步骤：

1. 识别与客户订立的合同

合同，是指双方或多方之间订立有法律约束力的权利义务的协议。实务中，合同主要有书面形式、口头形式和其他形式。

在实务中，企业与客户之间的合同同时满足以下五项条件时，应当在客户取得相关商品控制权时确认收入：

（1）合同各方已批准该合同并承诺将履行各自义务。

（2）该合同明确了合同各方与所转让商品相关的权利和义务。

（3）该合同有明确的与所转让商品相关的支付条款。

（4）该合同具有商业实质。

（5）企业因向客户转让商品而有权取得的对价很可能收回。

2. 识别合同中的单项履约义务

履约义务，是指合同中企业向客户转让可明确区分商品的承诺。企业应当在合同开始日识别合同中所包含的各单项履约义务，确定各单项履约义务是在某一时间段内履行，还是在某一时间点履行；并在履行各单项履约义务时分别确认收入。

3. 确定交易价格

交易价格，是指企业因向客户转让商品而有权收取的对价金额。企业代第三方收取的款项及企业预期将退还给客户的款项，应当作为负债处理，不计入交易价格。在实务中，企业与客户在合同中约定的对价金额可能是固定的，也可能因折扣、价格折让、退款、激励措施、索赔、未来事项等因素发生变化。

4. 将交易价格分摊至各单项履约义务

企业与客户之间的合同中包含两项或多项履约义务时，企业应当在合同开始日按照各单项履约义务所承诺商品的单独售价的相对比例，将交易价格分摊至各单项履约义务。其中，单独售价，是指企业向客户单独销售商品所约定的价格。在实务中，企业在类似环境和条件下向类似客户单独销售某项商品的价格，应当作为该商品的单独售价。如果单独售价无法直接观察，企业应当综合考虑其能够合理取得的全部相关信息，采用市场调整法、成本加成法、余值法等方法合理估计单独售价。

5. 履行各单项履约义务时确认收入

企业应当在客户取得相关商品控制权时确认收入，控制权转移是确认收入的前提。实务中，对于履约义务，企业首先判断履约义务是否满足在某一时间段内履行的条件，如不满足，则该履约义务属于在某一时间点履行的履约义务。对于在某一时间段内履行的履约义务，企业应当选取恰当的方法来确定履约进度；对于在某一时间点履行的履约义务，企业应当综合分析控制权转移的迹象，判断其转移时点。

五、应设置的会计科目

为了准确反映企业实现的各项收入，企业应当设置以下会计科目：

1. "主营业务收入"科目

为了核算企业在销售商品、提供劳务等日常活动中所产生的收入，企业应当设置"主营业务收入"科目。该科目属于损益类，借方登记减少，贷方登记增加，期末结转后无余额。在"主营业务收入"账户下，企业应按照主营业务的种类设置明细账，进行明细核算。

2. "其他业务收入"科目

为了核算企业除主营业务收入以外的其他销售或其他业务实现的收入，如材料销售、代购代销、包装物出租等，企业应当设置"其他业务收入"科目。该科目属于损益类，贷方登记增加，借方登记减少，期末结转后无余额。在"其他业务收入"账户下，企业应按其他业务的种类，如"材料销售""代购代销""包装物出租"等设置明细账，进行明细核算。

3. "合同取得成本"科目

为了核算企业取得合同发生的、预计能够收回的增量成本，企业应当设置"合同取得成本"科目。该科目属于损益类，借方登记增加，贷方登记减少，期末余额在借方，反映企业尚未结转的合同取得成本。

4. "合同履约成本"科目

为了核算企业为服务当前或预期取得的合同所发生的、不属于其他企业会计准则规范范围且按照收入准则应当确认为一项资产的成本，企业应当设置"合同履约成本"科目。该科目属于损益类，借方登记增加，贷方登记减少，期末余额在借方，反映企业尚未结转的合同履约成本。

5. "合同资产"科目

为了核算企业已向客户转让商品而有权收取对价的权利，企业应当设置"合同资产"科目。该科目属于资产类，借方登记增加，贷方登记减少，期末余额在借方，反映企业已向客户转让商品而有权收取的对价金额。

6. "合同负债"科目

为了核算企业已收或应收客户对价而应向客户转让商品的义务，企业应当设置"合同负债"科目。该科目属于负债类，借方登记减少，贷方登记增加，期末余额在贷方，反映企业在向客户转让商品之前已经收到的合同对价或已经取得的无条件收取合同对价权利的金额。

六、一般商品销售收入的核算

(一) 一般商品销售收入的确认

在实务中，一般商品销售属于在某一时点履行的履约义务，企业应当在客户取得相关商品控制权时确认收入。其中，控制权转移迹象包括：企业已将该商品实物转移给客户，即客户已占有该商品实物；客户已接受该商品；企业已将该商品的法定所有权转移给客户，即客户已经拥有该商品的法定所有权；企业已将该商品所有权上的主要风险和报酬转移给客户，即客户已取得该商品所有权上的主要风险和报酬；企业就该商品享有现时收款权利，即客户就该商品负有现时付款义务。

（二）一般商品销售收入业务的会计处理

1. 款项未收业务的会计处理

在实务中，企业销售商品采用托收承付方式的，在办妥托收手续时确认收入。

确认收入时，企业的会计分录如下：

借：应收账款
　　贷：主营业务收入
　　　　应交税费——应交增值税（销项税额）
借：主营业务成本
　　贷：库存商品

收到款项时，企业的会计分录如下：

借：银行存款
　　贷：应收账款

【例题 9-1】2024 年 5 月 2 日，W 公司采用托收承付方式向 M 有限责任公司销售货物一批，增值税专用发票上列明货款为 100 000 元，增值税为 13 000 元，已办理托收手续，该批货物的成本为 80 000 元，2024 年 5 月 10 日 W 公司收到货款存入银行，不考虑其他因素。

确认收入时，W 公司的会计分录如下：

借：应收账款——M 有限责任公司　　　　　　　　　　　　　113 000
　　贷：主营业务收入　　　　　　　　　　　　　　　　　　100 000
　　　　应交税费——应交增值税（销项税额）　　　　　　　　13 000
借：主营业务成本　　　　　　　　　　　　　　　　　　　　80 000
　　贷：库存商品　　　　　　　　　　　　　　　　　　　　80 000

收到货款时，W 公司的会计分录如下：

借：银行存款　　　　　　　　　　　　　　　　　　　　　113 000
　　贷：应收账款——M 有限责任公司　　　　　　　　　　　113 000

采用商业汇票结算确认收入时，企业的会计分录如下：

借：应收票据
　　贷：主营业务收入
　　　　应交税费——应交增值税（销项税额）
借：主营业务成本
　　贷：库存商品

商业汇票到期收回款项时，企业的会计分录如下：

借：银行存款
　　贷：应收票据

【例题 9-2】2024 年 5 月 10 日，W 公司采用商业汇票结算方式向 T 有限责任公司销售货物一批，增值税专用发票上列明货款为 100 000 元，增值税为 13 000 元，已办理托收手续，该批货物的成本为 78 000 元，2024 年 6 月 10 日商业汇票到期，W 公司收到货款存入银行，不考虑其他因素。

确认收入时，W 公司的会计分录如下：

借：应收票据——T有限责任公司 113 000
　　贷：主营业务收入 100 000
　　　　应交税费——应交增值税（销项税额） 13 000
借：主营业务成本 78 000
　　贷：库存商品 78 000

收到货款时，W公司的会计分录如下：
借：银行存款 113 000
　　贷：应收票据——T有限责任公司 113 000

2. 款项已收业务的会计处理

在实务中，企业采用交款提货结算方式销售商品的，在开出发票账单、收到货款时确认收入。

确认收入时，企业的会计分录如下：
借：银行存款
　　贷：主营业务收入
　　　　应交税费——应交增值税（销项税额）
借：主营业务成本
　　贷：库存商品

【例题9-3】2024年5月15日，W公司采用交款提货结算方式向L有限责任公司销售货物一批，增值税专用发票上列明货款为50 000元，增值税为6 500元，已开出发票收到货款，该批货物的成本为40 000元，不考虑其他因素。

确认收入时，W公司的会计分录如下：
借：银行存款 56 500
　　贷：主营业务收入 50 000
　　　　应交税费——应交增值税（销项税额） 6 500
借：主营业务成本 40 000
　　贷：库存商品 40 000

（三）商品销售可变对价业务的会计处理

1. 商业折扣业务的会计处理

商业折扣，是指企业为了促销而在标价上给予的价格扣除。企业销售商品涉及商业折扣的，应当按照扣除商业折扣后的金额（即净额）确定收入。

确认带商业折扣销售收入时，企业的会计分录如下：
借：应收票据
　　应收账款
　　银行存款等
　　贷：主营业务收入
　　　　应交税费——应交增值税（销项税额）
借：主营业务成本
　　贷：库存商品

【例题 9-4】2024 年 5 月 18 日，W 公司采用交款提货结算方式向 L 有限责任公司销售货物一批，不含税价为 55 000 元，因为购买方大量购买，给予购买方 5 000 元的商业折扣，折扣后开具的增值税专用发票上列明货款为 50 000 元，增值税为 6 500 元，已开出发票收到货款，该批货物成本为 40 000 元，不考虑其他因素。

确认收入时，W 公司的会计分录如下：

借：银行存款　　　　　　　　　　　　　　　　　　　　　　　56 500
　　贷：主营业务收入　　　　　　　　　　　　　　　　　　　　　50 000
　　　　应交税费——应交增值税（销项税额）　　　　　　　　　　 6 500
借：主营业务成本　　　　　　　　　　　　　　　　　　　　　 40 000
　　贷：库存商品　　　　　　　　　　　　　　　　　　　　　　　40 000

2. 销售折让业务的会计处理

销售折让，是指因售出商品的质量、规格等不符合合同要求而在售价上给予的减让。

在实务中，对于销售折让，企业应当按照以下两种情况分别处理：

（1）一般情况下，已确认收入的售出商品发生销售折让，应当在发生时冲减当期销售商品收入。

（2）已确认收入的售出商品发生销售折让，属于资产负债表日后事项的，应按照有关资产负债表日后事项的相关规定处理。

确认销售收入时，企业的会计分录如下：

借：应收票据
　　应收账款
　　银行存款等
　　贷：主营业务收入
　　　　应交税费——应交增值税（销项税额）
借：主营业务成本
　　贷：库存商品

确认销售折让时的会计分录：

借：主营业务收入
　　应交税费——应交增值税（销项税额）
　　贷：应收账款
　　　　应收票据
　　　　银行存款等

【例题 9-5】2024 年 6 月 18 日，W 公司采用委托收款方式销售一批商品给 M 公司，增值税发票上列明的售价为 40 000 元，增值税为 5 200 元，该批产品的成本为 35 000 元。6 月 25 日货到后，M 公司发现商品质量与合同要求不一致，要求给予价款 5% 的折让，W 公司同意折让，当日收回货款，不考虑其他因素。

确认销售收入时，W 公司的会计分录如下：

借：应收账款——M 公司　　　　　　　　　　　　　　　　　　45 200
　　贷：主营业务收入　　　　　　　　　　　　　　　　　　　　　40 000
　　　　应交税费——应交增值税（销项税额）　　　　　　　　　　 5 200

借：主营业务成本   35 000
　　贷：库存商品   35 000

发生销售折让时，W公司的会计分录如下：

借：主营业务收入   2 000
　　应交税费——应交增值税（销项税额）   260
　　贷：应收账款——M公司   2 260

实际收到货款时，W公司的会计分录如下：

借：银行存款   42 940
　　贷：应收账款——M公司   42 940

3. 现金折扣业务的会计处理

现金折扣，是指债权人为鼓励债务人在规定的期限内付款而向债务人提供的债务扣除。企业销售商品涉及现金折扣的，应当按照扣除现金折扣前的金额确定销售商品收入。现金折扣在实际发生时计入当期财务费用。一般现金折扣的表示方法为：2/10、1/20、$N/30$（10天内付款给予2%的折扣，20天内付款给予1%的折扣，20天以后付款没有现金折扣，最迟的付款期为30天）。

对于现金折扣，一般采用总价法处理，即销售商品涉及现金折扣的，应当按照扣除现金折扣前的金额确定销售商品收入金额。现金折扣在实际发生时计入当期财务费用。现金折扣额是否包含增值税，主要取决于交易双方的合同或协议约定。

确认涉及现金折扣的销售收入时，企业的会计分录如下：

借：应收账款
　　贷：主营业务收入
　　　　应交税费——应交增值税（销项税额）
借：主营业务成本
　　贷：库存商品

确认折扣并收回货款时，企业的会计分录如下：

借：银行存款
　　财务费用
　　贷：应收账款

【例题9-6】 2024年6月1日，W公司向T有限责任公司销售一批商品，开出的增值税专用发票上注明的销售价款为50 000元，增值税为6 500元。为及早收回货款，W公司和T有限责任公司约定的现金折扣条件为：2/10、1/20、$N/30$。假定计算现金折扣时不考虑增值税，不考虑其他因素。

确认收入时，W公司的会计分录如下：

借：应收账款——T有限责任公司   56 500
　　贷：主营业务收入   50 000
　　　　应交税费——应交增值税（销项税额）   6 500

如果T有限责任公司在6月9日付清货款，则按销售总价50 000元的2%享受现金折扣1 000元（50 000×2%），实际付款55 500元（56 500-1 000）。

收回货款时，W公司的会计分录如下：

借：银行存款　　　　　　　　　　　　　　　　　　　　　　　　55 500

　　财务费用　　　　　　　　　　　　　　　　　　　　　　　　 1 000

　　贷：应收账款——T有限责任公司　　　　　　　　　　　　　　　　　56 500

如果T有限责任公司在6月18日付清货款，则按销售总价50 000元的1%享受现金折扣500元（50 000×1%），实际付款56 000元（56 500-500）。

收回货款时，W公司的会计分录如下：

借：银行存款　　　　　　　　　　　　　　　　　　　　　　　　56 000

　　财务费用　　　　　　　　　　　　　　　　　　　　　　　　　 500

　　贷：应收账款——T有限责任公司　　　　　　　　　　　　　　　　　56 500

如果T有限责任公司在7月底才付清货款，则按全额付款。

收回货款时，W公司的会计分录如下：

借：银行存款　　　　　　　　　　　　　　　　　　　　　　　　56 500

　　贷：应收账款——T有限责任公司　　　　　　　　　　　　　　　　　56 500

4. 销售退回业务的会计处理

销售退回，是指企业售出的商品由于质量、规格型号、品种不符合要求等原因而发生的退货。对于销售退回，企业应分别按以下两种情况进行会计处理：

（1）对于尚未确认收入的售出商品发生销售退回，只需要把发出商品转为库存商品。

发出商品时，企业的会计分录如下：

借：发出商品

　　贷：库存商品

退回商品时，企业的会计分录如下：

借：库存商品

　　贷：发出商品

（2）对于已确认收入的售出商品发生退回的，企业应在发生时冲减当期销售商品收入，同时冲减当期销售商品成本。如果该项销售退回已发生现金折扣，应同时调整相关财务费用的金额；如果该项销售退回允许扣减增值税，应同时调整"应交税费——应交增值税（销项税额）"科目的相应金额。

确认收入时，企业的会计分录如下：

借：应收账款

　　银行存款等

　　贷：主营业务收入

　　　　应交税费——应交增值税（销项税额）

借：主营业务成本

　　贷：库存商品

确认退回商品时，企业的会计分录如下：

借：主营业务收入

　　应交税费——应交增值税（销项税额）

　　贷：应收账款

　　　　银行存款等

【例题 9-7】 2024 年 4 月 18 日，W 公司向 L 有限责任公司销售 A 商品一批，开出的增值税专用发票上注明的销售价款为 50 000 元，增值税为 6 500 元。A 商品成本为 25 000元，为及早收回货款，W 公司和 L 有限责任公司约定的现金折扣条件为：2/10、1/20、N/30（假设现金折扣不含增值税）。L 有限责任公司在 2024 年 4 月 27 日支付货款。2024年 6 月 10 日，A 商品因质量问题被 L 有限责任公司退回，W 公司当日支付有关款项，不考虑其他因素。

确认销售收入时，W 公司的会计分录如下：

借：应收账款——L 有限责任公司　　　　　　　　　　　　　　　56 500
　　贷：主营业务收入　　　　　　　　　　　　　　　　　　　　　　50 000
　　　　应交税费——应交增值税（销项税额）　　　　　　　　　　　6 500
借：主营业务成本　　　　　　　　　　　　　　　　　　　　　　25 000
　　贷：库存商品　　　　　　　　　　　　　　　　　　　　　　　　25 000

4 月 27 日收到货款时，W 公司的会计分录如下：

借：银行存款　　　　　　　　　　　　　　　55 500（56 500-1 000）
　　财务费用　　　　　　　　　　　　　　　　1 000（50 000×2%）
　　贷：应收账款——L 有限责任公司　　　　　　　　　　　　　　56 500

6 月 10 日发生销售退回时，W 公司的会计分录如下：

借：主营业务收入　　　　　　　　　　　　　　　　　　　　　　50 000
　　应交税费——应交增值税（销项税额）　　　　　　　　　　　　6 500
　　贷：银行存款　　　　　　　　　　　　　　　　　　　　　　　55 500
　　　　财务费用　　　　　　　　　　　　　　　　　　　　　　　　1 000
借：库存商品　　　　　　　　　　　　　　　　　　　　　　　　25 000
　　贷：主营业务成本　　　　　　　　　　　　　　　　　　　　　　25 000

（四）销售材料业务的会计处理

销售原材料时，企业的会计分录如下：

借：银行存款
　　应收账款
　　应收票据等
　　贷：其他业务收入
　　　　应交税费——应交增值税（销项税额）
借：其他业务成本
　　贷：原材料

【例题 9-8】 2024 年 5 月 10 日，W 公司向 L 有限责任公司销售 A 材料一批，开出的增值税专用发票上注明的销售价款为 10 000 元，增值税为 1 300 元。A 材料的成本为5 000 元，货款已收到，不考虑其他因素。

确认销售材料收入时，W 公司的会计分录如下：

借：银行存款　　　　　　　　　　　　　　　　　　　　　　　　11 300
　　贷：其他业务收入　　　　　　　　　　　　　　　　　　　　　10 000
　　　　应交税费——应交增值税（销项税额）　　　　　　　　　　1 300

借：其他业务成本　　　　　　　　　　　　　　　　　　　　　　5 000
　　贷：原材料　　　　　　　　　　　　　　　　　　　　　　　　　5 000

七、在一段时间内完成的销售商品收入的核算

对于在某一时间段内履行的履约义务，企业应当在该段时间内按照履约进度确认收入，但不包括履约进度不能合理确定的情况。

在实务中，满足以下条件之一时，属于在某一时间段内履行的履约义务：

（1）客户在企业履约的同时即取得并消耗企业履约所带来的经济利益。

（2）客户能够控制企业履约过程中在建的商品。

（3）企业履约过程中所产出的商品具有不可替代用途，且该企业在整个合同期间内有权就累计至今已完成的履约部分收取款项。

企业应当考虑商品的性质，采用实际测量的完工进度来评估已实现的结果、时间进度、已完工或交付的产品等产出指标或采用投入的材料数量、花费的人工工时、机器工时、发生的成本和时间进度等投入指标确定恰当的履约进度。实务中，企业按照累计实际发生的成本占预计总成本的比例（即成本法）确定履约进度。累计实际发生的成本包括企业向客户转移商品过程中所发生的直接成本和间接成本，如直接材料、直接人工以及其他与合同相关的成本。

在实务中，对于每一项履约义务，企业只能采用一种方法来确定其履约进度，并持续使用，中途不能随意更换方法确认其履约进度。对于发生类似的履约义务，企业应当采用相同的方法来确定履约义务的进度。资产负债表日，企业按照合同的交易价格总额乘以履约进度，减去以前会计期间累计已确认收入后的金额，确认为当期收入。当履约进度不能合理确定时，企业已经发生的成本预计能够得到补偿的，应当按照已经发生的成本金额确定收入，直到履约进度能够合理确定为止。

（一）合同成本与合同负债

1. 合同取得成本

在实务中，企业为取得合同发生的增量成本预期能够收回的，应当作为合同取得成本确认为一项资产。其中，增量成本，是指企业发生的与合同直接相关的各项费用，但不包括所签订合同的对象或内容本身直接发生的成本。企业为取得合同发生的不属于增量成本的其他支出，应当在发生时直接计入当期损益。

2. 合同履约成本

在实务中，企业为履行合同可能会发生各种成本，企业在确认收入的同时应当对这些成本进行分析，如果不属于存货、固定资产、无形资产等范围且同时满足以下条件的，应当作为合同履约成本确认为一项资产：

（1）该成本与一份当前或预期取得的合同直接相关。

（2）该成本增加了企业未来用于履行（包括持续履行）履约义务的资源。

（3）该成本预期能够收回。

3. 合同负债

合同负债，是指企业已收或应收客户对价而应向客户转让商品的义务。在实务中，尚

未向客户履行转让商品的义务而已收或应收客户对价中的增值税部分，不应确认为合同负债。

（二）合同取得成本及销售收入业务的会计处理

企业取得合同发生的增量成本已经确认为资产的，应当采用与该资产相关的商品收入确认相同的基础进行摊销，计入当期损益；如果资产摊销期限不超过一年，可以在发生时计入当期损益。

发生合同取得成本时，企业的会计分录如下：

借：合同取得成本
　　贷：银行存款
　　　　应付职工薪酬等

摊销合同取得成本时，企业的会计分录如下：

借：销售费用等
　　贷：合同取得成本

【例题9-9】XR公司是一家专业咨询公司，2024年1月1日谈成一个服务期为5年的客户，该客户每年年末支付含税咨询费19 080元。为取得与该客户的合同，XR公司聘请律师进行尽职调查，支付相关费用1 000元，发生差旅费2 000元，支付销售人员佣金6 000元。XR公司预期这些支出未来均能够收回。XR公司根据其年度销售目标、整体盈利情况及个人业绩等，向销售部门经理支付年度奖金3 000元。

支付与取得合同相关费用时，XR公司的会计分录如下：

借：合同取得成本　　　　　　　　　　　　　　　　　　6 000
　　管理费用　　　　　　　　　　　　　　　　　　　　3 000
　　贷：银行存款　　　　　　　　　　　　　　　　　　　　9 000

每月确认服务费收入、摊销佣金时，XR公司的会计分录如下：

服务收入 = 19 080 ÷（1 + 6%）÷ 12 = 1 500（元）

销售佣金摊销额 = 6 000 ÷ 5 ÷ 12 = 100（元）

借：应收账款　　　　　　　　　　　　　　　　　　　1 590
　　贷：主营业务收入　　　　　　　　　　　　　　　　　　1 500
　　　　应交税费——应交增值税（销项税额）　　　　　　　　90

借：销售费用　　　　　　　　　　　　　　　　　　　　100
　　贷：合同取得成本　　　　　　　　　　　　　　　　　　　100

确认销售部门经理奖金时，XR公司的会计分录如下：

借：销售费用　　　　　　　　　　　　　　　　　　　3 000
　　贷：应付职工薪酬　　　　　　　　　　　　　　　　　　3 000

发放销售部门经理奖金时，XR公司的会计分录如下：

借：应付职工薪酬　　　　　　　　　　　　　　　　　3 000
　　贷：银行存款　　　　　　　　　　　　　　　　　　　3 000

（三）合同履约成本及销售收入业务的会计处理

发生合同履约成本时，企业的会计分录如下：

借：合同履约成本

　　贷：银行存款

　　　　应付职工薪酬

　　　　原材料等

　　摊销合同履约成本时，企业的会计分录如下：

　　借：主营业务成本

　　　　其他业务成本等

　　　　贷：合同履约成本

　　【例题 9-10】 R 公司为增值税一般纳税人，主营业务是装修，适用的增值税税率为 9%。2023 年 12 月 1 日，R 公司与 N 公司签订一项为期 3 个月的装修合同，合同约定装修价款为 1 000 000 元，增值税为 90 000 元，装修费用每个月末按完工进度支付。

　　2023 年 12 月 31 日，经过专业测量后，确定该项劳务的完工程度为 25%；N 公司按完工进度支付价款及相应的增值税。截至 2023 年 12 月 31 日，R 公司为完成该合同累计发生劳务成本 200 000 元（假设都是装修人员的薪酬），估计还将发生劳务成本 600 000 元。该装修服务构成单项履约义务，属于在某一时间段内履行的履约义务；R 公司按照实际测量的完工进度确定履约进度。

　　2024 年 1 月 31 日，经过专业测量后，确定该项劳务的完工程度为 70%；N 公司按完工进度支付价款，同时支付对应的增值税。2024 年 1 月，为完成该合同发生劳务成本 360 000 元（假设均为装修人员薪酬），为完成该合同估计还将发生劳务成本 240 000 元。

　　2024 年 2 月 28 日，装修完工；N 公司验收合格，按完工进度支付价款，同时支付对应的增值税。2024 年 2 月，为完成该合同发生劳务成本 240 000 元（假设均为装修人员薪酬）。

　　2023 年 12 月发生劳务成本时，R 公司的会计分录如下：

　　借：合同履约成本　　　　　　　　　　　　　　　　　　　　　　　200 000

　　　　贷：应付职工薪酬　　　　　　　　　　　　　　　　　　　　　　200 000

　　2023 年 12 月 31 日确认收入并结转成本时，R 公司的会计分录如下：

　　　　　　　　确认收入 = 1 000 000×25%-0 = 250 000（元）

　　借：银行存款　　　　　　　　　　　　　　　　　　　　　　　　　272 500

　　　　贷：主营业务收入　　　　　　　　　　　　　　　　　　　　　　250 000

　　　　　　应交税费——应交增值税（销项税额）　　　　　　　　　　　22 500

　　借：主营业务成本　　　　　　　　　　　　　　　　　　　　　　　200 000

　　　　贷：合同履约成本　　　　　　　　　　　　　　　　　　　　　　200 000

　　2024 年 1 月实际发生劳务成本时，R 公司的会计分录如下：

　　借：合同履约成本　　　　　　　　　　　　　　　　　　　　　　　360 000

　　　　贷：应付职工薪酬　　　　　　　　　　　　　　　　　　　　　　360 000

　　2024 年 1 月 31 日确认收入并结转成本时，R 公司的会计分录如下：

　　　　　　　　确认收入 = 1 000 000×70%-250 000 = 450 000（元）

　　借：银行存款　　　　　　　　　　　　　　　　　　　　　　　　　490 500

　　　　贷：主营业务收入　　　　　　　　　　　　　　　　　　　　　　450 000

　　　　　　应交税费——应交增值税（销项税额）　　　　　　　　　　　40 500

　　借：主营业务成本　　　　　　　　　　　　　　　　　　　　　　　360 000

贷：合同履约成本   360 000

2024 年 2 月实际发生劳务成本时，R 公司的会计分录如下：

借：合同履约成本   240 000

贷：应付职工薪酬   240 000

2024 年 2 月 28 日确认收入并结转成本时，R 公司的会计分录如下：

确认收入 = 1 000 000−250 000−450 000 = 300 000（元）

借：银行存款   327 000

贷：主营业务收入   300 000

应交税费——应交增值税（销项税额）   27 000

借：主营业务成本   240 000

贷：合同履约成本   240 000

【例题 9-11】 W 公司为增值税一般纳税人，经营一家台球俱乐部。2024 年 7 月 1 日，M 客户与 W 公司签订合同，成为 W 公司的会员，并向 W 公司支付会员费 12 720 元，可在未来的 12 个月内在该俱乐部娱乐，且没有次数的限制。该业务适用的增值税税率为 6%，不考虑其他因素。

根据题意计算分析如下：

该履约义务属于在某一时间段内履行的履约义务，并且该履约义务在会员的会籍期间内随时间的流逝而被履行。因此，W 公司按照直线法确认收入，每月应当确认的收入为 1 000 元 [12 720÷（1+6%）÷12]。

收到 M 客户交来会费时，W 公司的会计分录如下：

借：银行存款   12 720

贷：合同负债   12 000

应交税费——待转销项税额   720

7 月 31 日确认收入和增值税时，W 公司的会计分录如下：

借：合同负债   1 000

应交税费——待转销项税额   60

贷：主营业务收入   1 000

应交税费——应交增值税（销项税额）   60

注意：剩余后 11 个月的会计分录同上。

【例题 9-12】 W 公司为增值税一般纳税人，经营一家酒店，适用的增值税税率为 6%，该酒店是 W 公司的自有资产。2023 年 12 月，W 公司计提与酒店经营直接相关的酒店客房以及客房内的设备家具等折旧 240 000 元，酒店土地使用权摊销费用 130 000 元。经计算，当月确认房费、餐饮等服务含税收入为 848 000 元，款项已经全部存入银行，不考虑其他因素。

确认资产折旧费、摊销费时，W 公司的会计分录如下：

借：合同履约成本   370 000

贷：累计折旧   240 000

累计摊销   130 000

12 月确认酒店服务收入并摊销合同履约成本时，W 公司的会计分录如下：

借：银行存款   848 000

    贷：主营业务收入   800 000

        应交税费——应交增值税（销项税额）   48 000

借：主营业务成本   370 000

    贷：合同履约成本   370 000

任务二　费用的认知与核算

一、费用的概念

费用，是指企业在日常活动中发生的、会导致所有者权益减少的、与向所有者分配利润无关的经济利益的总流出。

二、费用的特征

费用具有以下几个方面的特征：

1. 费用是企业在日常活动中形成的

费用必须是企业在日常活动中所形成的，这些日常活动的界定与收入概念中涉及的日常活动的界定相一致。日常活动所产生的费用通常包括销售成本（营业成本）、职工薪酬、折旧费、无形资产摊销等。将费用界定为日常活动所形成的，目的是将其与损失相区分，企业非日常活动所形成的经济利益的流出不能确认为费用，而应当计入损失。

2. 费用会导致所有者权益的减少

与费用相关的经济利益的流出应当会导致所有者权益的减少，不会导致所有者权益减少的经济利益的流出不符合费用的概念，不应确认为费用。

3. 费用是与向所有者分配利润无关的经济利益的总流出

费用的发生应当会导致经济利益的流出，从而导致资产的减少或者负债的增加，其表现形式包括现金或者现金等价物的流出，存货、固定资产和无形资产等的流出或者消耗等。企业向所有者分配利润也会导致经济利益的流出，而该经济利益的流出属于所有者权益的抵减项目，不应确认为费用，应当将其排除在费用的概念之外。

在实务中，费用的确认除了应当符合费用的概念外，还应当同时符合以下条件：一是与费用相关的经济利益应当很可能流出企业；二是经济利益流出企业的结果会导致资产的减少或者负债的增加；三是经济利益的流出额能够可靠计量。

在实务中，费用按照功能可以分为构成产品生产成本的费用和期间费用。其中，构成产品生产成本的费用主要包括直接材料、直接人工和制造费用。期间费用，是指企业本期发生的、不能直接或间接归入营业成本，而是直接计入当期损益的各项费用，包括销售费用、管理费用和财务费用。

三、应设置的会计科目

1. "主营业务成本"科目

为了核算企业在销售商品、提供劳务等日常活动中所发生的营业成本，企业应设置"主营业务成本"科目。该科目属于损益类，借方登记增加，贷方登记减少，期末结转后无余额。

2. "其他业务成本"科目

为了核算企业除销售商品、提供劳务等主营业务活动以外的其他辅助性活动所发生的营业成本，企业应设置"其他业务成本"科目。该科目属于损益类，借方登记增加，贷方登记减少，期末结转后无余额。

3. "管理费用"科目

为了核算企业所发生的相关管理费用，企业应设置"管理费用"科目。该科目属于损益类，借方登记增加，贷方登记减少，期末结转后无余额。

4. "销售费用"科目

为了核算企业销售商品或材料、提供劳务等活动中所发生的相关费用，企业应设置"销售费用"科目。该科目属于损益类，借方登记增加，贷方登记减少，期末结转后无余额。

5. "财务费用"科目

为了核算企业生产经营过程中为筹集资金而发生的筹资费用，企业应设置"财务费用"科目。该科目属于损益类，借方登记增加，贷方登记减少，期末结转后无余额。

6. "税金及附加"科目

为了核算企业经营活动中应负担的消费税、城市维护建设税、资源税、教育费附加、印花税、房产税、城镇土地使用税等，企业应设置"税金及附加"科目。该科目属于损益类，借方登记增加，贷方登记减少，期末结转后无余额。

四、营业成本

营业成本，是指企业为生产产品、提供劳务等发生的可归属于某项产品的成本或某项劳务的成本。营业成本包括主营业务成本和其他业务成本。

(一)主营业务成本

主营业务成本是企业销售商品、提供劳务等经营活动所发生的成本。企业一般在确认主营业务收入时，将对应的成本结转到主营业务成本，将主营业务成本转入本年利润，结转后"主营业务成本"科目无余额。

结转主营业务成本时，企业的会计分录如下：

借：主营业务成本
　　贷：库存商品等

将"主营业务成本"科目余额结转入"本年利润"科目时，企业的会计分录如下：

借：本年利润
　　贷：主营业务成本

【**例题 9-13**】2024 年 4 月 10 日，W 公司向乙公司销售一批 A 产品，开出的增值税专用发票上注明价款为 10 000 元，增值税为 1 300 元；W 公司已收到乙公司支付的货款 11 300 元，并将提货单送交乙公司；该批产品成本为 8 000 元，不考虑其他因素。

确认收入时，W 公司的会计分录如下：

借：银行存款 11 300
  贷：主营业务收入 10 000
    应交税费——应交增值税（销项税额） 1 300
借：主营业务成本 8 000
  贷：库存商品 8 000

期末结转损益时，W 公司的会计分录如下：

借：本年利润 8 000
  贷：主营业务成本 8 000

（二）其他业务成本

其他业务成本是企业确认的除主营业务活动以外的其他经营活动所发生的耗费，包括销售材料的成本、出租固定资产计提的折旧、出租无形资产计提的摊销额、出租包装物的成本或摊销额等。

企业应通过"其他业务成本"科目，核算其他业务成本的确认和结转情况。

发生其他业务成本时，企业的会计分录如下：

借：其他业务成本
  贷：原材料
    周转材料
    累计折旧
    累计摊销
    银行存款等

将"其他业务成本"科目余额转入"本年利润"科目时，企业的会计分录如下：

借：本年利润
  贷：其他业务成本

【**例题 9-14**】2024 年 4 月 10 日，W 公司销售一批 D 原材料，开具的增值税专用发票上注明价款为 20 000 元，增值税为 2 600 元，款项已收到并存入银行，该批 D 原材料的实际成本为 16 000 元，不考虑其他因素。

销售 D 材料确认收入时，W 公司的会计分录如下：

借：银行存款 22 600
  贷：其他业务收入 20 000
    应交税费——应交增值税（销项税额） 2 600
借：其他业务成本 16 000
  贷：原材料——D 16 000

结转到本年利润时，企业的会计分录如下：

借：本年利润 16 000
  贷：其他业务成本 16 000

五、期间费用

期间费用是企业日常活动中发生的不能计入特定核算对象的耗费，而应在发生时计入当期损益的费用。期间费用包括管理费用、销售费用和财务费用。

（一）管理费用

管理费用，是指企业为组织和管理生产经营活动而发生的各种耗费，包括企业在筹建期间发生的开办费、董事会和行政管理部门在企业经营管理中发生的，或者应由企业统一负担的公司经费（含行政管理部门职工工资、修理费、物料消耗、低值易耗品摊销、办公费和差旅费等）、工会经费、劳动保险费、董事会会费（包括董事会成员津贴、会议费和差旅费等）、聘请中介机构费、咨询费（含顾问费）、诉讼费、业务招待费、技术转让费、矿产资源补偿费、研究费、排污费以及企业生产车间（部门）和行政管理部门发生的固定资产修理费等。

（二）销售费用

销售费用，是指企业在销售商品或材料、提供劳务过程中发生的各项费用，包括企业在销售商品过程中发生的包装费、保险费、展览费、广告费、商品维修费、预计产品质量保证损失、运输费、装卸费等，以及企业发生的为销售本企业商品而专设销售机构的职工薪酬、业务费、折旧费、固定资产修理费等费用。

（三）财务费用

财务费用，是指企业为筹集生产经营所需资金等而发生的费用，包括利息支出、汇兑损益以及相关的手续费、企业发生的现金折扣或收到的现金折扣等。

发生期间费用时，企业的会计分录如下：

借：管理费用
    销售费用
    财务费用
    贷：库存现金
        银行存款
        应付职工薪酬等

期末将期间费用转入本年利润时，企业的会计分录如下：

借：本年利润
    贷：管理费用
        销售费用
        财务费用

【例题 9-15】2024 年 4 月 1 日，R 公司为拓展产品销售市场发生业务招待费 10 000 元，用银行存款支付，不考虑相关税费。

发生业务招待费时，R 公司的会计分录如下：

借：管理费用——业务招待费　　　　　　　　　　　　　　　　　　　　10 000
    贷：银行存款　　　　　　　　　　　　　　　　　　　　　　　　　10 000

【例题 9-16】2024 年 4 月 12 日，W 公司就 F 产品的设计方案向有关专家进行咨询，以银行存款支付咨询费 20 000 元，不考虑相关税费。

发生咨询费时，W 公司的会计分录如下：

借：管理费用——咨询费 20 000
　　贷：银行存款 20 000

【例题 9-17】2024 年 4 月，XR 公司行政管理部门共发生费用共计 29 000 元，其中：行政管理人员薪酬 15 000 元，行政部专用办公设备折旧费 2 000 元，现金支付报销行政人员差旅费 7 000 元（假定报销人员均未预借差旅费），其他办公、水电费 5 000 元（均用银行存款支付），不考虑其他因素。

行政管理部门发生费用时，XR 公司的会计分录如下：

借：管理费用 29 000
　　贷：应付职工薪酬 15 000
　　　　累计折旧 2 000
　　　　库存现金 7 000
　　　　银行存款 5 000

【例题 9-18】2024 年 5 月，W 公司为宣传新产品发生电视广告费 100 000 元，用银行存款支付，不考虑其他因素。

发生广告费时，W 公司的会计分录如下：

借：销售费用——广告费 100 000
　　贷：银行存款 100 000

【例题 9-19】2024 年 5 月，W 公司发生销售费用共计 120 000 元，其中：销售人员工资薪酬 80 000 元，销售部专用办公设备折旧费 20 000 元，业务费 20 000 元（用银行存款支付），不考虑其他因素。

发生销售费用时，W 公司的会计分录如下：

借：销售费用 120 000
　　贷：应付职工薪酬 80 000
　　　　累计折旧 20 000
　　　　银行存款 20 000

【例题 9-20】2024 年 5 月 30 日，W 公司用银行存款支付本月应负担的短期借款利息 16 000 元。

发生财务费用时，W 公司的会计分录如下：

借：财务费用——利息支出 16 000
　　贷：银行存款 16 000

【例题 9-21】2024 年 5 月 10 日，R 公司用银行存款支付汇款手续费 100 元。

发生财务费用时，R 公司的会计分录如下：

借：财务费用——手续费 100
　　贷：银行存款 100

六、税金及附加

（一）税金及附加的概述

税金及附加，是指企业在经营活动中应负担的各种税费，包括消费税、城市维护建设税、教育费附加、资源税、房产税、车船使用税、印花税、土地使用税等。

（二）税金及附加业务的会计处理

计提与经营活动相关的税费时，企业的会计分录如下：

借：税金及附加
　　贷：应交税费——应交消费税
　　　　　　　　——应交城市维护建设税
　　　　　　　　——应交教育费附加等

将税金及附加余额转入本年利润时，企业的会计分录如下：

借：本年利润
　　贷：税金及附加

【例题 9-22】 2024 年 6 月 2 日，W 公司取得应纳消费税的销售商品收入 100 000 元，该商品适用的消费税税率为 25%。不考虑其他因素。

计提税金及附加时，W 公司的会计分录如下：

借：税金及附加　　　　　　　　　　　　　　　　　　25 000（100 000×25%）
　　贷：应交税费——应交消费税　　　　　　　　　　　　　　　　　25 000

交纳消费税时，W 公司的会计分录如下：

借：应交税费——应交消费税　　　　　　　　　　　　　　　　　25 000
　　贷：银行存款　　　　　　　　　　　　　　　　　　　　　　25 000

【例题 9-23】 2024 年 6 月，W 公司当月实际交纳增值税 30 000 元，实际交纳消费税 50 000 元，城建税税率 7%，教育费附加税率 3%。

计提城市维护建设税、教育费附加时，W 公司的会计分录如下：

借：税金及附加　　　　　　　　　　　　　　　　　　　　8 000
　　贷：应交税费——应交城市维护建设税　　　　5 600（80 000×7%）
　　　　　　　　——应交教育费附加　　　　　　2 400（80 000×3%）

实际交纳城市维护建设税和教育费附加时，W 公司的会计分录如下：

借：应交税费——应交城市维护建设税　　　　　　　　　　5 600
　　　　　　——应交教育费附加　　　　　　　　　　　　2 400
　　贷：银行存款　　　　　　　　　　　　　　　　　　　8 000

任务三　利润的认知与核算

一、利润的概念

利润，是指企业在一定期间从事生产经营活动所形成的最终经营成果。利润是分析、考核和评价企业经营成果的一项直观的重要的综合性指标，也是评价企业管理层业绩的重要指标。利润等于企业的收入减去费用后的净额、加上直接记入当期利润的利得减去直接计入当期利润的损失。企业在一定时期内的收入、利得大于相关的费用、损失，意味着企业是盈利的，反之，企业就是亏损的。

二、计算利润的相关公式

在实务中，企业利润包括营业利润、利润总额和净利润。

（一）计算营业利润

营业利润是日常经营活动形成的，是企业利润的主要来源。其计算公式如下：

营业利润=营业收入−营业成本−税金及附加−销售费用−管理费用−研发费用−
财务费用−资产减值损失−信用减值损失+其他收益+公允价值变动损益
（−公允价值变动损失）+投资收益（−投资损失）+资产处置收益
（−资产出资损失）

其中，营业收入，是指企业日常经营活动中各项业务所确认的收入总额，包括主营业务收入和其他业务收入。

营业成本，是指企业日常经营活动中各项业务所发生的实际成本总额，包括主营业务成本和其他业务成本。

资产减值损失，是指企业计提各项资产减值准备所形成的损失。

信用减值损失，是指企业对各项金融工具计提的减值准备所形成的预期信用损失。

其他收益，是指企业从各级政府部门取得的政府补助。

公允价值变动损益，是指企业交易性金融资产等以公允价值作为初始计量的资产或负债，在资产负债表日公允价值发生变动形成的差额，按《企业会计准则》规定应计入当期损益的利得（或损失）的部分。

投资收益，是指企业以各种方式对外投资所取得的收益。投资收益包括企业对外投资分得的利润、股利和利息，投资到期收回或者中途出售取得的价款高于其账面价值的差额，以及按照权益法核算的长期股权投资在被投资单位增加的净资产中所拥有的数额等。投资损失包括到期收回或者中途出售取得款项低于账面价值的差额，以及按照权益法核算的长期股权投资在被投资单位减少的净资产中所分担的数额等。

（二）计算利润总额

利润总额是企业日常活动和非日常活动形成的成果的综合反映，是企业会计核算的重要组成部分，主要由营业利润、营业外收入和营业外支出构成，其计算公式如下：

利润总额=营业利润+营业外收入−营业外支出

营业外收入，是指企业在非日常活动中发生的直接计入当期损益的各项利得，即与企业生产经营活动没有直接关系的各种利得。营业外收入不是由企业日常经营活动形成的，它不需要企业为此承担费用或损失；营业外收入实际上是一种经济利益的净流入，不可能也不需要与有关费用进行匹配。通过营业外收入核算的内容主要包括罚款净收入、捐赠利得，以及确实无法支付而按规定程序经批准后转作营业外收入的应付款项等。

营业外支出，是指企业在非日常活动中发生的直接计入当期损益的各项损失，即企业发生的与日常生产经营没有关系的支出。营业外支出核算的内容主要包括固定资产盘亏、非常损失、捐赠支出、罚款支出、赔偿金、违约金等。

（三）计算净利润

利润总额扣除所得税费用后即为净利润，其计算公式如下：

净利润=利润总额−所得税费用

三、利润的核算

（一）资产减值损失、信用减值损失的会计处理

资产减值损失、信用减值损失，是指企业计提各项资产减值准备、信用减值准备所形成的损失，主要包括计提存货、长期股权投资、债权投资、固定资产、无形资产等减值准备所形成的减值损失。

为了核算资产减值损失，企业应设置"资产减值损失""信用减值损失"科目。该科目属于损益类，借方登记增加，贷方登记减少，期末结转后无余额。

发生减值时，企业的会计分录如下：

借：资产减值损失

信用减值损失

贷：存货跌价准备

长期股权投资减值准备

债权投资减值准备

固定资产减值准备

无形资产减值准备等

企业计提坏账准备、存货跌价准备、债权投资减值准备等后，影响减值的因素消失，相关资产的价值得到恢复的，应在原已计提的减值准备金额内，按恢复增加的金额入账。

资产减值恢复时，企业的会计分录如下：

借：坏账准备

存货跌价准备

债权投资减值准备等

贷：资产减值损失

信用减值损失

将"资产减值损失""信用减值损失"科目余额转入"本年利润"科目时，企业的会计分录如下：

借：本年利润

贷：资产减值损失

信用减值损失

（二）公允价值变动损益的会计处理

公允价值变动损益反映企业交易性金融资产、交易性金融负债以及采用公允价值模式计量的投资性房地产等公允价值变动形成的应计入当期损益的差额。

为了核算企业发生的公允价值变动损益，企业应设置"公允价值变动损益"科目。该科目属于损益类，借方登记减少，贷方登记增加，期末结转后无余额。

将"公允价值变动损益"余额转入"本年利润"科目时，企业的会计分录如下：

借：本年利润

贷：公允价值变动损益（属于公允价值变动损失的）

或做会计分录如下：

借：公允价值变动损益（属于公允价值变动收益的）
　　贷：本年利润

（三）投资收益的会计处理

投资收益反映企业以各种方式对外投资所取得的收益，如为损失，则减去。投资收益核算的内容主要包括长期股权投资获得的投资收益或损失、投资性房地产采用公允价值模式计量获得的租金收入、持有和处置交易性金融资产获得的收益或损失等。

为了核算投资损益，企业应设置"投资收益"科目。该科目属于损益类，借方登记减少，贷方登记增加，期末结转后无余额。

将"投资收益"科目余额转入"本年利润"时，企业的会计分录如下：

借：本年利润
　　贷：投资收益（属于投资损失的）

或做会计分录如下：

借：投资收益（属于投资收益的）
　　贷：本年利润

（四）营业外收入的会计处理

营业外收入，是指企业发生的与其日常经营活动无直接关系的各项经济利益的净流入，主要包括盘盈利得、捐赠利得等。

为了核算营业外收入，企业应设置"营业外收入"科目。该科目属于损益类，借方登记减少，贷方登记增加，期末结转后无余额。

发生营业外收入时，企业的会计分录如下：

借：库存现金
　　银行存款
　　应付账款等
　　贷：营业外收入

将"营业外收入"科目余额转入"本年利润"科目时，企业的会计分录如下：

借：营业外收入
　　贷：本年利润

【例题9-24】 W公司应付国外P公司咨询费10 000元，因P单位已注销而无法偿付，经批准转为营业外收入。

发生营业外收入时，W公司的会计分录如下：

借：应付账款　　　　　　　　　　　　　　　　　　　　　　　10 000
　　贷：营业外收入　　　　　　　　　　　　　　　　　　　　　　　10 000

（五）营业外支出的会计处理

营业外支出，是指企业发生的与其日常经营活动无直接关系的各项经济利益的净流出，主要包括盘亏损失、公益性捐赠支出、非常损失等。

为了核算营业外支出，企业应设置"营业外支出"科目。该科目属于损益类，借方登记增加，贷方登记减少，期末结转后无余额。

发生营业外支出时，企业的会计分录如下：

借：营业外支出
    贷：原材料
        库存商品
        待处理财产损溢
        银行存款等

将"营业外支出"科目余额转入"本年利润"科目时，企业的会计分录如下：

借：本年利润
    贷：营业外支出

四、所得税费用的核算

（一）所得税费用的概述

确认和计量企业所得税，是为了确定当期应当交纳的所得税额和利润表中的所得税额，进而准确地计量各个会计期间实现的净利润。解决不同会计期间所得税的分配问题，需要通过确认递延所得税资产和递延所得税负债来实现。在按照资产负债表债务法进行核算的情况下，利润表中的所得税费用由两部分组成，即当期所得税和递延所得税费用（或收益）。

（二）暂时性差异

暂时性差异，是指企业资产、负债的账面价值与其计税基础不同所产生的差额。其中，账面价值是指按照会计准则规定确定的有关资产、负债在资产负债表中应列示的金额。由于资产、负债的账面价值与其计税基础不同，产生了在未来收回资产或清偿负债的期间内应纳税所得额增加或减少并导致未来期间应交所得税增加或减少的情况，在这些暂时性差异发生的当期，一般应当确认相应的递延所得税负债或递延所得税资产。暂时性差异包括应纳税暂时性差异和可抵扣暂时性差异。

1. 应纳税暂时性差异

在实务中，应纳税暂时性差异产生于以下两种情况：

（1）资产的账面价值大于其计税基础。一项资产的账面价值代表的是企业在持续使用或最终出售该项资产时会取得的经济利益的总额，而计税基础代表的是一项资产在未来期间可予税前扣除的总金额。资产的账面价值大于其计税基础，该项资产未来期间产生的经济利益不能全部税前抵扣，两者之间的差额需要交所得税，产生应纳税暂时性差异，符合条件的应确认为相关递延所得税负债。

（2）负债的账面价值小于其计税基础。一项负债的账面价值代表的是企业预计在未来期间清偿该项负债时的经济利益的总流出，而其计税基础代表的是账面价值在扣除税法规定未来期间允许税前扣除的金额之后的差额。因负债的账面价值与其计税基础不同产生的暂时性差异，实质上是税法规定就该项负债在未来期间可以税前扣除的金额为负数，即应在未来期间应纳税所得额的基础上调增，增加应纳税所得额和应交所得税金额，产生应纳税暂时性差异，符合条件的应确认为相关递延所得税负债。

2. 可抵扣暂时性差异

在实务中，可抵扣暂时性差异产生于以下两种情况：

（1）资产的账面价值小于其计税基础。从经济含义来看，资产在未来期间产生的经济利益少，按照税法规定允许税前扣除的金额多，则企业在未来期间可以减少应纳税所得额并减少应交所得税，符合条件的应确认为递延所得税资产。

（2）负债的账面价值大于其计税基础。负债产生的暂时性差异实质上是税法规定就该项负债可以在未来期间税前扣除的金额。一项负债的账面价值大于其计税基础，意味着未来期间按照税法规定构成负债的全部或部分金额可以自未来应税经济利益中扣除，减少未来期间的应纳税所得额和应交所得税，符合条件的应确认为递延所得税资产。

（三）当期所得税的计算

当期所得税，是指企业按照税法规定计算确定的针对当期发生的交易和事项应交纳给税务机关的所得税额，即应交所得税。当期所得税应当以适用的税收法规为基础来计算确定。

企业在确定当期所得税时，对于当期发生的交易或事项，会计处理与税收处理不同的，应在会计利润的基础上，按照适用税收法规的要求进行调整（即纳税调整），计算出当期应纳税所得额，按照应纳税所得额与适用所得税税率的乘积计算确定当期应交所得税。一般情况下，应纳税所得额在会计利润的基础上经过调整得来，调整公式如下：

$$应纳税所得额=利润总额+纳税调整增加额-纳税调整减少额$$
$$应交所得税=应纳税所得额×所得税税率$$

【例题 9-25】W 公司 2023 年度的税前会计利润为 40 万元，适用的所得税税率为 25%，本年度取得的国债利息收入为 1 万元，W 公司对固定资产折旧采用直线法，本年折旧额为 6 万元，按照税法规定采用双倍余额递减法，本年折旧额 8 万元，不考虑其他因素。

根据题意计算分析如下：

$$应纳税所得额=40-1-（8-6）=37（万元）$$
$$应交所得税=37×25\%=9.25（万元）$$

【例题 9-26】R 公司 2023 年度按企业会计准则计算的税前会计利润为 1 970 000 元，所得税税率为 25%。当年按税法核定的全年计税工资为 200 000 元，R 公司全年实发工资为 220 000 元，经查 R 公司当年营业外支出中有 10 000 元为税收滞纳金，不考虑其他因素。

根据题意计算分析如下：

$$应纳税所得额=1\ 970\ 000+（220\ 000-200\ 000）+10\ 000=2\ 000\ 000（元）$$
$$应交所得税=2\ 000\ 000×25\%=500\ 000（元）$$

【例题 9-27】XR 公司全年利润总额（即税前会计利润）为 1 020 000 元，其中，包括本年收到的国库券利息收入 20 000 元，所得税税率为 25%，不考虑其他因素。

根据题意计算分析如下：

$$应纳税所得额=1\ 020\ 000-20\ 000=1\ 000\ 000（元）$$
$$应交所得税=1\ 000\ 000×25\%=250\ 000（元）$$

（四）递延所得税的计算

递延所得税，是指企业按照会计准则规定应予确认的递延所得税资产和递延所得税负债在会计期末应有的金额相对于原已确认金额之间的差额，即递延所得税资产和递延所得税负债的当期发生额，但不包括计入所有者权益的交易或事项对所得税的影响。其计算公式如下：

$$递延所得税 = 当期递延所得税负债的增加 + 当期递延所得税资产的减少$$
$$- 当期递延所得税负债的减少 - 当期递延所得税资产的增加$$

（五）所得税费用的计算

计算确定了当期应交所得税及递延所得税以后，利润表中应予确认的所得税费用就是两者之和，其计算公式如下：

$$所得税费用 = 当期所得税 + 递延所得税$$

【例题 9-28】 M 公司 2023 年度利润表中利润总额为 1 200 000 元，该公司适用的所得税税率为 25%。递延所得税资产及递延所得税负债不存在期初余额。

该公司 2023 年发生的有关交易和事项中，会计处理与税收处理存在差别的有：

（1）2022 年 12 月 31 日取得的一项固定资产，成本为 600 000 元，使用年限为 10 年，预计净残值为 0，会计处理按双倍余额递减法计提折旧，税收处理按直线法计提折旧。假定税法规定的使用年限及预计净残值与会计规定相同。

（2）向关联企业捐赠现金 200 000 元。

（3）应付违反环保法规定罚款 100 000 元。

（4）期末对持有的存货计提 30 000 元的存货跌价准备。

根据题意计算分析如下：

$$应纳税所得额 = 1\ 200\ 000 + 60\ 000 + 200\ 000 + 100\ 000 + 30\ 000 = 1\ 590\ 000（元）$$
$$应交所得税 = 1\ 590\ 000 \times 25\% = 397\ 500（元）$$

【例题 9-29】 W 公司 2023 年度当期应交所得税为 30 000 元，递延所得税负债年初数为 40 000 元，年末数为 50 000 元，递延所得税资产年初数为 25 000 元，年末数为 20 000 元。W 公司适用的所得税税率为 25%，不考虑其他因素。

根据题意计算分析如下：

$$递延所得税 = (50\ 000 - 40\ 000) + (25\ 000 - 20\ 000) = 15\ 000（元）$$
$$所得税费用 = 30\ 000 + 15\ 000 = 45\ 000（元）$$

确认所得税费用时，W 公司的会计分录如下：

借：所得税费用　　　　　　　　　　　　　　　　　　　45 000
　　贷：应交税费——应交所得税　　　　　　　　　　　　30 000
　　　　递延所得税负债　　　　　　　　　　　　　　　　10 000
　　　　递延所得税资产　　　　　　　　　　　　　　　　 5 000

五、本年利润的核算

（一）账结法

账结法，是指企业每月结账时，将损益类科目的余额，全部转入"本年利润"科目，通过"本年利润"科目结出本月的利润总额或亏损总额，以及本年累计损益。采用账结法核算本年利润，月末，企业应将各损益类科目的余额转入"本年利润"科目，结转以后，"本年利润"科目余额如在借方，则表示企业发生的亏损总额，余额如在贷方，则反映企业本年度累计实现的利润总额。

结转损益时，企业的会计分录如下：

借：主营业务收入

其他业务收入

投资收益

营业外收入等

贷：本年利润

同时，做会计分录如下：

借：本年利润

贷：主营业务成本

税金及附加

其他业务成本

销售费用

管理费用

财务费用

营业外支出等

【例题 9-30】R 公司 2024 年 2 月份损益类科目结转前余额如下：主营业务收入贷方 300 000 元，其他业务收入贷方 50 000 元，投资收益贷方 30 000 元，营业外收入贷方 20 000 元，主营业务成本借方 220 000 元，税金及附加借方 20 000 元，其他业务成本借方 20 000 元，管理费用借方 3 800 元，销售费用借方 10 000 元，财务费用借方 2 000 元，营业外支出借方 8 000 元。

结转损益时，R 公司的会计分录如下：

借：主营业务收入	300 000
其他业务收入	50 000
投资收益	30 000
营业外收入	20 000
贷：本年利润	400 000

同时，做会计分录如下：

借：本年利润	283 800
贷：主营业务成本	220 000
税金及附加	20 000
销售费用	10 000
其他业务成本	20 000
管理费用	3 800
财务费用	2 000
营业外支出	8 000

月末经过以上结转后，2 月份"本年利润"科目贷方余额增加 116 200 元（400 000- 283 800）元。

（二）表结法

表结法，是指企业每月结账时，不需要把损益类各科目的余额转入"本年利润"科目，而是通过结出各损益类科目的本年累计余额，就可据以逐项填制"利润表"，通过"利润表"计算出从年初到本月止的本年累计利润，然后减去上月止本表中的本年累计利润，就是本月的利润或亏损。

企业在采用表结法的情况下，年终时仍需采用账结法，将损益类各科目的全年累计余额转入"本年利润"科目，在"本年利润"科目集中反映本年的全年利润及其构成情况。

（三）本年利润的结转

年终，企业计算出本年利润的余额后，不管是盈利还是亏损，均应按照国家税收的有关规定进行账务处理，并将"本年利润"科目的最终余额（即净利润）转入"利润分配"科目，结转后"本年利润"科目没有余额。

结转本年利润时，企业的会计分录如下：

借：利润分配——未分配利润
　　贷：本年利润（结转净亏损）
借：本年利润（结转净收益）
　　贷：利润分配——未分配利润

项目总结

本项目主要介绍了收入的概念、收入的特征、收入确认的原则、收入的确认与计量、应设置的会计科目、一般商品销售收入的核算（一般商品销售收入的确认、一般商品销售收入业务的会计处理、商品销售可变对价业务的会计处理、销售材料业务的会计处理）、在一段时间内完成的销售商品收入的核算（合同成本与合同负债、合同取得成本及销售收入业务的会计处理、合同履约成本及销售收入业务的会计处理）、费用的概述、费用的特征、应设置的会计科目、营业成本（主营业务成本、其他业务成本）、期间费用（管理费用、销售费用、财务费用）、税金及附加（税金及附加的概述、税金及附加业务的会计处理）、利润的概述、计算利润的相关公式（计算营业利润、计算利润总额、计算净利润）、利润的核算（资产减值损失的会计处理、公允价值变动损益的会计处理、投资收益的会计处理、营业外收入的会计处理、营业外支出的会计处理）、所得税费用的核算（所得税费用的概述、暂时性差异、当期所得税的计算、递延所得税的计算、所得税费用的计算）、本年利润的核算（账结法、表结法、本年利润的结转）。

巩固练习

一、思考题

1. 收入核算及业务处理包括哪些内容？
2. 费用核算及业务处理包括哪些内容？
3. 什么是利润？利润有哪些表现形式？
4. 企业的利润包括哪些？如何核算企业的利润？

二、单项选择题

1. 下列项目中，可以确认为收入的是（　　）。

A. 出售无形资产收取的价款　　　　　　　B. 出售固定资产收取的价款

C. 投资性房地产取得的租金收入　　　　　D. 接受捐赠收到的款项

2. 采用预收款方式销售商品的，确认该商品销售收入的时点是（　　）。

A. 收到全部货款时　　　　　　　　　　　B. 收到首次预付款时

C. 发出销售商品时　　　　　　　　　　　D. 开出销售货物的发票账单时

3. 在采用收取手续费方式发出商品时，委托方确认商品销售收入的时点为（　　）。

A. 委托方发出商品时　　　　　　　　　　B. 受托方销售商品时

C. 委托方收到受托方开具的代销清单时　　D. 受托方收到受托代销商品的销售货款时

4. 委托其他单位代销商品，在视同买断代销方式下，若协议约定受托方不能退货，商品销售收入确认的时间是（　　）。

A. 发出商品日期　　　　　　　　　　　　B. 受托方发出商品日期

C. 收到代销单位的代销清单日期　　　　　D. 全部收到款项

5. 下列项目中，不应计入管理费用的是（　　）。

A. 发生的排污费　　　　　　　　　　　　B. 发生的矿产资源补偿费

C. 管理部门固定资产报废净损失　　　　　D. 发生的业务招待费

6. 以下各项业务中，应计入营业外收入的是（　　）。

A. 非货币性资产交换利得　　　　　　　　B. 处置长期股权投资产生的收益

C. 出租无形资产取得的收入　　　　　　　D. 处置投资性房地产取得的收入

7. 企业发生以前年度的销售退回时（非资产负债表日后事项），其冲减的销售收入应在退回当期计入（　　）。

A. 以前年度损益调整　　　　　　　　　　B. 营业外支出

C. 营业外收入　　　　　　　　　　　　　D. 主营业务收入

8. M 企业 2023 年度主营业务收入为 300 万元，营业成本为 250 万元，其他业务收入为 2 万元，其他业务成本为 1 万元，财务费用为 1 万元，营业外收入为 2 万元，营业外支出为 1 万元，所得税税率为 25%。假定不考虑其他因素，该企业 2023 年度的净利润应为（　　）万元。

A. 37.5　　　　　　B. 38.25　　　　　　C. 38.62　　　　　　D. 39

9. Y 企业 2023 年度利润总额为 60 万元，其中本年度国债利息收入 0.6 万元，企业所得税税率为 25%。假定不考虑其他因素，Y 企业 2023 年度所得税费用为（　　）万元。

A. 40.08　　　　　　B. 14.85　　　　　　C. 15.2　　　　　　D. 49.82

10. Y 企业于 2023 年 8 月接受一项产品安装任务，安装期 5 个月，合同总收入 30 万元，年度预收款项 12 万元，余款在安装完成时收回，当年实际发生成本 15 万元，预计还将发生成本 3 万元。2023 年年年末请专业测量师测量，产品安装程度为 60%。该项劳务收入影响 2023 年度利润总额的金额为（　　）万元。

A. 0　　　　　　　　　　　　　　　　　　B. 当年利润增加 7.2

C. 当年利润增加 15　　　　　　　　　　　D. 当年利润增加 30

三、多项选择题

1. 下列项目中，关于收入的说法，正确的有（　　）。

A. 采用托收承付方式销售商品的，在发出商品时确认收入

B. 售出商品需要安装和检验且安装和检验是销售合同的重要组成部分，在购买方接受交货以及安装和检验完毕前，不确认收入

C. 采用预收款方式销售商品的，在发出商品时确认收入，预收的货款应确认为负债

D. 采用交款提货方式销售商品的，在收到货款并开出提货单时确认收入

2. 下列项目中，企业应将其计入财务费用的有（　　　）。

A. 短期借款手续费   B. 银行承兑汇票手续费

C. 给予购货方的商业折扣   D. 计提的带息应付票据利息

3. 下列项目中，通过"税金及附加"科目核算的有（　　　）。

A. 增值税销项税额   B. 消费税

C. 城市维护建设税   D. 教育费附加

4. 下列项目中，影响当期利润表中净利润的有（　　　）。

A. 对外捐赠无形资产   B. 确认所得税费用

C. 固定资产盘亏   D. 固定资产出售利得

5. 下列项目中，影响企业利润总额的有（　　　）。

A. 资产减值损失   B. 公允价值变动损益

C. 所得税费用   D. 营业外支出

四、判断题

1. 如果商品销售后，企业仍可以对售出商品实施有效控制，说明此项商品销售不成立，不应该确认销售商品收入。 （　　）

2. 企业发生的业务招待费应当计入销售费用。 （　　）

3. 企业只能用税后利润弥补亏损。 （　　）

4. 企业获得的捐赠利得应该计入营业外收入，影响利润总额。 （　　）

5. 费用包含日常活动和非日常活动发生的经济利益的流出。 （　　）

五、业务题

1. XR 公司为增值税一般纳税人，适用的增值税税率为 16%。2024 年 5 月 10 日，XR 公司向 B 公司销售某商品 1 000 件，每件标价 200 元，实际售价 18 万元（售价中不含增值税），已开出增值税专用发票，商品已交付给 B 公司。为了及早收回货款，XR 公司在合同中规定的现金折扣条件为：2/10、1/20、N/30。假定计算现金折扣不考虑增值税。

要求：根据以下假定，分别编制 XR 公司收到款项时的相关会计分录。

（1）B 公司在 5 月 18 日按合同规定付款，XR 公司收到款项并存入银行。

（2）B 公司在 5 月 28 日按合同规定付款，XR 公司收到款项并存入银行。

（3）B 公司在 5 月 9 日按合同规定付款，XR 公司收到款项并存入银行。

2. R 公司 2023 年年终结账前有关损益类科目的年末余额如表 9-1 所示。

表 9-1   损益类科目的年末余额   元

收入科目	结账前期末余额	费用科目	结账前期末余额
主营业务收入	980 000	主营业务成本	685 000
其他业务收入	200 000	其他业务成本	150 000

续表

收入科目	结账前期末余额	费用科目	结账前期末余额
投资收益	100 000	税金及附加	20 060
营业外收入	20 000	销售费用	20 000
		管理费用	70 000
		财务费用	12 000
		营业外支出	35 000

其他相关资料如下：

（1）公司营业外支出中有 5 000 元为罚款支出；

（2）本年国债利息收入 20 000 元已入账。

要求：

（1）根据表 9-1 中给出的资料将表 9-1 中损益类科目结转"本年利润"科目。

（2）计算 R 公司当年应纳所得税并编制确认及结转所得税费用的会计分录。

（3）计算 2023 年度 R 公司的净利润。

项目十　认识财务会计报告与应用

学习目标

1. **知识目标**

熟悉财务会计报告披露的要求及作用；

理解财务会计报告的概念、作用、内容；

掌握资产负债表、利润表、现金流量表、所有者权益变动表的编制原理及编制方法。

2. **能力目标**

通过学习财务会计报告与应用相关知识，形成财务会计报告阅读与分析思维，提升编制财务会计报告和分析财务会计报告的能力。

3. **素质目标**

通过学习财务会计报告与应用相关知识，培养正确的价值观和诚实守信、客观公正的精神。

知识结构

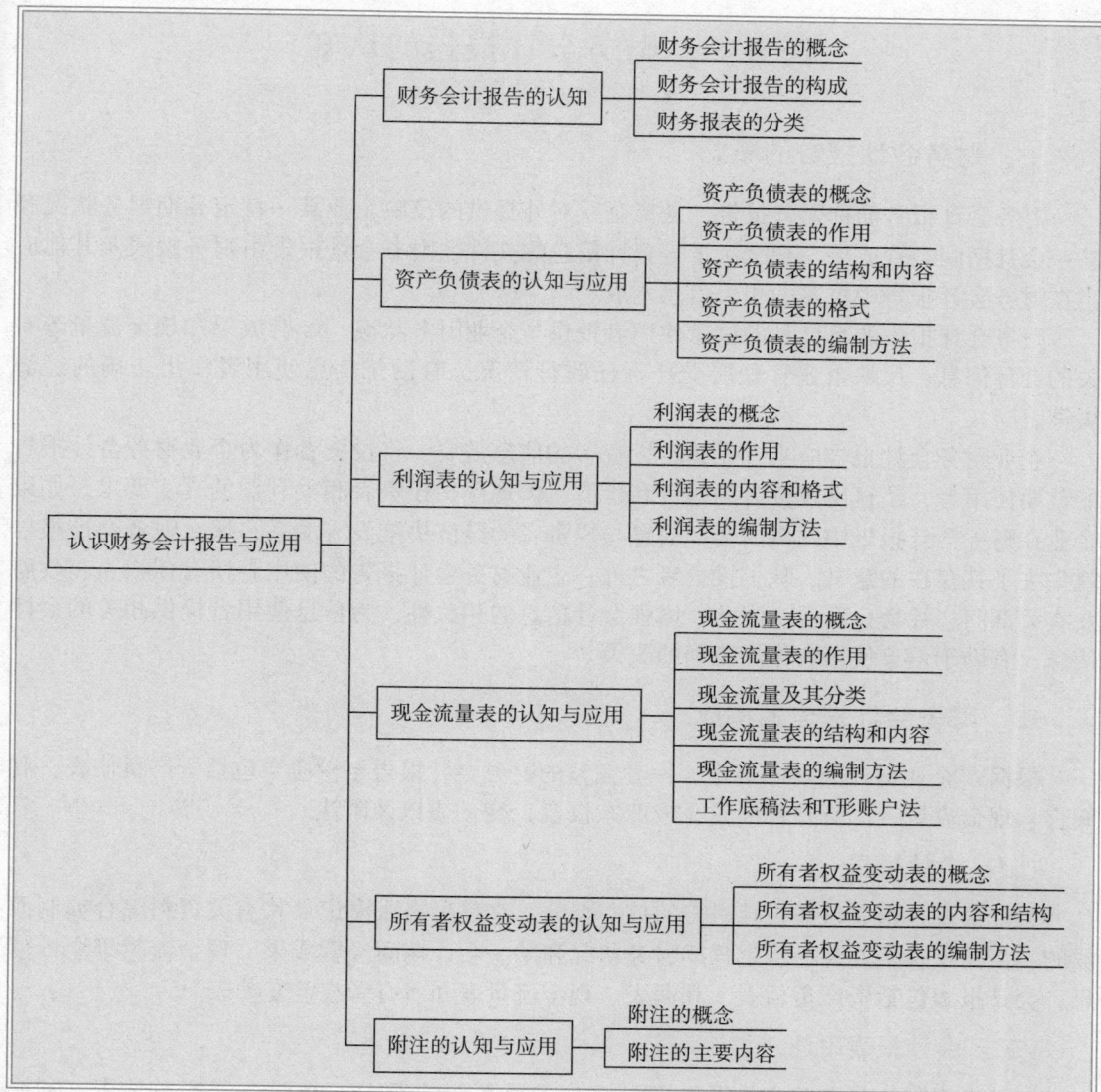

导入案例

新会计的困惑

小李大学毕业后几经周折，终于找到一个大公司上班，一直处于兴奋状态的她埋头苦干、兢兢业业，按照要求把会计工作做得很好。但转眼几个月过去了，公司还不支付供应商货款，小李觉得好奇怪，不断地思考这是为什么？从公司的财务会计报告看，公司盈利了很多钱，可为什么拖欠供应商货款呢？钱到哪里去了？你知道答案吗？

任务一　财务会计报告的认知

一、财务会计报告的概念

财务会计报告简称财务报告，是指企业对外提供的反映企业某一特定日期财务状况和某一会计期间经营成果、现金流量等会计信息的文件。财务会计报告由财务报表及其他应当在财务会计报告中披露的相关信息构成。

财务会计报告的目标是向信息使用者提供与企业财务状况、经营成果和现金流量等有关的会计信息，反映企业管理层受托责任履行情况，有助于信息使用者作出正确的经济决策。

企业财务会计报告应当首先满足投资者的信息需要，将投资者作为企业财务会计报告的首要使用者，凸显出投资者的地位和价值，体现保护投资者相关利益的真实要求。如果企业在财务会计报告中提供的会计信息与投资者的经济决策没有关系，那么财务会计报告就失去了其存在的意义。除了投资者之外，企业财务会计报告的使用者还有债权人、政府及有关部门、社会公众等。因此，增强会计信息的相关性，为信息使用者提供相关的会计信息，有助于信息使用者作出正确的决策。

二、财务会计报告的构成

根据《企业会计准则》规定，一套完整的财务会计报告至少应当包括资产负债表、利润表、现金流量表、所有者权益（或股东权益）变动表以及附注。

（一）会计报表

会计报表是企业财务会计报告的核心部分，它是根据账簿记录和有关资料综合编制而成的，主要反映企业某一特定日期财务状况和某一会计期间经营成果、现金流量等会计信息；会计报表包括资产负债表、利润表、现金流量表和所有者权益变动表。

（二）会计报表附注

会计报表附注是财务会计报告不可缺少的重要组成部分，是对在资产负债表、利润表、现金流量表和所有者权益变动表所列示项目的文字描述或更明细的资料，以及对未能在这些报表中列示项目的说明等。

三、财务报表的分类

财务报表按照不同的标准可以分为以下几类：

（一）按编制范围不同分为个别财务报表和合并财务报表

（1）个别财务报表是由企业根据自身的账簿及有关资料编制而成的，单独反映企业本身的财务状况、经营成果和现金流量等信息的财务报表。

（2）合并财务报表是指由母公司编制的，综合反映以母公司为首的具有控股关系的多个公司组成的集团的财务状况、经营成果和现金流量等信息的财务报表。

（二）按编报期间不同分为中期财务报表和年度财务报表

（1）中期财务报表是短于一个完整会计年度的财务报表，包括月报、季报和半年报。中期财务报表至少应当包括资产负债表、利润表、现金流量表和附注，披露的信息与年度财务报表相比，中期财务报表可适当简略。

（2）年度财务报表简称年报，是企业按年度数据编制的财务报表，以每年1月1日至12月31日的数据为基础编制。年报应当包括资产负债表、利润表、现金流量表、所有者权益变动表以及附注。

（三）按反映财务活动方式不同分为静态财务报表和动态财务报表

（1）静态财务报表是反映企业在某一特定日期财务状况的财务报表，如资产负债表。

（2）动态财务报表是反映企业一定会计期间经营成果、现金流量的报表，如利润表、现金流量表和所有者权益变动表。

任务二　资产负债表的认知与应用

一、资产负债表的概念

资产负债表，是指反映企业在某一特定日期财务状况的报表。资产负债表集中反映企业在特定日期所拥有或控制的全部经济资源、所承担的全部债务以及所有者对企业净资产要求权的会计信息。

二、资产负债表的作用

资产负债表反映企业某一特定日期的财务状况，对会计信息使用者有很大的作用，主要体现在以下几方面：

1. 资产负债表反映企业拥有或控制的全部经济资源及其分布情况

资产负债表把企业所拥有或控制的全部资产清晰地划分为若干种类别，如按流动性分为流动资产和非流动资产，按是否具有实物形态分为有形资产和无形资产等。每一个项目都能清晰地反映某一类型的资产，报表的使用者可以一目了然地从报表上了解到企业在某一特定日期所拥有或控制的资产总量及其分布情况。

2. 资产负债表反映企业承担的债务总额及其分布情况

资产负债表把企业所承担的全部债务清晰地划分为若干种类别，如按流动性分为流动负债和非流动负债。每一个项目都能清晰地反映某一类型的负债，报表的使用者可以一目了然地从报表上了解到企业在某一特定日期所承担的债务总量及其分布情况。

3. 资产负债表反映企业所有者权益总额及其分布情况

资产负债表把企业所有者权益清晰地划分为若干种类别，如实收资本、资本公积、盈余公积等，每一个项目都能清晰地反映某一类型的所有者权益，报表的使用者可以一目了然地从报表上了解到企业在某一特定日期所有者权益的总量及其情况。

4. 资产负债表反映企业的偿债能力

通过对资产负债表上有关项目进行对比，可以判断企业的短期偿债能力、长期偿债能力等，为信息使用者提供对决策有用的信息。如通过计算流动比率、速动比率等，可以判断企业的短期偿债能力；通过计算资产负债率，可以判断企业的长期偿债能力；并根据短期偿债能力、长期偿债能力作出正确的投资和融资决策。

三、资产负债表的结构和内容

资产负债表的结构，包括表首标题、报表主体和附注三部分。其中，表首标题列示资产负债表的名称、编制单位、编制日期、货币单位等；报表主体包括资产、负债和所有者权益各项目的期初数和期末数，是资产负债表的主要部分，反映企业在某一特定日期的资产、负债和所有者权益的状况；附注是对报表中没有列示的项目和列示不够详细的项目进行补充，包括报表数据解释和重大项目数据变动解释。

资产负债表中的资产类至少应当单独列示反映以下项目信息：货币资金、交易性金融资产、应收票据、应收账款、预付款项、其他应收款、存货、合同资产、持有待售资产、一年内到期的非流动资产、其他流动资产、债权投资、其他债权投资、长期应收款、长期股权投资、其他权益工具投资、投资性房地产、固定资产、在建工程、无形资产、开发支出、长期待摊费用、递延所得税资产等。资产负债表中的资产类至少应当包括流动资产和非流动资产的合计项目。

资产负债表中的负债类至少应当单独列示反映以下项目信息：短期借款、交易性金融负债、应付票据、应付账款、预收款项、合同负债、应交税费、应付职工薪酬、其他应付款、持有待售负债、一年内到期的非流动负债、长期借款、长期应付款、应付债券、预计负债、递延所得税负债。资产负债表中的负债类至少应当包括流动负债和非流动负债的合计项目。

资产负债表中的所有者权益类至少应当单独列示反映以下项目信息：实收资本（或股本）、其他权益工具、资本公积、其他综合收益、盈余公积、未分配利润。

资产负债表应当列示资产总计项目、负债和所有者权益总计项目。资产负债表中资产类项目金额总计与负债类和所有者权益类项目金额总计必须相等。另外，资产负债表除了列示各项资产、负债和所有者权益项目的期末余额外，通常还列示这些项目的年初余额。

四、资产负债表的格式

我国企业一般采用账户式的资产负债表。账户式的资产负债表一般是在报表左方列示资产类项目，右方列示负债类和所有者权益类项目，从而使资产负债表左右两方平衡。

资产负债表的格式如表10-1所示。

表10-1　资产负债表

编制单位：　　　　　　　　　　　年　　月　　日　　　　　　　　单位：元

资产	期末余额	年初余额	负债和所有者权益（或股东权益）	期末余额	年初余额
流动资产：			流动负债：		
货币资金			短期借款		

续表

资产	期末余额	年初余额	负债和所有者权益（或股东权益）	期末余额	年初余额
交易性金融资产			交易性金融负债		
衍生金融资产			衍生金融负债		
应收票据			应付票据		
应收账款			应付账款		
预付款项			预收款项		
其他应收款			合同负债		
存货			应付职工薪酬		
合同资产			应交税费		
持有待售资产			其他应付款		
一年内到期的非流动资产			持有待售负债		
其他流动资产			一年内到期的非流动负债		
流动资产合计			其他流动负债		
非流动资产：			流动负债合计		
债权投资			非流动负债：		
其他债权投资			长期借款		
长期应收款			应付债券		
长期股权投资			其中：优先股		
其他权益工具投资			永续债		
其他非流动金融资产			长期应付款		
投资性房地产			预计负债		
固定资产			递延收益		
在建工程			递延所得税负债		
生产性生物资产			其他非流动负债		
油气资产			非流动负债合计		
无形资产			负债合计		
开发支出			所有者权益		
商誉			实收资本		
长期待摊费用			其他权益工具		
递延所得税资产			其中：优先股		
其他非流动资产			永续债		
非流动资产合计			资本公积		
			减：库存股		

资产	期末余额	年初余额	负债和所有者权益（或股东权益）	期末余额	年初余额
			其他综合收益		
			盈余公积		
			未分配利润		
			所有者权益合计		
资产总计			负债和所有者权益总计		

五、资产负债表的编制方法

（一）"年初余额"栏填列方法

资产负债表"年初余额"栏的各项数字应根据上年度年末资产负债表"期末余额"栏内所列数字填列。如果本年度资产负债表各项目的名称和内容与上年度资产负债表所列项目不一致，应对上年度年末资产负债表各项目的名称和数字按本年度的要求进行调整，填入本年"年初余额"栏。

（二）"期末余额"栏填列方法

资产负债表"期末余额"栏的各项数字应根据有关账簿余额分析填列，各项目的填列方法如下：

（1）"货币资金"项目，应根据"库存现金""银行存款""其他货币资金"账户的期末借方余额合计数填列。

（2）"交易性金融资产"项目，应根据"交易性金融资产"账户的期末余额填列。

（3）"应收票据"项目，应根据"应收票据"账户的期末借方余额减去"坏账准备"账户中有关应收票据计提的坏账准备期末余额后的净额填列。

（4）"应收账款"项目，应根据"应收账款"和"预收账款"账户所属明细账户的期末借方余额减去应收账款计提的坏账准备期末余额后的净额填列。

（5）"预付账款"项目，应根据"预付账款"和"应付账款"账户所属明细账户的期末借方余额合计，减去"坏账准备"账户中有关预付账款计提的坏账准备期末余额后的净额填列。

（6）"其他应收款"项目，应根据"其他应收款""应收利息""应收股利"账户的期末余额合计，减去"坏账准备"账户中有关其他应收款、应收利息、应收股利计提的坏账准备期末余额后的净额填列。

（7）"存货"项目，应根据"在途物资（材料采购）""原材料""低值易耗品""库存商品""周转材料""委托加工物资""委托代销商品"和"生产成本"等账户的期末余额合计，减去"受托代销商品款""存货跌价准备"账户期末余额后的净额填列。

（8）"合同资产"项目，应根据"合同资产"账户所属明细账户的期末余额分析填列。

（9）"持有待售资产"项目，应根据"持有待售资产"账户的期末余额，减去"坏账准备"账户中有关持有待售资产计提的坏账准备期末余额后的净额填列。

（10）"一年内到期的非流动资产"项目，应根据一年内到期的"债权投资""其他债权投"账户，一年内摊销的"长期待摊费用"账户和一年内可收回的"长期应收款"账户余额之和分析计算后填列。

（11）"债权投资"项目，应根据"债权投资"账户期末借方余额减去一年内到期的投资部分和"债权投资减值准备"账户期末贷方余额后的净额填列。

（12）"其他债权投资"项目，应根据"其他债权投资"账户所属明细账户期末余额分析填列。

（13）"长期应收款"项目，应根据"长期应收款"账户期末余额，减去一年内到期的部分"未确认融资收益"账户期末余额、"坏账准备"账户中按长期应收款计提的坏账损失后的净额填列。

（14）"长期股权投资"项目，应根据"长期股权投资"账户的期末借方余额，减去"长期股权投资减值准备"账户期末贷方余额后的净额填列。

（15）"其他权益工具投资"项目，应根据"其他权益工具投资"账户的期末余额填列。

（16）"固定资产"项目，应根据"固定资产"账户期末借方余额，减去"累计折旧"和"固定资产减值准备"账户期末贷方余额，以及"固定资产清理"账户的余额填列。

（17）"在建工程"项目，应根据"在建工程"账户期末余额，减去"在建工程减值准备"账户期末余额，以及"工程物资"账户期末余额，减去"工程物资减值准备"账户期末余额后的金额填列。

（18）"生产性生物资产"项目，应根据"生产性生物资产"账户期末余额，减去"生产性生物资产累计折旧"和"生产性生物资产减值准备"账户期末贷方余额后的净额填列。

（19）"油气资产"项目，应根据"油气资产"账户的期末余额，减去"累计折耗"账户期末余额和相应减值准备后的净额填列。

（20）"无形资产"项目，应根据"无形资产"账户期末借方余额，减去"累计摊销"和"无形资产减值准备"账户的期末贷方余额后的净额填列。

（21）"开发支出"项目，应根据"研发支出"账户中所属的"资本化支出"明细账户期末余额填列。

（22）"商誉"项目，应根据"商誉"账户期末余额，减去相应减值准备后的净额填列。

（23）"长期待摊费用"项目，应根据"长期待摊费用"账户的期末余额，减去将于1年内（含1年）摊销的数额后的净额填列。

（24）"递延所得税资产"项目，应根据"递延所得税资产"账户期末余额填列。

（25）"其他非流动资产"项目，应根据有关账户的期末余额填列。

（26）"短期借款"项目，应根据"短期借款"账户的期末贷方余额填列。

（27）"交易性金融负债"项目，应根据"交易性金融负债"账户期末余额填列。

（28）"应付票据"项目，应根据"应付票据"账户的期末贷方余额填列。

（29）"应付账款"项目，应根据"应付账款"和"预付账款"账户所属各明细账户的期末贷方余额合计填列。

（30）"预收款项"项目，应根据"预收账款"和"应收账款"账户所属各明细账户的期末贷方余额合计填列。

（31）"合同负债"项目，应根据"合同负债"账户所属的明细账户期末余额分析填列。

（32）"应付职工薪酬"项目，应根据"应付职工薪酬"账户的期末贷方余额填列。

（33）"应交税费"项目，应根据"应交税费"账户的期末贷方余额填列；如"应交税费"账户期末为借方余额，以"–"号填列。

（34）"其他应付款"项目，应根据"其他应付款""应付利息""应付股利"账户的期末余额合计数填列。

（35）"一年内到期的非流动负债"项目，应根据"一年内到期的长期借款""长期应付款和应付债券""预计负债"账户分析计算后填列。

（36）"长期借款"项目，应根据"长期借款"账户的期末余额，减去一年内到期部分的净额填列。

（37）"应付债券"项目，应根据"应付债券"账户期末贷方余额，减去一年内到期部分的净额填列。

（38）"长期应付款"项目，应根据"长期应付款"账户的期末余额，减去"未确认融资费用"账户期末余额，以及专项应付款的余额，减去一年内到期的部分长期应付款后的净额填列。

（39）"预计负债"项目，应根据"预计负债"账户期末贷方余额填列。

（40）"递延所得税负债"项目，应根据"递延所得税负债"账户期末贷方余额填列。

（41）"其他非流动负债"项目，应根据除"长期借款""应付债券"等以外的其他非流动负债有关账户的期末余额填列。

（42）"持有待售负债"项目，应根据"持有待售负债"账户的期末贷方余额填列。

（43）"实收资本（股本）"项目，应根据"实收资本（股本）"账户的期末贷方余额填列。

（44）"其他权益工具"项目，应根据"其他权益工具"账户所属明细账户期末余额分析填列。

（45）"资本公积"项目，应根据"资本公积"账户的期末贷方余额填列。

（46）"其他综合收益"项目，应根据"其他综合收益"账户期末贷方余额填列。

（47）"盈余公积"项目，应根据"盈余公积"账户的期末贷方余额填列。

（48）"未分配利润"项目，应根据"本年利润"账户和"利润分配"账户的期末余额计算填列，如为未弥补的亏损，在本项目内以"–"号填列。

【例题 10-1】 XR 公司 2023 年 11 月 30 日有关总账和明细账的余额如表 10-2 所示。

表 10-2   XR 公司总账和明细账余额表   元

资产	借或贷	余额	负债和所有者权益	借或贷	余额
库存现金	借	21 500	短期借款	贷	250 000
银行存款	借	800 000	应付票据	贷	25 500
其他货币资金	借	155 800	应付账款	贷	71 000

续表

资产	借或贷	余额	负债和所有者权益	借或贷	余额
交易性金融资产	借	110 000	——丙企业	贷	91 000
应收票据	借	25 000	——丁企业	借	20 000
应收账款	借	75 000	预收账款	贷	14 700
——甲公司	借	80 000	——C公司	贷	14 700
——乙公司	贷	5 000	其他应付款	贷	12 000
坏账准备	贷	2 000	应交税费	贷	28 000
预付账款	借	36 100	长期借款	贷	506 000
——A公司	借	31 000	应付债券	贷	563 700
——B公司	借	5 100	其中一年到期的应付债券	贷	230 000
其他应收款	借	8 500	实收资本	贷	4 125 800
原材料	借	774 400	盈余公积	贷	158 100
生产成本	借	265 400	利润分配	贷	1 900
库存商品	借	193 200	——未分配利润	贷	1 900
固定资产	借	2 888 000	本年利润	贷	36 700
累计折旧	贷	4 900			
在建工程	借	447 400			
资产合计	借	5 793 400	负债和所有者权益合计	贷	5 793 400

要求：根据以上材料编制2023年度11月的资产负债表。

根据题意编制2023年度11月的资产负债表如表10-3所示。

表10-3　资产负债表

编制单位：XR公司　　　　　　　　　2023年11月30日　　　　　　　　　单位：元

资产	期末余额	年初余额	负债和所有者权益（或股东权益）	期末余额	年初余额
流动资产：		略	流动负债：		略
货币资金	977 300		短期借款	250 000	
交易性金融资产	110 000		交易性金融负债		
衍生金融资产			衍生金融负债		
应收票据	25 000		应付票据	25 500	
应收账款	78 000		应付账款	91 000	
预付款项	56 100		预收款项	19 700	
其他应收款	8 500		合同负债		
存货	1 233 000		应付职工薪酬		
合同资产			应交税费	28 000	

资产	期末余额	年初余额	负债和所有者权益（或股东权益）	期末余额	年初余额
持有待售资产			其他应付款	12 000	
一年内到期的非流动资产			持有待售负债		
其他流动资产			一年内到期的非流动负债	230 000	
流动资产合计	24 879 000		其他流动负债		
非流动资产：			流动负债合计	656 200	
债权投资			非流动负债：		
其他债权投资			长期借款	506 000	
长期应收款			应付债券	333 700	
长期股权投资			其中：优先股		
其他权益工具投资			永续债		
其他非流动金融资产			长期应付款		
投资性房地产			预计负债		
固定资产	2 883 100		递延收益		
在建工程	447 400		递延所得税负债		
生产性生物资产			其他非流动负债		
油气资产			非流动负债合计	839 700	
无形资产			负债合计	1 495 900	
开发支出			所有者权益		
商誉			实收资本	4 125 800	
长期待摊费用			其他权益工具		
递延所得税资产			其中：优先股		
其他非流动资产			永续债		
非流动资产合计	3 330 500		资本公积		
			减：库存股		
			其他综合收益		
			盈余公积	158 100	
			未分配利润	38 600	
			所有者权益合计	4 322 500	
资产总计	5 818 400		负债和所有者权益总计	5 818 400	

任务三　利润表的认知与应用

一、利润表的概念

利润表是指反映企业在一定会计期间的经营成果的会计报表。利润表属于动态会计报表，主要依据会计的收入实现原则和配比原则编制，即把一定时期的营业收入与同一会计期间相关的费用（成本）进行配比，从而计算出企业一定时期的净利润或净亏损。

二、利润表的作用

利润表是反映企业一定会计期间经营成果的报表，有以下几个作用：

1. 利润表有利于分析企业的获利能力

通过利润表各项目的数据，可以看出企业在一定会计期间总体的收入、费用、盈利状况，从而分析企业的获利能力。企业盈利越多，表示获利能力越强，反之，获利能力就越弱。信息使用者通过比较同一企业在不同时期，或同一行业中不同企业在相同时期的有关指标，就可以分析企业今后的利润发展趋势，评价和预测企业的获利能力，并据此作出相关决策。

2. 利润表有利于考核企业管理层的业绩

在所有权与经营权相分离的现代企业中，可以通过利润表的数据来考核管理层的受托责任履行情况，评价管理层的经营业绩。企业的利润达到预期目标，并且稳中有升，表明企业管理层的经营业绩好；反之，表明企业管理层的经营业绩差。股东会根据利润实现的情况考核管理层的经营业绩。

3. 利润表有利于预测企业未来的获利能力

通过对同一个企业不同时期的利润表相关项目做比较，找出利润表中相关项目变动的数据，可以分析企业获利能力的变化，有利于预测企业未来的获利能力。信息使用者通过利润表提供的关于过去经营活动收益水平的客观记录和历史反映，判断企业未来的利润状况和发展趋势，正确地进行决策。

4. 利润表有利于企业提高管理水平

企业管理层通过比较和分析利润表中的各个项目，可以总体把握各项收入、费用与利润之间的关系，发现工作中存在的问题，找出缺点，采取措施，改善经营管理，提高管理水平。

三、利润表的内容和格式

1. 利润表的内容

根据《企业会计准则》规定，利润表至少应当单独列示反映以下项目信息：营业收入、营业成本、税金及附加、管理费用、销售费用、研发费用、财务费用、资产减值损失、信用减值损失、其他收益、投资收益、公允价值变动收益、资产处置收益、营业外收入、营业外支出、所得税费用和净利润。

2. 利润表的格式

利润表常见的格式有两种：单步式利润表和多步式利润表。我国规定采用多步式利润表。

多步式利润表中的当期净利润，是通过多步计算确定的，通常分为以下几步：

第一步反映营业收入，在主营业务收入的基础上加上其他业务收入，计算得出营业收入；

第二步反映营业利润，在营业收入的基础上减去营业成本、税金及附加、管理费用、销售费用、研发费用、财务费用、资产减值损失、信用减值损失，加上其他收益、投资收益（亏损用负数）、公允价值变动收益（亏损用负数）、资产处置收益（亏损用负数），计算得出营业利润；

第三步反映利润总额，在营业利润的基础上加上营业外收入，减去营业外支出，计算得出本期实现的利润总额，即税前的会计利润；

第四步反映净利润，在利润总额的基础上减去所得税费用，计算得出本期的净利润（或净亏损）；

第五步反映其他综合收益的税后净额，在其他综合收益总额的基础上减去所得税的影响，计算得出其他综合收益的税后净额；

第六步反映综合收益，在净利润的基础上加上其他综合收益的税后净额，计算得出综合收益总额；

第七步反映每股收益，在综合收益的基础上除以普通股的加权平均股数，计算得出每股收益。

利润表的格式如表10-4所示。

表10-4　利润表

编制单位：　　　　　　　　　　年　　月　　　　　　　　　　单位：元

项目	本期金额	上期金额
一、营业收入		
减：营业成本		
税金及附加		
销售费用		
管理费用		
研发费用		
财务费用		
其中：利息费用		
利息收入		
资产减值损失		
信用减值损失		
加：其他收益		

项目	本期金额	上期金额
投资收益（损失以"－"号填列）		
其中：对联营企业和合营企业的投资收益		
公允价值变动收益（损失以"－"号填列）		
资产处置收益（损失以"－"号填列）		
二、营业利润（亏损以"－"号填列）		
加：营业外收入		
减：营业外支出		
三、利润总额（亏损总额以"－"号填列）		
减：所得税费用		
四、净利润（净亏损以"－"号填列）		
（一）持续经营净利润（净亏损以"－"号填列）		
（二）终止经营净利润（净亏损以"－"号填列）		
五、其他综合收益的税后净额		
（一）不能重分类进损益的其他综合收益		
1. 重新计量设定受益计划变动额		
2. 权益法下不能转损益的其他综合收益		
3. 其他权益工具投资公允价值变动		
4. 企业自身信用风险公允价值变动		
……		
（二）将重分类进损益的其他综合收益		
1. 权益法下可转损益的其他综合收益		
2. 其他债权投资公允价值变动		
3. 金融资产重分类计入其他综合收益的金额		
4. 其他债权投资信用减值准备		
5. 现金流量套期储备		
6. 外币财务报表折算差额		
……		
六、综合收益总额		
七、每股收益		
（一）基本每股收益		
（二）稀释每股收益		

四、利润表的编制方法

利润表中"本期金额"栏内各项数据，除每股收益项目外，应当按照相关项目的发生额填列；利润表中"上期金额"栏内各项数据，在编报中期财务会计报告时，填列上年同期实际发生数，在编报年度财务会计报告时，填列上年全年实际发生数。如果上年度利润表的项目名称和内容与本年度利润表不一致，应对上年度利润表项目的名称和数字按本年度的规定进行调整，并按调整后的数字填入利润表的"上期金额"栏。

利润表"本期金额"栏内具体项目的填列方法如下：

（1）营业收入项目，应根据"主营业务收入"和"其他业务收入"账户的发生额分析填列；

（2）营业成本项目，应根据"主营业务成本"和"其他业务成本"账户的发生额分析填列；

（3）税金及附加项目，应根据"税金及附加"账户的发生额分析填列；

（4）销售费用项目，应根据"销售费用"账户的发生额分析填列；

（5）管理费用项目，应根据"管理费用"账户的发生额分析填列；

（6）研发支出项目，应根据"研发支出"账户所属明细科目费用化支出的发生额分析填列；

（7）财务费用项目，应根据"财务费用"账户的发生额分析填列；

（8）资产减值损失项目，应根据"资产减值损失"账户的发生额分析填列；

（9）信用减值损失项目，应根据"信用减值损失"账户的发生额分析填列；

（10）其他收益项目，应根据"其他收益"账户的发生额分析填列；

（11）投资收益项目，应根据"投资收益"账户的发生额分析填列，如为投资损失，本项目以负数填列；

（12）公允价值变动收益项目，应根据"公允价值变动损益"账户的发生额分析填列，如为净损失，本项目以负数填列；

（13）资产处置收益项目，应根据"资产处置收益"账户的发生额分析填列，如为净损失，本项目以负数填列；

（14）营业利润项目，应根据（1）～（13）项目计算填列，如为亏损，本项目以负数填列；

（15）营业外收入项目，应根据"营业外收入"账户的发生额分析填列；

（16）营业外支出项目，应根据"营业外支出"账户的发生额分析填列；

（17）利润总额项目，应根据（14）～（16）项目计算填列，如为亏损，本项目以负号填列；

（18）所得税费用项目，根据"所得税费用"账户的发生额分析填列；

（19）净利润项目，应根据（13）～（14）项目计算填列，如为亏损，本项目以负数填列；

（20）其他综合收益的税后净额项目，应根据《企业会计准则》规定未在损益中确认的各项利得和损失扣除所得税影响后的净额填列；

（21）综合收益项目，应根据（19）～（20）项目计算填列；

（22）每股收益项目，应根据综合收益项目除以普通股股数后的净额填列。

【例题10-2】XR公司所得税税率为25%，XR公司2023年1—11月的利润表如表10-5所示。

表10-5　XR公司2023年1—11月的利润表　　　　单位：元

项目	累计金额
营业收入	1 200 000
营业成本	800 000
税金及附加	20 400
销售费用	20 000
管理费用	40 000
财务费用	1 000
资产减值损失	3 000
营业利润	略
营业外收入	5 000
营业外支出	2 000
利润总额	略
所得税费用	略

XR公司2023年12月发生以下经济业务：

（1）对外销售甲商品1 000件，单价135元，增值税税率13%，收到对方开来的一张金额为152 550元的商业汇票。

（2）接受A公司捐赠现金7 000元存入银行。

（3）计算分配本月应付职工工资共计45 000元，其中管理部门30 000元，专设销售机构15 000元。

（4）计提本月办公用固定资产折旧1 200元。

（5）结转已销售的1 000件甲商品的销售成本87 000元。

（6）将本月实现的损益结转至"本年利润"账户。

要求：根据上述资料，完成会计分录并编制2023年度的利润表。

（1）确认收入时，XR公司的会计分录如下：

借：应收票据　　　　　　　　　　　　　　　　152 550
　　贷：主营业务收入　　　　　　　　　　　　　　135 000
　　　　应交税费——应交增值税（销项税额）　　　17 550

（2）接受捐赠时，XR公司的会计分录如下：

借：银行存款　　　　　　　　　　　　　　　　7 000
　　贷：营业外收入　　　　　　　　　　　　　　7 000

（3）分配工资费用时，XR公司的会计分录如下：

借：管理费用　　　　　　　　　　　　　　　　30 000
　　销售费用　　　　　　　　　　　　　　　　15 000
　　贷：应付职工薪酬　　　　　　　　　　　　　45 000

（4）计提固定资产折旧时，XR公司的会计分录如下：

借：管理费用　　　　　　　　　　　　　　　　　　1 200

　　贷：累计折旧　　　　　　　　　　　　　　　　　　1 200

（5）结转销售商品成本时，XR公司的会计分录如下：

借：主营业务成本　　　　　　　　　　　　　　　　87 000

　　贷：库存商品　　　　　　　　　　　　　　　　　87 000

（6）结转损益时，XR公司的会计分录如下：

借：主营业务收入　　　　　　　　　　　　　　　135 000

　　营业外收入　　　　　　　　　　　　　　　　　7 000

　　贷：本年利润　　　　　　　　　　　　　　　　142 000

借：本年利润　　　　　　　　　　　　　　　　　133 200

　　贷：主营业务成本　　　　　　　　　　　　　　87 000

　　　　管理费用　　　　　　　　　　　　　　　　31 200

　　　　销售费用　　　　　　　　　　　　　　　　15 000

根据2023年1—11月的利润表数据和12月发生的数据，编制2023年度利润表（简表）如表10-6所示。

表10-6　利润表（简表）

编制单位：XR公司　　　　　　　　　　　2023年　　　　　　　　　　单位：元

项目	本期金额	上期金额
一、营业收入	1 335 000	
减：营业成本	887 000	
税金及附加	20 400	
销售费用	35 000	
管理费用	71 200	
研发费用	0	
财务费用	1 000	
其中：利息费用	1 000	
利息收入	0	
资产减值损失	3 000	
信用减值损失	0	
加：其他收益		
投资收益（损失以"－"号填列）	0	
其中：对联营企业和合营企业的投资收益	0	
公允价值变动收益（损失以"－"号填列）	0	
资产处置收益（损失以"－"号填列）	0	
二、营业利润（亏损以"－"号填列）	317 400	

续表

项目	本期金额	上期金额
加：营业外收入	12 000	
减：营业外支出	2 000	
三、利润总额（亏损总额以"－"号填列）	327 400	
减：所得税费用	81 850	
四、净利润（净亏损以"－"号填列）	245 550	

任务四　现金流量表的认知与应用

一、现金流量表的概念

现金流量表，是指反映企业在一定会计期间现金和现金等价物流入和流出情况的报表。现金流量表反映企业在一段时间内的现金和现金等价物流入企业、流出企业和期末净现金流量增加额，体现企业获取现金和现金等价物的能力。

二、现金流量表的作用

通过现金流量表，可以为会计信息使用者提供企业一定会计期间现金和现金等价物流入和流出情况的信息，便于信息使用者了解和评价企业获取现金和现金等价物的能力，据以预测企业未来现金流量。具体体现在以下三个方面：

（1）现金流量表有利于会计信息使用者评价企业的支付能力、偿债能力和周转能力；

（2）现金流量表有利于会计信息使用者预测企业未来产生的现金流量；

（3）现金流量表有利于会计信息使用者评价企业受益的质量和分析现金流量差异的原因。

三、现金流量及其分类

现金流量实际上是一定会计期间内企业现金和现金等价物的流入和流出。但是，企业从银行提取现金、用现金购买短期到期的国库券等现金和现金等价物之间的转换不影响现金流量。

这里的现金，是指企业库存现金以及可以随时用于支付的存款，包括库存现金、银行存款和其他货币资金，不能随时用于支付的存款不属于现金流量表中所说的现金。

现金等价物，是指企业持有的期限短、流动性强、易于转换为已知金额现金、价值变动风险很小的投资。期限短，一般是指自购买日起三个月内到期。现金等价物通常包括三个月内到期的债券投资等。

在实务中，现金流量表中的现金流量分为以下三类：

（一）经营活动产生的现金流量

经营活动是企业投资活动和筹资活动以外的所有交易或事项。经营活动主要包括销售商品或提供劳务、购买商品、接受劳务、支付工资和交纳税款等流入和流出现金和现金等价物的活动。

（二）投资活动产生的现金流量

投资活动是企业长期资产的购建和不包括在现金等价物范围内的投资及其处置活动。投资活动主要包括购建固定资产、处置子公司及其他营业单位等流入和流出现金和现金等价物的活动。

（三）筹资活动产生的现金流量

筹资活动是导致企业资本及债务规模和构成发生变化的活动。筹资活动主要包括吸收投资、发行股票、分配利润、发行债券、偿还债务等流入和流出现金和现金等价物的活动。偿付应付账款、应付票据等属于经营活动，不属于筹资活动。

四、现金流量表的结构和内容

我国的现金流量表通常采用报告式结构，分类反映经营活动产生的现金流量、投资活动产生的现金流量和筹资活动产生的现金流量，最后汇总反映企业某一期间现金及现金等价物的净增加额。现金流量表的格式如表10-7所示。

表10-7　现金流量表

编制单位：　　　　　　　　　　　年　　月　　　　　　　　　　单位：元

一、经营活动产生的现金流量		
销售商品、提供劳务收到的现金		
收到的税费返还		
收到其他与经营活动有关的现金		
经营活动现金流入小计		
购买商品、接受劳务支付的现金		
支付给职工以及为职工支付的现金		
支付的各项税费		
支付其他与经营活动有关的现金		
经营活动现金流出小计		
经营活动产生的现金流量净额		
二、投资活动产生的现金流量		
收回投资收到的现金		
取得投资收益收到的现金		
处置固定资产、无形资产和其他长期资产收回的现金净额		
处置子公司及其他营业单位收到的现金净额		
收到其他与投资活动有关的现金		
投资活动现金流入小计		
购建固定资产、无形资产和其他长期资产支付的现金		

续表

投资支付的现金		
取得子公司及其他营业单位支付的现金净额		
支付其他与投资活动有关的现金		
投资活动现金流出小计		
投资活动产生的现金流量净额		
三、筹资活动产生的现金流量		
吸收投资收到的现金		
取得借款收到的现金		
收到其他与筹资活动有关的现金		
筹资活动现金流入小计		
偿还债务支付的现金		
分配股利、利润或偿付利息支付的现金		
支付其他与筹资活动有关的现金		
筹资活动现金流出小计		
筹资活动产生的现金流量净额		
四、汇率变动对现金及现金等价物的影响		
五、现金及现金等价物净增加额		
加：期初现金及现金等价物余额		
六、期末现金及现金等价物余额		

五、现金流量表的编制方法

在实务中，企业应当采用直接法列示经营活动产生的现金流量。企业采用直接法编制经营活动的现金流量表时，一般以利润表中的营业收入为起算点，调整与经营活动有关项目的增减变动，然后计算出经营活动的现金流量。在直接法下具体编制现金流量表时，企业可以采用工作底稿法或 T 型账户法，也可以根据有关账户记录分析填列。

在实务中，现金流量表各项目的填列方法如下：

（一）经营活动产生的现金流量的编制方法

1. "销售商品、提供劳务收到的现金"项目

本项目可以根据"主营业务收入""其他业务收入""应收账款""应收票据""预收账款""库存现金""银行存款"等账户分析填列。

本项目的现金流入可用以下公式计算其金额：

销售商品、提供劳务收到的现金＝本期营业收入净额＋本期应收账款减少额

（−应收账款增加额）＋本期应收票据减少额

（−应收票据增加额）＋本期预收账款增加额

（−预收账款减少额）

注：上述公式中，如果本期有实际核销的坏账损失，也应减去（因核销坏账损失减少了应收账款，但没有收回现金）。如果有收回前期已核销的坏账金额，应加上（因收回已核销的坏账，并没有增加或减少应收账款，但却收回了现金）。

2．"收到的税费返还"项目

本项目反映企业收到返还的各种税费。本项目可以根据"库存现金""银行存款""应交税费""税金及附加"等账户的记录分析填列。

3．"收到其他与经营活动有关的现金"项目

本项目反映企业除了上述各项目以外收到其他与经营活动有关的现金流入，如罚款收入、流动资产损失中由个人赔偿的现金收入等。本项目可根据"营业外收入""营业外支出""库存现金""银行存款""其他应收款"等账户的记录分析填列。

4．"购买商品、接受劳务支付的现金"项目

本项目可根据"应付账款""应付票据""预付账款""库存现金""银行存款""主营业务成本""其他业务成本""存货"等账户的记录分析填列。

本项目的现金流出可用以下公式计算其金额：

购买商品、接受劳务支付的现金＝营业成本＋本期存货增加额（－本期存货减少额）＋
本期应付账款减少额（－本期应付账款增加额）＋
本期应付票据减少额（－本期应付票据增加额）＋
本期预付账款增加额（－本期预付账款减少额）

5．"支付给职工以及为职工支付的现金"项目

本项目反映企业实际支付给职工以及为职工支付的工资、奖金、各种津贴和补贴等（含为职工支付的养老、失业等各种保险和其他福利费用）。但不含为离退休人员支付的各种费用和固定资产购建人员的工资。本项目可根据"库存现金""银行存款""应付职工薪酬""生产成本"等账户的记录分析填列。

6．"支付的各项税费"项目

本项目反映的是企业按规定支付的各项税费和有关费用。但不包括已计入固定资产原价而实际支付的耕地占用税和本期退回的所得税。本项目应根据"应交税费""库存现金""银行存款"等账户的记录分析填列。

7．"支付其他与经营活动有关的现金"项目

本项目反映企业除上述各项目外，支付其他与经营活动有关的现金，包括罚款支出、差旅费、业务招待费、保险费支出、支付的离退休人员的各项费用等。本项目应根据"管理费用""销售费用""营业外支出"等账户的记录分析填列。

（二）投资活动产生的现金流量的编制方法

投资活动产生的现金流入和现金流出的各项目的内容和填列方法如下：

1．"收回投资收到的现金"项目

本项目反映企业出售、转让和到期收回的除现金等价物以外的交易性金融资产、长期股权投资而收到的现金，以及收回债权投资本金而收到的现金。不包括债权投资收回的利息以及收回的非现金资产。本项目应根据"交易性金融资产""长期股权投资""库存现

金""银行存款"等账户的记录分析填列。

2. "取得投资收益收到的现金"项目

本项目反映企业因股权性投资而分得的现金股利、分配利润所收到的现金，以及债权性投资取得的现金利息收入。本项目应根据"投资收益""库存现金""银行存款"等账户的记录分析填列。

3. "处置固定资产、无形资产和其他长期资产收回的现金净额"项目

本项目反映企业处置上述各项长期资产所取得的现金，减去为处置这些资产所支付的有关费用后的净额。本项目可根据"固定资产清理""库存现金""银行存款"等账户的记录分析填列。如本项目收回的现金净额为负数，应在"支付其他与投资活动有关的现金"项目填列。

4. "收到其他与投资活动有关的现金"项目

本项目反映企业除上述各项目以外，收到其他与投资活动有关的现金流入。本项目应根据"库存现金""银行存款"和其他有关账户的记录分析填列。

5. "购建固定资产、无形资产和其他长期资产支付的现金"项目

本项目反映企业购买、建造固定资产，取得无形资产和其他长期资产所支付的现金。其中，企业为购建固定资产支付的现金，包括购买固定资产支付的现金及增值税。但不包括购建固定资产的借款利息支出和融资租入固定资产的租赁费。本项目应根据"固定资产""无形资产""在建工程""库存现金""银行存款"等账户的记录分析填列。

6. "投资支付的现金"项目

本项目反映企业在现金等价物以外进行交易性金融资产、长期股权投资、债权投资所实际支付的现金，包括佣金手续费所支付的现金。但不包括企业购买股票和债券时，实际支付价款中包含的已宣告但尚未领取的现金股利或已到付息期但尚未领取的债券利息。

本项目应根据"交易性金融资产""长期股权投资""债权投资""库存现金""银行存款"等账户记录分析填列。

7. "支付其他与投资活动有关的现金"项目

本项目反映企业除了上述各项以外，支付的与投资活动有关的现金流出。包括企业购买股票和债券时，实际支付价款中包含的已宣告但尚未领取的现金股利或已到付息期但尚未领取的债券利息等。本项目应根据"库存现金""银行存款""应收股利""应收利息"等账户的记录分析填列。

（三）筹资活动产生的现金流量的编制方法

筹资活动产生的现金流入和现金流出包括的各项目的内容和填列方法如下：

1. "吸收投资支付的现金"项目

本项目反映企业收到投资者投入的现金，包括以发行股票、债券等方式筹集资金实际收到的款项净额（即发行收入减去支付的佣金等发行费用后的净额）。本项目可根据"实收资本（或股本）""应付债券""库存现金""银行存款"等账户的记录分析填列。

2. "取得借款收到的现金"项目

本项目反映企业举借各种短期借款、长期借款而收到的现金。本项目可根据"短期借

款""长期借款""银行存款"等账户的记录分析填列。

3. "收到其他与筹资活动有关的现金"项目

本项目反映企业除上述各项以外，收到其他与筹资活动有关的现金流入。本项目应根据"库存现金""银行存款"和其他有关账户的记录分析填列。

4. "偿还债务支付的现金"项目

本项目反映企业以现金偿还债务的本金，包括偿还金融机构的借款本金、偿还到期的债券本金等。本项目可根据"短期借款""长期借款""应付债券""库存现金""银行存款"等账户的记录分析填列。

5. "分配股利、利润或偿还利息支付的现金"项目

本项目反映企业实际支付的现金股利、支付给投资人的利润或用现金支付的借款利息、债券利息等。本项目可根据"应付股利""财务费用""长期借款""应付债券""库存现金""银行存款"等账户的记录分析填列。

6. "支付其他与筹资活动有关的现金"项目

本项目反映企业除了上述各项目以外，支付的与筹资活动有关的现金流出。如发行股票、债券所支付的审计、咨询等费用。本项目可根据"库存现金""银行存款"和其他有关账户的记录分析填列。

（四）汇率变动对现金及现金等价物的影响的编制方法

本项目反映企业的外币现金流量发生日所采用的汇率与期末汇率的差额对现金的影响数额。

（编制方法略）

（五）现金及现金等价物净增加额的编制方法

"现金及现金等价物净增加额"是将本表中"经营活动产生的现金流量净额""投资活动产生的现金流量净额""筹资活动产生的现金流量净额"和"汇率变动对现金及现金等价物的影响"四个项目相加得出的。

（六）期末现金及现金等价物余额的编制方法

本项目是将计算出来的现金及现金等价物净增加额加上期初现金及现金等价物金额求得。它应该与企业期末的全部货币资金与现金等价物的合计余额相等。

六、工作底稿法和 T 形账户法

1. 工作底稿法

采用工作底稿法编制现金流量表，就是以工作底稿为手段，以利润表和资产负债表的数据为基础，对每一项目进行分析并编制调整分录，从而编制出现金流量表。

在直接法下，整个工作底稿纵向分成三段，第一段是资产负债表项目，其中又分为借方项目和贷方项目两部分；第二段是利润表项目；第三段是现金流量表项目。工作底稿横向分为五栏，在资产负债表部分，第一栏是项目栏，填列资产负债表各项目名称；第二栏是期初数，用来填列资产负债表项目的期初数；第三栏是调整分录的借方；第四栏是调整分录的贷方；第五栏是期末数，用来填列资产负债表项目的期末数。在利润表和现金流量表部分，

第一栏也是项目栏，用来填列利润表和现金流量表项目名称；第二栏空置不填；第三、第四栏分别是调整分录的借方和贷方；第五栏是本期数，利润表部分这一栏数字应和本期利润表数字核对相符，现金流量表部分这一栏的数字可直接用来编制正式的现金流量表。

采用工作底稿法编制现金流量表的程序如下：

（1）将资产负债表的期初数和期末数过入工作底稿的期初数栏和期末数栏；

（2）对当期业务进行分析并编制调整分录。调整分录大体有这样几类：

第一类涉及利润表中的收入、成本和费用项目以及资产负债表中的资产、负债及所有者权益项目，通过调整，将权责发生制下的收入费用转换为现金基础；

第二类是涉及资产负债表和现金流量表中的投资、筹资项目，反映投资和筹资活动的现金流量；

第三类是涉及利润表和现金流量表中的投资和筹资项目，目的是将利润表中有关投资和筹资方面的收入和费用列入现金流量表投资、筹资现金流量中去。此外，还有一些调整分录并不涉及现金收支，只是为了核对资产负债表项目的期末期初变动。

在调整分录中，有关现金和现金等价物的事项，并不直接借记或贷记现金，而是分别记入"经营活动产生的现金流量""投资活动产生的现金流量""筹资活动产生的现金流量"有关项目，借记表明现金流入，贷记表明现金流出；

（3）将调整分录过入工作底稿中的相应部分；

（4）核对调整分录，借贷合计应当相等，资产负债表项目期初数加减调整分录中的借贷金额以后，应当等于期末数；

（5）根据工作底稿中的现金流量表项目部分编制正式的现金流量表。

2. T形账户法

采用T形账户法，就是以T形账户为手段，以利润表和资产负债表的数据为基础，对每一项目进行分析并编制调整分录，从而编制出现金流量表。采用T形账户法编制现金流量表的程序如下：

（1）为所有的非现金项目（包括资产负债表项目和利润表项目）分别开设T形账户，并将各自的期末期初变动数过入各该账户；

（2）开设一个大的"现金及现金等价物"T形账户，每边分为经营活动、投资活动和筹资活动三部分，左边记现金流入，右边记现金流出，与其他账户一样，过入期末期初变动数；

（3）以利润表项目为基础，结合资产负债表分析每一个非现金项目的增减变动，并据此编制调整分录；

（4）将调整分录过入各T形账户，并进行核对，该账户借贷相抵后的余额与原先过入的期末期初变动数应当一致；

（5）根据大的"现金及现金等价物"T形账户编制正式的现金流量表。

【例题 10-3】XR 公司 2023 年有关资料如下：

本期产品销售收入 80 000 元；应收账款期初余额 10 000 元，期末余额 34 000 元；本期预收的货款 4 000 元；本期用银行存款支付购买原材料货款 40 000 元；用银行存款支付工程用物资货款 81 900 元；本期购买原材料预付货款 15 000 元；本期从银行提取现金 33 000 元，用于发放工资；本期实际支付工资 30 000 元，各种奖金 3 000 元，其中经营人员工资 18 000 元，奖金 2 000 元，在建工程人员工资 12 000 元，奖金 1 000 元；期初未交所得税 1 600 元，本期发生的应交所得税 6 600 元，期末未交所得税 600 元。

要求：根据上述资料，计算出"销售商品、提供劳务收到的现金"项目、"购买商品、接受劳务支付的现金"项目、"支付给职工以及为职工支付的现金"项目、"支付的各项税费"项目、"购建固定资产、无形资产和其他长期资产支付的现金"项目。

各项目计算分析过程下：

销售商品、提供劳务收到的现金 = 80 000 +（10 000 - 34 000）+ 4 000 = 60 000（元）

购买商品、接受劳务支付的现金 = 40 000 + 15 000 = 55 000（元）

支付给职工以及为职工支付的现金 = 18 000 + 2 000 = 20 000（元）

支付的各项税费 = 1 600 + 6 600 - 600 = 7 600（元）

购建固定资产、无形资产和其他长期资产支付的现金 = 12 000 + 1 000 + 81 900
= 94 900（元）

任务五　所有者权益变动表的认知与应用

一、所有者权益变动表的概念

所有者权益变动表，是指反映企业构成所有者权益的各组成部分当期的增减变动情况的报表。所有者权益变动表可以全面地反映企业在一定会计期间所有者权益的增减变动情况，不仅包括总量的变动，还包括具体构成项目的变动。

所有者权益变动表反映一定会计期间所有者权益的构成及其变动情况，属于动态会计报表。编制所有者权益变动表有利于会计信息使用者了解所有者权益增减变动情况，有利于反映企业综合收益，有利于比较不同时期所有者权益的信息。通过所有者权益变动表，既可以为会计信息使用者提供所有者权益总量增减变动的信息，也可以为其提供所有者权益增减变动的结构性信息，特别是能够让会计信息使用者理解所有者权益增减变动的根源。

二、所有者权益变动表的内容和结构

在所有者权益变动表上，企业至少应当单独列示反映以下项目信息：综合收益总额、会计政策变更和前期差错更正的累积影响金额、所有者投入资本和向所有者分配利润等、提取的盈余公积、实收资本或资本公积、未分配利润的期初和期末余额及其调节情况。

所有者权益变动表以矩阵的形式列示：一方面，列示导致所有者权益变动的交易或事项，即所有者权益变动的来源对一定时期所有者权益的变动情况进行全面反映，另一方面，按照所有者权益各组成部分（即实收资本、其他权益工具、资本公积、其他综合收益、盈余公积、未分配利润和库存股）列示交易或事项对所有者权益各部分的影响。所有者权益变动表的内容和格式如表 10-8 所示。

表 10-8　所有者权益变动表

编制单位：　　　　　　　　　　　　　　　　年度　　　　　　　　　　　　　　　　单位：元

项目	本年金额							上年金额						
	实收资本（或股本）	其他权益工具	资本公积	减：库存股	其他综合收益	盈余公积	未分配利润	所有者权益合计	实收资本（或股本）	其他权益工具	资本公积	减：库存股	其他综合收益	盈余公积	未分配利润	所有者权益合计
一、上年年末余额														
加：会计政策变更														
前期差错更正														
其他														
二、本年年初余额														
三、本年增减变动金额（减少以"－"号填列）														
（一）综合收益总额														
（二）所有者投入或减少资本														
1. 所有者投入的普通股														
2. 其他权益工具持有者投入的资本														
3. 股份支付记入所有者权益的金额														
4. 其他														
（三）分配利润														
1. 提取盈余公积														
2. 对所有者（或股东）的分配														
3. 其他														
（四）所有者权益内部结转														
1. 资本公积转增资本（或股本）														
2. 盈余公积转增资本（或股本）														
3. 盈余公积弥补亏损														

项目	本年金额								上年金额							
	实收资本（或股本）	其他权益工具	资本公积	减：库存股	其他综合收益	盈余公积	未分配利润	所有者权益合计	实收资本（或股本）	其他权益工具	资本公积	减：库存股	其他综合收益	盈余公积	未分配利润	所有者权益合计
4. 设定受益计划变动额结转留存收益																
5. 其他综合收益结转留存收益																
6. 其他																
四、本年年末余额																

三、所有者权益变动表的编制方法

所有者权益变动表各项目均需填列"本年金额"和"上年金额"两栏。

（一）所有者权益变动表"上年金额"栏的填列方法

所有者权益表变动表"上年金额"栏内各项数字，应根据上年度所有者权益变动表"本年金额"内所列数字填列。上年度所有者权益变动表规定的各个项目的名称和内容与本年度不一致的，应对上年度所有者权益变动表各项目的名称和数字按照本年度的规定进行调整，填入所有者权益变动表的"上年金额"栏内。

（二）所有者权益变动表"本年金额"栏的填列方法

所有者权益变动表"本年金额"栏内各项数字一般应根据"实收资本（或股本）""其他权益工具""资本公积""库存股""其他综合收益""盈余公积""利润分配"账户的发生额分析填列。

各项目的说明及具体填列方法如下：

1. "上年年末余额"项目

本项目反映企业上年资产负债表中实收资本（或股本）、其他权益工具、资本公积、其他综合收益、盈余公积、利润分配等的年末余额，直接根据上年年末资产负债表的相关数据填列。

（1）"会计政策变更"项目反映企业采用追溯调整法处理的会计政策变更的累积影响金额。

（2）"前期差错更正"项目反映企业采用追溯重述法处理的会计差错更正的累积影响金额。

2. "本年年初余额"项目

本项目反映企业为体现会计政策变更和前期差错更正的影响，而在上年年末所有者权益余额的基础上进行调整得出的本年年初所有者权益余额。应根据"实收资本（或股本）""其他权益工具""资本公积""其他综合收益""盈余公积""利润分配"账户的发生额分析填列。

3. "本年增减变动金额"项目

（1）"综合收益"项目反映企业当年实现的净利润（或净亏损）金额与其他综合收益扣除所得税影响后的净额的合计数。

（2）"所有者投入和减少资本"项目反映企业当年所有者投入的资本和减少的资本。其中：

① "所有者投入的普通股"项目反映企业接受投资者投入形成的实收资本（或股本）和资本溢价或股本溢价，对应列在"实收资本"和"资本公积"栏。

② "股份支付计入所有者权益的金额"项目反映企业处于等待期中的权益结算的股份支付当年计入资本公积的金额，对应列在"资本公积"。

（3）"利润分配"项目反映企业按照规定提取的盈余公积金额和当年对所有者（或股东）分配的利润（或股利）金额，对应列在"盈余公积"和"未分配利润"栏。其中：

① "提取盈余公积"项目反映企业按照规定提取的盈余公积、储备基金、企业发展基金项目、中外合作经营在合作期间归还投资者的投资等项目。

② "对所有者（或股东）的分配"项目反映企业对所有者（或股东）分配的利润（或股利）金额。

（4）"所有者权益内部结转"项目反映企业不影响当年所有者权益总额的所有者各组成部分之间当年的增减变动。其中：

① "资本公积转增资本（或股本）"项目反映企业以资本公积转增资本或股本的金额。

② "盈余公积转增资本（或股本）"项目反映企业以盈余公积转增资本或股本的金额。

③ "盈余公积弥补亏损"项目反映企业以盈余公积弥补亏损的金额。

任务六 附注的认知与应用

一、附注的概念

附注，是指对资产负债表、利润表、现金流量表和所有者权益变动表等报表中列示项目的文字描述或明细资料，以及对未能在这些报表中列示项目的说明等。财务报表中的数据具有很强的逻辑关系，数据是经过多次浓缩得来的，因此，有必要对财务报表相关项目的数据做补充和说明；另外，有一部分经济业务是不能通过财务报表数据反映出来的，为了全面完整地反映企业真实的财务状况、经营成果、现金流量等会计信息，有必要通过报表附注做补充说明。

编制财务会计报告附注，有利于会计信息使用者全面、正确地理解和使用会计报表，有利于会计信息使用者作出正确的决策。通过附注与资产负债表、利润表、现金流量表和所有者权益变动表列示项目的相互参照关系，以及对未能在报表中列示项目的说明，可以使报表使用者全面了解企业的财务状况、经营成果和现金流量。

二、附注的主要内容

附注是财务会计报告的重要组成部分。企业的年度财务会计报告附注至少应披露以下内容：

（1）不符合会计核算前提的说明。

（2）重要会计政策和会计估计的说明。

（3）重要会计政策和会计估计变更的说明，以及重大会计差错更正的说明。

（4）或有事项的说明。

（5）资产负债表日后事项的说明。

（6）关联方关系及其交易的说明。

（7）重要资产转让及其出售的说明。

（8）企业合并、分立的说明。

（9）会计报表重要项目的说明。

项目总结

本项目主要介绍了财务会计报告的概念、财务会计报告的构成（会计报表、会计报表附注）、财务报表的分类（按编制范围不同分为个别财务报表和合并财务报表、按编报期间不同分为中期财务报表和年度财务报表、按反映财务活动方式不同分为静态财务报表和动态财务报表）、资产负债表的概念、资产负债表的作用、资产负债表的结构和内容、资产负债表的格式、资产负债表的编制方法（"年初余额"栏填列方法、"期末余额"栏填列方法）、利润表的概念、利润表的作用、利润表的内容和格式、利润表的编制方法，现金流量表的概念、现金流量表的作用、现金流量及其分类（经营活动产生的现金流量、投资活动产生的现金流量、筹资活动产生的现金流量）、现金流量表的结构和内容、现金流量表的编制方法（经营活动产生的现金流量的编制方法、投资活动产生的现金流量的编制方法、筹资活动产生的现金流量的编制方法、汇率变动对现金及现金等价物的影响的编制方法、现金及现金等价物净增加额的编制方法、期末现金及现金等价物余额的编制方法）、工作底稿法和T形账户法，所有者权益变动表的概念、所有者权益变动表的内容和结构、所有者权益变动表的编制方法（所有者权益变动表"上年金额"栏的填列方法、所有者权益变动表"本年金额"栏的填列方法），附注的概念、附注的主要内容。

巩固练习

一、思考题

1. 什么是财务会计报告？财务会计报告由哪些内容构成？

2. 什么是资产负债表？怎么编制资产负债表？

3. 什么是利润表? 怎么编制利润表?

4. 什么是财务分析指标? 财务分析指标有哪些?

二、单项选择题

1. 我国利润表采用的是 (　　)。

A. 单步式　　　　　B. 多步式　　　　　C. 账户式　　　　　D. 报告式

2. 下列项目中, 关于资产负债表 "预收账款" 项目的填列方法, 表述正确的是 (　　)。

A. 根据 "预收账款" 科目的期末余额填列

B. 根据 "预收账款" 和 "应收账款" 科目所属明细各科目的期末贷方余额合计数填列

C. 根据 "预收账款" 和 "预付账款" 科目所属各明细科目的期末借方余额合计数填列

D. 根据 "预收账款" 和 "应付账款" 科目所属各明细科目的期末贷方余额合计数填列

3. W 公司 2023 年 12 月 31 日生产成本借方余额 500 万元, 原材料借方余额 300 万元, 材料成本差异贷方余额 20 万元, 委托代销商品借方余额 100 万元, 工程物资借方余额 200 万元。则资产负债表 "存货" 项目的金额为 (　　) 万元。

A. 880　　　　　　　B. 900　　　　　　　C. 1 080　　　　　　D. 1 100

4. R 公司 "应收账款" 科目月末借方余额 10 万元, 其中:"应收 A 公司账款" 明细科目借方余额 8 万元, "应收 B 公司账款" 明细科目借方余额 2 万元;"预收账款" 科目月末贷方余额 5 万元, 其中:"预收 C 工厂账款" 明细科目贷方余额 8 万元, "预收 D 工厂账款" 明细科目借方余额 3 万元, "应收票据" 期末借方余额 5 万元, 月末资产负债表中 "应收账款" 项目的金额为 (　　) 万元。

A. 15　　　　　　　B. 18　　　　　　　C. 13　　　　　　　D. 16

5. 下列项目中, 属于应根据多个总账科目余额计算填列的是 (　　)。

A. 实收资本　　　　B. 盈余公积　　　　C. 货币资金　　　　D. 长期借款

6. 下列项目中, 属于企业现金流量表 "经营活动产生的现金流量" 的是 (　　)。

A. 收到的现金股利　　　　　　　　B. 支付的银行借款利息

C. 收到的设备处置价款　　　　　　D. 支付的经营租赁租金

7. 企业资产负债表中的 "存货" 项目, 应根据 (　　)。

A. "存货" 科目的期末借方余额直接填列

B. "原材料" 科目的期末借方余额直接填列

C. "原材料" "生产成本" 和 "库存商品" 等科目的期末借方余额之和减去 "存货跌价准备" 等账户期末余额后的金额填列

D. "原材料" "工程物资" 和 "库存商品" 等科目的期末借方余额之和填列

8. 下列项目中, 属于资产负债表中 "流动负债" 项目的是 (　　)。

A. 长期借款　　　　B. 长期应付款　　　　C. 应付票据　　　　D. 应付债券

9. 下列项目中, 不应列入利润表 "营业成本" 项目的是 (　　)。

A. 已销商品的实际成本　　　　　　B. 在建工程领用产品的成本

C. 对外提供劳务结转的成本　　　　D. 投资性房地产计提的折旧

10. 下列项目中，属于应列入利润表"营业收入"项目的是（　　　）。

A. 销售材料取得的收入　　　　　B. 接受捐赠收到的现金

C. 出售专利权取得的净收益　　　D. 出售自用房产取得的净收益

三、多项选择题

1. 下列资产负债表项目中，根据总账余额直接填列的有（　　　）。

A. 实收资本　　　　　　　　　　B. 资本公积

C. 短期借款　　　　　　　　　　D. 应收票据

2. 下列项目中，属于流动资产的有（　　　）。

A. 工程物资　　　　　　　　　　B. 一年内到期的非流动资产

C. 应收利息　　　　　　　　　　D. 商誉

3. 下列项目中，属于影响营业利润的有（　　　）。

A. 营业收入　　　B. 营业外收入　　　C. 营业成本　　　　D. 营业外支出

4. 下列项目中，属于影响现金流量表中现金流量增减变动的有（　　　）。

A. 用银行存款购买两个月内到期的国债

B. 收回应收账款存入银行

C. 用银行存款购入股票作为长期股权投资

D. 用银行存款偿还应付账款

5. 下列项目中，应当在所有者权益变动表中反映的项目有（　　　）。

A. 净利润　　　　　　　　　　　B. 直接计入所有者权益变动表的利得

C. 提取盈余公积　　　　　　　　D. 盈余公积转增股本

四、判断题

1. 资产负债表中确认的资产都是企业拥有的资产，不包括企业没有拥有权但能够实际控制的资产。　　　　　　　　　　　　　　　　　　　　　　　　（　　　）

2. 购买商品支付货款取得的现金折扣列入利润表"财务费用"项目。（　　　）

3. 利润表中"税金及附加"项目包括增值税。　　　　　　　　　　（　　　）

4. "应付职工薪酬"项目，反映企业根据有关规定应付给职工的工资、职工福利、社会保险费、住房公积金、工会经费、职工教育经费，但不包括非货币性福利、辞退福利等薪酬。　　　　　　　　　　　　　　　　　　　　　　　　　　　　（　　　）

5. "利润分配"总账的年末余额不一定与相应的资产负债表中"未分配利润"项目的数额一致。　　　　　　　　　　　　　　　　　　　　　　　　　　　（　　　）

五、业务题

R 公司适用的所得税税率为 25%，该公司 2023 年 1—11 月的利润表相关数据如表 10-9 所示。

表 10-9　利润表（简表）

编制单位：　　　　　　　　　　　　　　　　　　　　　　　　　　　单位：元

项目	本期金额	本年累计金额
一、营业收入	略	4 500 000
减：营业成本		3 000 000

续表

项目	本期金额	本年累计金额
税金及附加		120 000
销售费用		300 000
管理费用		380 000
财务费用		6 000
二、营业利润（损失以"－"号填列）		694 000
加：营业外收入		6 000
减：营业外支出		4 000
三、利润总额（损失以"－"号填列）		696 000
减：所得税费用		174 000
四、净利润（亏损以"－"号填列）		522 000

R 公司 12 月发生以下经济业务：

（1）对外销售甲商品 5 000 件，单价 80 元，增值税税率为 13%，已办妥银行托收货款手续。

（2）计算分配本月应付职工工资共计 45 000 元，其中管理部门人员工资 25 000 元，专设销售机构人员工资 20 000 元。

（3）结转已销售的 5 000 件甲商品的销售成本 300 000 元。

（4）根据销售收入的 3%，计算应交纳已销售甲商品的消费税 12 000 元。

（5）将本月实现的损益结转至"本年利润"账户。

要求：根据上述资料，编制 R 公司 2023 年度利润表。

项目十一 认识产品成本与核算

学习目标

1. 知识目标

熟悉产品成本的概念、核算程序、成本归集与分配的概念；

理解成本核算应设置的科目、废品损失、完工产品与在产品成本分配；

掌握成本归集与分配的方法及实际应用，品种法、分批法和分步法的实际应用。

2. 能力目标

通过学习产品成本与核算相关知识，形成产品成本核算的系统化思维，提升对产品成本的核算能力和管理能力。

3. 素质目标

通过学习产品成本与核算相关知识，培养成本战略思维和精益求精、精确核算的精神。

知识结构

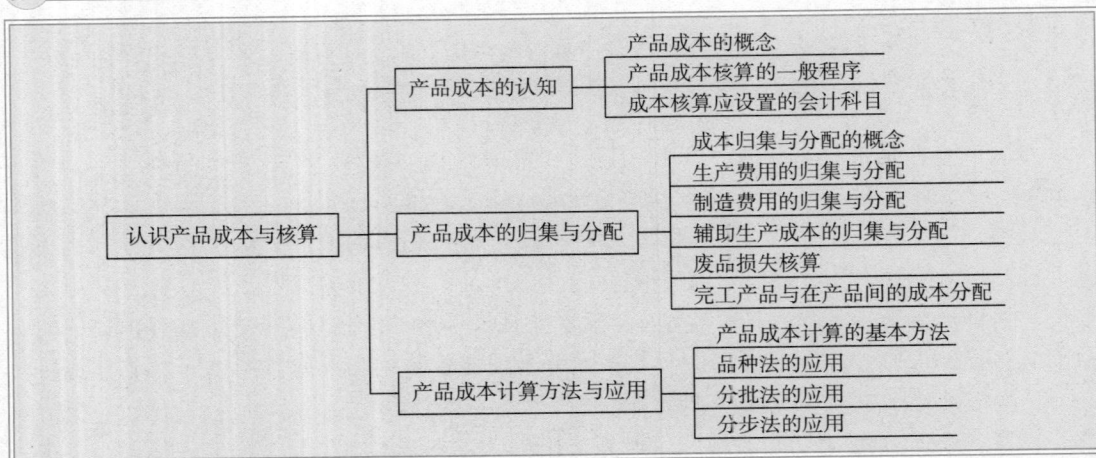

认识产品成本与核算
- 产品成本的认知
  - 产品成本的概念
  - 产品成本核算的一般程序
  - 成本核算应设置的会计科目
- 产品成本的归集与分配
  - 成本归集与分配的概念
  - 生产费用的归集与分配
  - 制造费用的归集与分配
  - 辅助生产成本的归集与分配
  - 废品损失核算
  - 完工产品与在产品间的成本分配
- 产品成本计算方法与应用
  - 产品成本计算的基本方法
  - 品种法的应用
  - 分批法的应用
  - 分步法的应用

导入案例

老李的成本

老李利用空余时间在自己的门面开了一家螺蛳粉店，整体而言生意兴隆。在开业的首月发生的支出包括以下项目：

（1）支付装修费 360 000 元，假设装修费的摊销期限为 3 年。

（2）开业前购买相关设备支出 108 000 元，假设折旧期限为 3 年。

（3）雇用了 2 名店员，工资、福利及"五险一金"每月支出 18 000 元。

（4）购买食用原料 30 000 元，本月全部用完。

（5）本月煤气费支出 1 200 元，水电费支出 2 400 元。交纳本月卫生检疫费 400 元。交纳本月各项税费 4 000 元。

（6）开业时发放的宣传材料等广告支出 6 000 元。

（7）当月营业额为 112 000 元，全部为现金收入。

老李请收银员小李计算一下当月的成本和利润。小李的计算过程和结果如下：

当月费用 = [108 000 ÷（3×12）] + 18 000 + 30 000 + 8 000 + 6 000 + [360 000 ÷（3×12）]
　　　 = 75 000（元）

当月利润 = 112 000 - 75 000 = 37 000（元）

因此，小李的结论是老李开螺蛳粉店是赢利的，赚了 37 000 元。

老李却不同意小李的算法，认为自己的门面也应该算房租，同类房租一个月为 16 000 元，加上自己管理螺蛳粉店损失了 12 000 元的兼职收入。因此，这个月实际成本是 103 000 元（75 000 + 16 000 + 12 000），赚了 9 000 元（112 000 - 103 000）。

小李申辩道："我这套算法是正确的，是根据《企业会计准则》的要求计算的。"于是，老李和小李出现了争论。

通过上述案例，你认为老李和小李的算法哪个是正确的？你对企业成本有哪些认识？

任务一　产品成本的认知

一、产品成本的概念

产品成本，是指企业在生产产品（包括提供劳务）的过程中所发生的材料费用、职工薪酬等，以及不能直接计入而按一定标准分配计入的各种间接费用。产品成本核算是对生产经营过程中实际发生的成本、费用进行计算，并进行相应的账务处理。在实务中，成本的准确界定和衡量，对企业的产品成本、产品单价、市场竞争等有很大的影响。

为保证产品成本的精确性，在进行成本费用划分时，应当遵循谁受益谁负担、何时受益何时负担的原则。在实务中，应当严格划分各项成本费用，具体包括以下几个方面：

（1）区分收益性支出和资本性支出；

（2）区分成本费用期间费用和营业外支出；

（3）区分本期成本费用和预计成本费用；

（4）区分各种产品成本费用；

（5）区分本期完工产品和期末在产品成本。

二、产品成本核算的一般程序

产品成本核算的一般程序，是指对企业在生产经营过程中发生的各项生产费用和期间费用，按照成本核算的要求，逐步进行归集和分配，最后计算出各种产品的生产成本和各项期间费用的过程。产品成本核算的一般程序如下：

（1）根据生产特点和成本管理的要求，确定成本核算对象。如按生产批次或者产品类型分类的、按生产步骤分类的、合并核算的，具体成本核算对象由生产企业自行确定。

（2）确定成本项目。企业计算产品生产成本，一般应当设置"直接材料""燃料及动力""直接人工""制造费用"等成本项目。

（3）设置有关成本和费用明细账。如生产成本明细账、制造费用明细账、产成品和自制半成品明细账等。

（4）收集确定各种产品的生产量、入库量、在产品盘存量以及材料、工时、动力消耗等，并对所有已发生生产费用进行审核。

（5）归集所发生的全部生产费用，并按照确定的成本计算对象予以分配，按成本项目计算各种产品的在产品成本、产成品成本和单位成本。

（6）结转产品销售成本。为了进行产品成本和期间费用的核算，企业一般应设置"生产成本""制造费用""主营业务成本""税金及附加""销售费用""管理费用""财务费用"等科目。

三、成本核算应设置的会计科目

为了全面、系统、连续地反映企业产品的成本耗费情况，反映产品成本的信息，应当设置相应的账户以归集生产费用和计算产品成本，还要分设成本项目以反映产品成本的构成。

在实务中，设置产品成本核算的总分类账户，既要能够总括反映和监督各项成本费用的发生情况，又要有利于实施全面经济核算，正确计算产品成本。企业应当设置的总分类科目主要有"生产成本"科目和"制造费用"科目。

1. "生产成本"科目

为了核算企业生产产品、自制材料、自制工具及自制设备等所发生的费用，企业应设置"生产成本"科目，该科目属于成本类账户，借方登记增加，贷方登记减少，期末余额在借方，表示在产品的生产成本。在实务中，企业发生的各项费用，能够归属于某一成本计算对象的，即直接材料、直接人工和其他直接费用，应记入该科目的借方；制造完成并验收入库的产成品、自制半成品等的实际成本，应转入该科目的贷方。生产成本科目下设"基本生产成本"和"辅助生产成本"明细科目。

"基本生产成本"明细科目核算企业为完成主要生产目标而进行的产品生产所发生的成本。"辅助生产成本"明细科目核算企业为服务基本生产而进行的产品生产和劳务供应所发生的直接成本。

在实务中，由于产品成本计算方法和成本核算组织形式不同，生产成本明细账的具体格式会有所不同，但整体而言，生产成本明细账主要采用多栏式，如表11-1所示。

表 11-1　生产成本明细账

生产车间或步骤：　　　　　　　　　　　产品名称：　　　　　　　　　　　　　　　　　　元

年		凭证号	摘要	成本项目				合计
月	日			直接材料	直接人工	制造费用	……	

2. "制造费用"账户

为了核算企业为生产产品或提供劳务而发生的各项间接费用，企业应设置"制造费用"科目，该科目属于成本类，借方登记增加，贷方登记减少，期末结转后无余额。在实务中，企业发生的各项间接费用，先通过"制造费用"科目归集，按车间（部门）分别设置，按费用项目设置专栏，根据有关原始凭证和材料、工资、固定资产折旧等费用分配表归集各车间（部门）为组织和管理生产所发生的各项费用。在实务中，制造费用明细账主要采用多栏式，如表 11-2 所示。

表 11-2　制造费用明细账

车间（部门）：　　　　　　　　　　　　　　　　　　　　　　　　　　　　　　　　　　元

年		凭证号	摘要	项目								合计
月	日			材料费	人工费	折旧费	房租费	水费	电费	低值易耗品摊销	……	

在实务中，为了简化核算，小型制造业可以将"生产成本""制造费用"科目合并为"生产费用"科目，下设"基本生产成本""辅助生产成本""制造费用"三个明细科目进行核算。

任务二　产品成本的归集与分配

在实务中，产品成本的计算过程，就是产品成本的归集和分配的过程，是对生产过程中的耗费根据一定的标准进行多次归集和分配的过程。通过成本归集与分配，最终计算出产品的总成本和单位成本。

一、成本归集与分配的概念

（一）成本归集的概念

成本归集，是指企业按一定的标准通过有序的方式进行生产费用数据的收集或汇总。

在实务中，制造费用是按车间归集的，所有间接制造费（如折旧、间接材料、间接人工等）都汇总在一起，期末按照一定的分配标准分配计入产品成本或当期损益。

（二）成本分配的概念

成本分配，是指企业将收集或汇总的间接费用分配给成本对象的过程，也称间接费用的分摊。在实务中，成本分配要选择某一种参数作为分配基础。成本分配基础，是指能联系成本对象和成本的参数。企业一般可以选择的分配基础有人工工时、机器工时、占用面积、直接人工工资、直接材料成本、直接材料数量等。

在实务中，企业选择分配基础时，应当遵循以下几个原则：

1. 因果关系原则

因果关系原则，是指资源的使用导致成本发生，两者具有因果关系。因此，应当按照使用资源的数量在成本对象之间分摊成本。按此原则要确定各成本对象使用资源的数量，如耗用的材料、工时、机时等按使用资源的数量比例分摊间接成本。

2. 受益性原则

受益性原则，是指"谁受益、谁承担，收益多，多承担"的原则，应当按照受益的比例分摊间接费用。如房屋维修成本按各车间的面积分摊，广告费按各种产品的销售额分摊等。

3. 公平性原则

公平性原则，是指成本分配要根据一定的分配标准严格落实，不得随意分配。

4. 承受能力性原则

承受能力性原则，是指假定利润高的部门耗用的间接费用大，应当按照成本对象的承受能力分摊成本。

二、生产费用的归集与分配

（一）材料费用的归集和分配

产品在实际生产过程中，需要消耗大量的材料，如各种原料及主要材料、辅助材料及燃料动力等，有的构成产品实体，有的在生产过程中消耗促进产品实体的形成。其中，应计入产品成本的各种材料耗费，应当按照成本项目进行归集，如用于产品生产并构成产品实体的原料及主要材料和有助于产品形成的辅助材料耗费，计入"直接材料"项目；用于生产过程的燃料耗费，计入"燃料和动力"项目；用于维护生产设备和管理生产的各种材料耗费，计入"制造费用"项目。

1. 材料耗费计入产品成本和期间费用的方法

生产车间在生产过程中领用各种材料时应当填写领料单、退料单等原始凭证，财务部门根据领料单、退料单等原始凭证，按照领用材料的用途对其成本进行归集和分配。在实务中，材料是按照产品分别领用的，属于直接材料费用，应根据相关领料凭证直接记入"生产成本——基本生产成本"科目下按照基本生产车间和成本核算对象（如产品的品种、类别、订单、批别、生产阶段等）设置的明细科目，并按照规定的成本项目设置专栏。

在实务中，企业对领用的直接材料进行计价时，可以采用实际成本法或计划成本法。

采用实际成本法时，根据我国《企业会计准则》的规定，企业可以采用先进先出法、加权平均法或者个别计价法确定发出存货的实际成本。对于性质和用途相似的存货，应当采用相同的成本计算方法确定发出存货的成本。对于单位价值高、不能替代使用的存货、为特定项目专门购入或制造的存货以及提供的劳务，通常采用个别计价法确定发出存货的成本。

在企业的生产经营活动中，有时一批材料为几批产品共同耗用，此时应当采用简便的分配方法，分配计入各种产品成本。在消耗定额比较完善的情况下，通常采用材料定额消耗量比例或材料定额成本比例进行分配，其计算公式如下：

$$原材料消耗量分配率 = 材料实际总消耗量（或实际成本）÷各种产品材料定额消耗量（或定额成本）之和$$

$$某种产品应分配的材料数量（费用）= 该种产品的材料定额消耗量（或定额成本）× 分配率$$

【例题 11-1】甲公司 2024 年 5 月领用 H 材料 2 106 千克，单价为 20 元，原材料费用合计为 42 120 元，生产 A 产品 400 件、B 产品 300 件。A 产品消耗定额为 1.2 千克，B 产品消耗定额为 1.1 千克。

根据题意计算分析如下：

$$原材料消耗量分配率 = 42\ 120÷（400×1.2+300×1.1）= 52$$

应分配的材料费用计算过程如下：

$$A 产品应分配的材料费用 = 480×52 = 24\ 960（元）$$
$$B 产品应分配的材料费用 = 330×52 = 17\ 160（元）$$

在实务中，辅助材料费用计入产品成本的方法与原材料及主要材料基本相同。凡用于产品生产、能够直接计入产品成本的辅助材料，应当根据领料凭证直接计入产品成本。但是，如果辅助材料是由几种产品共同耗用的，应当采用间接分配的方法。

2. 材料费用分配表的编制

在实务中，材料费用的分配通常是通过材料费用分配表进行的。这种分配表应该按照材料的用途和类别，根据归类后的领料凭证编制。

（二）人工费用的归集与分配

人工费用主要包括相关人员的职工薪酬支出，如工资、福利费用等。在实务中，分配工资薪酬费用，应当划分计入产品成本与期间费用和不计入产品成本与期间费用的职工薪酬的界限。其中，应计入产品成本的职工薪酬应当按照成本项目归集：凡属于生产车间直接从事产品生产人员的职工薪酬，计入产品成本的"直接人工费"科目；企业各生产车间为组织和管理生产所发生的管理人员的职工薪酬，计入产品成本的"制造费用"科目；企业行政管理人员的职工薪酬，作为期间费用计入"管理费用"科目。

1. 人工费用的归集

职工薪酬包括企业为职工在职期间和离职后提供的全部货币性薪酬和非货币性福利，如职工工资、奖金、津贴和补贴，职工福利费，医疗保险费、养老保险费、失业保险费、工伤保险费和生育保险费等社会保险费，住房公积金，工会经费和职工教育经费，非货币性福利，因解除与职工劳动关系给予的补偿，其他与获得职工提供服务相关的支出。

2. 直接人工费用核算的原始记录

直接人工费用的核算以准确的原始记录为依据，主要包括考勤记录、产量和工时记录。

　　其中，考勤记录是登记职工出勤、缺勤时间和情况的原始记录。产量和工时记录是登记工人或生产小组在出勤时间内完成的数量、质量和生产产品所耗工时数量的原始记录。

3. 直接从事产品生产人员的工资费用计入产品成本的方法

　　由于不同企业执行的职工薪酬制度不同，生产工人工资计入产品成本的方法也不同。在计件工资制下，生产工人工资通常是根据产量凭证计算工资并直接计入产品成本的；在计时工资制下，如果只生产一种产品，生产人员工资属于直接费用，可直接计入该种产品成本；如果生产多种产品，则要求采用一定的分配方法在各种产品之间进行分配。产品生产工时分配法的计算公式如下：

$$工资费用分配率=生产工人计时工资总额÷各种产品生产工时之和$$
$$某种产品应分配的工资费用=该种产品的生产工时×分配率$$

三、制造费用的归集与分配

　　制造费用，是指企业各生产车间为组织和管理生产而发生的各项间接费用，主要包括车间管理人员的工资和福利费、折旧费、办公费、水电费、机物料消耗、劳动保护费、租赁费、保险费、排污费等。

　　在实务中，企业发生的各项制造费用，通常按其用途和发生地点通过"制造费用"科目进行归集和分配。根据企业的生产特点和管理需要，"制造费用"科目可以按生产车间开设明细账，并按照费用项目开设专栏，进行明细核算。费用发生时，根据支出凭证借记"制造费用"科目及其所属有关明细账，但材料费、工资、折旧费等，在月末时根据汇总编制的各种费用分配表记入相关账户。材料、产品等存货的盘盈、盘亏数，则应根据盘点报告表登记。归集在"制造费用"科目借方的各项费用，月末时应全部分配转入"生产成本"科目，计入产品成本。"制造费用"科目月末结转后没有余额。

　　如果企业只生产一种产品，可以将制造费用直接计入产品成本；如果企业生产多种产品，需要采用合理的分配方法，将制造费用分配计入各种产品成本。分配制造费用时，可以选择生产工人工时、生产工人工资、机器工时和年度计划分配率等标准，将制造费用分配计入各种产品的成本。因此，产生了生产工人工时比例法、生产工人工资比例法、机器工时比例法和按年度计划分配率分配法等制造费用分配方法。

　　如果企业的生产工时统计数据完整，可以按生产工人工时比例分配制造费用；如果企业制定了比较准确的产品工时定额，也可采用按产品定额工时比例进行分配；如果企业的机械化程度较高，制造费用还可按机器工时比例分配。

　　制造费用分配的计算公式如下：

$$制造费用分配率 = 制造费用总额÷各种产品的分配标准之和$$
$$某产品应负担的制造费用=该种产品的分配标准×分配率$$

分配制造费用时，企业的会计分录如下：

借：生产成本
　　贷：制造费用

【例题 11-2】 2024 年 3 月，甲公司的生产车间生产 A 产品的生产工人工时为 290 小时，生产 B 产品的生产工人工时为 160 小时，本月发生制造费用 18 000 元。要求在 A、B

产品之间分配制造费用，并编制会计分录。

根据题意计算分析如下：

$$制造费用分配率 = 18\ 000 \div (290+160) = 40$$
$$A\ 产品制造费用 = 290 \times 40 = 11\ 600\ （元）$$
$$B\ 产品制造费用 = 160 \times 40 = 6\ 400\ （元）$$

按生产工人工时比例法编制制造费用分配表，如表 11-3 所示。

表 11-3　制造费用分配表

科目	生产工时/小时	分配金额/元（分配率：40）
生产成本——基本生产成本——A 产品	290	11 600
生产成本——基本生产成本——B 产品	160	6 400
合计	450	18 000

分配制造费用时，甲公司的会计分录如下：

借：生产成本——基本生产成本——A 产品　　　　　　　　　　　　11 600

　　　　　　　　　　　　　——B 产品　　　　　　　　　　　　　6 400

　　贷：制造费用　　　　　　　　　　　　　　　　　　　　　　　18 000

四、辅助生产成本的归集与分配

辅助生产，是指为企业基本生产车间、企业行政管理部门等单位服务而进行的产品生产和劳务供应的辅助性生产活动。辅助生产费用，是指企业所属辅助生产部门为基本生产车间、管理部门等生产提供产品和劳务所发生的各种辅助性生产费用，主要包括辅助生产车间为生产产品、提供劳务所耗用的材料、燃料、动力、职工薪酬、折旧费和维修费，以及为管理和组织生产所发生的费用等。

（一）辅助生产费用的归集

企业的辅助生产，有的只生产一种产品或提供一种劳务，如供电、供气、运输等辅助生产；有的则生产多种产品或提供多种劳务，如工具、模型、备件制造及机器设备修理等辅助生产。

辅助生产费用按费用发生时能否确定费用的实际数额分为两部分：一是发生时能确定其实际数额的费用，包括辅助生产耗用的各种要素费用，如原材料、燃料和动力、低值易耗品、折旧、工资薪酬、修理费等，这些费用能及时地根据各种费用分配表归集到"辅助生产成本"账户中；二是发生时不能确定其实际数额的费用，主要是指辅助生产车间耗用其他辅助生产车间的产品或劳务而应承担的费用。

在实务中，辅助生产费用的归集，是通过"生产成本——辅助生产成本"科目进行的。该科目应按车间和产品品种设置明细账，进行明细核算。其中，辅助生产发生的直接材料、直接人工费用，分别根据材料费用分配表、职工薪酬费用分配汇总表和有关凭证，记入该科目及其明细账的借方；"生产成本——辅助生产成本"科目的借方余额表示辅助生产的在产品成本。

（二）辅助生产费用的分配

归集在"生产成本——辅助生产成本"科目及其明细账借方的辅助生产费用，由于所生产产品和提供劳务不同，其分配转出的方法也不一样。如制造工具、模型、备件等所发生的费用，应计入完工工具、模型、备件等产品的成本。完工时，作为自制工具或材料入库，从"生产成本——辅助生产成本"科目及其明细账的贷方转入"低值易耗品"或"原材料"科目的借方；领用时，按其用途和使用部门，一次或分次摊入成本。提供水、电、气和运输、修理等劳务所发生的辅助生产费用，按受益单位耗用的劳务数量在各单位之间进行分配。分配时，借记"制造费用"或"管理费用"等科目，贷记"生产成本——辅助生产成本"科目及其明细账。

实务中，辅助生产提供的产品和劳务，主要是为基本生产车间和管理部门使用和服务的，但是，也存在辅助生产车间之间相互提供产品和劳务的情况。如锅炉车间为供电车间供气取暖，供电车间也为锅炉车间提供电力。

常用的辅助生产费用分配方法主要包括直接分配法、交互分配法、顺序分配法、代数分配法和计划成本分配法。

1. 直接分配法

直接分配法，是指不考虑辅助生产内部相互提供的产品和劳务量（即不经过辅助生产费用的交互分配），直接将各辅助生产车间发生的费用分配给辅助生产车间以外的各个受益单位或产品。分配计算公式如下：

辅助生产的单位成本＝辅助生产费用总额÷对辅助生产车间以外提供的产品或劳务总量

各受益车间、产品或各部门应分配的费用＝辅助生产的单位成本×

该车间、产品或部门的耗用量

【例题11-3】甲公司有供电和锅炉两个辅助生产车间，2023年8月，辅助生产明细账所归集的费用分别是：供电车间89 000元，锅炉车间21 000元。供电车间为生产A和B产品、各车间管理部门和企业行政管理部门提供362 000度电，其中锅炉车间耗电6 000度；锅炉车间为生产A和B产品、各车间及企业行政管理部门提供5 370吨热力蒸汽，其中供电车间耗用120吨。采用直接分配法分配辅助生产费用，并编制辅助生产费用分配表，如表11-4所示。

根据辅助生产费用分配表编制会计分录，将锅炉车间及供电车间的费用分配记入有关科目及所属明细账。

表11-4　辅助生产费用分配表（直接分配法）

借方科目		生产成本——基本生产成本			制造费用（基本车间）	管理费用	合计
		A产品	B产品	小计			
供电车间	耗用量/度	220 000	130 000	350 000	4 200	1 800	356 000
	分配率/(元·度⁻¹)						0.25
	金额/元	55 000	32 500	875 000	1 050	450	89 000
锅炉车间	耗用量/度	3 000	2 200	5 200	30	20	5 250
	分配率/(元·度⁻¹)						4
	金额/元	12 000	8 800	20 800	120	80	21 000
金额合计/元		67 000	41 300	108 300	1 170	530	110 000

分配辅助生产成本时，甲公司的会计分录如下：

借：生产成本——基本生产成本——A产品　　　　　　　　　67 000

　　　　　　　　　　　　　　——B产品　　　　　　　　　41 300

　　制造费用——基本车间　　　　　　　　　　　　　　　　1 170

　　管理费用　　　　　　　　　　　　　　　　　　　　　　530

　　贷：生产成本——辅助生产成本——供电车间　　　　　　　　89 000

　　　　　　　　　　　　　　　——锅炉车间　　　　　　　　21 000

2. 交互分配法

交互分配法，是指对各辅助生产车间的成本费用进行两次分配的方法。主要操作程序如下：先根据各辅助生产车间相互提供的产品或劳务的数量以及交互分配前的单位成本，在各辅助生产车间之间进行分配，确定各辅助生产车间发生的实际费用；然后将各辅助生产车间交互分配后的实际费用，再按提供产品或劳务的数量和交互分配后的单位成本，在辅助生产车间以外的各受益单位进行分配的方法。

3. 顺序分配法

顺序分配法，也称梯形分配法，是指各辅助生产车间按受益少先分配、收益多后分配的顺序分配辅助生产费用的方法。顺序分配法不进行交互分配，各辅助生产费用只分配一次，其分配结果的正确性没有交互分配法高，计算工作量也有所增加。顺序分配法一般在各辅助生产车间相互受益程度有明显顺序的情况下采用。

4. 代数分配法

代数分配法，是指利用代数中多元一次联立方程的原理，在辅助生产车间之间相互提供产品或劳务的情况下分配辅助生产费用的方法。运用代数分配法，应当根据各辅助生产车间相互提供产品和劳务的数量，建立并求解联立方程式，计算辅助生产产品或提供劳务的单位成本；再根据各受益单位耗用产品或劳务的数量和单位成本，计算分配辅助生产费用。

5. 计划成本分配法

计划成本分配法，是指对辅助生产车间生产的产品或提供的劳务，按照计划单位成本计算、分配辅助生产费用的方法。辅助生产为各受益单位提供的产品或劳务，一律按产品或劳务的实际耗用量和单位计划成本进行分配。采用计划成本分配法，要求辅助生产产品或劳务的单位计划成本准确度较高。

五、废品损失核算

废品，是指企业生产的不符合相关标准，不能按原定用途使用的产品或需要经过修复后才符合相关标准的在产品、半成品和产成品。废品包括生产过程中发现的废品和入库后发现的废品。在实务中，废品可以分为可修复废品和不可修复废品两种。

废品损失包括在生产过程中发现的和入库后发现的不可修复废品的生产成本，以及可修复废品的修复费用，扣除回收残料价值和应由责任人赔款后的净损失。废品损失的计算公式如下：

废品净损失＝不可修复废品生产成本+可修复废品修复费用-残料价值-应收赔款

在实务中，以下情况发生的损失不应计入废品损失：

（1）经过质量检验部门鉴定不需要返修、可以降价出售的不合格品，不应作为废品损失处理。

（2）产成品入库后，由于保管不善等原因而损坏变质的损失，也不作为废品损失处理。

（3）实行包退、包修、包换的"三包"企业，在产品出售后发现的废品所发生的一切损失，也不包括在废品损失内。

六、完工产品与在产品间的成本分配

经过对生产过程中各项费用的归集与分配，基本生产车间在生产过程中发生的各项费用，集中反映在"生产成本——基本生产成本"科目及其明细账的借方，这些费用都是本月发生的产品费用。

本月发生的生产费用和月初、月末在产品成本及本月完工产品成本四项费用的关系可以用公式表达。其计算公式如下：

月末在产品成本＝月初在产品成本＋本月发生的生产费用－本月完工产品成本

或为：

本月完工产品成本＝月初在产品成本＋本月发生的生产费用－月末在产品成本

（一）在产品收发结存的核算

在产品，是指没有完成全部生产过程、不能作为商品销售的在产品，包括正在车间加工中的在产品和已经完成一个或几个生产步骤但还需要继续加工的半成品两部分。拟对外销售的自制半成品，属于库存商品的范畴，不应列入在产品。

实务中，企业在产品结存的数量，与其他材料物资结存的数量一样，应当同时具备账面核算资料和实际盘点资料，确保账实相符。企业在产品收发结存的日常核算，一般通过在产品收发结存明细账进行核算。为了核实企业在产品的数量，保证在产品的安全完整，企业应当做好在产品的清查工作。对于在产品，企业应定期或不定期进行清查。如果车间没有建立在产品的日常收发核算，每月末都应当清查一次在产品，便于取得在产品的实际盘存资料。

（二）完工产品与在产品的成本分配方法

完工产品，是指企业已经完成全部生产过程，并经检验符合相关质量标准，可供对外销售的产品。在实务中，产成品主要包括用自有原材料加工完成验收入库的产品、自制材料、工具和模具等，接受外来原料加工完成验收入库的代制品，为外单位加工修理完成验收入库的代修品等。

企业应当根据在产品数量、各月在产品数量变化情况，各项费用比重以及定额管理基础等具体条件，选择合理的分配方法。完工产品与在产品常用的分配方法有以下六种：

1. 不计算在产品成本法

不计算在产品成本法，是指虽然月末有结存在产品，但月末在产品数量非常少，价值非常低，并且各月份在产品数量稳定，从而可对月末在产品的成本进行忽略不计的一种方法。

在不计算在产品成本方法下，为简化产品成本计算工作，根据重要性原则，不计算月末在产品成本，本月各产品发生的生产费用全部由完工产品承担，不需要将费用在完工产品与在产品之间分配。

2. 在产品按固定成本计价法

在产品按固定成本计价法，是指企业每月末的在产品按照固定的成本数额计算的一种方法。在在产品按固定成本计价法下，某种产品本月发生的生产成本就是本月完工产品的成本，但在年末，在产品成本不应再按固定不变的金额计价，应当根据实际盘点的在产品数量，具体计算在产品成本，据以计算 12 月完工产品的成本。这种方法适用于各月月末在产品结存数量较少，或者虽然在产品结存数量较多，但各月月末在产品数量稳定、变化不大的产品。

3. 按所耗用原材料费用计算在产品成本法

按所耗用原材料费用计算在产品成本法，是指企业对月末在产品只计算所消耗的原材料费用，不计算人工等加工费用，产品的加工费用全部由完工产品承担的一种方法。这种方法适用于原材料费用在产品成本中所占比重较大，且原材料在生产开始时一次性全部投入的情况下。为了简化核算工作，月末在产品可以只计算原材料费用，其他费用全部由完工产品承担。

4. 约当产量法

约当产量法，是指企业将月末在产品数量按其完工程度折算为相当于完工产品产量，再按完工产品产量与月末在产品约当产量的比例分配计算完工产品成本与月末在产品成本的一种方法。实务中，按约当产量法计算完工产品与在产品成本，就是先将月末结存的在产品，按其完工程度折算成约当产量；再将产品应承担的全部生产费用，按完工产品产量和在产品约当产量的比例进行分配。约当产量法适用范围较广，尤其适用于月末在产品数量较大，各月末在产品数量变化也较大，产品成本中原材料费用和工资薪金等加工费用所占的比重相差不多的产品。

约当产量法的计算公式如下：

$$在产品约当产量=在产品数量×完工程度$$

$$单位成本=（月初在产品成本+本月发生生产费用）÷（产成品产量+月末在产品约当产量）$$

$$产成品成本=单位成本×产成品产量$$

$$月末在产品成本=单位成本×月末在产品约当产量$$

【例题 11-4】XR 公司 2024 年 5 月 H 产品本月完工 480 件，在产品 200 件，平均完工程度为 60%，本月发生生产费用共计 60 000 元，要求计算该公司完工产品成本和在产品成本。

根据题意计算分析如下：

$$分配率=60\ 000÷（480+200×60\%）= 100（元/件）$$

$$完工产品成本=480×100=48\ 000（元）$$

$$在产品成本=200×60\%×100=12\ 000（元）$$

采用约当产量法的缺点是：在产品完工程度的确定和计算比较复杂。在实务中，一般是根据月末在产品的数量，用技术测定或其他方法计算在产品的完工程度。为简化核算，在计算各工序内在产品完工程度时，按平均完工程度为50%计算（另有说明除外）。

5. 定额成本法

定额成本法，是指企业按照预先制定的定额成本计算月末在产品成本的一种方法。采用定额成本法，产品的月初在产品费用加上本月生产费用，减去月末在产品的定额成本，其余额作为完工产品的成本。每月生产费用脱离定额的差异，全部由完工产品承担。这种方法适用于定额管理基础较好，各项消耗定额或费用定额较准确，且各月在产品数量变动不大的产品。其计算公式如下：

$$月末在产品成本=月末在产品数量×在产品定额单位成本$$
$$产成品总成本=（月初在产品成本+本月发生费用）-月末在产品成本$$
$$产成品单位成本=产成品总成本÷产成品数量$$

6. 定额比例法

定额比例法，是指企业产品的生产成本在完工产品和月末在产品之间按照两者的定额消耗量或定额成本比例分配的一种方法。其中，直接材料成本按直接材料的定额消耗量或定额成本比例分配，直接人工等加工成本，可以按定额成本比例分配，也可按定额工时比例分配。如果企业各月末在产品数量变动较大，但制定了比较准确的消耗定额，生产费用可以在完工产品和月末在产品之间用定额消耗量或定额费用比例分配。其计算公式如下：

$$材料费用分配率=（月初在产品实际材料成本+本月投入的实际材料成本）÷$$
$$（完工产品定额材料成本+月末在产品定额材料成本）$$
$$完工产品应分配的材料成本=完工产品定额材料成本×材料费用分配率$$
$$月末在产品应分配的材料成本=月末在产品定额材料成本×材料费用分配率$$
$$工资（费用）分配率=（月初在产品实际工资+本月投入的实际工资）÷$$
$$（完工产品定额工时+月末在产品定额工时）$$
$$完工产品应分配的工资=完工产品定额工时×工资分配率$$
$$月末在产品应分配的工资=月末在产品定额工时×工资分配率$$

【例题 11-5】 M 公司是一个生产型企业，设有一个基本生产车间和供电、机修两个辅助生产车间。基本生产车间生产 A、B、C 三种产品。辅助生产车间为基本生产车间以及企业其他部门提供服务。该企业属于一般纳税人，材料费用的分配采用定额比例分配法。低值易耗品采用分次摊销法摊销（摊销期为 5 月、6 月和 7 月）。

M 公司 2024 年 5 月的产量及有关消耗定额如表 11-5 所示。

表 11-5　产品产量及材料消耗定额

产品	实际产量/件	消耗丙材料		单位定额/千克
		单价/(元·千克⁻¹)	消耗总量/千克	
A	160		640	4
B	110	450	275	2.5
C	320		1 600	5

（1）5 月 2 日，基本生产车间工人张三，领用甲材料一批，用于生产 A 产品，领料单如表 11-6 所示。

表 11-6　领料单

领料部门：基本生产车间

日期：2024 年 5 月 2 日

材料编号	材料名称	规格	单位	请领数量	实发数量	价格	
						单价	金额
001	甲材料		吨	2	2	3 000	6 000
用途	生产 A 产品	领料部门			发料部门		
		负责人	领料人		核准人		发料人
		张二	张三		张四		张五

（2）5 月 3 日，基本生产车间工人张三，领用乙材料一批，用于生产 B 产品，领料单如表 11-7 所示。

表 11-7　领料单

领料部门：基本生产车间

日期：2024 年 5 月 3 日

材料编号	材料名称	规格	单位	请领数量	实发数量	价格	
						单价	金额
002	乙材料		吨	1	1	2 000	2 000
用途	生产 B 产品	领料部门			发料部门		
		负责人	领料人		核准人		发料人
		张二	张三		张四		张五

（3）5 月 4 日，基本生产车间工人李三，领用丁材料一批，用于生产 C 产品，领料单如表 11-8 所示。

表 11-8　领料单

领料部门：基本生产车间

日期：2024 年 5 月 4 日

材料编号	材料名称	规格	单位	请领数量	实发数量	价格	
						单价	金额
004	丁材料		吨	4	4	2 500	10 000
用途	生产 C 产品	领料部门			发料部门		
		负责人	领料人		核准人		发料人
		张二	李三		张四		张五

（4）5 月 6 日，基本生产车间工人李三，领用丙材料，用于生产 A、B、C 三种产品，领料单如表 11-9 所示。

表 11-9　领料单

领料部门：基本生产车间

日期：2024 年 5 月 6 日

材料编号	材料名称	规格	单位	请领数量	实发数量	价格	
						单价	金额
003	丙材料		千克	3 200	3 200	4.5	14 400

续表

材料编号	材料名称	规格	单位	请领数量	实发数量	价格	
						单价	金额
用途	A、B、C产品共用	领料部门			发料部门		
		负责人	领料人		核准人		发料人
		张二	李三		张四		张五

（5）5月16日，供电车间工人李二，领用燃料油一批，用于发电，领料单如表11-10所示。

表11-10　领料单

领料部门：供电车间　　　　　　　　　　　　　　　　　　日期：2024年5月16日

材料编号	材料名称	规格	单位	请领数量	实发数量	价格	
						单价	金额
101	燃料油		吨	4	4	5 000	20 000
用途	发电	领料部门			发料部门		
		负责人	领料人		核准人		发料人
		李一	李二		张四		张五

（6）5月17日，机修车间工人王六，领用机器配件一批，用于车间设备的维护，领料单如表11-11所示。

表11-11　领料单

领料部门：机修车间　　　　　　　　　　　　　　　　　　日期：2024年5月17日

材料编号	材料名称	规格	单位	请领数量	实发数量	价格	
						单价	金额
106	机器配件		件	20	20	260	5 200
用途	生产A产品	领料部门			发料部门		
		负责人	领料人		核准人		发料人
		李一	王六		张四		张五

（7）5月18日，供电车间工人张六，为车间工人领用工作服（低值易耗品）一批，领料单如表11-12所示。

表11-12　领料单

领料部门：供电车间　　　　　　　　　　　　　　　　　　日期：2024年5月18日

材料编号	材料名称	规格	单位	请领数量	实发数量	价格	
						单价	金额
A1	工作服		件	40	40	80	3 200
用途	低值易耗品	领料部门			发料部门		
		负责人	领料人		核准人		发料人
		李一	张六		张四		张五

（8）5月20日，机修车间工人张七，为车间工人领用防护手套（低值易耗品）一批，领料单如表11-13所示。

表11-13　领料单

领料部门：机修车间　　　　　　　　　　　　　　　　　　　　　　日期：2024年5月20日

材料编号	材料名称	规格	单位	请领数量	实发数量	价格	
						单价	金额
A2	防护手套		双	20	20	3	60
用途	低值易耗品	领料部门			发料部门		
		负责人	领料人		核准人	发料人	
		李一	张七		张四	张五	

（9）5月22日，基本生产车间工人李五，领用机油一批，用于车间设备的维护，领料单如表11-14所示。

表11-14　领料单

领料部门：基本生产车间　　　　　　　　　　　　　　　　　　　　日期：2024年5月22日

材料编号	材料名称	规格	单位	请领数量	实发数量	价格	
						单价	金额
A3	机油		吨	1	1	800	800
用途	发电	领料部门			发料部门		
		负责人	领料人		核准人	发料人	
		张二	李五		张四	张五	

（10）5月22日，基本生产车间工人李六，为车间工人领用工作服（低值易耗品）一批，领料单如表11-15所示。

表11-15　领料单

领料部门：基本生产车间　　　　　　　　　　　　　　　　　　　　日期：2024年5月22日

材料编号	材料名称	规格	单位	请领数量	实发数量	价格	
						单价	金额
A1	工作服		件	60	60	3	180
用途	低值易耗品	领料部门			发料部门		
		负责人	领料人		核准人	发料人	
		张二	李六		张四	张五	

（11）5月25日，企业办公室主任李八领用丁材料一批，用于财务部门制作防盗护栏，领料单如表11-16所示。

表 11-16 领料单

领料部门：行政管理部门   日期：2024 年 5 月 25 日

材料编号	材料名称	规格	单位	请领数量	实发数量	价格	
						单价	金额
004	丁材料		吨	0.2	0.2	2 500	500
用途	制作防盗护栏	领料部门				发料部门	
		负责人	领料人		核准人		发料人
		吴一	李八		张四		张五

（12）5 月 28 日，企业为行政管理部门配备自动饮水机（低值易耗品），已由办公室主任李八领出并发放，领料单如表 11-17 所示。

表 11-17 领料单

领料部门：行政管理部门   日期：2024 年 5 月 28 日

材料编号	材料名称	规格	单位	请领数量	实发数量	价格	
						单价	金额
A4	自动饮水机		台	2	2	560	560
用途	低值易耗品	领料部门				发料部门	
		负责人	领料人		核准人		发料人
		吴三	李八		张四		张五

部分自制原始凭证的格式如表 11-18~表 11-20 所示，其余原始凭证和记账凭证在此省略。

表 11-18 领料凭证汇总表

年 月 日   元

部门	基本生产车间		辅助生产车间		行政管理部门领用	合计
	产品领用	车间管理部门领用	供电车间领用	机修车间领用		

业务主管部门：   审核：   制表：

表 11-19　材料费用分配表

年　月　日

元

分配对象		成本费用项目	直接计入金额	分配计入金额			合计
				分配标准	分配率	金额	
基本生产车间	A	直接材料					
	B	直接材料					
	C	直接材料					
	小计						
	一般耗用	机物料消耗					
		低值易耗品					
辅助生产车间	供电车间	燃料费					
		低值易耗品					
	机修车间	机物料消耗					
		低值易耗品					
	小计						
行政管理部门		修理费					
		低值易耗品					

业务主管部门：　　　　　　　　审核：　　　　　　　　制表：

表 11-20　科目汇总表

年　月　日

第　号

会计科目	本期发生额		记账
	借方	贷方	
合计			

业务主管部门：　　　　　　　　审核：　　　　　　　　制表：

　　根据已知条件，填写相关原始凭证，如表 11-21 和表 11-22 所示。

表 11-21 领料凭证汇总表

2024 年 5 月

元

部门	基本生产车间		辅助生产车间		行政管理部门	合计
	产品用	车间一般耗用	供电车间	机修车间		
甲材料	6 000					6 000
乙材料	2 000					2 000
丁材料	10 000				500	10 500
丙材料	14 400					14 400
燃料油			20 000			20 000
机器配件				5 200		5 200
低值易耗品		180	3 200	60	560	4 000
机油		800				800
合计	32 400	980	23 200	5 260	1 060	62 900

业务主管部门： 　　　　审核： 　　　　制表：

表 11-22 材料费用分配表

2024 年 5 月

元

分配对象		成本费用项目	直接计入金额	分配计入金额			合计
				分配标准（定额耗用品）	分配率	金额	
基本生产车间	A	直接材料	6 000	640	5.73	3 667.2	9 667.2
	B	直接材料	2 000	275		1 575.75	3 575.75
	C	直接材料	10 000	1 600		9 157.05	19 157.05
	小计		18 000	2 515		14 400	32 400
	一般耗用	机物料消耗	800				
		低值易耗品	1 800				
辅助生产车间	供电车间	燃料费	20 000				
		低值易耗品	3 200				
	机修车间	机物料消耗	5 200				
		低值易耗品	60				
	小计		28 460				
行政管理部门		修理费	500				
		低值易耗品	560				

业务主管部门： 　　　　审核： 　　　　制表：

领用材料时，M 公司的会计分录如下：

借：生产成本——基本生产成本——A 产品　　　　　　　　9 667.2
　　　　　——基本生产成本——B 产品　　　　　　　　3 575.75
　　　　　——基本生产成本——C 产品　　　　　　　19 157.05
　　　　　——辅助生产成本（供电车间）　　　　　　　20 000
　　　　　——辅助生产成本（机修车间）　　　　　　　5 200
　　管理费用　　　　　　　　　　　　　　　　　　　　　500
　　制造费用　　　　　　　　　　　　　　　　　　　　　800
　　贷：原材料——甲材料　　　　　　　　　　　　　　6 000
　　　　　——乙材料　　　　　　　　　　　　　　　　2 000
　　　　　——丁材料　　　　　　　　　　　　　　　10 500
　　　　　——丙材料　　　　　　　　　　　　　　　14 400
　　　　　——机油　　　　　　　　　　　　　　　　　800
　　　　　——机器配件　　　　　　　　　　　　　　　5 200
　　　　　——燃料油　　　　　　　　　　　　　　　20 000

领用周转材料时，M 公司的会计分录如下：

借：制造费用　　　　　　　　　　　　　　　　　　　　180
　　生产成本——辅助生产成本（供电车间）　　　　　　3 200
　　　　　　——辅助生产成本（机修车间）　　　　　　60
　　管理费用　　　　　　　　　　　　　　　　　　　　560
　　贷：周转材料——低值易耗品　　　　　　　　　　4 000

【例题 11-6】W 公司设有两个基本生产车间（第一车间和第二车间）和一个辅助生产车间（供电车间），第一车间生产 A、B、C 三种产品，第二车间生产 D 产品。辅助生产车间为基本生产车间以及公司其他部门提供电力供应。职工工资费用的分配方法采用生产工人工时比例法分配，并按工资总额的 8% 计提职工教育经费。W 公司 2024 年 5 月基本生产车间生产工人工时统计如表 11-23 所示。

表 11-23　2024 年 5 月基本生产车间生产工人工时统计

2024 年 5 月 31 日　　　　　　　　　　　　　　　　　　小时

产品名称	生产工时
A 产品	3 000
B 产品	5 600
C 产品	5 000
D 产品	2 000
合计	15 600

W 公司 2024 年 5 月财务部门编制的工资结算简表如表 11-24 所示。

表 11-24　职工工资结算简表

2024 年 5 月 31 日

元

部门		应付合计	代扣款项	实发工资
第一车间	生产工人	196 900	8 800	188 100
	管理人员	38 100	1 480	36 620
第二车间	生产工人	76 890	5 000	71 890
	管理人员	21 640	1 080	20 560
供电车间	生产工人	21 630	400	21 230
	管理人员	14 540	2 600	11 940
行政管理部门		41 440	2 160	39 280
工程部门		79 300	4 360	74 940
合计		490 440	25 880	464 560

部分自制原始凭证的格式如表 11-25 和表 11-26 所示，其他原始凭证的格式省略。

表 11-25　职工工资费用分配表

年　　月　　日

元

分配对象		会计科目	直接计入	分配计入			合计
				生产工时	分配率	分配金额	
第一车间	A 产品	生产成本					
	B 产品	生产成本					
	C 产品	生产成本					
	小计						
	制造费用						
第二车间		生产成本					
供电车间		生产成本					
行政管理部门		管理费用					
工程部门		在建工程					
合计							

业务主管部门：　　　　　　　　　审核：　　　　　　　　　制表：

表 11-26　职工教育经费分配表

年　　月　　日

元

分配对象		会计科目	工资总额	应提职工教育经费（8%）
第一车间	A 产品	生产成本		
	B 产品	生产成本		
	C 产品	生产成本		
	小计			
	制造费用			

续表

分配对象	会计科目	工资总额	应提职工教育经费（8%）
第二车间	生产成本		
供电车间	生产成本		
行政管理部门	管理费用		
工程部门	在建工程		
合计			

业务主管部门：　　　　　　　　　审核：　　　　　　　　　制表：

　　根据题意，填写职工工资费用分配表和职工教育经费分配表，如表11-27和表11-28所示。

表11-27　职工工资费用分配表

2024年5月31日　　　　　　　　　　　　　　　　　　　　元

分配对象		会计科目	直接计入	分配计入			合计
				生产工时	分配率	分配金额	
第一车间	A产品	生产成本		3 000		43 440	43 440
	B产品	生产成本		5 600	14.48	81 088	81 088
	C产品	生产成本		5 000		72 372	72 372
	小计			13 600		196 900	196 900
	制造费用		38 100				38 100
第二车间		生产成本	98 530				98 530
供电车间		生产成本	36 170				36 170
行政管理部门		管理费用	41 440				41 440
工程部门		在建工程	79 300				79 300
合计			293 540	13 600		196 900	490 440

业务主管部门：　　　　　　　　　审核：　　　　　　　　　制表：

表11-28　职工教育经费分配表

2024年5月31日　　　　　　　　　　　　　　　　　　　　元

分配对象		会计科目	工资总额	应提职工教育经费（8%）
第一车间	A产品	生产成本	43 440	3 475.2
	B产品	生产成本	81 088	6 487.04
	C产品	生产成本	72 372	5 789.76
	小计		196 900	15 752
	制造费用		38 100	3 048
第二车间		生产成本	98 530	7 882.4
供电车间		生产成本	36 170	2 893.6

续表

分配对象	会计科目	工资总额	应提职工教育经费（8%）
行政管理部门	管理费用	41 440	3 315.2
工程部门	在建工程	79 300	6 344
合计		490 440	39 235.2

业务主管部门：　　　　　　　　　审核：　　　　　　　　制表：

确认职工工资时，W 公司的会计分录如下：

借：生产成本——基本生产成本——A 产品　　　　　　　　　 43 440

　　　　　　　　　　　　——B 产品　　　　　　　　　 81 088

　　　　　　　　　　　　——C 产品　　　　　　　　　 72 372

　　　　　　　　　　　　——D 产品　　　　　　　　　 98 530

　　　　——辅助生产成本（供电车间）　　　　　　　　 36 170

　　制造费用　　　　　　　　　　　　　　　　　　　　 38 100

　　管理费用　　　　　　　　　　　　　　　　　　　　 41 440

　　在建工程　　　　　　　　　　　　　　　　　　　　 79 300

　　贷：应付职工薪酬——工资　　　　　　　　　　　　　　　　490 440

确认职工教育经费时，W 公司的会计分录如下：

借：生产成本——基本生产成本——A 产品　　　　　　　　　 3 475.2

　　　　　　　　　　　　——B 产品　　　　　　　　　 6 487.04

　　　　　　　　　　　　——C 产品　　　　　　　　　 5 789.76

　　　　　　　　　　　　——D 产品　　　　　　　　　 7 882.4

　　　　——辅助生产成本（供电车间）　　　　　　　　 2 893.6

　　制造费用　　　　　　　　　　　　　　　　　　　　 3 048

　　管理费用　　　　　　　　　　　　　　　　　　　　 3 315.2

　　在建工程　　　　　　　　　　　　　　　　　　　　 6 344

　　贷：应付职工薪酬——职工教育经费　　　　　　　　　　　39 235.2

任务三　产品成本计算方法与应用

一、产品成本计算的基本方法

确定产品成本计算方法的主要因素有成本计算对象、成本计算期及生产费用在完工产品与在产品之间的分配。上述三个方面是相互联系、相互影响的，其中，生产类型对成本计算对象的影响是主要的。不同的成本计算对象决定了不同的成本计算期和生产费用在完工产品与在产品之间的分配。因此，成本计算对象的确定，是正确计算产品成本的前提，也是区别各种成本计算方法的主要标志。产品成本计算主要有以下三种方法：品种法、分批法、分步法。

（一）品种法

品种法，是指以产品的品种作为成本计算对象来归集生产费用并计算产品成本的一种专门方法。品种法的特点包括：以产品品种作为成本计算对象，以会计期间作为产品成本计算期，月末一般要在完工产品与在产品之间分配生产费用。

在实务中，品种法适用于大量大批、单步骤生产的产品，不要求分步骤计算半成品成本的大量大批、多步骤生产的产品。另外，辅助生产（如供水、供电等）车间也可以采用品种法计算其劳务的成本。

（二）分批法

分批法，是指按照产品的批次或订单作为成本计算对象计算产品成本的一种专门方法。分批法的特点包括：成本计算对象是产品的批次或订单，成本计算期是各批产品的生产周期，期末需要在完工产品与在产品之间分配生产费用。

在实务中，企业通常按照产品的批次或订单归集生产费用，它主要适用于单件生产、小批生产，且管理上不要求分步骤计算成本的多步骤生产，如重型机器制造、船舶制造、精密工具仪器制造等。

（三）分步法

分步法，是指以产品的生产步骤为成本计算对象，计算产品成本的一种方法。分步法的特点包括：成本计算对象为产品各生产步骤，成本计算期为会计报告期，月末需要在完工产品与在产品之间分配生产费用。

在实务中，在大量大批多步骤生产的企业中，为了加强对各生产步骤的成本管理，企业不但要求按照产品品种计算成本，还要求按照产品的生产步骤计算各步骤所耗费的成本。因此，需要采用分步法计算每一步骤的半成品成本和最后步骤的完工产品成本。

根据企业成本管理的特点、对各生产步骤成本资料的不同要求以及简化核算的需要，各生产步骤成本的计算和结转一般采用逐步结转和平行结转两种方法，称为逐步结转分步法和平行结转分步法。

1. 逐步结转分步法

逐步结转分步法，是指企业在各个生产步骤逐步计算并结转出半成品成本，并在最后生产步骤计算出完工产品成本的方法。计算各生产步骤的半成品成本是这种方法的显著特点，因此逐步结转分步法也称为计算半成品成本的分步法。

逐步结转分步法是企业在管理上要求提供各生产步骤半成品成本资料的情况下采用的。前一生产步骤完工的半成品转入下一生产步骤继续加工时，半成品的实物和成本一起转入下一生产步骤，以此类推，一直到产品生产完工，才能最终得出完工产品成本。

2. 平行结转分步法

平行结转分步法，是指企业将各生产步骤应计入相同完工产品成本的金额平行汇总，计算完工产品成本的方法。平行结转分步法按生产步骤归集生产过程的耗费，月末计算出各生产步骤应计入当期完工产品成本的金额，然后进行加总确定完工产品成本。平行结转分步法只计算完工产品成本，不计算各生产步骤的半成品成本，因此也称为不计算半成品成本的分步法。

平行结转分步法是企业在管理上不要求提供各生产步骤半成品资料的情况下采用的。平时各生产步骤都归集本步骤发生的原材料耗费和加工过程的耗费，前一生产步骤完工的半成品转入下一生产步骤继续加工时，只转移半成品实物，不结转半成品成本，到月末再采用一定的分配方法，确定每一生产步骤应计入完工产品成本的金额，进行汇总计算完工产品成本。

二、品种法的应用

【例题 11-7】 XR 公司有一个基本生产车间，大量生产 A、B 两种产品，生产过程属于单步骤生产。根据 XR 公司的生产特点和管理要求，采用品种法计算成本。另外，XR 公司还设有供电和机修两个辅助生产车间，为基本生产和管理部门提供服务。XR 公司单独核算废品损失，产品成本明细账分别设置"直接材料""燃料及动力""直接人工""制造费用"和"废品损失"项目。要求计算 A 产品和 B 产品的成本。

根据 XR 公司在生产过程中的相关原始凭证及有关资料，编制各种耗费的分配表，如表 11-29 所示。

表 11-29　产品耗费项目汇总表　　　　　　　　　　　　元

涉及账户			金额
总账账户	明细账户	成本或费用项目	
生产成本——辅助生产成本	供电车间	燃料及动力	3 032 400
		制造费用	113 600
	机修车间	制造费用	13 000
	小计		3 159 000
制造费用	基本车间	办公费	102 000
		劳动保护费	73 800
		其他	37 200
	小计		213 000
管理费用	办公费		486 000
	差旅费		162 000
	其他		537 600
	小计		1 185 600
销售费用	广告费用		962 000
合计			5 519 600

在实务中，企业支付货币资金业务应逐笔编制会计分录、填制记账凭证。为了简化，这里汇总编制会计分录并据以记账。

确认各项费用时，XR 公司的会计分录如下：

借：生产成本——辅助生产成本　　　　　　　　　　3 159 000
　　制造费用　　　　　　　　　　　　　　　　　213 000
　　管理费用　　　　　　　　　　　　　　　　1 185 600
　　销售费用　　　　　　　　　　　　　　　　　962 000
　　贷：银行存款　　　　　　　　　　　　　　　5 519 600

根据各种原材料的领料原始凭证，编制原材料耗用分配表，如表 11-30 所示。另外，

B产品发生了废品损失，其中原料及主要材料为120 000元，辅助材料为24 000元。

表11-30 原材料耗用分配表

元

涉及账户			原料及主要材料	辅助材料	其他材料	合计
总账账户	明细账户	成本或费用项目				
生产成本——基本生产成本	A产品	直接材料	2 160 000	1 180 000	0	3 340 000
	B产品	直接材料	8 760 000	1 780 000	0	10 540 000
	小计		10 920 000	2 960 000	0	13 880 000
生产成本——辅助生产成本	供电车间	制造费用	0	62 000	16 000	78 000
	机修车间	直接材料	0	43 600	0	43 600
		制造费用	0	0	10 600	10 600
	小计		0	105 600	26 600	132 200
制造费用	基本车间	机物料	0	464 000	160 000	624 000
		劳动保护费	360 000	0	60 000	420 000
	小计		360 000	464 000	220 000	1 044 000
管理费用	机物料		0	140 000	60 000	200 000
废品损失	B产品	直接材料	120 000	24 000	0	144 000
合计			11 400 000	3 693 600	306 600	15 400 200

领用材料时，XR公司的会计分录如下：

借：生产成本——基本生产成本——A产品 　　　　　　　　　　　3 340 000

　　　　　　　　　　　　　　　——B产品 　　　　　　　　　10 540 000

　　　　　　　——辅助生产成本 　　　　　　　　　　　　　　132 200

　　制造费用 　　　　　　　　　　　　　　　　　　　　　　1 044 000

　　管理费用 　　　　　　　　　　　　　　　　　　　　　　　200 000

　　废品损失 　　　　　　　　　　　　　　　　　　　　　　　144 000

　　贷：原材料 　　　　　　　　　　　　　　　　　　　　　15 400 200

根据员工工资汇总表及员工工资总额的14%计提福利费（假设工人工时分配率为20元/小时），编制职工薪酬耗用分配表，如表11-31所示。B产品发生废品损失，耗用工人工时10 000小时。

表11-31 职工薪酬耗用分配表

涉及账户				管理人员工资/元	工资合计/元	福利费/元	职工薪酬合计/元
总账账户	明细账户	生产工时/小时	金额/元				
生产成本——基本生产成本	A产品	58 000	1 160 000	0	1 160 000	162 400	1 322 400
	B产品	94 000	1 880 000	0	1 880 000	263 200	2 143 200
	小计	152 000	3 040 000		3 040 000	425 600	3 465 600
废品损失	B产品	10 000	200 000		200 000	28 000	228 000

涉及账户				管理人员工资/元	工资合计/元	福利费/元	职工薪酬合计/元
总账账户	明细账户	生产工时/小时	金额/元				
生产成本——辅助生产成本	供电车间	0	240 000	160 000	400 000	56 000	456 000
	机修车间	0	100 000	20 000	120 000	16 800	136 800
	小计	0	340 000	180 000	520 000	72 800	592 800
制造费用	基本车间	0	0	440 000	440 000	61 600	501 600
管理费用		0	0	660 000	660 000	92 400	752 400
合计			3 580 000	1 280 000	4 860 000	680 400	5 540 400

确认职工薪酬时，XR 公司的会计分录如下：

借：生产成本——基本生产成本——A 产品   162 400

        ——B 产品   263 200

   ——辅助生产成本   520 000

   ——废品损失   200 000

  制造费用   440 000

  管理费用   660 000

 贷：应付职工薪酬——工资   4 860 000

借：生产成本——基本生产成本——A 产品   162 400

        ——B 产品   263 200

   ——辅助生产成本   72 800

   ——废品损失   28 000

  制造费用   61 600

  管理费用   92 400

 贷：应付职工薪酬——应付福利费   680 400

根据固定资产折旧的原始凭证及有关资料，编制固定资产折耗费分配表，如表 11-32 所示。

表 11-32 固定资产折旧耗费分配表   元

车间或部门	固定资产折旧耗用额度
基本车间	1 562 000
供电车间	210 000
机修车间	30 000
管理部门	574 000
合计	2 376 000

计提折旧时，XR 公司的会计分录如下：

借：制造费用   1 562 000

  生产成本——辅助生产成本   240 000

管理费用   574 000

贷：累计折旧   2 376 000

三、分批法的应用

【例题 11-8】XR 公司 2024 年按照客户的要求，小批生产 A、B、C 三种产品，采用分批法计算各批产品成本。XR 公司 6 月发生以下业务：5 月投产的 A 产品 10 件，批号为 501，6 月尚未完工；5 月投产的 B 产品 5 件，批号为 502，6 月全部完工入库；6 月投产的 C 产品 15 件，批号为 601，完工 8 件，月末在产品 7 件。直接材料耗费按完工产品与在产品实际数量分配，其他费用分配采用约当产量法。

以上 A、B、C 三种产品的有关成本明细资料已经记入各生产成本明细账，如表 11-33～表 11-35 所示。

表 11-33　生产成本明细账

产品批号：501   开工日期：5 月 10 日

产品名称：A 产品   批量：10 件   完工日期：

单位：元

月	日	摘要	直接材料	燃料及动力	直接人工	制造费用	合计
5	31	已累计发生成本	3 795 000	364 000	568 000	2 045 000	6 772 000
6	30	材料耗费分配表	7 378 000	120 000			7 498 000
6	30	动力耗费分配表		625 000			625 000
6	30	职工薪酬耗费分配表			954 000		954 000
6	30	制造费用分配表				3 339 000	3 339 000
		合计	11 173 000	1 109 000	1 522 000	5 384 000	19 188 000

表 11-34　生产成本明细账

产品批号：502   开工日期：5 月 2 日

产品名称：B 产品   批量：5 件   完工日期：6 月 20 日

单位：元

月	日	摘要	直接材料	燃料及动力	直接人工	制造费用	合计
5	30	已累计发生成本	2 560 000	285 000	394 000	1 440 000	4 679 000
6	30	材料耗费分配表	5 246 000	113 000			5 359 000
6	30	动力耗费分配表		459 000			459 000
6	30	职工薪酬耗费分配表			789 000		789 000
6	30	制造费用分配表				2 861 000	2 861 000
		合计	7 806 000	857 000	1 183 000	4 301 000	14 147 000
5	31	结转完工产品成本	7 806 000	857 000	1 183 000	4 301 000	14 147 000
5	31	单位成本	1 561 200	171 400	236 600	860 200	2 829 400

表 11-35　生产成本明细账

产品批号：601
产品名称：C 产品

开工日期：6 月 5 日
完工日期：6 月 30 日完工 8 件

批量：15 件

元

月	日	摘要	直接材料	燃料及动力	直接人工	制造费用	合计
6	30	材料耗费分配表	14 550 000	231 000			14 781 000
6	30	动力耗费分配表		1 220 400			1 220 400
6	30	职工薪酬耗费分配表			1 357 000		1 357 000
6	30	制造费用分配表				4 625 600	4 625 600
		合计	14 550 000	1 451 400	1 357 000	4 625 600	21 984 000
6	30	产品单位成本（分配率）	970 000	123 000	115 000	392 000	1 600 000
6	30	结转完工产品成本（8 件）	7 760 000	984 000	920 000	3 136 000	12 800 000
6	30	在产品成本	6 790 000	467 400	437 000	1 489 600	9 184 000

C 产品由两道工序加工而成，各工序月末在产品数量、完工率以及约当产量计算如表 11-36 所示。

表 11-36　C 产品月末在产品约当产量计算表

件

工序	完工率①	盘存数②	约当产量③=①×②
1	40%	2	0.8
2	60%	5	3
合计	—	7	3.8

根据题意计算分析如下：

在 C 产品生产成本明细账中，直接材料费用分配如下：

直接材料费用分配率 = 14 550 000 ÷（8+7）= 970 000（元/件）

完工产品直接材料费用 = 970 000 × 8 = 7 760 000（元）

在产品直接材料费用 = 970 000 × 7 = 6 790 000（元）

在 C 产品生产成本明细账中，燃料及动力费用分配如下：

燃料及动力费用分配率 = 1 451 400 ÷（8+3.8）= 123 000（元/件）

完工产品燃料及动力费用 = 123 000 × 8 = 984 000（元）

在产品燃料及动力费用 = 123 000 × 3.8 = 467 400（元）

在 C 产品生产成本明细账中，直接人工费用分配如下：

直接人工费用分配率 = 1 357 000 ÷（8+3.8）= 115 000（元/件）

完工产品直接人工费用 = 115 000 × 8 = 920 000（元）

在产品直接人工费用 = 115 000 × 3.8 = 437 000（元）

在 C 产品生产成本明细账中，制造费用分配如下：

制造费用分配率 = 4 625 600 ÷（8+3.8）= 392 000（元/件）

完工产品制造费用 = 392 000 × 8 = 3 136 000（元）

在产品制造费用 = 392 000 × 3.8 = 1 489 600（元）

四、分步法的应用

【例题 11-9】 2021 年 5 月，WMZ 公司生产 H 产品，要经过三个连续生产步骤。第一步骤投入原材料加工成 M 半成品，转入第二步骤加工成 N 半成品，再由第三步骤领用材料加工成 H 产成品。假设各步骤的半成品成本直接结转，不通过仓库收发。原材料在生产开始时一次性投入，各步骤完工产品和在产品之间的费用分配采用约当产量法，第一步骤月末完工产品 72 件，在产品 12 件，第二步骤月末完工产品 76 件，在产品 8 件，第三步骤月末完工产品 80 件，在产品 16 件，假设各步骤月末在产品完工程度均为 50%。各步骤产量记录和各步骤发生的生产费用资料如表 11-37～表 11-39 所示。

（1）第一步骤生产成本计算如表 11-37 所示。

表 11-37　第一步骤生产成本明细账（M 半成品）

摘要	直接材料	加工费用	合计
月初在产品成本/万元	6.4	0.8	7.2
本月生产费用/万元	60.8	14.8	75.6
合计/万元	67.2	15.6	82.8
约当产量/件	84	78	
单位成本/万元	0.8	0.2	1
转出 M 半成品成本（72 件）/万元	57.6	14.4	72
月末在产品成本/万元	9.6	1.2	10.8

根据题意计算分析如下：

首先，将第一步骤生产成本明细账归集的生产费用在完工半成品和在产品之间进行分配，计算 M 半成品的成本。

M 半成品直接材料费用 =（6.4+6 0.8）÷（72+12）×72=57.6（万元）

M 半成品加工费用 =（0.8+14.8）÷（72+12×50%）×72=14.4（万元）

M 半成品的生产成本 =57.6+1 4.4=72（万元）

其次，将第一步骤生产完工的 M 半成品的成本 72 万元结转到第二步骤生产成本明细账中的"直接材料"项目，计算第二步骤 N 半成品的成本。

（2）第二步骤生产成本计算如表 11-38 所示。

表 11-38　第二步骤生产成本明细账（N 半成品）

摘要	直接材料	加工费用	合计
月初在产品成本/万元	12	1.8	13.8
本月生产费用/万元	72	22.2	94.2
合计/万元	84	24	108
约当产量/件	84	80	
单位成本/万元	1	0.3	1.3

续表

摘要	直接材料	加工费用	合计
转出N半成品 成本（76件）/万元	76	22.8	98.8
月末在产品成本/万元	8	1.2	9.2

N半成品直接材料费用＝（12+72）÷（76+8）×76＝76（万元）

N半成品加工费用＝（1.8+22.2）÷（76+8×50%）×76＝22.80（万元）

N半成品的成本＝76+22.8＝98.8（万元）

最后，将第二步骤N半成品的成本98.8万元结转到第三步骤生产成本明细账的"直接材料"成本项目，计算H产品成本。

（3）第三步骤生产成本计算如表11-39所示。

表11-39　第三步骤生产成本明细账（H产成品）

摘要	直接材料	加工费用	合计
月初在产品成本/万元	36	2	38
本月生产费用/万元	98.8	7.8	106.6
合计/万元	134.8	9.8	144.6
约当产量/件	96	88	
单位成本/万元	1.4	0.1	14
转出H产成品 成本（80件）/万元	112	8	120
月末在产品成本/万元	22.8	1.8	24.6

H产成品直接材料费用＝（36+98.8）÷（80+16）×80＝112（万元）

H产成品加工费用＝（2+7.8）÷（80+16×50%）×80＝8（万元）

H产成品的完工成本＝112+8＝120（万元）

项目总结

本项目主要介绍了产品成本的概念、产品成本核算的一般程序、成本核算应设置的会计科目，成本归集与分配的概念（成本归集的概念、成本分配的概念）、生产费用的归集与分配（材料费用的归集和分配、人工费用的归集与分配）、制造费用的归集与分配、辅助生产成本的归集与分配（辅助生产费用的归集、辅助生产费用的分配）、废品损失核算、完工产品与在产品间的成本分配（在产品收发结存的核算、完工产品与在产品的成本分配方法），产品成本计算的基本方法（品种法、分批法、分步法）、品种法的应用、分批法的应用、分步法的应用。

巩固练习

一、思考题

1. 在正确计算产品成本之前应该做好哪些基础工作？
2. 成本核算的基本方法有哪些？
3. 如何计算计件工资和计时工资？
4. 如何按生产工时比例法分配制造费用？

二、单选题

1. 下列项目中，不应计入产品成本的是（　　）。

A. 直接材料成本
B. 辅助材料成本
C. 生产车间管理人员的工资
D. 与销售有关的固定资产维修费用

2. 产品成本是指企业为生产一定种类、一定数量的产品所支出的各种（　　）。

A. 生产费用之和
B. 生产经营管理费用之和
C. 经营管理费用之和
D. 料、工、费及经营管理费用之和

3. 企业向银行贷款，可直接归属于符合资本化条件资产的构建或者生产的，应当（　　）。

A. 计入管理费用
B. 计入生产成本
C. 计入相关资本成本
D. 计入制造费用

4. 某企业材料采用计划成本核算，月初结存材料计划成本为 26 万元，材料成本差异为节约 6 万元；当月购入材料一批，实际成本为 15 万元，计划成本为 14 万元，领用材料的计划成本为 200 万元。当月结存材料的实际成本为（　　）万元。

A. 12.5
B. 17.5
C. 20
D. 25

5. 某企业材料采用计划成本核算，月初结存材料计划成本为 130 万元，材料成本差异为节约 20 万元。当月购入材料一批，实际成本为 110 万元，计划成本为 120 万元，领用材料的计划成本为 100 万元。该企业当月领用材料的实际成本为（　　）万元。

A. 88
B. 96
C. 100
D. 112

6. 甲企业基本生产车间本月耗用辅助生产材料 7 500 元，月末根据材料费用分配表，编制会计分录正确的是（　　）。

A. 借：制造费用　　　　　　　　　　　　　　　　　　　　　　　7 500
　　　贷：银行存款　　　　　　　　　　　　　　　　　　　　　　　　　　7 500

B. 借：制造费用　　　　　　　　　　　　　　　　　　　　　　　7 500
　　　贷：原材料　　　　　　　　　　　　　　　　　　　　　　　　　　　7 500

C. 借：生产成本　　　　　　　　　　　　　　　　　　　　　　　7 500
　　　贷：银行存款　　　　　　　　　　　　　　　　　　　　　　　　　　7 500

D. 借：生产成本　　　　　　　　　　　　　　　　　　　　　　　7 500
　　　贷：原材料　　　　　　　　　　　　　　　　　　　　　　　　　　　7 500

7. 下列项目中，属于企业按生产工艺过程特点来划分的是（　　）。

A. 简单生产
B. 大量生产
C. 成批生产
D. 单件生产

8. 选择成本计算方法应考虑的因素是（　　）。

A. 产品消耗定额是否准确、稳定

B. 产品种类是否繁多

C. 能否简化加速成本计算工作

D. 生产工艺过程和生产组织特点及管理要求

9. 2024 年 1 月 31 日，甲公司的 W 材料发料凭证汇总如下：生产产品领用 2 000 千克，车间管理部门领用 1 400 千克，行政管理部门领用 100 千克，销售部门领用 80 千克，W 材料单价为 210 元，下列会计处理不正确的是（　　　）。

A. 车间管理部门领用的材料成本 294 000 元记入"制造费用"科目

B. 生产产品领用的材料成本 420 000 元记入"制造费用"科目

C. 销售部门领用的材料成本 16 800 元记入"销售费用"科目

D. 行政管理部门领用的材料成本 21 000 元记入"管理费用"科目

10. 某公司为增值税小规模纳税人，本月购入甲材料 1 500 千克，每千克单价（含增值税）80 元，另外支付运杂费 1 200 元，运输途中发生合理损耗 40 千克，入库前发生挑选整理费用 400 元。该批材料入库的实际单位成本为（　　　）元。

A. 80.8　　　　　B. 81.07　　　　　C. 109.1　　　　　D. 110.55

三、多项选择题

1. 下列项目中，应记入"制造费用"账户的有（　　　）。

A. 车间管理人员工资　　　　　　　　B. 车间设备折旧费

C. 车间机物料消耗　　　　　　　　　D. 产品生产用原材料

2. 几种产品共同耗用的外购动力费用，常用的分配标准有（　　　）。

A. 生产工时　　　　B. 机器工时　　　　C. 产品重量　　　　D. 生产工人工资

3. 下列项目中，关于产品成本计算分批法的表述，正确的有（　　　）。

A. 需要计算和结转各步骤产品生产成本

B. 一般需要在完工产品和在产品之间分配成本

C. 成本计算期与产品生产周期基本一致

D. 以产品的批别作为成本核算对象

4. 下列项目中，属于辅助生产车间的制造费用可以直接记入"辅助生产成本"科目条件的有（　　　）。

A. 制造费用较少　　　　　　　　　　B. 辅助生产车间规模很小

C. 辅助生产车间数量少　　　　　　　D. 辅助生产车间不对外提供产品

5. 下列项目中，关于采用平行结转分步法计算产品成本的说法，正确的有（　　　）。

A. 上一步骤的生产费用不进入下一步骤的成本计算单

B. 不计算各步骤所产的半成品成本

C. 不计算各步骤所耗上一步的半成品成本

D. 成本计算对象是各种产成品及其所经过的各生产步骤的成本份额

四、判断题

1. 在实务中，企业发出的存货可以按实际成本核算，也可以按计划成本核算。如采用计划成本核算，会计期末资产负债表中存货按计划成本列示。（　　　）

2. 企业进行成本核算时，应根据生产经营特点和管理要求来确定成本核算对象。（　　　）

3. 企业应遵循谁受益谁负担、何时受益何时负担、负担费用应与受益程度成正比的原则正确划分各种费用支出的界限。

4. 企业如采用计划成本核算存货，会计期末应将其调整为实际成本。　　　　（　　）

5. 品种法主要适用于大量、大批的单步骤生产企业（如发电、采煤企业）。在大量、大批多步骤生产中（如纺织、冶炼、汽车制造），如果企业管理上不要求按照生产步骤计算产品成本，也可以采用品种法计算产品成本。　　　　　　　　　（　　）

五、业务题

1. H公司基本生产车间生产甲、乙两种产品，共发生生产工人职工薪酬2 200万元，按照生产工时比例分配，甲产品生产工时为100小时，乙产品生产工时为120小时。

要求：分别计算甲、乙两种产品应分配的职工薪酬。

2. W公司生产甲、乙、丙产品，生产组织上属于小批多步骤生产，采用分批法计算成本。2024年9月各生产批次情况和生产费用资料如下：

（1）9月具体生产情况及数据如下：

001号甲产品8件，8月5日投产，9月29日已全部完工验收入库，累计生产工时5 000小时。

002号乙产品15件，8月10日投产，9月尚未完工，累计生产工时4 000小时。

003号丙产品20件，9月1日投产，9月30日已完工8件。本月实际生产工时3 000小时。

（2）各批次产品月初在产品成本如表11-40所示。

表11-40　各批次产品月初在产品成本明细表

2024年9月　　　　　　　　　　　　　　　　　　　　　　　　　　元

批号	直接材料	直接人工	制造费用	合计
001	140 000	40 000	30 000	210 000
002	280 000	60 000	50 000	390 000

（3）本月投入原材料350 000元，全部为003号丙产品耗用。本月各批产品生产工人薪酬总额为120 000元，制造费用总额为90 000元。

（4）003号丙产品本月完工产品数量为8件，为简化核算，完工产品按定额成本转出。每件定额成本为：直接材料15 000元，直接人工3 500元，制造费用1 500元，合计20 000元。

要求：根据上述数据资料，采用分批法核算，计算各批次产品的完工成本和月末在产品成本。

项目十二　认识政府会计与核算

◢ 知识结构

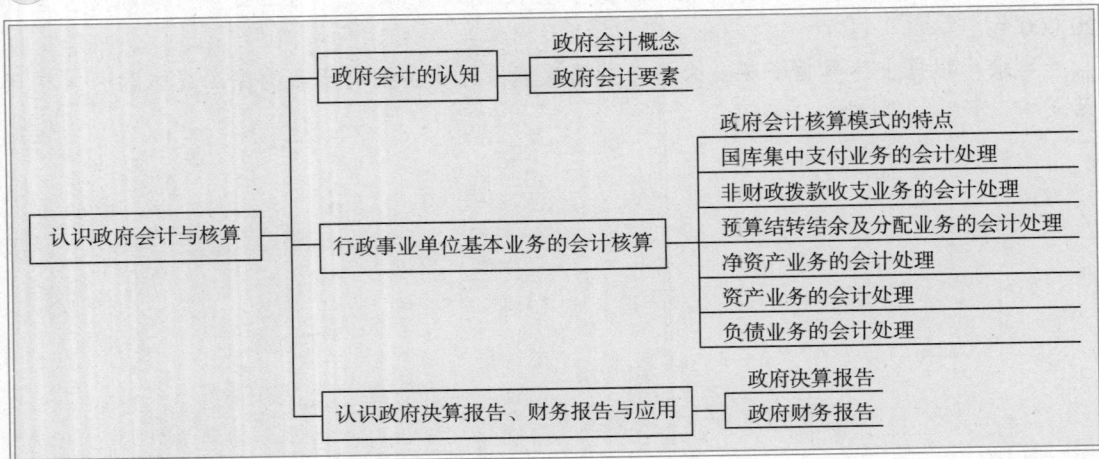

导入案例

政府会计重要吗

在现代社会中，政府的角色变得越来越重要。从基础设施建设、公共服务提供到社会福利保障，政府的活动无处不在。然而，这些活动的资金来源是什么呢？政府又是如何有效管理和监督的呢？答案就在于政府会计。

以某市政府为例，该市政府每年需要为市民提供包括教育、医疗、交通等在内的多项公共服务。为了确保这些服务的顺利进行，市政府需要合理规划和使用公共资金。这就需要一套完善的政府会计系统来记录和报告政府的财务状况，以便市政府领导能够作出明智的决策。那么，政府会计究竟是如何运作的呢？

任务一　政府会计的认知

一、政府会计概述

政府会计，是指运用一系列专门的方法对政府及其组成主体（包括政府所属的行政事业单位等）的财务状况、运行情况（含运行成本，下同）、现金流量、预算执行等情况进行全面核算、监督和报告的一种专门活动。政府会计是我国会计体系的重要组成部分，在政府公共服务等方面发挥着重要作用。

早在 2014 年 12 月，我国就通过了《权责发生制政府综合财务报告制度改革方案》。从此，我国正式确立了权责发生制政府综合财务报告制度改革的指导思想、总体目标、基本原则、主要任务、具体内容、配套措施、实施步骤和组织保障。《权责发生制政府综合财务报告制度改革方案》提出，要加快推进政府会计改革，逐步建立以权责发生制政府会计核算为基础，以编制和报告政府资产负债表、收入费用表等为核心的权责发生制政府综合财务报告制度，全面提升政府财务管理水平，促进政府会计信息公开，推进国家治理体系和治理能力现代化。

目前，我国政府会计标准体系主要由政府会计基本准则、具体准则、应用指南和政府会计制度等组成。在实务中，政府会计主体应当根据政府会计准则规定的原则和政府会计制度及解释的要求，对其发生的各项经济业务和事项进行会计核算。

二、政府会计要素

我国政府会计要素主要包括政府预算会计要素和政府财务会计要素。其中，政府预算会计要素包括预算收入、预算支出、预算结余；政府财务会计要素包括资产、负债、净资产、收入和费用。

（一）政府预算会计要素

1. 预算收入

预算收入，是指政府会计主体在预算年度内依法取得的并纳入预算管理的现金流入。

在实务中，预算收入通常在实际收到时予以确认，以实际收到的金额计量。

2. 预算支出

预算支出，是指政府会计主体在预算年度内依法发生并纳入预算管理的现金流出。在实务中，预算支出通常在实际支付时予以确认，以实际支付的金额计量。

3. 预算结余

预算结余，是指政府会计主体在预算年度内将预算收入减去预算支出，加上历年滚存的资金余额后的结余。

预算结余包括结余资金和结转资金。其中，结余资金，是指年度预算执行终了，预算收入实际完成数减去预算支出和结转资金后剩余的资金。结转资金，是指预算安排项目的支出在年终尚未执行完毕或者因故未执行，且下年需要按原用途继续使用的资金。

实务中，政府预算会计要素之间的关系，用公式表达如下：

$$预算收入-预算支出=预算结余$$

（二）政府财务会计要素

1. 资产

资产，是指政府会计主体过去的交易或者事项形成的，由政府会计主体控制的，预期能够产生服务潜力或者带来经济利益流入的经济资源。其中，服务潜力，是指政府会计主体利用资产提供公共产品和服务以履行政府职能的潜在能力。经济利益流入主要表现为现金及现金等价物的流入，或者现金及现金等价物流出的减少。

在实务中，同时满足以下两个条件时，可以确认为资产：

（1）与该经济资源相关的服务潜力很可能实现或者经济利益很可能流入政府会计主体。

（2）该经济资源的成本或者价值能够可靠计量。

在实务中，政府会计主体的资产按照流动性可以分为流动资产和非流动资产。其中，流动资产，是指预计在1年内（含1年）耗用或者可以变现的资产，包括货币资金、短期投资、应收及预付款项、存货等。非流动资产，是指流动资产以外的资产，包括固定资产、在建工程、无形资产、长期投资、公共基础设施、政府储备资产、文物文化资产、保障性住房和自然资源资产等。

在实务中，政府会计主体对资产进行计量，一般应当采用历史成本。采用重置成本、现值、公允价值计量的，应当保证所确定的资产金额能够持续、可靠计量。在历史成本计量下，资产按照取得时支付的现金金额或者支付的对价公允价值计量。在重置成本计量下，资产按照现在购买相同或者相似资产所需支付的现金金额计量。在现值计量下，资产按照预计从其持续使用和最终处置中所产生的未来净现金流入量的折现金额计量。在公允价值计量下，资产按照市场参与者在计量日发生的有序交易中，出售资产所能收到的价格计量。无法采用历史成本、重置成本、现值和公允价值计量的，采用名义金额（即人民币1元）计量。

2. 负债

负债，是指政府会计主体过去的交易或者事项形成的，预期会导致经济资源流出政府会计主体的现时义务。其中，现时义务，是指政府会计主体在现行条件下已经承担的义务。

在实务中，同时满足以下两个条件时，可以确认为负债：

（1）履行该义务很可能导致含有服务潜力或者经济利益的经济资源流出政府会计主体。

（2）该义务的金额能够可靠计量。未来发生的交易或者事项形成的义务不属于现时义务，不应当确认为负债。

在实务中，政府会计主体的负债分为偿还时间与金额基本确定的负债和由或有事项形成的预计负债。其中，偿还时间与金额基本确定的负债按政府会计主体的业务性质及风险程度，分为融资活动形成的举借债务及其应付利息、运营活动形成的应付及预收款项和暂收性负债。政府举借的债务包括政府发行的政府债券，向外国政府、国际经济组织等借入的款项，以及向上级政府借入转贷资金形成的借入转贷款。应付及预收款项包括应付职工薪酬、应付账款、预收款项、应交税费、应付国库集中支付结余和其他应付未付款项。暂收性负债，是指政府会计主体暂时收取，随后应作上交、退回、转拨等处理的款项，主要包括应交财政款项和其他暂收款项。通常政府会计主体的或有事项主要有未决诉讼或未决仲裁、对外国政府或国际经济组织的贷款担保、承诺（补贴、代偿）、自然灾害或公共事件的救助等。

在实务中，政府会计主体对负债进行计量，一般应当采用历史成本。采用现值、公允价值计量的，应当保证所确定的负债金额能够持续、可靠计量。在历史成本计量下，负债按照因承担现时义务而实际收到的款项或者资产的金额，或者承担现时义务的合同金额，或者按照为偿还负债预期需要支付的现金计量。在现值计量下，负债按照预计期限内需要偿还的未来净现金流出量的折现金额计量。在公允价值计量下，负债按照市场参与者在计量日发生的有序交易中，转移负债所需支付的价格计量。

3. 净资产

净资产，是指政府会计主体资产减去负债后的净额，其金额取决于资产和负债的计量，列于资产负债表。

4. 收入

收入，是指报告期内导致政府会计主体净资产增加的、含有服务潜力或者经济利益的经济资源的流入。

在实务中，同时满足以下三个条件时，可以确认为收入：

（1）与收入相关的含有服务潜力或者经济利益的经济资源很可能流入政府会计主体。

（2）含有服务潜力或者经济利益的经济资源流入会导致政府会计主体资产增加或者负债减少。

（3）流入金额能够可靠计量。

5. 费用

费用，是指报告期内导致政府会计主体净资产减少的、含有服务潜力或者经济利益的经济资源的流出。

在实务中，同时满足以下三个条件时，可以确认为费用：

（1）与费用相关的含有服务潜力或者经济利益的经济资源很可能流出政府会计主体。

（2）含有服务潜力或者经济利益的经济资源流出会导致政府会计主体资产减少或者负

债增加。

（3）流出金额能够可靠计量。

在实务中，政府财务会计要素之间的关系，用公式表达如下：

$$资产-负债=净资产$$

$$收入-费用=本期盈余$$

<h1 style="text-align:center">任务二　行政事业单位基本业务的会计核算</h1>

一、政府会计核算模式的特点

我国现行的政府会计核算模式具有以下几个特点：

（一）双功能

政府会计核算具有双功能，包括财务会计和预算会计两部分。其中，财务会计是对政府会计主体发生的各项交易或者事项进行会计核算，主要反映和监督政府会计主体的财务状况、运行状况和现金流量等。预算会计对政府会计主体预算执行过程中发生的全部预算收入和全部预算支出进行会计核算，主要反映和监督预算收支执行情况。

（二）双基础

政府会计核算具有双基础，包括权责发生制和收付实现制。其中，财务会计实行权责发生制，预算会计实行收付实现制，国务院另有规定的除外。

（三）双报告

政府会计核算具有双报告，包括财务报告和财务决算报告。其中，财务报告是反映政府会计主体某一特定日期的财务状况和某一会计期间的运行情况和现金流量等信息的文件。财务决算报告是综合反映政府会计主体年度预算收支执行结果的文件。

二、国库集中支付业务的会计处理

我国目前对行政事业单位主要采用国库集中收付结算制度。所谓国库集中收付，是指以国库单一账户体系为基础，将所有财政性资金都纳入国库单一账户体系管理，收入直接缴入国库和财政专户，支出通过国库单一账户体系支付到商品和劳务供应者或用款单位的一项国库管理制度。在实务中，采用国库集中支付的单位，财政资金的支付方式有财政直接支付和财政授权支付两种方式。

（一）财政直接支付业务

在财政直接支付方式下，对直接支付的各项支出，行政事业单位在收到财政直接支付入账通知书时，按照通知书中直接支付的金额入账。

发生支出时，单位的会计分录如下：

借：行政支出
　　事业支出等
　　贷：财政拨款预算收入（预算会计）

借：库存物品

固定资产

应付职工薪酬

业务活动费用

单位管理费用等

　　贷：财政拨款收入（财务会计）

【例题 12-1】2024 年 4 月 9 日，M 事业单位根据（经过批准的）部门预算及用款计划，向同级财政部门申请支付第一季度水费 21 000 元。4 月 15 日，财政部门经审核后，以财政直接支付方式向自来水公司支付该单位的水费 21 000 元。4 月 19 日，M 事业单位收到财政直接支付入账通知书。

支付水费时，M 事业单位的会计分录如下：

借：事业支出　　　　　　　　　　　　　　　　　　　　　　　21 000

　　贷：财政拨款预算收入　　　　　　　　　　　　　　21 000（预算会计）

借：单位管理费用　　　　　　　　　　　　　　　　　　　　　21 000

　　贷：财政拨款收入　　　　　　　　　　　　　　　　21 000（财务会计）

（二）财政授权支付业务

在财政授权支付方式下，行政事业单位收到代理银行盖章的授权支付到账通知书时，根据通知书填写的数额入账。

确认授权支付到账通知时，单位的会计分录如下：

借：资金结存——零余额账户用款额度

　　贷：财政拨款预算收入（预算会计）

借：零余额账户用款额度

　　贷：财政拨款收入（财务会计）

实际支付各项费用时，单位的会计分录如下：

借：行政支出

事业支出等

　　贷：资金结存——零余额账户用款额度（预算会计）

借：库存物品

固定资产

应付职工薪酬

业务活动费用

单位管理费用等

　　贷：零余额账户用款额度（财务会计）

【例题 12-2】2024 年 3 月 20 日，M 科研所根据（已经批准的）部门预算及用款计划，向同级财政部门申请财政授权支付用款额度 34 000 元。4 月 2 日，财政部门经过认真审核后，以财政授权支付方式下达 34 000 元用款额度。4 月 5 日，M 科研所收到代理银行转来的授权支付到账通知书。

确认授权支付到账通知书时，M 科研所的会计分录如下：

借：资金结存——零余额账户用款额度　　　　　　　　　　　　34 000

贷：财政拨款预算收入	34 000（预算会计）
借：零余额账户用款额度	34 000
贷：财政拨款收入	34 000（财务会计）

三、非财政拨款收支业务的会计处理

在实务中，行政事业单位的日常收支活动除了国库集中收付业务以外，通常还有事业活动、经营活动等形成的非财政拨款收支活动，主要包括事业（预算）收入、捐赠（预算）收入和支出。

（一）事业（预算）收入

事业收入，是指事业单位开展专业业务活动及其辅助活动所实现的收入，但不包括从同级政府财政部门获得的各类财政拨款。

1. 采用财政专户返还方式管理的事业（预算）收入

在实务中，对采用财政专户返还方式管理的事业（预算）收入，实现应上缴财政专户的事业收入时，单位应当按照实际收到或应收的金额入账。

确认事业收入时，单位的会计分录如下：

借：银行存款
　　应收账款等
　　　贷：应缴财政款（财务会计）

向财政专户上缴相应款项时，单位的会计分录如下：

借：应缴财政款
　　　贷：银行存款（财务会计）

收到从财政专户返还的事业收入时，单位的会计分录如下：

借：银行存款等
　　　贷：事业收入（财务会计）
借：资金结存——货币资金
　　　贷：事业预算收入（预算会计）

【例题 12-3】 H 事业单位的一部分事业收入采用财政专户返还的方式进行管理。2024年 4 月 5 日，H 事业单位收到应上缴财政专户的事业收入 100 000 元。4 月 10 日，H 事业单位将上述款项上缴财政专户，10 月 12 日，H 事业单位收到从财政专户返还的事业收入100 000 元。

收到事业收入款项时，H 事业单位的会计分录如下：

借：银行存款	100 000
贷：应缴财政款	100 000（财务会计）

向财政专户上缴款项时，H 事业单位的会计分录如下：

借：应缴财政款	100 000
贷：银行存款	100 000（财务会计）

收到财政返还资金时，H 事业单位的会计分录如下：

借：银行存款	100 000
贷：事业收入	100 000（财务会计）

确认预算收入时，H 事业单位的会计分录如下：

借：资金结存——货币资金　　　　　　　　　　　　　100 000

　　贷：事业预算收入　　　　　　　　　　　　　　　　100 000（预算会计）

2. 采用预收款方式确认的事业（预算）收入

在实务中，对采用预收款方式确认事业（预算）收入的单位，实际收到预收款项时，按照收到的金额入账。

收到预收款项时，单位的会计分录如下：

借：银行存款等

　　贷：预收账款（财务会计）

借：资金结存——货币资金

　　贷：事业预算收入（预算会计）

按照合同完成进度确认事业收入时，单位的会计分录如下：

借：预收账款

　　贷：事业收入（财务会计）

3. 采用应收款方式确认的事业（预算）收入

在实务中，对采用应收款方式确认事业（预算）收入的单位，应当根据合同完成进度计算本期应收的款项。

按照合同完成进度确认事业收入时，单位的会计分录如下：

借：应收账款

　　贷：事业收入（财务会计）

实际收到款项时，单位的会计分录如下：

借：银行存款等

　　贷：应收账款（财务会计）

借：资金结存——货币资金

　　贷：事业预算收入（预算会计）

（二）捐赠（预算）收入和支出

1. 捐赠（预算）收入

捐赠收入，是指单位接受其他单位或者个人捐赠获得的收入，主要包括现金捐赠收入和非现金捐赠收入。捐赠预算收入，是指单位接受捐赠的现金资产。在实务中，单位接受捐赠的货币资金，按照实际收到的金额入账。

收到捐赠资金时，单位的会计分录如下：

借：银行存款

　　库存现金等

　　贷：捐赠收入（财务会计）

借：资金结存——货币资金

　　贷：其他预算收入——捐赠预算收入（预算会计）

在实务中，单位接受捐赠的存货、固定资产等非现金资产，按照确定的成本入账。

收到捐赠非货币资产时，单位的会计分录如下：

借：库存物品
　　固定资产等
　　贷：银行存款等（支付的相关税费、杂费等）
　　　　捐赠收入（差额部分）（财务会计）
借：其他支出
　　贷：资金结存——货币资金（支付的相关税费、杂费等）（预算会计）

【例题12-4】2024年3月5日，W事业单位接受A公司捐赠的一批实验材料，A公司提供的原始凭证证明其价值为50 000元，W事业单位以银行存款支付运输费500元。不考虑相关税费及其他因素。

收到捐赠材料时，W事业单位的会计分录如下：

借：库存物品　　　　　　　　　　　　　　　　　　　50 500
　　贷：捐赠收入　　　　　　　　　　　　　　　　　　50 000
　　　　银行存款　　　　　　　　　　　　　　　　　　　500（财务会计）
借：其他支出　　　　　　　　　　　　　　　　　　　　500
　　贷：资金结存——货币资金　　　　　　　　　　　　　500（预算会计）

2. 捐赠（支出）费用

在实务中，单位对外捐赠现金资产时，应当按照实际捐赠的金额入账。

实际捐赠时，单位的会计分录如下：

借：其他费用
　　贷：银行存款
　　　　库存现金等（财务会计）
借：其他支出
　　贷：资金结存——货币资金（预算会计）

四、预算结转结余及分配业务的会计处理

行政事业单位在预算会计中应当严格区分财政拨款结转结余和非财政拨款结转结余。其中，财政拨款结转结余不参与事业单位的结余分配，通过"财政拨款结转"和"财政拨款结余"科目进行核算。非财政拨款结转结余通过"非财政拨款结转""非财政拨款结余""专用结余""经营结余""非财政拨款结余分配"等科目进行核算。

（一）财政拨款结转结余

1. 财政拨款结转的核算

在实务中，"财政拨款结转"科目专门核算行政事业单位滚存的财政拨款结转资金。年末，行政事业单位应当将财政拨款收入和对应的财政拨款支出结转到"财政拨款结转"科目。

按照规定从其他单位调入财政拨款结转资金的，按照实际调增额度或调入的资金数额入账。

实际调增额度或调入资金时，单位的会计分录如下：

借：资金结存

贷：财政拨款结转——归集调入（预算会计）

借：财政应返还额度等

贷：累计盈余（财务会计）

年末，冲销有关明细科目余额，将"财政拨款结转——本年收支结转、年初余额调整、归集调入、归集调出、归集上缴、单位内部调剂"科目余额转到"财政拨款结转——累计结转"科目。结转后，"财政拨款结转——本年收支结转、年初余额调整、归集调入、归集调出、归集上缴、单位内部调剂"科目无余额。

单位完成上述财政拨款收支结转后，应当对财政拨款结转各明细项目执行情况进行分析，并按照有关规定将符合财政拨款结余性质的项目余额转到"财政拨款结余"科目。

年末最后结转时，单位的会计分录如下：

借：财政拨款结转——累计结转

贷：财政拨款结余——结转转入

2. 财政拨款结余的核算

在实务中，"财政拨款结余"科目专门核算单位滚存的财政拨款项目支出结余资金。年末，对财政拨款结转各明细项目执行情况进行分析，并按照有关规定将符合财政拨款结余性质的项目余额转到"财政拨款结余"科目。

在实务中，经财政部门批准对财政拨款结余资金改变用途，属于调整用于本单位基本支出或其他未完成项目支出的，按照批准调剂的金额入账。

经财政部门批准调整时，单位的会计分录如下：

借：财政拨款结余——单位内部调剂

贷：财政拨款结转——单位内部调剂

年末，冲销有关明细科目余额，将"财政拨款结余——年初余额调整、归集上缴、单位内部调剂、结转转入"科目余额转到"财政拨款结余——累计结余"科目。结转后，"财政拨款结余——年初余额调整、归集上缴、单位内部调剂、结转转入"科目无余额。

【例题 12-5】2023 年 6 月，财政部拨付 K 事业单位基本支出补助 200 000 元，项目补助 100 000 元，"事业支出"科目下"财政拨款支出（基本支出）""财政拨款支出（项目支出）"明细科目的当期发生额分别为 20 000 元和 40 000 元。月末 K 事业单位将本月财政拨款收入和支出进行结转。

结转财政拨款收入时，K 事业单位的会计分录如下：

借：财政拨款预算收入——基本支出   200 000

             ——项目支出   100 000

  贷：财政拨款结转——本年收支结转——基本支出结转   200 000

                   ——项目支出结转   100 000

结转财政拨款支出时，K 事业单位的会计分录如下：

借：财政拨款结转——本年收支结转——基本支出结转   20 000

                ——项目支出结转   40 000

  贷：事业支出——财政拨款支出（基本支出）   20 000

            ——财政拨款支出（项目支出）   40 000

【例题 12-6】承接【例题 12-5】，2023 年年末，K 事业单位完成财政拨款收支结转后，对财政拨款各明细项目进行分析，按照有关规定将某项目结余资金50 000元转入财政拨款结余。

将项目结余资金转入财政拨款结余时，K事业单位的会计分录如下：

借：财政拨款结转——累计结转——项目支出结转   50 000

  贷：财政拨款结余——结转转入   50 000

（二）非财政拨款结转结余

1. 非财政拨款结转的核算

非财政拨款结转资金，是指事业单位除了财政拨款收支、经营收支以外的各类非同级财政拨款专项资金收入与其相关支出相抵后剩余滚存的、须按规定用途使用的结转资金。

年末，将除财政拨款预算收入、经营预算收入以外的各类预算收入本年发生额中的专项资金收入转到"非财政拨款结转"科目，将行政支出、事业支出、其他支出本年发生额中的非财政拨款专项资金支出转到"非财政拨款结转"科目。

按照规定从科研项目预算收入提取项目管理费用或间接费用时，按照提取金额入账。

提取项目管理费用或间接费用时，单位的会计分录如下：

借：非财政拨款结转——项目间接费用或管理费用

  贷：非财政拨款结余——项目间接费用或管理费用（预算会计）

借：业务活动费用

  单位管理费用等

  贷：预提费用——项目间接费用或管理费用（财务会计）

年末，冲销有关明细科目余额，将"非财政拨款结转——年初余额调整、项目间接费用或管理费用、缴回资金、本年收支结转"科目余额转到"非财政拨款结转——累计结转"科目。结转后，"非财政拨款结转——年初余额调整、项目间接费用或管理费用、缴回资金、本年收支结转"科目无余额。

完成上述结转后，应当对非财政拨款专项结转资金各项目的情况进行分析，将留归本单位使用的非财政拨款专项（项目已完成）剩余资金转到"非财政拨款结余"科目。

结转时，单位的会计分录如下：

借：非财政拨款结转——累计结转

  贷：非财政拨款结余——结转转入

【例题12-7】2023年3月，Q事业单位开始启动一个项目，收到上级主管部门拨付的非财政专项资金100 000元，为该项目发生事业支出80 000元。2023年12月，项目已经完成，经上级主管部门批准，该项目的结余资金留归Q事业单位使用。不考虑其他因素。

收到上级主管部门拨付款项时，Q事业单位的会计分录如下：

借：银行存款   100 000

  贷：上级补助收入   100 000（财务会计）

借：资金结存——货币资金   100 000

  贷：上级补助预算收入   100 000（预算会计）

发生业务活动费用（事业支出）时，Q事业单位的会计分录如下：

借：业务活动费用   80 000

  贷：银行存款   80 000（财务会计）

借：事业支出——非财政专项资金支出   80 000

    贷：资金结存——货币资金   80 000（预算会计）

年末结转上级补助预算收入中该项目专项资金收入时，Q事业单位的会计分录如下：

借：上级补助预算收入   100 000

    贷：非财政拨款结转——本年收支结转   100 000

年末结转事业支出中该项目专项支出时，Q事业单位的会计分录如下：

借：非财政拨款结转——本年收支结转   80 000

    贷：事业支出——非财政专项资金支出   80 000

经批准结余资金留归本单位使用时，Q事业单位的会计分录如下：

借：非财政拨款结转——累计结转   20 000

    贷：非财政拨款结余——结转转入   20 000

2. 非财政拨款结余的核算

非财政拨款结余，是指单位历年滚存的非限定用途的非同级财政拨款结余资金，主要是非财政拨款结余扣除结余分配后滚存的金额。

年末，将留归本单位使用的非财政拨款专项（项目已完成）剩余资金转到"非财政拨款结余——结转转入"科目。

结转留归本单位使用的非财政拨款专项剩余资金时，单位的会计分录如下：

借：非财政拨款结转——累计结转

    贷：非财政拨款结余——结转转入

负有企业所得税缴纳义务的事业单位实际缴纳企业所得税时，按照缴纳金额入账。

缴纳企业所得税时，单位的会计分录如下：

借：非财政拨款结余——累计结转

    贷：资金结存——货币资金（预算会计）

借：其他应交税费——单位应交所得税

    贷：银行存款（财务会计）

年末，冲销有关明细科目余额，将"非财政拨款结余——年初余额调整、项目间接费用或管理费用、结转转入"科目余额结转到"非财政拨款结余——累计结转"科目。结转后，"非财政拨款结余——年初余额调整、项目间接费用或管理费用、结转转入"科目无余额。

年末，事业单位将"非财政拨款结余分配"科目余额转到"非财政拨款结余"科目。

"非财政拨款结余分配"科目为借方余额时，单位的会计分录如下：

借：非财政拨款结余——累计结转

    贷：非财政拨款结余分配

"非财政拨款结余分配"科目为贷方余额时，单位的会计分录如下：

借：非财政拨款结余分配

    贷：非财政拨款结余——累计结转

年末，行政单位将"其他结余"科目余额转到"非财政拨款结余"科目。

"其他结余"科目为借方余额时，单位的会计分录如下：

借：非财政拨款结余——累计结转

　　贷：其他结余

"其他结余"科目为贷方余额时，单位的会计分录如下：

借：其他结余

　　贷：非财政拨款结余——"累计结余"科目

五、净资产业务的会计处理

　　单位净资产（财务会计）的来源主要包括累计实现的盈余和无偿调拨的净资产。在实务中，单位应当在财务会计核算中设置"累计盈余""专用基金""无偿调拨净资产""权益法调整""本期盈余""本年盈余分配""以前年度盈余调整"等科目。

（一）本期盈余及本年盈余分配

1. 本期盈余

　　在实务中，"本期盈余"科目主要核算单位本期实现的各项收入与费用相抵后的余额。期末，单位应当将收入类科目、费用类科目的本期发生额转到"本期盈余"科目。年末，单位应当将"本期盈余"科目余额转到"本年盈余分配"科目。

2. 本年盈余分配

　　在实务中，"本年盈余分配"科目主要核算单位本年度的盈余分配情况及结果。年末，单位应当将"本期盈余"科目的余额转到"本年盈余分配"科目。根据有关规定从本年度非财政拨款结余或经营结余中提取专用基金的，按照（预算会计）提取金额入账。

提取专用基金时，单位的会计分录如下：

借：本年盈余分配

　　贷：专用基金

年末将"本年盈余分配"科目余额转到"累计盈余"科目时，单位的会计分录如下：

借：本年盈余分配

　　贷：累计盈余

（二）累计盈余

　　在实务中，"累计盈余"科目主要核算单位历年实现的盈余扣除盈余分配后滚存的金额，以及因无偿调入、调出资产所产生的净资产变动额。年末，将"本年盈余分配"科目的余额转到"累计盈余"科目。

将"本年盈余分配"科目的余额转到"累计盈余"科目时，单位的会计分录如下：

借：本年盈余分配

　　贷：累计盈余

或者为：

借：累计盈余

　　贷：本年盈余分配

将"无偿调拨净资产"科目的余额转入"累计盈余"科目时，单位的会计分录如下：

借：无偿调拨净资产

　　贷：累计盈余

或者为：

借：累计盈余
　　贷：无偿调拨净资产

六、资产业务的会计处理

(一) 资产取得

在实务中，单位取得资产的方式主要有外购、自行加工、自行建造、接受捐赠、无偿调入、置换换入和租赁等。单位在取得资产时通常按照成本进行初始计量，并按照取得方式的不同进行会计处理。

1. 外购资产的成本

外购资产的成本通常包括购买价款、相关税费，以及使资产达到目前场所和状态或交付使用前所发生的归属于资产成本的其他费用。

2. 自行加工、自行建造资产的成本

自行加工、自行建造资产的成本通常包括使资产达到验收入库或交付使用前所发生的全部合理的必要支出。

3. 接受捐赠非现金资产的成本

在实务中，接受捐赠的非现金资产类别比较多，不同类型的资产，其成本的确定也不一样，对于接受捐赠的存货、固定资产和无形资产，其成本通常按照有关原始凭证上注明的金额以及相关税费确定；如果接受捐赠的资产没有相关原始凭证，但按规定经过资产评估的，其成本通常按照评估价值以及相关税费确定；如果接受捐赠的资产没有相关原始凭证，也未经资产评估，其成本通常比照同类或类似资产的市场价格以及相关税费确定；如果接受捐赠的资产没有相关原始凭证，也未经资产评估，且同类或类似资产的市场价格也无法可靠取得，通常按照名义金额（人民币 1 元）入账。

4. 无偿调入资产的成本

无偿调入资产的成本通常按照调出单位该资产的账面价值以及相关税费确定，并根据确定的成本减去相关税费后的金额计入无偿调拨净资产的成本。

5. 置换取得资产的成本

置换取得资产的成本通常按照换出资产的评估价值以及支付的补价（-收到的补价），加上为换入资产发生的其他相关支出确定。

(二) 资产处置

单位处置资产主要通过无偿调拨、出售、转让、置换、对外捐赠报废、毁损以及货币性资产损失核销。在实务中，单位处置资产应当按照规定报经批准后，再对资产进行处置。处置资产时，单位应当将被处置资产的账面价值转入"资产处置费用"科目，按照"收支两条线"的原则将处置净收益上缴财政账户。对于将资产处置净收益纳入单位预算管理的，单位应当将净收益计入当期收入；对于资产盘盈、盘亏、报废或毁损的，单位应当在报经批准前将相关资产的账面价值转入"待处理财产损溢"科目，待报经批准后再进行资产处置；对于无偿调出的资产，单位应当在转销被处置资产的账面价值时冲减无偿调拨净资产；对于置换换出的资产，单位应当与换入资产一同进行相关会计处理。

（三）固定资产业务

在实务中，单位的固定资产通常分为房屋和构筑物、设备、文物和陈列品、图书和档案、家具和用具、特种动植物共六类。对于单位价值偏低、尚未达到规定标准的资产，其使用年限超过一个完整会计年度的大批同类物资（图书、家具、用具、装具等），也应当确认为固定资产。

为了核算固定资产的增减变动，单位应设置"固定资产""固定资产累计折旧"等科目。在实务中，单位购入需要安装的固定资产，应当先通过"在建工程"科目核算，安装完成达到预定可使用状态时，再转入"固定资产"科目。

单位在使用固定资产的过程中，应当按月对固定资产计提折旧，并根据固定资产的性质和使用情况，合理确定固定资产的使用年限。在实务中，单位当月增加的固定资产，当月开始计提折旧；当月减少的固定资产，当月不再计提折旧；固定资产提足折旧后，不管能否继续使用，都不再计提折旧；提前报废的固定资产，也不再补提折旧；已提足折旧的固定资产，可以继续使用的，应当继续使用，规范实物管理。

在实务中，以下固定资产不计提折旧：

（1）文物和陈列品；

（2）特种动植物；

（3）图书和档案；

（4）单独计价入账的土地；

（5）以名义金额计量的固定资产。

【例题 12-8】 2024 年 3 月 8 日，H 事业单位经批准购入一栋办公大楼，以银行存款支付购买价款 1 000 000 元，不考虑相关税费。

购入办公大楼时，H 事业单位的会计分录如下：

借：固定资产 　　　　　　　　　　　　　　　　　　　　1 000 000
　　贷：银行存款 　　　　　　　　　　　　　　　　　　1 000 000（财务会计）
借：事业支出 　　　　　　　　　　　　　　　　　　　　1 000 000
　　贷：资金结存——货币资金 　　　　　　　　　　　　1 000 000（预算会计）

【例题 12-9】 2024 年 4 月 30 日，W 行政单位计提本月固定资产折旧 8 000 元。

计提折旧时，W 行政单位的会计分录如下：

借：业务活动费用 　　　　　　　　　　　　　　　　　　　　8 000
　　贷：固定资产累计折旧 　　　　　　　　　　　　　　　　8 000

七、负债业务的会计处理

在实务中，对于负债的财务会计核算，单位与企业基本相同。

（一）应缴财政款

应缴财政款，是指单位取得或应收取的按照规定应当上缴财政的款项，主要包括应缴国库的款项和应缴财政专户的款项。

为了核算应缴财政的各类款项，单位应设置"应缴财政款"科目。单位取得或应收取按照规定应缴财政的款项时，按实际金额入账。

收到或确认应收应缴财政款项时，单位的会计分录如下：

借：银行存款

　　应收账款等

　　贷：应缴财政款

上缴应缴财政款项时，单位的会计分录如下：

借：应缴财政款

　　贷：银行存款

（二）应付职工薪酬

应付职工薪酬，是指单位按照相关规定应支付给职工，以及为职工支付的各种薪酬，主要包括基本工资、津贴补贴、绩效工资、社会保险费、住房公积金等。

为了核算应支付的职工薪酬，单位应设置"应付职工薪酬"科目。

确认应付职工薪酬时，单位的会计分录如下：

借：业务活动费用等

　　贷：应付职工薪酬

代扣个人所得税时，单位的会计分录如下：

借：应付职工薪酬

　　贷：其他应交税费——应交个人所得税

实际支付职工薪酬时，单位的会计分录如下：

借：应付职工薪酬

　　贷：财政拨款收入（财务会计）

借：事业支出

　　贷：财政拨款预算收入（预算会计）

交纳代扣的个人所得税时，单位的会计分录如下：

借：其他应交税费——应交个人所得税

　　贷：财政拨款收入（财务会计）

借：事业支出

　　贷：财政拨款预算收入（预算会计）

【例题 12-10】2024 年 1 月，F 事业单位为开展专业业务活动及其辅助活动的人员发放工资薪酬 500 000 元，按规定应代扣代交个人所得税 8 000 元，F 事业单位以财政直接支付方式支付职工薪酬并上交代扣的个人所得税。

确认应付职工薪酬时，F 事业单位的会计分录如下：

借：业务活动费用　　　　　　　　　　　　　　　　　　　　　500 000

　　贷：应付职工薪酬　　　　　　　　　　　　　　　　　　　　　　500 000

代扣个人所得税时，F 事业单位的会计分录如下：

借：应付职工薪酬　　　　　　　　　　　　　　　　　　　　　　8 000

　　贷：其他应交税费——应交个人所得税　　　　　　　　　　　　　8 000

实际支付职工薪酬时，F 事业单位的会计分录如下：

借：应付职工薪酬　　　　　　　　　　　　　　　　492 000

　　贷：财政拨款收入　　　　　　　　　　　　　　　492 000（财务会计）

借：事业支出　　　　　　　　　　　　　　　　　　492 000

     贷：财政拨款预算收入   492 000（预算会计）

  交纳代扣的个人所得税时，F事业单位的会计分录如下：

  借：其他应交税费——应交个人所得税   8 000

    贷：财政拨款收入   8 000（财务会计）

  借：事业支出   8 000

    贷：财政拨款预算收入   8 000（预算会计）

任务三 认识政府决算报告、财务报告与应用

一、政府决算报告

  政府决算报告，是指综合反映政府会计主体年度预算收支执行结果的文件。政府决算报告的目标是向决算报告使用者提供与政府预算执行情况有关的信息，综合反映政府会计主体预算收支的年度执行结果，有助于决算报告使用者进行监督和管理，并为编制后续年度预算提供参考和依据。政府决算报告使用者包括各级人民代表大会及其常务委员会、各级政府及其有关部门、政府会计主体自身、社会公众和其他利益相关者。在实务中，政府决算报告以收付实现制为编制基础，以预算会计核算生成的数据为依据，通过汇总、计算、分析得出报告，其中，预算会计报表主要包括预算收入支出表、预算结转结余变动表和财政拨款预算收入支出表。

二、政府财务报告

  政府财务报告，是指反映政府会计主体某一特定日期的财务状况和某一会计期间运行情况和现金流量等信息的文件。政府财务报告的目标是向财务报告使用者提供与政府财务状况、运行情况和现金流量等有关的信息，反映政府会计主体公共受托责任履行情况，有助于财务报告使用者作出决策或者进行监督和管理。政府财务报告使用者包括各级人民代表大会常务委员会、债权人、各级政府及其有关部门、政府会计主体自身和其他利益相关者。

  政府财务报告至少包括财务报表和其他应当在财务报告中披露的相关信息和资料。财务报表包括会计报表和附注。其中，财务报表主要包括资产负债表、收入费用表和净资产变动表，现金流量表根据单位实际情况，自愿编制。政府会计主体应当以持续运行为基础，根据实际发生的经济业务或事项按照政府会计准则制度的规定进行确认和计量，在此基础上编制财务报表。除现金流量表按照收付实现制编制以外，政府会计主体应当按照权责发生制编制财务报表。

项目总结

  本项目主要介绍了政府会计概述、政府会计要素（政府预算会计要素、政府财务会计要素）、政府会计核算模式的特点（双功能、双基础、双报告）、国库集中支付业务的会

计处理（财政直接支付业务、财政授权支付业务）、非财政拨款收支业务的会计处理［事业（预算）收入、捐赠（预算）收入和支出］、预算结转结余及分配业务的会计处理（财政拨款结转结余、非财政拨款结转结余）、净资产业务的会计处理（本期盈余及本年盈余分配、累计盈余）、资产业务的会计处理（资产取得、资产处置、固定资产业务）、负债业务的会计处理（应缴财政款、应付职工薪酬），政府决算报告、政府财务报告。

巩固练习

一、思考题

1. 思考政府会计与企业会计在财务报表方面的主要区别。
2. 政府会计核算模式有什么特点？
3. 政府会计要素分别有哪些？
4. 政府单位收到财政拨款如何进行会计处理？

二、单项选择题

1. 下列项目中，不属于行政事业单位财务会计应准确完整反映的财务信息是（　　）。

A. 资产　　　　　　B. 负债　　　　　　C. 净资产　　　　　　D. 支出

2. 下列项目中，不属于政府会计标准体系的是（　　）。

A. 政府会计基本准则　　　　　　B. 政府会计具体标准及应用指南

C. 政府会计制度　　　　　　　　D. 预算法

3. 下列项目中，不属于政府会计信息使用者的是（　　）。

A. 各级人民代表大会常务委员会　　　　B. 债权人

C. 企业　　　　　　　　　　　　　　　D. 政府及有关部门

4. 下列项目中，关于政府会计的说法，正确的是（　　）。

A. 政府财务报告的编制以收付实现制为基础

B. 政府财务报告包括政府决算报告

C. 政府财务会计要素包括资产、负债、净资产、收入、成本、费用

D. 财务报告主要分为政府部门财务报告和政府综合财务报告

5. 在财政授权支付方式下，事业单位按规定实际支用额度时，根据实际支付的金额，财务会计应贷记的科目是（　　）。

A. 银行存款　　　　　　　　　　　B. 零余额账户用款额度

C. 资金结存——零余额账户用款额度　　D. 财政应返还额度

6. 下列项目中，关于政府会计核算的说法，正确的是（　　）。

A. 政府会计由预算会计和财务会计构成

B. 政府会计主体应当编制政府决算报告

C. 预算会计和财务会计均实行收付实现制

D. 政府预算会计和财务会计"适度分离"，要求政府会计主体分别建立预算会计和财务会计两套账，对同一笔经济业务或事项分别进行会计核算

7. 2024 年，H 事业单位的收入、费用发生额如下：财政拨款收入为 450 万元，上级补助收入为 150 万元，事业收入为 300 万元，经营收入为 50 万元，投资收益为 25 万元，

业务活动费用为 400 万元，单位管理费用为 200 万元，经营费用为 60 万元，资产处置费用为 100 万元。不考虑其他因素，H 事业单位的本期盈余金额为（　　）万元。

    A. 225　　　　　　B. 165　　　　　　C. 215　　　　　　D. 205

8. 2024 年 9 月 30 日，M 事业单位计提本月固定资产折旧 32 000 元，下列账务处理正确的是（　　）。

    A. 借：业务活动费用　　　　　　　　　　　　　　　　　　　32 000
       贷：固定资产累计折旧　　　　　　　　　　　　　　　　　　　32 000
    B. 借：事业支出　　　　　　　　　　　　　　　　　　　　　32 000
       贷：固定资产累计折旧　　　　　　　　　　　　　　　　　　　32 000
    C. 借：业务活动费用　　　　　　　　　　　　　　　　　　　32 000
       贷：固定资产　　　　　　　　　　　　　　　　　　　　　　　32 000
    D. 借：事业支出　　　　　　　　　　　　　　　　　　　　　32 000
       贷：资金结存——货币资金　　　　　　　　　　　　　　　　　32 000

9. 下列项目中，关于政府单位财务会计净资产的表述，正确的是（　　）。

    A. 单位财务会计净资产的来源主要包括累计实现的盈余和无偿调拨的净资产
    B. “本期盈余”科目核算单位本期各项收入、费用相抵后的余额
    C. “本年盈余分配”科目核算单位本年度和上年度盈余分配的情况和结果
    D. “累计盈余”科目核算单位本年实现的盈余扣除盈余分配后滚存的金额

10. 政府单位的资产盘盈、盘亏、报废或毁损的，应当在报经批准前将相关资产账面价值转入（　　）科目核算。

    A. 固定资产累计折旧　　　　　　　　B. 固定资产
    C. 待处理财产损溢　　　　　　　　　D. 资产处置费用

三、多项选择题

1. 下列项目中，说法正确的有（　　）。

    A. 政府预算会计要素包括预算收入、预算支出与预算结余
    B. 预算收入一般在实际收到时予以确认
    C. 预算支出是指政府会计主体在预算年度内依法发生的现金总流出
    D. 预算结余是指政府会计主预算年度内预算收入扣除预算支出后的资金余额

2. 下列项目中，属于政府财务会计要素的有（　　）。

    A. 资产　　　　　　B. 负债　　　　　　C. 所有者权益　　　　D. 利润

3. 下列项目中，关于政府会计的相关表述，正确的有（　　）。

    A. 政府会计主体应当编制决算报告和财务报告
    B. 政府会计由预算会计和财务会计构成
    C. 政府预算会计实行权责发生制，国务院另有规定的除外
    D. 预算会计对政府会计主体发生的各项经济业务或者事项进行会计核算

4. H 事业单位将自己的一台科研设备捐给 M 单位用于技术研究，协议约定，该设备转移过程中发生的相关税费由 M 单位支付，下列项目中，关于 H 事业单位账务处理正确的有（　　）。

    A. 财务会计中，将设备的账面价值转入“固定资产清理”科目
    B. 财务会计中，将设备的账面价值转入“资产处置费用”科目

C. 预算会计中，无须做账务处理

D. 预算会计中，将设备的账面价值转入“其他支出”科目

5. 下列项目中，属于行政事业单位的固定资产不计提折旧的是（　　）。

A. 文物、陈列品

B. 动植物、图书

C. 房屋及构筑物

D. 以名义金额计量的固定资产

四、判断题

1. 军队属于政府会计主体，其会计核算时适用政府会计准则制度。　　　　　（　　）

2. 在财政授权支付方式下，事业单位在收到代理银行盖章的授权支付到账通知书时，财务会计中应借记“财政应返还额度”科目。　　　　　（　　）

3. 单位取得按照规定应缴财政的款项时，不需要进行预算会计处理。　　　（　　）

4. 政府预算支出一般在实际支付时予以确认，以实际支付的金额计量。　　（　　）

5. 结转资金是指预算安排项目的支出年终尚未执行完毕或者因故未执行，且下年需要按原用途继续使用的资金。　　　　　（　　）

五、业务题

1. 2024 年 11 月 25 日，W 事业单位根据经过批准的部门预算和用款计划，向同级财政部门申请财政授权支付用款额度 600 万元。12 月 1 日，财政部门经审核后，以财政授权支付方式下拨了 550 万元用款额度。12 月 8 日，W 事业单位收到相关支付凭证。

要求：编制上述业务的相关会计分录。

2. 2024 年 10 月，R 事业单位发放工资 1 500 000 元、津贴 300 000 元、奖金 100 000 元，按规定应代扣代交个人所得税 80 000 元，R 事业单位以财政直接支付方式支付薪酬并上交代扣的个人所得税。

要求：编制上述业务的相关会计分录。

参 考 文 献

[1] 小企业会计准则编审委员会. 小企业会计准则讲解 [M]. 上海：立信会计出版社，2016.

[2] 韦绪任，冯香，申仁柏. 财务会计与实务 [M]. 北京：北京理工大学出版社，2019.

[3] 财政部会计资格评价中心. 初级会计实务 [M]. 北京：经济科学出版社，2023.

[4] 财政部会计资格评价中心. 初级会计实务 [M]. 北京：经济科学出版社，2024.

[5] 财政部会计资格评价中心. 中级会计实务 [M]. 北京：经济科学出版社，2023.

[6] 财政部会计资格评价中心. 中级会计实务 [M]. 北京：经济科学出版社，2024.